现代汉语修辞基础

马 超 著

顾 问 张万有 杜 敏

陕 西 新 华 出 版
陕西人民教育出版社
· 西 安 ·

图书在版编目（CIP）数据

现代汉语修辞基础 / 马超著. -- 西安:陕西人民教育出版社,2024.12. -- ISBN 978-7-5757-0551-6

Ⅰ. H15

中国国家版本馆 CIP 数据核字第 2024G4P016 号

现代汉语修辞基础

XIANDAI HANYU XIUCI JICHU

马超 著

出版发行: 陕西人民教育出版社
地　　址: 西安市丈八五路 58 号
邮　　编: 710077
责任编辑: 刘之栋　刘政源
经　　销: 各地新华书店
印　　刷: 陕西隆昌印刷有限公司
开　　本: 880 毫米×1230 毫米　1/32
印　　张: 20
字　　数: 518 千
版　　次: 2024 年 12 月第 1 版
印　　次: 2024 年 12 月第 1 次印刷
书　　号: ISBN 978-7-5757-0551-6
定　　价: 88.00 元

序

马超同志这部著作中有些内容,最初是同语法写在一起的,只有修辞概说、词语修辞、句子修辞和辞格四章,内容也较单薄。后经作者深入学习和研究,决定将修辞学的内容单独分出来,增加章节,建立体系,扩写成这部《现代汉语修辞基础》。本书于2018年8月完成初稿,我纵览了全稿,提出一些修改意见。他下了很大功夫,不仅修改充实了部分章节的内容,还增加了语音修辞一章及一些常用辞格和新格,使全书的知识体系更加完备。2019年末,这部全新的书稿又重新摆在我的案头,我认真通审了全稿,感到有以下几个突出特点:

1. **体系完备**。全书共九章,第一章修辞概说,以下八章分别按选词、炼句、调音、设格、组段、谋篇、语体、风格等,依次论述,形成了比较完备的修辞体系。值得称道的是,特别设置了“调音”“组段”“谋篇”三章,这在以往的修辞著作中尚不多见。各章各节逐一加以阐释说明,注意到了知识的整体性和连贯性。

2. **成果创新**。作者在最大限度地继承传统修辞学知识的基础上,又吸收了近年来修辞研究的新成果,内容多有发展和创新。譬如,辞格分类,别开生面;组段、谋篇,新颖独具;语体分类,一一对应;风格要素及其关系阐述深入。这些新成果的吸纳和总结,都具有较强的科学性和应用性。

3. **例证丰富**。论述修辞理论和说解修辞作用,除了引用古今修辞学著作中一些精辟论述外,还需列举大量实例印证说明。作者寻例之丰,用例之当,令人赞赏。据统计,全书引例近1 000条,其中理论部分用例近800条,思考练习题用例近200条,涉及300余位作家的500多篇(部)作品,特别是注意从现行初高中语文课本中找例,以增加用例的准确性和实用性。同时,举例紧扣理论,分析透辟,发挥了典型示范作用。

4. **多学科结合,融会贯通**。修辞学是一门综合研究语言运用规律、提高语言表达效果的科学。作者调动语法学、词汇学、音韵学、文章学以及逻辑学、美学、写作学、文艺理论等多学科理论知识,与修辞学紧密结合,并融入其研究之中,这对拓展读者视野,深入把握修辞真谛,颇有意义。

5. **习题多样,启发思考**。本书除第一章外,其余各章均在每节末,精心设计了相配套的多种思考练习题。这些习题,既有对知识重点、难点的理解和把握,又有联系语用实际的拓展和延伸,引导读者动手动脑,利于应用。

我在高校教授几十年汉语修辞,主编、编写过几本著作,参编过高校教材,发表过多篇论文,对修辞的学习和研究饱含深情。我对修辞的浓厚兴趣,源于著名修辞学家吴士文教授的影响。在同吴先生17年的学术交往中,他先后给我写信近百封(其中有15封已收入《著名修辞学家吴士文学术年谱》),我成了他的私淑弟子和亲密挚友。他从不知修辞为何物,到成为中国修辞学一代宗师,他在"忙病交加"(先后患齿龈癌和骨癌)中所走过的修辞研究的历程,是用心血和生命谱写的一曲执著追求的壮丽凯歌。他的这种执著追求精神,时时鼓舞着我,令我景仰,催我奋进。他是"创建中国修辞学会的功臣","用生命之火点燃中国修辞学的繁荣"(宗廷虎评语)。

他始终坚守陈望道先生“两大分野”的修辞理念，但他思考之缜密，探索之深邃，令修辞学界众人瞩目。马超同志紧步吴先生后尘，在修辞学习和研究过程中，也甚为吴先生执著创新精神所感动，一个自学者，硬是凭着对祖国语言文字的无限热爱和刻苦攻关的无畏勇气，以及一辈子做语言文字工作的实践体验，几经寒暑，数易其稿，耗时八年，终于凝结成这样一部50多万字的修辞学专著，可喜可贺！从马超同志的著作里，足可折射出吴士文精神的光辉。

作为本书的顾问和指导者，我颇感欣慰，特向广大读者推荐。我真诚期望马超同志及有志于修辞研究的同志们，写出更多更有分量的修辞学论著。是为序。

张万有

2020年9月10日第36个教师节

时年78岁

目　录

第一章　修辞概说

第二章　选词

第四章 调音

第五章 设格

第六章　组段

第七章 谋篇

第八章 语体

第九章 风格

第一章　修辞概说

修辞是一门语言艺术,自古以来就备受人们的青睐。到了现代和当代,随着社会发展和科技进步,人们对于语言运用能力的要求也越来越高,讲究语言的修辞效果已经成为一种时尚,重视和自觉学习修辞知识的人也越来越多了。要系统学习修辞,首先需要了解一些关于修辞的基本常识和基本理论。下面我们择其要点,作几点简要说明。

一、什么是修辞

“修辞”这一术语,最早出自《周易·乾·文言》:“子曰:‘君子进德修业。忠信,所以进德也;修辞立其诚,所以居业也。’”其中的“修辞立其诚”之说,被认为是我国汉语修辞学的最早渊源。我国历代学者对其有不同解释。唐代孔颖达在《十三经注疏》中说:“修辞立其诚,所以居业者,辞为文教,诚为诚实也;外则修理文教,内则立其诚实,内外相成,则有功业可居,故云居业也。”可见,他认为,“修辞立其诚”是从政治的要求出发,作为君子居业的条件而提出的。宋代王应麟在《困学纪闻》中说:“修辞立其诚,修其内则为诚,修其外则为巧言。”他认为这一说法指的是,既要求有内容、情感的真实,又要求修饰言辞、文辞使之富有文采。后来有不少研究和注释《周易》的人,也都把这句话解释为以修饰言辞来建立诚信。对于“修辞”一语，当属陈望道先生解释得最为全面，他在《修辞学发凡》中说：“修当作调整或适用解，辞当作语辞解，修辞就是调整或适用语辞。”显而易见，陈望道先生是把修辞作为一种运用语言的活动来解释的，这里最重要的有两点：一是“修”不仅仅是单纯的修饰，而是广义的“调整或适用”；二是“辞”不仅仅指写在书面上的文辞，还包括说在口头上的语辞。

我国对汉语修辞学研究的历史源远流长。春秋战国时期，儒家和墨家的修辞思想，对我国古代修辞学的形成和发展颇有影响。孔子有著名的辞达观“辞达而已矣”（《论语·卫灵公》）、辞巧观“情欲信，辞欲巧”（《礼记·表记》）和质文统一观“质胜文则野，文胜质则史。文质彬彬，然后君子”（《论语·雍也》）等修辞观点；其后的墨子学说在逻辑、修辞方面是最杰出的代表，其《墨子》一书从论辩的角度论及修辞原理、题旨情境、修辞方法等内容，是修辞学萌芽期的典型代表，特别是其中的《小取》一篇，专门从逻辑学和修辞学角度讲论辩的作用与方法，因此可以看作古代修辞学的第一篇论文。在以后的一些古代典籍和其他著作中，都出现和保留了不少关于提高语言表达性能的论述。到了南北朝时期刘勰的《文心雕龙》，标志着古代修辞学的初步建立；南宋时陈骙的《文则》，标志着古代修辞学渐趋成熟。直到 1932 年陈望道的《修辞学发凡》问世，继承古代修辞学的优秀成果，兼以文言和白话两种语言材料为分析对象，创立了我国修辞学史上第一个比较完善和科学的体系，提出了“语辞的三境界”（记述的境界、表现的境界、糅合的境界）和“修辞的两分野”（消极修辞、积极修辞）理论，并论述和说明了语文体式在表现风格上的分类（四组八体——简约和繁丰、刚健和柔婉、平淡和绚烂、谨严和疏放），成为我国现代修辞学史上的第一座丰碑；1963 年张弓先生的《现代汉语修辞学》出版，不仅建立了别开生面的修辞学体系，而且创立了现代汉语的语体系统，使修辞学的知识体系进一步完善，被誉为我国现代修辞学史上的又一座里程碑。以后的现代汉语修辞学研究，大都是对陈望道先生和张弓先生修辞理论的继承和发展。

通常所说的“修辞”，主要有以下几方面的含义：一是指修辞活动，即修辞是一种运用语言的活动；二是指修辞现象，即泛指客观存在的人们进行修辞活动的各种语言现象；三是指修辞学，即修辞是研究提高语言表达效果的规律的一门科学，属于语言学的一个分支，也可简称为“修辞”；四是指修辞方式，如“修辞包括消极修辞和积极修辞”，这里的“修辞”是指修辞方式而言的。

从修辞活动的角度看，修辞的本质是人们运用语言的一种自觉加工行为。人们的行为是多种多样的，其中使用语言也是一种经常性的行为。语言的本质是其社会性。人们都生活在家庭（也是社会的细胞）和社会里，都要参加各种社会活动，这就离不开语言这个交际工具。人们在运用语言时，不管是采用口头形式还是书面形式，总要自觉地对语言进行加工，以追求更好的表达效果，达到自己的交际目的。这种对语言的自觉加工行为，就是我们通常所说的“修辞”。因此，我们可以从修辞的本质方面，给“修辞”下这样一个定义：**修辞是人们对所运用的语言进行加工，以追求更好的表达效果的一种自觉行为**。这一定义从人与语言的关系上来考察修辞的社会功能，既着眼于修辞活动本身的特点，又指出修辞的宗旨和本质。正确理解修辞这一概念的准确含义，对于学习和研究修辞具有重要的指导意义。

二、修辞的依据和标准

修辞是对语言材料的选择和使用过程，这里既包含着对语言形式的加工，又包含着对思想内容的提炼。语言形式是为思想内容服务的，在修辞活动中二者常常并行不悖，在考虑思想内容时往往就要考虑到语言形式,在考虑语言形式时也离不开思想内容。**修辞的目的是选择使用最恰当的语言形式,准确、鲜明、生动地表达写说者的思想感情。**要达到这个目的,应该以什么作为依据和标准呢?陈望道先生在《修辞学发凡》中提出:“修辞所需适合的是题旨和情境。语言文字的可能性可说是修辞的资料、凭籍;题旨和情境可说是修辞的标准、依据。”这里所说的题旨,是指立言的意旨,即写说者所要表达的思想内容,它是写说者的主观意图;所说的情境,是指情景和语境,即写说时的各种客观情况和语言环境,它是对写说的客观要求。任何语辞的调整和修辞方法的运用,都必须与题旨情境相适应,使写说的主观意图与客观要求相一致,这就是陈望道先生的著名论断**“修辞以适应题旨情境为第一义”**。张弓先生在其《现代汉语修辞学》中,把**“内容决定形式,形式内容统一”**列为修辞的要件,说的也是使用什么语言形式是由所表达的思想内容决定的,采用什么修辞方法和修辞手段,也要根据内容和情境的需要,使语言形式与表达内容实现完美的统一。以上两位先生所说的都是修辞总的标准和依据,二者的共同点是都主张形式和内容的统一,这是符合事物的发展规律和辩证原理的。

三、修辞的基本要求

自陈望道先生的《修辞学发凡》问世以来,修辞方式一直被分为消极修辞和积极修辞两种,二者的方法不同、作用不同,基本要求也不尽相同。

消极修辞的作用是使人“理会”,因此其基本要求是准确、通顺、明白。所谓准确,是指要真实、正确地反映客观事物,要说得恰如其分、不走样,让读者或听者能够正确理解;所谓通顺,是指所使用的语句要通顺,要符合语法规范和大多数人运用语言的习惯,让读者或听者感到语言流畅、文从字顺,没有理解上的障碍;所谓明白,是指意思的表达要清楚明白,用词要准确,条理要清晰,不含糊、不杂乱,使人一看就懂、一听就明,不必猜测。

积极修辞的作用是使人"感受",因此其基本要求是形象、生动、有力。所谓形象,是指运用鲜活、贴切的词语对客观事物进行具体细致的描绘,或采用比喻、比拟、夸张、借代等形象化的修辞手法再现客观事物,以增强语言的形象性和感染力;所谓生动,是指语言要具有活力、能感动人,要把话说得活泼而富有情趣,不枯燥无味,让人看了或听了觉得亲切而有生气,能够给人留下鲜明深刻的印象;所谓有力,是指语言表达要鲜明突出,能够打动人心,富有说服力和感染力,这可通过选用短句,使用设问、反问、排比、递进等修辞手法,或以情动人、以情感人,靠严密的逻辑来增加说服力等方法来实现。

总之,消极修辞和积极修辞,是两种不同的修辞方法。消极修辞要使人理会、让人明白,这是表达的基本要求,所以消极修辞可以说是一种普遍使用的基本的修辞方法;积极修辞则是在理会、明白的基础上追求形象、生动、鲜明、有力,这是表达的进一步的要求,因此积极修辞也可以说是一种刻意使用的特殊的修辞方法。

四、修辞同语言三要素之间的关系

语言由语音、词汇、语法三要素构成:语音是语言的物质外壳,用特定的声音来表示特定的意义,没有语音就没有语言;词汇是一种语言中所有词语的总汇,是语言的建筑材料,没有词汇就无法形成语言;语法是语言的组织规则,没有语法就不能将词语组织成为句子或句群,无法实现语言的交际功能。

修辞以语言运用为对象,专门研究如何增强语言的表达效果,因而同语言各个要素之间有着十分密切的关系。但这种关系不是平面的,而是立体的,即修辞并不是同语音、词汇、语法并列的第四个要素，而是处在更高的层面上，是对语音、词汇、语法三要素的综合运用，通过它们所包含的内容构成各种特殊的表达手段，获得特有的修辞效果。具体地说，**修辞同语音的关系**：利用谐音、叠音、双声、叠韵、平仄、节奏、押韵、儿化、拟声、语调等语音现象，构成消极修辞方式或积极修辞手法，来增加语言的音律美，或表现特有的感情色彩和语言风格。**修辞同词汇的关系**：主要从同义手段选用的角度，研究同义选择、反义配合、多义关联、词类活用等内容，还包括类义词、同音词、同素词等的使用，在语言材料的词语选用上追求更好的表达效果。**修辞同语法的关系**：语法是修辞的基础和前提，语法管的是“通不通”，而修辞追求的是“好不好”，但也应在“通”的基础上追求“好”，即要在符合语法规范的前提下来选择同义表达手段，研究语序的安排、句式的调整、语气的变化以及词语的增减等，根据表达的需要选择和使用恰当的语言表达形式。

总之，一切修辞活动只有全面地从语言三要素入手，才能更好地学习和运用语言，使语言表达更加形象、鲜明、生动，取得更好的修辞效果。需要指出的是，有时为了追求独特的修辞效果，可能在某种程度上对语法形成突破，但这只是个别现象。

五、修辞的语用功能与发展方向

说到语用，需要从整个语言学的发展脉络说起。19 世纪 20 年代首先出现了历史比较语言学，以丹麦的拉斯克和德国的葆朴、格林等为代表，从研究印度古时的梵语和西欧古语言入手，通过语音的对应规律确定语言的亲属关系，谱出了一个包括八个语族一百多种语言的大语系，称为印欧语系，这是人类文化史上的一大发现。19 世纪末到 20 世纪前半叶出现了描写语言学，以瑞士语言学家索绪尔和美国的布龙菲尔德等为代表，深入研究语言的性质、功能和结构，以符号理论为依据，采用结构分析的方法，全面描写语言要素及语言运用的特点和规律，逐步形成了语音学、词汇学（又称语汇学，含语素在内）、语法学、修辞学、语篇学、语义学、语体学、风格学等不同学科，对现代语言学的发展具有重要影响。20 世纪 50 年代又出现了转换生成语言学，以美国乔姆斯基的转换生成学说为代表，研究语言的转换生成能力，探索人们运用语言的心智活动，在一个时期里被很多语言学家所接受，打破了结构主义语言学一统天下的局面。随着语言学研究的深入发展，现代语言学被各个相关领域广泛应用，应用语言学便应运而生，如社会语言学、民俗语言学、文化语言学、逻辑语言学、心理语言学、生理语言学、神经语言学、工程语言学、数理语言学等。

语用学是语言学的一个新领域。1938 年，美国语言哲学家莫里斯在《符号理论基础》一书中首先使用了“语用学”这个术语，至 1977 年在荷兰正式出版发行《语用学杂志》之后，语用学才作为语言学的一门新兴学科而得到承认。**语用学即语言实用学，是研究语言运用的科学**。具体说来，语用学研究在特定的语境中，表达者如何应用话语，准确地表达自己的思想感情，从而实现自己的意图；而接受者又如何准确地理解表达者的思想感情及其话语背后的意图。语用学的研究内容，一般包括指示语、前提、含义、言语行为、话语结构等几个方面。如果说语音学、语法学、语义学是对语言的静态描写，语用学则是对语言的动态描写，它研究的是特定情景中的特定话语，研究在不同的语言交际环境下如何理解和运用语言。由语用学的研究对象，就可知道什么是语用：**语用是指人们在特定的语境中对于语言的实际运用活动，特别是话语表达和话语理解等活动**。语用表现为表达者和接受者进行话语交际的动态过程，它不仅涉及语言结构本身的语音、词汇、语法等要素，而且还涉及语言之外的心理活动、美学情趣、个人素养、社会背景等诸多因素。

传统的修辞学也是研究语言运用的，它是研究如何提高语言表达效果的规律的一门科学。修辞学主要是从语言表达的角度，研究词语的选择、句子的配置、节律的调整、辞格的运用、段落的组织、篇章的结构、语体的使用、风格的形成等几方面内容。**修辞的语用功能指通过采用消极修辞方式和积极修辞手法，增强语言表达的准确性、生动性、形象性，以追求最佳的表达效果。**因此，从人们运用语言和理解语言的全部语言行为来考察，修辞只侧重于语言表达一个方面，因而可以说修辞是语用的组成部分，语用同修辞是整体与部分的关系。当然，修辞学同语用学也有许多共同之处，如两者都研究语言文字材料的使用，都要求依据写说的目的和内容来使用语言文字材料，都强调语境（情境）的重要性，等等。但是，对在动态中来研究和探讨语用含义（一般含义和特殊含义，或称言内意义和言外意义），特别是在言语行为理解、信息结构分析等方面，修辞学比之于语用学，都缺乏广度和深度。因此，现代汉语修辞学的发展方向，应该是在语用学的框架下，向语言运用和理解的深度和广度拓展，探索出更多符合语用实际的修辞方式，深入挖掘修辞活动与修辞方式的语用功能和语用含义，并分别从表达者和接受者的角度进行全面考查，利用修辞学的研究成果来丰富和发展语用学，同时又要坚持修辞学的独立研究方向，形成既具有汉语特色，又符合语用需要的现代汉语修辞学。

六、为什么要学习修辞

一说到修辞，有人总觉得很高深、很玄妙；一说到学习修辞，又认为那是语言学家和文学家的事，与我们自己关系不大。其实，这完全是一种误解。事实上，修辞同我们每个人的关系都很密切，你在说话和写文章时，无时无刻不在用到修辞知识：当你在选用词语时，你就是在进行词语的修辞；当你把一个或几个词语组织成为一个句子时，你就是在进行句子的修辞；当你把几个句子或句群组织成为一个段落时,你就是在进行段落的修辞;当你把几个段落组织成为一篇文章时,你就是在进行篇章的修辞;当你为了把话说得更加形象而打个比方时,你就是在运用比喻辞格;当你在和别人谈话时主动使用口语词,在起草公文时主动使用书面语词,你就是在正确地使用语体;当你在说话或在你的作品中表现出自己的语言特点时,你就已经形成了一定的语言风格。总之,修辞活动本来就存在于言语之中,修辞与语言同在,修辞与文字同行,这已经是不争的事实。正如张瓌一在《修辞概要》中所说的那样:“修辞一点儿都不高深,更谈不到玄妙。不但文学家们会修辞,不是文学家的人也都会;不但作文章的时候用得着修辞,说话的时候也用得着;不但念过书的人懂修辞,不识字的人也懂修辞。”有的修辞学家如吴士文先生就认为,只要你一张口一动笔就一定有修辞相伴而行。

当然,我们说修辞不高深、不玄妙,并不是说修辞没有科学性,也不是说修辞这门知识可学可不学、不用学就会。而在对语言的研究方面,修辞学也是一门重要的学科,也有一套完整的科学体系。系统地学习一点修辞知识,对于我们说话和写文章,以及增强语言表达效果,提高交际水平和效率,都会有很大的帮助。学习修辞的意义和作用,归纳起来主要有两个方面。

一是从读听者的角度看,学习修辞可以提高阅读能力和欣赏能力。马克思说过:“如果你想得到艺术的享受,你就必须是一个有艺术修养的人。”欣赏主体的艺术修养,既包括一定的生活经验,还包括必要的知识水平,只有具备一定的文化水平和历史知识、文艺理论知识、写作知识、语法知识、修辞知识、美学知识等,才能更好地进行阅读和欣赏活动,才能从古今优秀作品中获得更多的审美享受和汲取更多的营养。例如,我国的古籍浩如烟海、灿若繁星,是我们了解古代历史和向古人学习语言的知识宝库,在诗经、楚辞、先秦散文、汉赋、唐诗、宋词、元曲、明清小说中有很多名篇名著,不仅思想意义深远，而且表现手法高超，语言也极其精美。我们在阅读这些古籍时，如果没有一定的思想文化素养和古代汉语常识，没有足够的语法和修辞知识，就很难准确地理解其思想内容和艺术特色。

二是从写说者的角度看，学习修辞有助于提高交际水平和写作能力。修辞是一门研究提高语言表达效果的规律的科学，它所揭示和概括出来的运用语辞的原则和方法，对各行各业的人都有用，只要运用语言，就离不开修辞。随着社会的进步和科技的发展，信息化程度越来越高，对语言能力的要求也越来越高，社会分工越来越细，交际方式也变得多元化。但是不管采用哪种交际方式，都离不开语言这个最基本的交际工具，都需要运用语言把自己的意思准确、鲜明、生动地表达出来。懂得一些修辞知识和修辞技巧，会增强语言的表达效果，提高交际效率和交际水平。正如吴礼权教授所说的那样，"事实上，懂修辞，有深厚语言修养的人，无论是开口说话，还是提笔写作，都是魅力无穷的，都会让人印象深刻。"（《修辞学在中文教学中的意义与地位》）

当然，我们也不能夸大修辞在写说方面的功用，不能认为学了修辞就一定能把话讲好，把文章写好。一席话讲得好不好，一篇文章写得好不好，首先要看思想内容是否正确，写说者的情感是否充沛，其次才看语言表达得怎么样，是否达到准确、鲜明、生动、有力这些修辞方面的要求。讲话和写作，与写说者运用语言文字的能力、学识水平、生活经验、思想观点等各个方面都有密切关系。系统地学习一点修辞知识，肯定能够为更好地运用语言提供更多的方法和条件，可以进一步增强语言的表达效果，提高交际能力和写作水平，这一点是毫无疑义的。

思考与练习

1. "修辞"这一术语最早出自哪里？对此有哪些不同的解释？

2. 孔子和墨子在我国古代修辞学发展中有什么重要影响？古代修辞学初步建立和渐趋成熟的标志各是什么？

3. 在我国现代修辞学史上，为什么说陈望道先生的《修辞学发凡》是“第一座丰碑”、张弓先生的《现代汉语修辞学》是“又一座里程碑”？他们在创立修辞学体系上各做出哪些重要贡献？

4. 通常所说的“修辞”，主要有哪几个方面的含义？

5. 从修辞活动的角度看，修辞的本质是什么？本书是怎样给修辞下定义的？你对这个定义是如何理解的？

6. 修辞的依据和标准是什么？何为题旨和情境？张弓先生所说的修辞要件“内容决定形式，形式内容统一”与陈望道先生所说的“修辞以适应题旨情境为第一义”有什么相同之处？

7. 何为“修辞的两分野”？消极修辞、积极修辞的作用和基本要求各是什么？

8. 语言由哪三个要素构成？修辞同语言三要素之间各是怎样的关系？

9. 什么是语用？修辞的语用功能是什么？修辞学同语用学有哪些联系与区别？现代汉语修辞学的发展方向是什么？

10. 为什么说修辞同我们每个人的关系都很密切？学习修辞知识对于写说者和读听者各有什么重要意义和作用？

第二章　选　词

词汇是语言的建筑材料，不论是说话还是写作，都要通过选用一个个词语组成句子，才能把所要说的意思表达出来。因此，刘勰在《文心雕龙·章句》中说："夫人之立言，因字而生句，积句而为章，积章而成篇。篇之彪炳，章无疵也；章之明靡，句无玷也；句之清英，字不妄也。振本而末从，知一而万毕矣。"他不但阐明了词、句、章、篇之间的相互关系，而且把"字不妄"作为立言之本，深刻说明了选择词语在话语表达中的重要性。所谓"字不妄"，就是指用词要妥帖精当，这是整个消极修辞乃至积极修辞的起点和基础。

我们在这一章里，介绍选择词语的有关知识，主要包括选择词语的基本要求、单独词语的锤炼、相关词语的配合等三项内容。

第一节　选择词语的基本要求

从修辞的角度讲，选用词语总的原则是切合题旨和情境的需要。题旨主要指说写的内容，而使用什么词语属于语言形式，形式必须为内容服务，即所选用的词语要符合事物本身的特点，能够准确、鲜明、生动地把说写的内容表达出来，这是选词的首要原则。同时，所选用的词语还要符合说写时具体情境的需要，这既包括语言的内部环境,如语段、上下文、文章体裁、所使用的语体等,又包括语言的外部环境,如交际对象、交际场合、社会环境等。词语选用得是否恰当,要同时受到题旨和情境两方面因素的制约。此外,不同的表达方法,不同的修辞方式,不同的语言风格等,都对选择词语有不同的要求。

选择词语,除了要符合修辞总的原则外,主要有以下几点基本要求。

一、准确妥帖

准确妥帖,是选用词语最基本的要求。所谓准确,是指所选用的词语要准确地反映客观事物的本来面貌,恰当地表达说写者的思想感情,与主客观情况相契合;所谓妥帖,是指所选用的词语要在意义、色彩、风格等方面同其他词语配合得当,使整个句子在结构和表义上都比较稳妥,完全切合内容和语境的需要。

要做到准确妥帖地选用词语绝非易事。第一,要留心观察,认真思考,深刻认识客观事物的本质,如果对事物的本质特征没有准确的认识,就谈不上用确切的词语把它表达出来;第二,在头脑里要有一座丰富的语言库,积累和储存大量的词语,并准确理解词语的意义,准确把握意义相近的词语之间在意义、用法、色彩、风格等方面的细微差别,这样在选用时才能得心应手;第三,要使所选用的词语与上下文的语言环境相适应,一个词语孤立地看无所谓好坏,但是放到一定的语言环境里就会显示出优劣来,比如说该使用单音词还是双音词,该使用平声字还是仄声字,该使用贬义词还是褒义词,等等,这些都与上下文有着密切关系,因而都是在选用词语时应该考虑的因素。

苏轼在《答虔倅俞括奉议书》里说:"孔子曰:'辞达而已矣。'物固有是理,患不知,知之患不能达之于口与手。所谓文者,能达是而已。”这段话对孔子的辞达观作了非常透辟的分析和阐发，指出“辞达”是很高的要求，包括准确地观察认识事物和用语言文字恰当地表达事物，这两步都很不容易做到。古往今来的大作家都很讲究“炼字”，即在语言上反复推敲、琢磨，精心修改，正是为了达到这个要求。用词准确妥帖，能够产生一种质朴自然的美感，我国传统美学认为，“清水出芙蓉”乃艺术的最高境界。例如：

①在那山径上，碧水边，姑娘们飘着彩色长裙，顶着竹篮、水罐，走回开满波斯菊的家园。

（魏巍《依依惜别的深情》）

这是作者1958年赴朝时写的一篇报告文学。这个句子中“飘”这个动词用得十分准确传神，既与“山径”“碧水”“竹篮”“水罐”“波斯菊”等客观环境和景物相一致，又生动地表现了朝鲜姑娘的风貌，给人一种轻松愉快的感觉，渲染了和平劳动的气氛。

②我已经说过：我向来是不惮以最坏的恶意来推测中国人的。但这回却很有几点出于我的意外。一是当局者竟会这样地凶残，一是流言家竟至如此之下劣，一是中国的女性临难竟能如是之从容。

（鲁迅《记念刘和珍君》）

鲁迅这篇杂文写于1926年“三一八”惨案之后，是为纪念遇害的北京女子师范大学学生自治会主席刘和珍而写的。在这段话中，作者根据不同对象的特点，精心选用了三个形容词：说北洋军阀段祺瑞执政府使用了“凶残”，说流言家使用了“下劣”，准确地揭露出各自的反动本质；而说到中国的女性临难却用了“从容”，热情歌颂了她们英勇献身的精神。

二、简练生动

简练生动，是选用词语的进一步要求。所谓简练，是指力求用少量的词语表达丰富的内容，做到言简意赅、峻洁利落；所谓生动，是指所选用的词语要有生气和动感，力求具体形象、新鲜活泼、引人入胜。

简练和生动，二者是有机统一的，既要在简练的基础上追求生动，又要在生动的基础上力求简练。如果光简练而不生动，语言就会枯燥无味；反之如果为了生动而过分雕琢，又显得重复啰唆。所以，自古以来凡著名作家大都用词简练，并在此基础上追求生动。老舍在《多练基本功》一文中曾说："文字要写得简练。……简练就是话说得少，而意义包含得多。"鲁迅先生也主张"写完后至少看两遍，竭力将可有可无的字、句、段删去，毫不可惜"（《答北斗杂志社问》）。这都是他们的经验之谈，值得我们借鉴。

无论是叙事、状物，还是议论、抒情，词语简练生动，都会给人一种形象具体、鲜明有力的感觉。例如：

①月光如流水一般，静静地泻在这一片叶子和花上，薄薄的青雾浮起在荷塘里。叶子和花仿佛在牛乳中洗过一样，又像笼着轻纱的梦。

（朱自清《荷塘月色》）

朱自清的散文最擅长寓静于动，创造一种特殊的意境。这里写月光、青雾、荷叶、荷花，分别选用了"泻""浮""洗""笼"四个单音节动词，具有鲜明的动态感，既简练又生动，把这些静态事物描绘得细致入微。

②美国学者唐·帕尔伯格在他《走向丰衣足食的世界》一书中写道：袁隆平使"饥饿的威胁在退却，袁正引导我们走向一个营养充足的世界"。

在各国水稻科研工作者心目中，位于长沙马坡岭的国家杂交水稻工程技术研究中心已成为圣地。

近十几年来，杂交水稻不断走向世界，已在20多个国家和地区引种推广，这项技术是我国转让给美国的第一项农业科技专利。

袁隆平是在世界上最有影响的中国科学家之一，他正在引导一场新的“绿色革命”。

（沈英甲《喜看稻菽千重浪——记首届国家最高科技奖获得者袁隆平》）

这四段话，说的是袁隆平的杂交水稻研究成果对世界的贡献和影响，其中美国学者的评价虽然简洁但却深刻，一针见血；后面两段中的“圣地”和“绿色革命”，采用比喻的手法，既凝练又形象。

三、色彩鲜明

有些词语除了表示一定的理性意义外，还带有某种感情色彩、语体色彩或形象色彩。因此，在选用词语时要做到色彩鲜明，这也是一条基本要求。

（一）词语的感情色彩要鲜明

词语的感情色彩，是指词语反映客观事物时所表现出来的不同态度与感情。不同的感情色彩，主要通过词义的褒贬体现出来。根据词义的褒贬色彩，可将词分为三类：**带有赞许、肯定、褒扬色彩的词叫作褒义词；带有厌恶、否定、贬斥色彩的词叫作贬义词；不带有明显的褒贬色彩的词称为中性词。**例如，在“爱护、保护、袒护”这一组同义词中，“爱护”是褒义词，“袒护”是贬义词，“保护”是中性词。

在选用词语时，要充分注意词语的感情色彩，使之与所表现的人或事物相适应，与所要表达的思想感情相一致，这样才能做到色彩鲜明，收到较好的修辞效果。例如：

①蠢笨的企鹅，胆怯地把肥胖的身体躲藏在悬崖底下……只有那高傲的海燕，勇敢地，自由自在地，在泛起白沫的大海上飞翔！

（高尔基《海燕》）

在这个段落里，写企鹅，使用了“蠢笨”“胆怯”“躲藏”三个贬义词；而描写海燕，则使用了“高傲”“勇敢”“自由自在”“飞翔”等四个褒义词。由于所选用的词语带有强烈的感情色彩，使海燕和企鹅在暴风雨来临前的两种截然不同的表现形成鲜明对比，同时也使作者的褒贬态度表达得格外鲜明。

词语的感情色彩，是由词语本身的意义所带有的。但是在一定的语言环境中，词语的褒贬色彩也会发生变化，贬义的词语有时会变为褒义，褒义的词语有时会变为贬义，中性词有时也会带上感情色彩。例如：

②多少次，她都是用这种假意的鼾声，企图给他一种错觉和安慰。要他不必顾忌她能不能在灯光下入睡，而专心于自己的著作。其实这小小的“诡计”，傅家杰早已识破，只是不忍心拆穿它。

（谌容《人到中年》）

③粥菜？是不可能有的。有几个“慈祥”的老板到小菜场去收集一些莴苣的菜叶，用盐一浸，这就是她们难得的佳肴。

（夏衍《包身工》）

④她也笑了，坐在我身边，絮絮叨叨地说着：“看完菊花，咱们就去‘仿膳’，你小时候最爱吃那儿的豌豆黄儿。还记得那回我带你去北海吗？你偏说那杨树花是毛毛虫，跑着，一脚踩扁一个……”她忽然不说了。对于“跑”和“踩”一类的字眼儿，她比我还敏感。她又悄悄地出去了。

（史铁生《秋天的怀念》）

以上三例中带点的词语，其感情色彩都在具体语境中发生了变化：例②中的“诡计”由贬义变为褒义，表现了“她”（陆文婷）对丈夫深切的关心和安慰之情，这是一种易色辞格；例③中的“慈祥”由褒义变为贬义，揭露了带工老板对包身工的凶残和狠毒，这是一种反语辞格；例④中的“跑”和“踩”本来是中性词，但在这里都带上了褒义色彩，前者表现出母亲对双腿瘫痪的儿子的疼爱，生怕戳到儿子的伤心处，后者则表现出儿子对母亲的理解。这些词语在特定语境中所产生的意义变值和增值,都传达出一种丰富而复杂的含义,使语言富于变化,获得妙趣横生的表达效果。

(二)词语的语体色彩要得体

人们在运用词语时,总是根据一定的交际内容、交际目的和交际场合,来选取一定的语言表达体式;反过来,所选取的某种语言表达体式,也必须与特定的交际对象相适应,受到特定的语言环境的制约。这样经过长期的语言实践而逐渐稳定下来,就会形成各种不同的语体类型。总的来说,语体一般可分为口头语体、书面语体两大类型(具体见第八章)。不同的语体在选用词语方面有着不同的要求,词语在同语体的配合上也有着不同的特点。有些词语经常用于某一种语体,而不在其他语体中使用,就会使这些词语带上某种语体的特殊色彩。也有些词语在不同语体中通用,则不带有明显的语体色彩,一般称之为"通用词"。

因此,**所谓词语的语体色彩,是指经常用于某种语体的词语所带有的特殊语言风格特点**。词的语体色彩分为口语色彩、书面语色彩两种基本类型。带有口语色彩的词语经常用于口语交谈,也经常用于比较口语化的文学作品之中;带有书面语色彩的词语经常用于比较庄重、正式的交际场合,也经常用于使用书面语体写作的各种文体之中。例如:

爸爸—父亲　　糊弄—欺骗　　害怕—恐惧　　模样—相貌

上边这四组同义词,前一个都是口语词,带有明显的口语色彩;后一个都是书面语词,带有明显的书面语色彩。

口语词和书面语词具有不同的风格特点:口语词的色彩风格显得亲切、平易,既随便些,也轻松些;书面语词的色彩风格显得庄重、细腻,既文雅些,也精练些。就表义功能上说,书面语词和口语词是相辅相成、相互补充的,在表情达意上各有各的用处,不是可以随便互相替代的。例如:

①黄河在我的记忆中永远是奔腾呼啸的激流啊！第一次给我的印象特别深，那是四十年前了，我从风陵渡口眺望黄河，滚滚狂涛冲着巨大冰排，万雷轰鸣，天崩地裂，一泻而下，那是何等惊心动魄的气概呀！

（刘白羽《黄河之水天上来》）

②他独自坐在扁担上死等，等得腻腻歪歪好不耐烦，左一锅烟右一锅烟地抽呵抽呵！烟是抽饱了，可肚子里头咕咕地叫唤不停。

（郑直《激战无名川》）

例①中带点的都是书面语词，在此处不容易找到适当的口语词来代替；同样，例②中带点的词都是口语词，也不宜用其他书面语词来替换。这两例中的这些词语如果随意替换，就丧失了原来的风格特点，不仅会影响内容的表达，还会破坏全文的语言风格。

（三）词语的形象色彩要突出

词语的形象色彩，是指词语所具有的形象感。有些词语，除了表达一定的理性意义外，还能够描绘出一种具体的形象，给人以鲜明的形象感，这就是词语的形象色彩。词语的形象感，主要是视觉形象，此外还有听觉、嗅觉、味觉和触觉等方面的感受。

带有形象色彩的词语，主要有以下几种：一是形容词中的特殊色彩词和状态词，如“鲜红”“金黄”“滚烫”“冰凉”“黑沉沉”“绿油油”“气昂昂”“毛茸茸”“光溜溜”“纷纷扬扬”“跌跌撞撞”等；二是有描写作用的动词，它们在表示某种动作或行为的同时，还能够描绘出一种动态的形象来，例如“徘徊”“荡漾”“飘扬”“洋溢”“耸立”“沉吟”“怒斥”等；三是富有形象感的成语，如“一盘散沙”“九牛一毛”“火上浇油”“打草惊蛇”“如鱼得水”“虎头蛇尾”“披星戴月”“骨肉相连”“骑虎难下”“摇旗呐喊”等，这些成语有的是形容词性的，有的是动词性的，都能给人以鲜明的形象感。此外，其他词语也有带有形象色彩的，这里不再一一举例。

词语的形象色彩，可以启人联想，引发想象，利用人们的生活经验，在大脑里再现客观事物的形象。因此，恰当地选用带有形象色彩的词语，可以帮助我们栩栩如生地描绘客观事物，使语言表达更加生动形象，给人一种如临其境、如闻其声、如见其物的鲜明感受。例如：

①人家说山色多变，而事实上湖色也是多变，如果你站在高处瞭望湖面，眼前是一片爽心悦目的碧水茫茫，如果你再留意一看，接近你视线的是鳞光闪闪，像千万条银鱼在游动，而远处平展如镜，没有一点纤尘或者没有一根游丝的侵扰。湖色越远越深，由近到远，是银白、淡蓝、深青、墨绿，界线非常分明。

（碧野《天山景物记》）

这段话主要通过使用色彩词语和状态词语，来描写夏季天山的天然湖景色。站在高处看是“碧水茫茫”“鳞光闪闪”“平展如镜”，由近到远看又分为“银白”“淡蓝”“深青”“墨绿”几个不同的颜色和层次，给人以形象生动、色彩鲜明的感觉。

②河水从五百米宽的河道上排排涌来，其势如千军万马，互相挤着、撞着，推推搡搡，前呼后拥，撞向石壁，排排黄浪霎时碎成堆堆白雪。山是青冷的灰，天是寂寂的蓝，宇宙间仿佛只有这水的存在。

（梁衡《壶口瀑布》）

作者在这里描写黄河之水的气势，用了“涌”“撞”“碎”三个富有动态形象的动词，又配合使用了“排排”“推推搡搡”“堆堆”三组叠音，来增加描写的动态感和形象感；并运用“如千军万马”的比喻和拟人手法，给读者以强烈的视觉和听觉冲击；还动静结合地使用了不同的色彩词语，“黄浪”变“白雪”，既色彩鲜明又充满动感，“青冷的灰”和“寂寂的蓝”，用山和天之静来衬托黄河水之动，给人以身临其境之感。

思考与练习一

1. 选择词语在语言运用中具有什么重要作用？为什么说选词是整个消极修辞乃至积极修辞的起点和基础？

2. 选用词语的总的原则是什么？语言环境都包括哪些因素？选用词语为什么要受到各种语言环境的制约？

3. 选择词语有哪些基本要求？应该如何达到这些要求？

4. 什么叫词语的感情色彩？带有感情色彩的词语分为哪两种类型？举例说明。

5. 什么是词语的语体色彩？语体色彩分为哪两种类型？举例说明。

6. 什么是词语的形象色彩？带有形象色彩的词语主要有哪几种？举例说明。

7. 下面是叶圣陶《五月卅一日急雨中》的两个段落，说明各描写的是哪一类人，并指出在选用词语上有什么共同特点和不同特点。

我开始惊异于他们的脸。从来没有看见过，这么严肃的脸，有如昆仑的耸峙。这么郁怒的脸，有如雷电之将作；青年的柔秀的颜色退隐了，换上了壮士的北地人的苍劲。他们的眼睛冒得出焚烧掉一切的火，吻紧的嘴唇里藏着咬得死生物的牙齿，鼻头不怕闻血腥与死人的尸臭，耳朵不怕听大炮与猛兽的咆哮，而皮肤简直是百炼的铁甲。

……

但是，恍惚有蓝袍玄褂小髭须的影子在我眼前晃过，玩世地微笑，又仿佛鼻子里发出轻轻的一声“嗤”。接着又晃过一个袖手的，漂亮的嘴脸，漂亮的衣著，在那里低吟，依稀是“可怜无补费精神！”袖手的幻灭了，抖抖地，显现一个瘠瘦的中年人，如鼠的觳觫的眼睛，如兔的颤动的嘴，含在喉际，欲吐又不敢吐的是一声“怕……”。

8. 找出下面句子或段落中带有感情色彩、语体色彩、形象色彩的词语,并说明其修辞作用。

①如果美是专指“婆娑”或“旁逸斜出”之类而言,那么,白杨树算不得树中的好女子。但是它伟岸,正直,朴质,严肃,也不缺乏温和,更不用提它的坚强不屈与挺拔,它是树中的伟丈夫!

(茅盾《白杨礼赞》)

②吃到半中腰,宝贵来了,满屯赶忙让坐:“尝尝!煎饼卷大葱,吃个新鲜。”宝贵说:“麻利吃吧!回头咱俩再看看你那高粱去。”

(刘绍棠《青枝绿叶》)

③天可怜见,大黄狗果然上钩了,它闻着味道,拿到食物,就是无法到嘴。于是,有许多时间,它在这里兜圈子,不忍离去,或徘徊,或低吟,或怒扑,或长叹,几经挫折之后,则瞪目长坐,俨然像个伟大的哲学家在思考——。

(高晓声《泥脚》)

④有湛蓝的,有粉红的,路边随处可见。枝叶是干瘦的,花蕾纤细,花瓣精致而匀称,有点小家碧玉的味道。一只小蜜蜂在小野菊的花瓣上采蜜,在这个欢乐的微小的世界演绎音乐与舞蹈的盛事,它并不因为无人喝彩而失意。

(和谷《归园·寒露草木·小野菊》)

第二节　单独词语的锤炼

古人作诗为文,讲究“炼字”。最早提出“炼字”说的是晚唐五代时期的徐寅,他在《雅道机要》一书中说:“凡为诗须积磨炼:一曰炼意,二曰炼句,三曰炼字。意有暗钝、粗落。句有死机、沉静、琐涩。字一有解句、义同、紧慢。以上三格,皆须微意细心,不须容易。一字若闲,一联句失。故古诗云:‘一个字未稳,数宵心不闲。’”可见他既从整体着眼重视炼意，又从表达入手重视炼字、炼句，而且更强调炼字，甚至要求“一篇才成，字字有力，任是大匠名流，不能移一字一句，至于无疑，方为作者矣”。

因为古代汉语中的词多数都是单音词，所以古人所说的“炼字”就是指词语的锤炼。但是，究竟什么是词语的锤炼，修辞学界也说法不一。有人把一般的同义词的选择也叫“锤炼”，这并不十分确切。究其实际，词语的锤炼与词语的选择，是词语修辞中的两种不同方法，二者不能混为一谈。那么，到底什么是词语的锤炼呢？

我们认为，**所谓词语的锤炼，是指在形象或艺术表达方式中，言语者巧设语言环境，使一些平常词语艺术化**。我们常常发现，一些极为平常、朴素的词语，在特定的上下文中，就能获得特殊的美感价值：它们不仅准确、精炼，而且形象、深刻，具有极强的艺术表现力和感染力。古人作诗、填词中所说的“诗眼”和“词眼”，就是经过这样锤炼而艺术化的词语。例如北宋词人宋祁的《木兰花·春景》中有“红杏枝头春意闹”的名句，其中一个“闹”字就锤炼得极其精美、动感传神，能够唤起人们的诸多联想：春天来了，红杏枝头，杏花绽放，花间蝴蝶飞舞、蜜蜂忙碌，一片喧闹气氛，静中有动，把春意盎然、万物萌动的勃勃生机和活力全写了出来。正如王国维在《人间词话》中所说：“‘红杏枝头春意闹’，著一‘闹’字，而境界全出。”因而使之成为千古传诵的名句，作者也因此享誉词坛，人称“红杏尚书”（作者的官职曾为工部尚书）。可见，有时候“句工只在一字之间”，正如古希腊贺拉斯所言：“如果你安排得巧妙，家喻户晓的字便会取得新义，表达就能尽善尽美。”

关于如何“炼字”，徐寅在上边那段话里说得很全面：“一曰炼意”“二曰炼句”“三曰炼字”，三格并提，而且将“炼意”排在首位，其次是“炼句”，最后才是“炼字”。这就告诉我们，炼字不是孤立的行为，必须在炼意和炼句的基础上进行。可见，词语的锤炼不是单纯的言语活动,而是一个从整体到部分的具体过程。人们对某种事物的感知和认识,一开始总是不全面、不深刻的,当要利用语言和文字来表达时,一般都需要进行认真的整理、加工和提炼,才能够充分揭示出事物的本质,这种加工提炼的过程,就是所谓的“炼意”。在将写说的意图和内容提炼好以后,才能够进入表达的过程。语言表达又分为“炼句”和“炼字”两个步骤,二者密切相关、有分有合,首先是根据要表达的意思组织起一个个的句子,然后才是在句子之中选择和锤炼词语。因此,词语的选择和锤炼,是一个事关全局的系统工程,它不仅关系到句子和段落,还关系到全篇的整体表达效果。

从“炼字”的角度讲词语的锤炼,主要是指单独词语的选择和使用。考察古今名家、名篇、名句锤炼词语的方法和经验,若从词类的角度着眼,最常见的是锤炼和用好动词,其次是形容词,再次是名词。当然,其他类词语锤炼得好,也具有重要的修辞作用。下面,分别加以说明。

一、动词的锤炼

动词是表示人或事物的动作或行为的,是语言中最具动感和活力的成分。托尔斯泰曾经说过:“在艺术语言中最重要的是动词”,因为“全部生活都是运动的”。如果从语言结构的角度来考察,动词在句子中多作谓语,有时还带有宾语,在语义表达上处于核心地位。因此,锤炼和用好动词,会使语言动态鲜明,生动传神,起到画龙点睛的作用,增强语言的表现力和感染力。例如:

①鹰击长空,鱼翔浅底,万类霜天竞自由。

(毛泽东《沁园春·长沙》)

这里的“击”“翔”都是单音节动词,其意义锤炼得极其精美:“击”原意是“击打”或“搏击”,这里用作“飞”的意思,是指雄鹰有力地扇动着翅膀,“像击打(搏击)一样地飞”;“翔”原意是“飞翔”或

"翱翔",这里用作"游"的意思,是指鱼"像鸟儿自由飞翔一样地游"。这样"炼字",使这两个单音节动词的语义含量增大,并获得了形象性,就把雄鹰的矫健有力和鱼儿的自由自在,描绘得栩栩如生、跃然纸上了。

②他不回答,对柜里说:"温两碗酒,要一碟茴香豆。"便排出九文大钱。

……

他从破衣袋里摸出四文大钱,放在我手里,见他满手是泥,原来他便用这手走来的。

(鲁迅《孔乙己》)

鲁迅在这两个段落里,同样写孔乙己付钱的动作,却用了两个不同的动词,将所表达的不同意义锤炼得准确传神。上一段中的"排"字,既表现出孔乙己付钱时郑重认真的样子,又表现出一种趾高气扬、显示有钱的神态,同时也可以看出他此时身体尚好、手脚麻利;而下一段里的"摸"字,一方面表现出他衣袋里的钱很少,另一方面也表现出他动作的缓慢,身体状况已大不如前,具体而形象地反映出他身残气衰、穷困潦倒的悲惨处境。

二、形容词的锤炼

形容词的主要作用是描写人或事物的性质和状态,因此,形容词的锤炼,也是语言艺术化的重要手段之一。锤炼和用好形容词,能够鲜明而具体地表现出事物的"个性",使之更加贴切逼真、生动感人,还能够借助于人或事物的某种形象,表示特定的思想内容。例如:

①有一年,十月的风又翻动起安详的落叶,我在园中读书,听见两个散步的老人说:"没想到这园子有这么大。"我放下书,想,这么大一座园子,要在其中找到她的儿子,母亲走过了多少焦灼的路。

多年来我头一次意识到，这园中不单是处处都有过我的车辙，有过我的车辙的地方也都有过母亲的脚印。

（史铁生《我与地坛》）

这段话表达的是双腿瘫痪的作者对已故母亲的怀念，其中“焦灼”这个形容词，使用得十分精准感人。既能表现出当时母亲找不到儿子那种担心、惊恐的神态，又能表达出儿子在母亲去世后想起这件事时，那种痛彻心扉的悔恨和对母亲深深的歉意。在清明如水般的行文里，表达出诚挚热烈的感情。

②你看那毛竹做的扁担，多么坚韧，多么结实，再重的担子也能挑得起。当年毛委员和朱军长带领队伍下山去挑粮食，不就是用这样的扁担吗？井冈山革命博物馆里，还陈列着一根写着“朱德的扁担”五个字的扁担。他们肩上挑的，哪里只是粮食？挑的是中国的无产阶级革命！我们的老一辈无产阶级革命家们，正是用井冈山毛竹做的扁担，把这一副关系全中国人民命运的重担，从井冈山出发，走过漫漫长途，一直挑到北京城。

（袁鹰《井冈翠竹》）

在这段话里，第一句中的“坚韧”和“结实”两个形容词，锤炼得准确鲜明、含意深刻。作者由用井冈山毛竹做的扁担来挑粮食，联想到用这扁担来挑中国革命的重担，而且经过漫漫长途，从井冈山一直挑到北京。这就不仅突出了井冈山毛竹扁担的“坚韧”和“结实”，同时也暗示出革命道路的艰难曲折，形象地表现出井冈山精神的强大生命力，热情歌颂了井冈山道路的伟大胜利。

三、名词的锤炼

名词虽然是表示人或事物的名称的，但在文学语言里也不全是平铺直叙的。当对人或事物融入某种深刻的感受时，当带着某种强烈的情感来表现某个人或事物时，也需要对相应的名词进行加工和锤炼：

或使其带有鲜明的形象色彩,给人以具体生动的感受;或使其能够表达某种特殊的意思,抒发作者的情感,引起读者的联想。例如:

①写呀写!他但愿创造的心血从现实生活的丛林吐放出鲜花!

(方敬《缅怀其人,珍视其诗文》)

这里“心血”这个名词,是经过精心锤炼而选用的。没有使用一般的“心思”和“精力”之类,而特意用了“心血”一词,其修辞作用在于:“心血”不仅具有“心思和精力”的理性意义,而且附有鲜明的形象色彩,给人的感受是具体而生动的,并能激发人们的情感。正是因为作者对何其芳先生为中国现代文学的发展所作出的贡献怀有强烈的崇敬之情,才能达到这样的修辞效果。

②失去了的和没有失去的童年和故乡,责备我么?欢迎我么?母亲的坟墓和正在走向坟墓的父亲!

(王蒙《春之声》)

这是文章开头一段最后的几个句子,写工程物理学家岳之峰坐在闷罐火车厢里返回阔别二十二年的家乡。此时他想起了童年和故乡,心里充满了种种复杂的情感,特别是在最后一个句子里,连用了两个名词“坟墓”,表达了对已故母亲的无限怀念和对病重父亲的深切担忧。“坟墓”本来是个中性词,不带有强烈的感情色彩,但经作者这么一用却如异峰突起,具有震撼人心的艺术力量,足以拨动读者的心弦。

名词的锤炼,还有时将两个以上相关的名词配合使用,使之在意义上相互映衬、相互补充,还能通过名词叠现构成列锦辞格。这种用法在古诗词中比较多见,在现代诗歌中也有应用,具有特殊的表现力。例如:

③三十功名尘与土,
八千里路云和月。

(岳飞《满江红》)

④赤卫军，青年团，红领巾，
走着咱英雄几辈辈人……

（贺敬之《回延安》）

例③精心锤炼使用了四个单音节名词：上一句中的“尘”“土”是比喻，表现了岳飞视功名如粪土的高尚情操；下一句的“八千里路”与“云和月”构成列锦辞格，其中的“云”“月”表示八千里远征的艰难险阻，表达了岳飞一心想收复中原、直捣黄龙府（当时的金人国都）的雄心壮志。例④是列锦辞格在现代诗歌中的运用，连续提炼使用了三个具有代表性的名词，歌颂了陕北几代人为中国人民的解放事业所作出的贡献。

四、其他词语的锤炼

除了动词、形容词、名词以外，其他实词如数词、量词、副词、代词、拟声词等，也包括某些虚词，如果锤炼选用得好，同样可以增强语言的表达效果，具有特殊的表现力。我们来看下面几个例子：

①一去二三里，烟村四五家。亭台六七座，八九十枝花。

（邵雍《一去二三里》，又名《山村咏怀》）

这首诗依次使用了从“一”至“十”的十个基本数词，并在每一句里配合使用了一个量词。全诗短短四句、二十个字，就用了十四个数词和量词，堪称一绝。这些数词和量词的巧妙使用，不仅起到了联结全诗的作用，而且使这首诗清新质朴、朗朗上口、别具一格。

②李成娘的心病话早就闷不住了，小娥这一下就给她引开了口。她把嘴唇伸得长长地哼了一声说：“不提媳妇不生气。古话说‘娶个媳妇过继出个儿’。媳妇也有本事，孩子也有本事，谁还把娘当个人啦？”说着还落了几点老泪。她擦过泪又接着说：“人家一手遮天了，里里外外都由人家管，遇了大事人家会跑到区上去找人家的汉，人家两个人商量成什么是什么，大小事不跟咱通个风。人家

办成什么都对！咱还没有问一句，人家就说‘你摸不着！’外边人来，谁也是光找人家！谁还记得有个咱？唉，小娥！你看娘还活得像个什么人啦？”

（赵树理《传家宝》）

这段话是妈同闺女的谈话，说的是儿媳妇的事，却一直使用“人家”来称呼，一连说了好几个“人家”。通过这个不定指代词，传达出一种曲折的情味，表现出婆婆对儿媳妇的不满情绪。

③还没等观众从眼花缭乱中反应过来，她已经展开身体，像轻盈的、笔直的箭，“哧”地插进碧波之中，几串白色的气泡拥抱了这位自天而降的仙女，四面水花则悄然不惊。

（夏浩然、樊云芳《“飞天”凌空——跳水姑娘吕伟夺魁记》）

这段话中的单音拟声词“哧”用得逼真而传神，既能表现出时间之短，又能表现出速度之快，还能表现出动作之轻，把跳水姑娘吕伟高超的跳水技艺刻画得淋漓尽致。如果去掉这个拟声词，表达效果就会大为减色。

④但中国人民决不以日本士兵及人民为仇敌，所以坚持抗战，誓死抗日者，迫于日阀侵略而自卫耳。而侵略中国亦非日本士兵及人民之志愿，亦不过为日阀胁从耳。为今之计，中日两国之士兵及人民应携起手来，立即反对与消灭此种罪恶战争，打倒日本军阀财阀，以争取两大民族真正的解放自由与幸福。否则中国人民固将更增艰苦，而君辈前途将亦不堪设想矣。

（聂荣臻《大战中的插曲》）

这是在抗日战争时期，聂荣臻元帅写给日军官兵一封信中的一段话，借送还在百团大战中救起的两个日本小女孩的机会，对日军进行政治攻心。文中加点的这些文言虚词和文言实词的使用，不但使语言更加简洁、表意更加准确，而且增加了语言的庄重色彩，显得感情真挚、义正词严。

⑤无数的白云正在空中怒涌，
啊啊！好幅壮丽的北冰洋的晴景哟！
无限的太平洋提起他全身的力量来要把地球推倒。
啊啊！我眼前来了的滚滚的洪涛哟！
啊啊！不断的毁坏，不断的创造，不断的努力哟！
啊啊！力哟！力哟！
力的绘画，力的舞蹈，力的音乐，力的诗歌，力的律吕哟！

（郭沫若《立在地球边上放号》）

郭沫若这首新诗写于1919年9、10月间，是他诗集《女神》中富有代表性的一首诗。诗人设想站在地球“边上”全方位俯瞰地球，放声呼唤，纵情高歌，想象着那怒涌的白云、壮丽的北冰洋和狂暴的太平洋，意在赞美摧毁旧世界、创造新生活的雄强之力。诗中在句首专门使用了四组叠音叹词“啊啊”，又在句尾配合使用了六个语气词“哟”，大大增强了诗歌的气势和节奏感，充分体现出五四运动所焕发的自由宏阔、雄奇奔放的气概。

思考与练习二

1. 谁最早在哪部著作中提出了“炼字”说？古人为什么将词语的锤炼称为“炼字”？

2. 什么是词语的锤炼？为什么说词语的锤炼是一个从整体到部分的具体过程？

3. 锤炼词语若从词类的角度着眼，主要是锤炼哪几类词？其中最常见的是哪一类词？

4. 锤炼和用好动词、形容词和名词，分别具有怎样的修辞作用？举例说明。

5. 指出下面的句子或段落中哪个词语锤炼得最好，并说明具有怎样的修辞作用。

①淡黑的起伏的连山，仿佛是踊跃的铁的兽脊似的，都远远地向船尾跑去了，但我却还以为船慢。

（鲁迅《社戏》）

②关于父爱，人们的发言一向是节制而平和的。母爱的伟大使我们忽略了父爱的存在和意义，但是对于许多人来说，父爱一直以特有的沉静的方式影响着他们。父爱怪就怪在这里，它是羞于表达的，疏于张扬的，却巍峨持重，所以有聪明人说，父爱如山。

（苏童《父亲》）

③有一天，我在家听到打门，开门看见老王直僵僵地镶嵌在门框里。

（杨绛《老王》）

④只要，只要，只要一个微笑。
初春，硬土中一针绿草。
雨停，云隙里一缕斜照。

（刘心武《一个微笑》）

第三节　相关词语的配合

词语的选择和使用，如果单从所用词语多少的角度来考察，无非包括两种情况：一是重点锤炼和用好某一个关键词语，使其选用得准确恰当、鲜明生动；二是当只使用一个词语不能充分表情达意时，就要选择两个以上相关的词语，使它们在意义上能够相互补充、相互衬托，共同表达更加丰富的内容。关于单独词语的选择和锤炼，我们已在上一节作了说明，在这一节中，接着再来探讨相关词语的配合问题。

关于词语的配合，在语法上和修辞上的含义是完全不同的。在语法上讲词语的配合，主要是从结构上着眼的，即看词语之间是否搭配得当,能否形成主谓、动宾、偏正(修饰)、补充、并列等结构关系,语句是否通顺,是否符合语法规则。而从修辞的角度讲词语的配合,主要是从意义上着眼的,即看所选用的相关几个词语,在意义上是否能够相互补充、相互衬托,使所表达的内容更丰富、更鲜明,取得更好的修辞效果。

通常情况下,词语之间在意义上的配合,主要涉及词汇学中所讲的同义词、反义词、类义词以及同音词、同素词等的选择和使用,因而就有了同义相辅、反义相衬、类义相通、同音相谐、同素相关等几种方法。

一、同义相辅

在现代汉语里,同义词异常丰富,其中又分为等义词和近义词。**意义相同的词叫等义词**,如"阴历年"和"春节","爸爸""父亲"和"爹","妻子""老婆"和"媳妇"等,它们都是对同一事物的不同称谓;**意义相近的词叫近义词**,如"美"与"俊","检举"与"揭发","损伤""损坏"与"损害"等,它们的基本意义相近,但又有着一些细微的差别。同义词的产生,是相近相似的客观事物、现象在语言词汇中的反映,是语言发达的表现。

在修辞上,同义词的选择和使用尤为重要。从广义上看,可以说词语的选择主要是对同义词的选择。一组同义词语,虽然基本意思相同或相近,但在意义和用法上又各有特点,或语义有轻重,或范围有大小,或感情色彩、语体色彩不同,或要求搭配的对象不同,等等。总之,它们各有各的表达功能,必须根据表达的需要认真选择,才能达到应有的修辞效果。

选好用好同义词,能够深刻地揭示事物的本质,精准地反映事物之间的细微差别,准确地表达人对客观事物的不同情感和态度。根据表达的需要,同时选用几个同义词语,可以获得同义相辅、丰富语义、避免重复、防止单调呆板等修辞效果。通常情况下，同义相辅的修辞方法主要有以下两种形式：

（一）同义词的交错运用

根据表达的需要，挑选两个或两个以上的同义词，在上下文里交错运用，可以避免用词重复、单调呆板，使语言生动活泼、富于变化。例如：

①真的猛士，敢于直面惨淡的人生，敢于正视淋漓的鲜血。

（鲁迅《记念刘和珍君》）

作者在这个句子中，交替使用"直面"和"正视"两个同义词，既避免了字面上的重复，又形成了工整的对偶，对真正的勇士给以双向的刻画和颂扬。

②它只是一片沉着的鼓声，鼓舞你爱，鼓动你恨，鼓励你活着，用最高限度的热与力活着，在这大地上。

（闻一多《时代的鼓手》）

这里连用了三个同义词"鼓舞""鼓动""鼓励"，都有振奋激励的意思，同时这三个词的感情色彩又不相同，搭配对象也不一样："鼓舞"是褒义词，选它同"爱"搭配；"鼓动"是中性词，选它同"恨"结合；"鼓励"也是褒义词，选它同"活着"搭配。这样选用同义词，既避免了用词重复，又使语言丰富多彩，富于变化，充分表达了作者对鼓手的赞许。

（二）同义词的连用

为了丰富语义、加重语气或表示强调，也有时为了词语音节上的复沓，使句子念起来能够站得稳、顿得住，连续使用两个以上的同义词语，能够在语义和语音上，都收到较好的修辞效果。例如：

③发动机的咆哮声越来越大，舰载机越来越近了。绕舰一转弯，二转弯，放下起落架，放下尾钩，歼－15舰载机像凌波海燕，轻巧灵活地调整好姿态飞至舰艉后上方，对准甲板跑道，以几近完美的

轨迹迅速下滑。

（蔡年迟、蒲海洋《一着惊海天——目击我国航母舰载战斗机首架次成功着舰》）

这一段写的是2012年11月23日上午，我国第一架歼－15舰载战斗机在渤海海域成功着舰之前的情景。作者在前文简洁准确的叙述基础上，又接连使用了“轻巧”和“灵活”两个形容词，把飞行员熟练的驾驶技术和飞机着舰之前的姿态，表现得形象而鲜明。

④临行那一天，由于肝痛得厉害，他是弯着腰走向车站的。他是多么舍不得离开兰考啊！一年多来，全县149个大队，他已经跑了120多个。他把整个身心，都交给了兰考的群众、兰考的斗争。正像一位指挥员在战斗最紧张的时刻，离开炮火纷飞的前沿阵地一样，他从心底感到痛苦、内疚和不安。他不时深情地回顾着兰考城内的一切，他多么希望能很快地治好肝病，带着旺盛的精力回来和群众一块儿战斗啊！

（穆青、冯健、周原《县委书记的榜样——焦裕禄》）

这段话写的是县委书记焦裕禄，离开兰考去医院治病时的情景。他才42岁，身患肝癌，已到晚期。在此之前，他曾多次忍受着病痛的折磨，坚持战斗在抗灾斗争第一线。这段话在描写焦裕禄的心情时，接连使用了“痛苦”“内疚”“不安”三个形容词，把他不得不离开工作岗位的痛苦，对党和人民的愧疚，以及对自己肝病的担忧等各种复杂的情感，都表现得淋漓尽致，深刻揭示出人物的内心世界。

二、反义相衬

在现代汉语词汇中，除了有大量表示事物相同或相似特征的同义词外，还有不少表示事物相反或相对特征的反义词。反义词又可分为两种：**两个词的意义相反是“绝对反义词”**，如“动—静”“破—立”“正确—错误”“团结—分裂”等，其特点是所表达的概念意义相互排斥，肯定了一方就必然否定了另一方；**两个词的意义相对是“相对反义词”**，如“黑—白”“冷—热”“开头—结尾”“上升—下降”等，其特点是所表示的概念意义经常处于并举和对等位置，具有鲜明的对比关系。**构成反义词的基本要求**：属于同一意义范畴，词类相同，音节和结构对称。如上边所举各组反义词，都符合这三项要求。而“冷”与“白”不能构成反义词（不属于同一种意义范畴），“聪明”与“傻子”不能构成反义词（词类不同，前者是形容词，后者是名词），“窄”与“宽阔”也不能构成反义词（音节与结构都不对称），凡不能同时符合反义词的三项要求者，其反义关系就不成立。

反义词的选择和使用，也在词语修辞中占有重要位置。反义词的修辞作用，是在对举中实现的，即把对立的事物或概念加以对举，互相对照和比较，用于揭示事物的本质或真伪，以收到是非显豁、旗帜鲜明的表达效果。运用反义词的具体修辞作用，主要表现在以下几个方面。

第一，反义词对举可以构成鲜明的对比，增强语言的说服力和战斗力。例如：

①就说苏秦、张仪吧，他们似乎也有“巧速”与“拙迟”之分。苏秦巧，张仪拙，苏秦速，张仪迟，然而张仪成功而苏秦失败了。

（郭沫若《相见以诚》）

作者在这段话里，对举了“巧速”与“拙迟”、“巧”与“拙”、“速”与“迟”、“成功”与“失败”四组反义词，具体写出了二人的不同表现和不同结果，反义映衬，对比鲜明，深刻揭示出事物之间的辩证关系。

第二，反义词对举可以构成警句，使语言精练警策，富有感染力。例如：

②虚心使人进步，骄傲使人落后，我们应当永远记住这个真理。

（毛泽东《中国共产党第八次全国代表大会开幕词》）

毛主席在这句话中，对举了“虚心”和“骄傲”、“进步”和“落后”两组反义词，并形成了对偶形式，使语句简短有力，相反相成，包含了深刻的人生哲理。

第三，多组反义词对举，有时可起到浑括概指的修辞作用。例如：

③人生若真如一场大梦，这个梦倒也很有趣的。在这个大梦里，一定还有长长短短，深深浅浅，肥肥瘦瘦，甜甜苦苦，无数无数的小梦。

（朱自清《〈忆〉跋》）

这是作者为俞平伯的诗集《忆》所写的跋，通过连续对举四对反义词，并采用叠音的形式，以“长长短短”“深深浅浅”“肥肥瘦瘦”“甜甜苦苦”概括了人生的各种经历——那“无数无数的小梦”，耐人寻味而又富有感染力。

第四，利用反义词肯定和否定两种不同的说法，既可避免用词重复，又可收到错综与婉曲的修辞效果。例如：

④张得贵，真好汉，
跟着恒元舌头转；
恒元说个长，得贵说不短；
恒元说个方，得贵说不圆。

（赵树理《李有才板话》）

这里的“长”和“不短”、“方”和“不圆”，都是运用反义词的肯定和否定两种不同说法所形成的同义语，既避免了用词重复，又使语言错综变化、生动活泼；既具有婉曲的修辞效果，又增加了讽刺意味。

三、类义相通

在现代汉语词汇中，除了有不少同义词和反义词外，还存在着一部分类义词。**所谓类义词，是指在意义上同属一类事物的并列的一组词。**例如："赤、橙、黄、绿、青、蓝、紫"是一组表示色彩的类义词；"音高、音强、音长、音色"是一组表示声音概念的类义词；"春、夏、秋、冬"是一组表示季节的类义词；"衣、食、住、行"是一组表示人们生活方式的类义词，"吃、喝、嫖、赌"是一组表示人的不良生活习惯的类义词，等等。类义词的特点是，在意义上相互关联而又各不相同。

类义词这种同中有异、异中有同的特点，使其在语言表达中具有独特的修辞作用。在叙述或描写某一事物时，如能恰当地选择适用于该事物的一组词语，也可以取得类义相通、相互补充的修辞效果，把述说对象表现得更加具体、鲜明、生动。例如：

①我结婚那一年，才十九岁。二十一岁，有了阿九；二十三岁，又有了阿菜。那时我正像一匹野马，哪能容忍这些累赘的鞍鞯、辔头和缰绳？摆脱也知是不行的，但不自觉地时时在摆脱着。

（朱自清《儿女》）

在这里，作者首先把没结婚之前无拘无束的自己比作"一匹野马"，接着使用了一组与之相关的类义词。"鞍鞯"是马鞍子和下面的垫子，"辔头"指驾驭牲口用的嚼子，"缰绳"是牵牲口用的绳子。这个比喻及这组类义词的使用，把结婚以后家庭和子女所带来的压力、束缚与烦恼，表现得形象生动、淋漓尽致。

②若是在鄙野的乡间，这时令满耳是虫声了。白天与夜间一样地安闲：一切人物或动或静，都有自得之趣；嫩暖的阳光或者轻淡的云影覆盖在场上，到夜呢，明耀的星月或者徐缓的凉风看守着整夜，在这境界这时间唯一的足以感动心情的，就是虫儿们的合奏。它们高、低、宏、细、疾、徐、作、歇，仿佛曾经过乐师的精心训练，所以这样地无可批评，踌躇满志。

（叶圣陶《没有秋虫的地方》）

这段话描写乡间秋景，特别是描写秋虫在夜间鸣叫的声音，选用了“高、低、宏、细、疾、徐、作、歇”这一组八个类义词，而且又各有不同的角度：“高”与“低”是描写声音高低的，“宏”与“细”是描写声音大小的，“疾”与“徐”是描写声音快慢的，“作”与“歇”这两个动词又是描写叫声的开始与停止的。作者通过这组类义词的选用，使它们类义相通，各得其所，把秋虫合奏的声音描绘得惟妙惟肖、细致入微。

四、同音相谐

现代汉语里存在着大量的同音词。**语音形式完全相同（包括声、韵、调）而意义完全不同的一组词称为同音词。**例如“旧、救、舅、厩、臼、咎、疚、柩、就”是一组单音节同音词，“公式、公事、公示、攻势、工事”是一组双音节同音词。在字形相同的双音词中，如果某个语素的读音有轻重之别，不能算作同音词，如“地方”（读作 dì fāng，与中央相对）与“地方”（读作 dì · fang，某一区域或空间的一部分）不能视为同音词，因为“方”的声调轻重有区别意义的作用。

同音词依据字形的异同，又可分为两类：一是异形同音词，如“情、晴、赌、擎”是一组异形同音词，“报复”与“抱负”也是一组异形同音词；二是同形同音词，如“白”（颜色）、“白”（道白）、“白”（白跑一趟）是一组同形同音词。现代汉语中，异形同音词较多，同形同音词较少。

在语言运用中，同音词具有特殊的修辞作用。这主要表现在以下几个方面。

第一，可以利用同音关系构成语义双关，表现说话人的机智，或表达某种言外之意，增加语言的情趣。例如：

①鲁大海　（挣扎）放开我，你们这一群强盗！

　周　萍　（向仆人们）把他拉下去！

鲁侍萍 （大哭起来）哦，这真是一群强盗！（走至周萍面前，抽咽）你是萍，——凭，——凭什么打我的儿子？

（曹禺《雷雨》）

这段对白中的“萍”，接着说下去就是“萍儿”，但鲁侍萍突然意识到不该说出真相，就机敏地利用同音词“凭”避开原来的意思，构成谐音双关。

②高山打鼓远闻声，

三姐唱歌久闻名，

二十七钱摆三注，

九文九文又九文。

（歌剧《刘三姐》）

这段唱词的最后一句，是利用同音词构成的双关辞格，也属于谐音双关，用“九文”谐“久闻”。这种表达方法，使语言新颖奇特，意趣盎然，进一步增强了表现力，给人留下深刻的印象。

第二，利用同音词的特点，故意曲解，移花接木，使语言表达轻松诙谐，幽默风趣。例如：

③阿凡提来到皇宫门口，便扭转身子，把屁股朝着皇帝，倒着上殿去。皇帝看见，骂道：“你这是干什么？阿凡提，还不转过身来，赶紧给我办紧要事。”“我怎么能转过身来呢？”阿凡提说，“上次您说过，再也不要见我的面了。那有什么法子？今天，只好请您见我的屁股了。”

（《阿凡提的故事》）

在这里，阿凡提抓住上次见面时皇帝说过的一句话，故意把“面”曲解为“脸”，所以这次再面见皇帝时，便转过身去故意给皇帝屁股看，巧妙地嘲弄了皇帝。这种移花接木的手法，使语言表达诙谐风趣。

第三，利用同音词构成歇后语，取得活泼俏皮、意味深长的表达效果。例如：

④老孙头冲着他脸说:“谁推选你当主任的？你们几个狐朋狗友,耗子爬秤钩,自己称自己……”

(周立波《暴风骤雨》)

老孙头在这句话里,用同音词“称”构成歇后语,表面上是说称一称自己有多重,实际上说的是自己“称呼”自己。使用这种同音词的歇后语,既增加了讽刺意味,又使语言生动活泼、耐人寻味。

第四,同音词并列使用,可以构成同音对举的修辞手法,同中见异,或含义深刻,耐人寻味;或风趣幽默,新颖活泼。例如:

⑤今天我是以“田汉”的资格欢迎田汉,晓庄是为农民而办的学校。农民是晓庄师生的好朋友。我们的教育是为种田汉而办的教育。……所以我是以一个“种田汉”代表的资格在这儿欢迎田汉……。

(戴自俺《“田汉”欢迎田汉——记南国社到晓庄师范演出》)

这里前边加引号的“田汉”和后边的“种田汉”,都指的是农民;另外两处不加引号的才指的是现代剧作家田汉。通过这两个同形同音词的拈连对举,拉近了欢迎者与被欢迎者的距离,给人以巧妙新奇的感觉。

⑥苗雨田接着介绍道:“大叔是村民委员会的通讯员,又是接待员,还是保管员,真是个连中三元!”说完又哈哈大笑起来。

(马烽《葫芦沟今昔》)

这段对人物介绍的话语中,先出现“通讯员”“接待员”“保管员”,接着又说“连中三元”,使三个“员”与一个“元”形成同音对举,既在意义上有一定的联系,又增加了语言的趣味性,显得轻松而活泼。

五、同素相关

现代汉语词汇中,还存在着一些同素词。在词汇学里,**构词语素完全相同的一组词称为同素词。**

同素词从结构（语素的排列次序）上，可分为同序的同素词和异序的同素词两类。如“下场（结局）—下场（退场）”“烟火（烟和火）—烟火（节日燃放的礼花和鞭炮）”“雨水（下雨落的水）—雨水（节气名称）”，都是语素次序相同的同素词；而“感情—情感”“痛苦—苦痛”“裁剪—剪裁”，都是语素次序不同的同素词。

同素词从意义上进行分类，可分为同义的同素词、异义的同素词两类。如“山河—河山”“开展—展开”这两组词，前后两个词的意义相同或相近，所以都属于同义的同素词；而“花费（消耗的金钱）—花费（因使用而消耗掉）”“罪犯—犯罪”这两组词，前后两个词不仅意义完全不同，连词类也不相同（前者都是名词，后者都是动词），所以都属于异义的同素词。

以上所说的是严格意义上的同素词，或者两个语素完全相同，或者两个语素的次序不同。广义的同素词，还包括构词语素部分相同的同素词，如“坚定—坚强—坚毅”（前边的语素相同），“平常—时常—往常”（后边的语素相同），都分别是一组意义相近的同素词。

选择和使用同素词，也具有特殊的修辞作用。这主要表现在以下几个方面。

第一，选择意义不同或意义相近的同素词，可以通过巧妙的对举，取得拈连或映衬的修辞效果，使两种不同事物或现象对比鲜明，增强语言的生动性。例如：

①但预想并不等于实现，一万之外常常出现万一。

（高晓声《磨牙》）

②前方吃紧，后方紧吃。

（电影《一江春水向东流》）

例①的“一万”和“万一”并用，具有拈连的修辞效果，深刻说明了事物发展变化的客观规律；例②的“吃紧”与“紧吃”形成鲜明的对比，具有相互映衬的修辞效果，有力揭露和抨击了国民党官员大发战争财的腐败行为。

第二，选用意义相同而语序不同的同素词，有时是为了押韵的需要；有时可使字面错综，避免重复和单调呆板，使语言表达生动活泼。例如：

③枪林弹雨

只不过装点一下

祖国的广阔的花园，

你和我

任何一根毫毛

都不会抖战！

（郭小川《赠友人》）

④富翁胖到要发哮喘病了，才去打高尔夫球，从此主张运动的紧要。我们平时，是决不记得自己有一个头，或一个肚子，应该加以优待的，然而一旦头疼肚泻，这才记起了他们，并且大有休息要紧，饮食小心的议论。

（鲁迅《南腔北调集》）

例③中最后一句使用"抖战"是为了押韵，它与动词"战抖"的意义基本相同；例④中的"紧要"和"要紧"都是形容词，也是一组同义的同素词，是为了避免用词呆板而错综使用的，增加了语言的诙谐情趣。

第三，选择使用语素部分相同的同素词，由于意义相通而又同中有异，不仅能够形成鲜明对照，深刻反映出客观事物之间的微妙关系，而且音调和谐，语义奇警，发人深思。例如：

⑤大陆上的秋天，无论是疏雨滴梧桐，或是骤雨打荷叶，听去总有一点凄凉，凄清，凄楚，于今在岛上回味，则在凄楚之外，再笼上一层凄迷了。

（余光中《听听那冷雨》）

⑥这就是文人学士究竟比不识字的奴才聪明，党国究竟比贾府

高明，现在究竟比乾隆时期光明：三明主义。

（鲁迅《言论自由的界限》）

例⑤中的“凄凉”“凄清”“凄楚”“凄迷”是一组同素词，首字的语素相同而意义相连，末字的语素不同而表示不同的意义，彼此相互映衬和补充，鲜明而突出地描写出作者对秋雨的独特感受。

例⑥中的“聪明”“高明”“光明”也是一组同素词，它们虽然各自表示不同的意义，却因后一个语素相同而紧密联系在一起，再加上后边的结语“三明主义”，使语义奇警而耐人寻味，对国民党反动派和部分文人学士给以辛辣的讽刺。

思考与练习三

1. 词语的选择和使用若从所用词语多少的角度来考察，包括哪两种情况？从修辞上讲词语的配合与从语法上讲词语的配合有什么不同？

2. 词语之间的配合主要涉及词汇学中所讲的哪几类词？常见的有哪几种修辞方法？

3. 什么是同义词？同义词分为哪两种？同义词在意义和用法上有哪些差别？

4. 同义词的选择在修辞上具有什么重要作用？同时选用几个同义词语可以获得怎样的修辞效果？同义相辅的修辞方法主要有哪两种形式？举例说明。

5. 什么是反义词？反义词分为哪两种？它们各自具有什么不同特点？

6. 反义词的修辞作用是怎样实现的？运用反义词的修辞作用表现在哪些方面？举例说明。

7. 什么是类义词？类义词的特点是什么？选用类义词具有怎样的修辞作用？举例说明。

8. 什么是同音词？同音词从字形上分为哪两类？选用同音词具有哪几个方面的修辞作用？举例说明。

9. 什么是同素词？同素词在结构上和意义上各分为哪两类？广义的同素词还包括哪种形式？分别举例说明。

10. 选用同素词具有哪几个方面的修辞作用？举例说明。

11. 找出下面句子或段落中选用的同义词、反义词、类义词、同音词、同素词，并分别说明它们具有怎样的修辞作用。

①他的充着血的眼睛仍然直视着前面，街面上接连的汽车咆哮声都不曾惊破他眼前的幻影。他走到沧洲别墅转角处便伫立住了，凝视着街心的路标灯不动，这是他的儿子们平时散步到这儿来最爱留心注视的。

（郭沫若《歧路》）

②真的、善的、美的东西总是在同假的、恶的、丑的东西相比较而存在，相斗争而发展的。

（毛泽东《关于正确处理人民内部矛盾的问题》）

③我去的那日，天也作美，明净高爽，好得不能再好了。

（杨朔《香山红叶》）

④《消费扶贫"给鱼不如给渔"》

（《红山晚报》2020年9月1日第11版标题）

⑤曹振德带领民兵和群众，拉开距离，像梳子梳头发一样漫过山沟、山洼、山梁、山峰。

（冯德英《迎春花》）

第三章　炼　句

句子是语言在交际中的基本运用单位。人们相互之间交流感情和传达信息,都是通过一个个句子来完成的。单个的词语虽然也能表示一定的意义,但它只是语言的建筑材料,还不是一个完整的交际单位,只有将它们组织成为一个或几个相互联系的句子,才能表达完整而确切的意思,实现语言的交际功能。因此,我们不但要注意词语的修辞,而且要研究句子的修辞,掌握增强句子表达效果的修辞方法。古人早就注意到这个问题,因而将"炼句"与"炼字"摆在同等重要的位置。**所谓炼句,就是对句子从意义、结构、表现方法等方面进行反复推敲和加工锤炼,以追求最理想的表达效果。**

汉语的句子丰富多彩,可以从不同的角度进行分类,这就形成了各种各样的句式。不同的句式,有着不同的表达特点和作用,它们相互配合、相互补充,形成了汉语严密的句式系统。句子的组织和锤炼,对增强语言表达效果具有基础性作用,因而是修辞的重要内容之一。本章讲句子修辞,首先总述句子锤炼的基本要求,然后分别从句式选择和语气调整两个方面,介绍各种句式的特点和语气调整的方法,并分析和比较其不同的修辞作用。

第一节　句子锤炼的基本要求

人们在说话和写作中，总是根据表达的需要，认真地选择词语和组织句子，选用适当的句式，对句子的内容和结构等进行加工提炼，自觉追求最佳的表达效果。此外，在言语表达时，往往不只使用一个句子，有时需要将几个或更多句子连起来使用，以表达更加丰富、复杂的内容，这就使句子与句子之间产生了联系。因此，我们在组织和使用句子时，不仅要注意到每一句话是否合乎语法，还要注意到是否符合逻辑事理以及修辞效果如何；不仅要注意某一个句子表达得怎样，还要注意句子之间的相互联系和配合，看是否能够形成一个表达顺畅的有机整体。所以，在通常情况下，句子的组织和锤炼，要达到以下几项基本要求。

一、句子内部要组合得当

人们在交际活动中，句子是语言的基本运用单位。而一般所说的词或短语，只能表示一个简单或复杂的概念，只有将它们组织成一个句子以后，才能表达一个完整的意思。词和短语，都是语言的建筑材料，但它们同句子有着根本的区别：例如我们从字典中查出的“集合”只是一个动词，表示许多分散的人或物聚在一起的意思；而班长在战士们面前喊“集合！”这就具备了一个句子的表达功能，战士们听到以后会立刻列队站在班长面前，等候下一步的指示。可见，句子同词和短语的区别并不在于“量”的多少，而在于是否同现实产生了某种联系，是否带有特定的语调，是否能够实现交际功能。

句子是由词或短语加上成句的语调（有时还要加上语气词等）构成的。在结构上，意思简单的句子只由一个词或短语组成，意思复杂的句子可以由几个词或短语组成。句子又分为单句和复句，当使用一个单句不能把意思表达得清楚完整时，就要把几个单句（分句）组织成一个复句。每个单句或分句，都具有一定的结构成分和结构方式；复句里的各个分句之间，也都有一定的排列次序，表示一定的结构关系。因此，不管是单句的各个成分之间，还是复句的各个分句之间，都要组合得当，既符合语法规范，又符合表义需要，这样才能更好地实现句子的交际功能。例如：

①要求于人的甚少，给予人的甚多，这就是松树的风格。

（陶铸《松树的风格》）

②我想：所谓共产主义风格，应该就是要求于人的甚少，而给予人的却甚多的风格；所谓共产主义风格，应该就是为了人民的利益和事业不畏任何牺牲的风格。

（同上）

上边的例①是一个单句，“要求于人的甚少，给予人的甚多”是全句的主语，后边的部分用“这”复指，构成主谓短语做谓语，把松树的风格概括得鲜明而精当；例②则是一个复句，前边的“我想”是句子的独立成分（插入语），后边由两个分句组成（中间用分号），将共产主义风格概括为两个方面，按照语意轻重的次序排列，使表意层层递进，给人留下鲜明而深刻的印象。

二、句子之间要连贯通畅

一个句子，只是一个能够独立运用的基本表义单位，只能表示某种单一的意思。而要表达更加复杂的意思，就需要把几个句子连贯起来，组织成一个句群或段落，这就有了句子之间的配合问题。句子与句子之间的组合应该衔接紧密，才能够使语意畅通。为达到这种修辞效果，应该做到以下两点。

第一，句子与句子要上下衔接。

不管是将几个分句组织成一个复句，还是将几个单句和复句组织成一个句群，都要注意保持前后句子之间在意义上的连贯性，先说什么，后说什么，认真安排好语序，才能使语意畅通无阻，防止造成句子内容前后脱节。此外，还要注意保持叙述角度的一致，特别是在一个复句内部，如果各个分句的主语不一致，就会造成叙述角度的混乱，影响语意的表达。例如：

①初秋的夜晚，星光叶影里阵阵的小风，祥子抬起头，看着高远的天河，叹了口气。这么凉爽的天，他的胸脯又是那么宽，可是他觉到空气仿佛不够，胸中非常憋闷。他想坐下痛哭一场。以自己的体格，以自己的忍性，以自己的要强，会让人当作猪狗，会维持不住一个事情，他不只怨恨杨家那一伙人，而渺茫的觉到一种无望，恐怕自己一辈子不会再有什么起色了。拉着铺盖卷，他越走越慢，好像自己已经不是拿起腿就能跑个十里八里的祥子了。

（老舍《骆驼祥子》）

这段话是写祥子一气之下辞掉在杨家拉包月的差事后的沮丧心情。由四个复句和一个单句组成，在语意上衔接紧密：前边三个句子用初秋夜晚的景物来反衬祥子的懊恼心情，由“叹了口气”到“胸中非常憋闷”再到“想坐下痛哭一场”，层层递进；第四个句子具体描写祥子的心理活动，在怨恨杨家的同时又深深地自责，“渺茫的觉到一种无望”；第五个句子继而写他“越走越慢”，好像已经换了个人一样。这样安排语序，使各个句子之间前后连贯，整个段落语意贯通。

*②但是，党的政策的落实并不是那么轻而易举的事。正像《大雁情》所描写的，尽管对党的知识分子政策作了反复宣传，许多知识分子仍受着种种精神枷锁的束缚，而不能充分调动他们献身四化的积极性。

在这段话里，后一个句子中的后两个分句叙述角度不一致：前一分句是从知识分子角度说的，而后一分句又是从党的政策角度说的，致使语意衔接不紧密。如将后一分句改为“他们献身四化的积极性还没有充分调动起来”，使这两个分句的叙述角度一致起来，就会使语意贯通，表达效果更好一些。

第二，句群或段落内部要层次清晰。

在通常情况下，一个句群或段落，都是由几个句子组成的，特别是比较复杂的句群或段落，总是要分成几个不同的层次，才能将所要说的内容依次表达出来。因此，层次清晰不仅是组织句群或段落的基本要求，也是句子连贯的重要方法。一个句群或段落的层次是否清晰，主要取决于句子之间的次序排列是否得当，哪个句子在前，哪个句子在后，都关系到句子意义的表达和语气的连贯。当组织使用一连串的句子时，要根据整个句群或段落所要表达的中心意思，精心安排好每个句子的次序，使之在整体中发挥应有的作用。例如：

③进入天山，戈壁滩上的炎暑就远远地被撇在后边，迎面送来的雪山寒气，立刻会使你感到像秋天似的凉爽。/蓝天衬着高矗的巨大的雪峰，在太阳下，几块白云在雪峰间投下云影，就像白缎上绣上了几朵银灰的暗花。/那融化的雪水，从高悬的山涧、从峭壁断崖上飞泻焉，像千百条闪耀的银链。/这飞泻下来的雪水，在山脚汇成冲激的溪流，浪花往上抛，形成千万朵盛开的白莲。可是每到水势缓慢的洄水涡，却有鱼儿在跳跃。当这个时候，饮马溪边，你坐在马鞍上，就可以俯视那阳光透射到的清澈的水底，在五彩斑斓的水石间，鱼群闪闪的鳞光映着雪水清流，给寂静的天山添上了无限生机。

（碧野《天山景物记》）

这个段落共由三个句子和一个句群组成，描绘作者夏季进入天山的感觉和看到的景物。第一个句子写进入天山时雪山寒气带来的“凉爽”，第二个句子写“雪峰”，第三个句子写“雪水”，后边的句群写“溪流”。这个句群中的三个句子也排列有序，先写浪花，再写鱼儿，最后写饮马河边所见。整个段落的内容安排得井然有序，显得层次清晰、条理分明。

在一个段落里，当要同时表达两种以上相关的事物时，或者要同时表达一个事物的两个不同方面时，可以采取列举分承的方法，即先把两种以上的事物或方面一并列举出来，然后再分别加以说明。这样，更能使语意连贯、层次清晰、结构严谨。例如：

④最后，我们反对主观主义、宗派主义、党八股，有两条宗旨是必须注意的：第一是“惩前毖后”，第二是“治病救人”。/对以前的错误一定要揭发，不讲情面，要以科学的态度来分析批判过去的坏东西，以便使后来的工作慎重些，做得好些。这就是“惩前毖后”的意思。/但是我们揭发错误、批判缺点的目的，好像医生治病一样，完全是为了救人，而不是为了把人整死。一个人发了阑尾炎，医生把阑尾割了，这个人就救出来了。任何犯错误的人，只要他不讳疾忌医，不固执错误，以至于达到不可救药的地步，而是老老实实，真正愿意医治，愿意改正，我们就要欢迎他，把他的毛病治好，使他变为一个好同志。这个工作决不是痛快一时，乱打一顿，所能奏效的。对待思想上的毛病和政治上的毛病，决不能采用鲁莽的态度，必须采用“治病救人”的态度，才是正确有效的方法。

（毛泽东《整顿党的作风》）

这是文章结尾处的一个段落，起总结全文的作用，整段的内容分为三个层次，由列举分承的方法结构而成：第一层先一并列举出反对主观主义、宗派主义、党八股的两条宗旨——“惩前毖后”“治病救人”，然后再分别加以说明；第二层阐明什么是“惩前毖后”；第三层再具体论述怎样“治病救人”，把道理讲得既深入细致，又条理清晰。

三、语句要简练精粹

所谓简练，是指用简洁的句子表达丰富的内容，做到“言简意赅”。要认真提炼句意，凝缩结构，少用长句子，少用过长的修饰语，善于化长为短，把句子锤炼得简短凝练，明快有力。

所谓精粹，是指选用词语要精当，少用重复词语和多余词语，避免堆砌词藻，防止语句冗赘。写完以后要认真修改，坚决将可有可无的词语和句子删去，使语言简洁精练，表意准确鲜明。

自古以来，很多著名文学家都推崇简洁的风格，将其视为“文章尽境”。我们来看下面这两个例子。

①出太原西南行五十里，有一座山名悬瓮。山上原有巨石，如瓮倒悬。山脚有泉水涌出，就是有名的晋水。在这山下水旁，参天古木中林立着百余座殿、堂、楼、阁、亭、台、桥、榭。绿水碧波绕回廊而鸣奏，红墙黄瓦随树影而闪烁，悠久的历史文物与优美的自然风景，浑然一体，这就是古晋名胜晋祠。

（梁衡《晋祠》）

这是这篇散文的第一自然段，对晋祠进行概括的说明和描写。仅用5个句子、100多字，就把晋祠的位置，悬瓮山、晋水及晋祠的自然风景和外观建筑等，清晰具体、形象鲜明地介绍出来。其中既有对山石“如瓮倒悬”的形象描写，还有对晋祠景物“绿水碧波绕回廊而鸣奏，红墙黄瓦随树影而闪烁”的概括描写，作者通过对偶辞格使语句凝练简洁，同时又使写景状物色彩鲜明、形象细腻、充满动感。这短短一百余字竟有这么大的容量和表现力，充分表现出作者驾驭语言的功力和简练精粹的风格。

②毛主席走下车来。和平日不同，穿一套半新的蓝布制服，皮鞋，头戴深灰色的盔式帽。整个装束，完全是像出门做客一样。这立刻引起人们一种深切的不安和离别的情绪，眼泪不由得涌了

出来。

（方纪《挥手之间》）

这是运用以情感人的方法，来达到言简意丰的目的：通过记叙和描写毛主席去参加重庆谈判时“和平日不同”“像出门做客一样”的“装束”来牵动人心，由此引发离别之情，表现出毛主席为了避免内战而不惜冒生命危险去参加谈判的伟大，寄寓了延安军民对毛主席的担心和不舍，这些复杂的内容和作者所寄予的无限深情，都通过短短几句朴实无华的语言表现出来。

四、语意要严谨周密

所谓严谨，是指句子表意要严谨，防止有不恰当和缺漏之处。要谨慎恰当地使用修饰语，准确地表示出句子的特殊含义和细微差别；句子成分的安排要得当，不能缺少必要的成分，影响语义的表达。

所谓周密，是指要把句子所表达的意思考虑得全面周到，防止片面性。每句话该说什么，不该说什么，说到什么程度，都要做到准确严密；句子与句子之间，也应该联系紧密，前有交代，后有照应，使表意通畅而完整。

语意的严谨周密，是句子修辞所追求的首要目标，对于增强语言表达效果具有重要作用。例如：

①共产党员对于落后的人们的态度，不是轻视他们，看不起他们，而是亲近他们，团结他们，说服他们，鼓励他们前进。共产党员对于在工作中犯过错误的人们，除了不可救药者外，不是采取排斥态度，而是采取规劝态度，使之翻然改进，弃旧图新。

（毛泽东《中国共产党在民族战争中的地位》）

这段话说明共产党员对待“落后的人们”的态度、对待“犯过错误的人们”的态度，都是运用“不是……而是……”的句法，从正反两个方面来阐述道理的，论述得周密全面。特别是在说明对待犯错误的人的态度时，专门在前边加了一个限制性状语“除了不可救药者外”，这就把这样的人排除在外，使表意十分严谨，避免了片面性。

②多年以来，人们强调主体性的重要，这是正确的。但是，发挥主体性，应以认识的客观性为前提。这里有一个改造世界与认识世界的关系问题。人类的主体性，主要在于能改造世界，但改造世界应以正确的认识为依据。只有正确地认识世界，才能有效地改造世界。有时在改造世界的过程中也能加深对于世界的认识，但是对于世界的正确认识还是改造世界的基本条件。

（张岱年《修辞立其诚》）

张岱年先生是一位哲学家，本文从“修辞立其诚”的角度，论述不管是学说、言论还是做人，都要讲究真实、符合科学和追求真理。这段话共由六个句子组成，逻辑严谨，表意周密，一层紧扣一层，深刻说明了人类的主体性与事物的客观性之间的关系，论述了“只有正确地认识世界，才能有效地改造世界”这一重要的唯物主义观点。

五、表达要形象生动

句子的锤炼，使语意严谨周密只是初步要求，在此基础上，还应该追求语言表达的形象生动，这样才能使读听者获得更加鲜明深刻的印象，并受到感染、引起共鸣。

所谓形象，是指在组织句子和选择词语时，尽量使语言形象化，把人或事物描写得具体可感，形象鲜明；所谓生动，是指语言要有生气、有力量，活泼而有趣味，不单调呆板、枯燥乏味，能够给人留下鲜明深刻的印象。在表达效果上，形象与生动是紧密相联的，形象的语言自然生动，生动的语言也往往带有形象性。

使语言表达形象生动的方法，除了精心选用词语外，还要展开丰富的联想，根据描写对象的特点，恰当地采用比喻、比拟、夸张、对比、示现等修辞手法，把人或事物描绘得更加形象、鲜明、生动。例如：

①云还没铺满天，地上已经很黑，极亮极热的晴午忽然变成了黑夜似的。风带着雨星，像在地上寻找什么似的，东一头西一头的乱撞。北边远处一个红闪，像把黑云掀开一块，露出一大片血似的。风小了，可是利飕有劲，使人颤抖。一阵这样的风过去，一切都不知怎么好似的，连柳树都惊疑不定地等着点什么。又一个闪，正在头上，白亮亮的雨点紧跟着落下来，极硬的，砸起许多尘土，土里微带着雨气。几个大雨点砸在祥子的背上，他哆嗦了两下。

（老舍《骆驼祥子》）

这段话描写夏季中午大雨来临之前的情景，描绘得细致入微、形象生动。句式简洁明快，加点的词语选用得精当生动，特别是运用了两处拟人辞格来描写风和柳树，运用了一处比喻辞格来描写闪电，使表达更加形象逼真，使人有一种身临其境之感。（加波浪线的句子为运用辞格，下同）

②她站在十米高台的前沿，沉静自若，风度优雅，白云似在她的头顶飘浮，飞鸟掠过她的身旁。这是达卡多拉游泳场的八千名观众一齐翘首而望、屏息敛声的一刹那。

轻舒双臂，向上举起，只见吕伟轻轻一蹬，就向空中飞去。一瞬间，她那修长美妙的身体犹如被空气托住了，衬着蓝天白云，酷似敦煌壁画中凌空翔舞的“飞天”。

（夏浩然、樊云芳《“飞天”凌空——跳水姑娘吕伟夺魁记》）

1982 年 11 月 24 日，在印度举行的第九届亚运会上，中国运动员吕伟获得女子十米跳台跳水比赛冠军。这是文章开头的两段，第一段描写她起跳之前的场景，运用衬托手法，以白云、飞鸟之动衬托她的沉静，并渲染出场内观众“翘首而望、屏息敛声”的紧张气氛；第二段描写她起跳时的优美动作，并接连运用了两个形象贴切的比喻，将她那蓝天白云衬托下的优美身姿描绘得动感强烈、形象鲜明，这种形象生动的语言表达，使文章的开头便先声夺人，在读者眼前展现出一幅优美的图画。

思考与练习一

1. 什么是句子？句子在人们的交际活动中有什么重要作用？我们为什么要学习和研究句子的修辞？

2. 什么叫炼句？句子的组织和锤炼应注意哪些方面，有哪些基本要求？

3. 句子同词和短语有什么根本区别？句子是怎样构成的？如何使句子内部组合得当？

4. 将句子（包括单句和复句）组织成为一个句群或段落时，怎样做到句子之间连贯通畅？在一个段落里要同时表达两种以上相关的事物时，如何使用“列举分承”的表达方法？

5. 什么是语句的简练、精粹？怎样使语句简练精粹？

6. 什么是语意的严谨、周密？怎样使语意严谨周密？为什么说语意严谨周密是句子修辞的首要目标？

7. 什么是表达的形象、生动？怎样使语言更加形象生动？为什么说表达形象生动是言语修辞的更高要求？

8. 分析下面两个段落，说明各表达了几层意思，各是由哪些句子和句群组成的，并说明在句子锤炼上有什么特点。

①我们中华民族在人类文明发展史上，曾经有过杰出的贡献。现在，在共产党的领导下，我们民族正在经历着一场伟大的复兴。恩格斯在谈到十六世纪欧洲文艺复兴时曾经说过，那是一个需要巨人而且产生了巨人的时代。今天，我们社会主义祖国的伟大革命和建设，更加需要大批社会主义时代的巨人。我们不仅要有政治上、文化上的巨人，我们同样需要有自然科学和其他方面的巨人。我们相信一定会涌现出大批这样的巨人。

（郭沫若《科学的春天》）

②半夜里，忽然醒来，才觉得寒气逼人，刺入肌骨，浑身打着战。把毯子卷得更紧些，把身子蜷起来，还是睡不着。天上闪烁的星星好像黑色幕上缀着的宝石，它跟我们这样地接近哪！黑的山峰像巨人一样矗立在面前。四围的山把这山谷包围得像一口井。上边和下边有几堆火没有熄，冻醒了的同志们围着火堆小声地谈着话。除此以外，就是寂静。耳朵里有不可捉摸的声响，极远的又是极近的，极洪大的又是极细切的，像春蚕在咀嚼桑叶，像野马在平原上奔驰，像山泉在呜咽，像波涛在澎湃。不知什么时候又睡着了。

（陆定一《老山界》）

第二节　句式的选择

汉语的表达方式丰富多彩，不仅有成千上万的词语供我们选用，可以组成数量无限的句子，而且有变化多样的句式供我们选择，为我们准确、细密、鲜明、生动地表达思想感情开辟了广阔的天地。我们平时说话和写文章，除了恰当地选择和使用词语以外，还要讲求句子的变化方法，掌握选择、运用不同句式的能力。

修辞学里所讲的句式，是一个比较宽泛的概念：它不仅包括语法里的句式，如主动句与被动句、肯定句与否定句、省略句与完全句、常式句与变式句等；还包括语法里很少涉及的类型，如长句与短句、整句与散句、紧句与松句、口语句式与书面语句式、文言句式与欧化句式等。因为这些不同类型的句式都与提高语言表达效果有关，所以它们都是修辞学研究的对象。从表达的角度看，同一个意思可以用不同的句式来表达，这就形成了修辞上所说的同义句式。**表示相同或相近意义的一组句子称为同义句式，它们在风格色彩、修辞功能、表达效果等方面存在着细微差别。**因此，句式的选择在较多情况下就是对同义句式的选择，即从若干同义句式中选择出一个最切合表达内容和上下文语境需要的句子来使用，以追求最好的表达效果。所以一般说来，同义句式掌握得越多，句式选择的余地就越大。只有善于选择和调整句式，才能够增强语言的表现力，收到理想的修辞效果。

为了全面了解与修辞有关的各种句式，并掌握其变换方法和修辞作用，下面对这些句式进行简要的介绍和说明。

一、长句与短句

句子从形体上，可分为长句与短句。

长句是指形体较长、结构比较复杂的句子；短句是指形体较短、结构比较简单的句子。长句与短句，既包括单句，也包括复句中的分句。长句的特点是修饰语比较多，并列成分比较多，词语之间的层次比较多；短句则与此相反。长句与短句只是相对而言的，之间没有明确的界限，也不必作出机械的划分。

长句与短句，各有各的用处，具有不同的表达效果。

长句多用于书面语中，特别是论说性的文章较多使用长句，文艺作品的描写和抒情部分也会运用长句。**长句的修辞效果是：**表意周密，丰满细腻，严肃庄重，具有较强的书面语色彩。例如：

①中国的革命的文学家艺术家，有出息的文学家艺术家，必须到群众中去，必须长期地无条件地全心全意地到工农兵群众中去，到火热的斗争中去，到唯一的最广大最丰富的源泉中去，观察、体验、研究、分析一切人，一切阶级，一切群众，一切生动的生活形式和斗争形式，一切文学和艺术的原始材料，然后才有可能进入创作过程。

（毛泽东《在延安文艺座谈会上的讲话》）

在这个复句中，有三个比较长的分句，其中加点的地方都是并列成分。在“到工农兵群众中去”前边加了三个状语，在“源泉”前边加了三个定语，尤其是在一个动宾结构的分句中，并列使用了四个动词和五个名词性成分，把文学家和艺术家如何深入群众、获取创作源泉的问题论述得全面而深刻。

②天气继续暖和，太阳光催开了那些桑拳头上的小手指儿模样的嫩叶，现在都有小小的手掌那么大了。老通宝他们那村庄四周围的桑林似乎发长得更好，远望去像一片绿锦平铺在密密层层灰白色矮矮的篱笆上。“希望”在老通宝和一般农民们的心里一点一点一天一天强大。

（茅盾《春蚕》）

这是在小说里对长句的运用。这段话里，加点的都是长句，其中有三个是复句里的分句，一个是单句；有两个长句用于细致入微的描写，两个长句用于详细的叙事，都表现出丰满细腻的修辞效果。

短句多用于口语之中，记叙类文章和各种文学作品，都较多地使用短句。运用短句，能够简单明了地叙述事实，如实生动地记录口语，便于表达紧张激动的情绪和坚决肯定的语气。**短句的修辞效果**：简洁明快，干脆有力，活泼自然，具有较强的口语色彩。例如：

③雨来刚到堂屋，见十几把雪亮的刺刀从前门进来，他撒腿就往后跑。背后咔啦一声枪栓响，有人大声叫道：“站住！”雨来没理他，脚下像踩着风，一直向后院跑。只听见子弹向他头上嗖嗖地飞来。可是后院没有门，雨来急出一身冷汗。靠墙有一棵桃树，雨来抱着树就往上爬。

（管桦《小英雄雨来》）

这段话叙述的是一个紧张的追逐场景，全部使用短句，交替写雨来和敌人的情况，叙事简洁，语义明快，画面感极强。

短句运用于抒情性的语言中，不仅可以表达激越有力的情感，还可以渲染出一种轻松活泼的气氛。例如：

④今天，这里有没有特务？你站出来！是好汉的站出来！你出来讲！凭什么要杀死李先生？（厉声，热烈的鼓掌）杀死了人，又不敢承认，还要诬蔑人，说什么“桃色事件”，说什么共产党杀共产党，无耻啊！无耻啊！（热烈的鼓掌）这是某集团的无耻，恰是李先生的光荣！李先生在昆明被暗杀，是李先生留给昆明的光荣，也是昆明人的光荣！（鼓掌）

（闻一多《最后一次讲演》）

⑤小草偷偷地从土里钻出来，嫩嫩的，绿绿的。园子里，田野里，瞧去，一大片一大片满是的。坐着，躺着，打两个滚，踢几脚球，赛几趟跑，捉几回迷藏。风轻悄悄的，草软绵绵的。

（朱自清《春》）

例④是一篇演讲词，全用短句，情绪激昂，刚健有力，充分表达出作者对国民党反动派卑劣的暗杀行径的强烈愤慨。例⑤是一篇抒情散文，在这段话里作者使用了一连串的短句，语音停顿增多，节奏舒缓，生动活泼地描绘出春天的景象和气氛，表达了作者轻松愉快的心情。

长句与短句，各有其长，也各有其短。如短句容量较小，不利于表现复杂的内容；而长句则不够活泼，不够简便。所以通常情况下，人们都将长句与短句结合运用，这样可以取长补短，相得益彰。例如：

⑥大道之行，天下为公。站立在九百六十多万平方公里的广袤土地上，吸吮着五千多年中华民族漫长奋斗积累的文化养分，拥有十三亿多中国人民聚合的磅礴之力，我们走中国特色社会主义道路，具有无比广阔的时代舞台，具有无比深厚的历史底蕴，具有无比强大的前进定力。全党全国各族人民要紧密团结在党中央周围，高举中国特色社会主义伟大旗帜，锐意进取，埋头苦干，为实现推进现代化建设、完成祖国统一、维护世界和平与促进共同发展三大历史

任务，为决胜全面建成小康社会、夺取新时代中国特色社会主义伟大胜利、实现中华民族伟大复兴的中国梦、实现人民对美好生活的向往继续奋斗！

（习近平《在中国共产党第十九次全国代表大会上的报告》）

这是报告结尾的一段，短句与长句结合使用。其中加点的短句简明有力，运用了对偶和排比的修辞手法；长句含义丰富，周密严谨，特别是第二个句子中前三个分句“站立”“吸吮”和“拥有”所带的长补语和长宾语，最后一个句子的后两个分句用两个“为”对三大历史任务和今后奋斗目标的表述，都使用长句表达得准确而完整，给人以极大的鼓舞和无穷的力量。

一般说来，长句比较难于运用，而且同样的意思，如果能够用短句来表达，读者理解起来也比较方便。因此，在可以用长句也可以用短句的地方，最好还是使用短句。

将长句化为短句，主要有以下几种方法。

1. 分散法

有的长句，修饰语较多、较长，可以把它们抽出来，化为几个短句。例如：

①原句：他是一个头脑灵活、善于学习、勇于开拓又求真务实的优秀年轻干部。

改句：他是一个优秀年轻干部，头脑灵活，善于学习，勇于开拓，又求真务实。

2. 移位法

有的长句，中心语的前边带有多层状语或多层定语。如果有的状语能够移到前边做句首状语，有的状语或定语能够移到句尾，就可以把一个长句变为几个短句或语言片段，同时还能够增强语言的表现力。例如：

②原句：祭扫烈士墓的人们从上午九点开始就从部队驻地、从

机关单位、从学校、从附近的农村陆续来到南山烈士陵园。

改句：从上午九点开始，祭扫烈士墓的人们就陆续来到南山烈士陵园，从部队驻地，从机关单位，从学校，从附近的农村。

3. 重叠法

有的长句含有较长的并列成分，可以将各并列项拆开，并重复使用与之有语法关系的某一词语，形成一种重叠句式（两项并列）或排比句式（三项以上并列）。这样不仅不会影响原来语意的表达，还会使层次更加清楚，重点更加突出。例如：

③原句：我们要建立健全绿色生产消费的法律制度和绿色低碳循环发展的经济体制。

改句：我们要建立健全绿色生产消费的法律制度，建立健全绿色低碳循环发展的经济体制。

④原句：我们要有共产党人的责任心和胆略，勇于研究生动的实际生活、现实的确切事实、新的实践中提出的新问题。

改句：我们要有共产党人的责任心和胆略，勇于研究生动的实际生活，研究现实的确切事实，研究新的实践中提出的新问题。

4. 称代法

有的长句，修饰语是一个较长且完整的结构，可以将其各项抽出来另立一句，并在原来的中心语和修饰语前边，分别使用相应的代词来指称它们。这不仅可以化长为短，还能够使原来的修饰语所表达的内容更加鲜明突出。例如：

⑤原句：人民群众欢迎坚持全心全意为人民服务宗旨、时刻把群众利益挂在心上、清正廉洁而不谋私利、具有一定理论水平和专业知识的领导干部。

改句：人民群众欢迎这样的领导干部，他们坚持全心全意为人民服务宗旨，时刻把群众利益挂在心上，清正廉洁而不谋私利，具有一定理论水平和专业知识。

5. 停顿法

还有的长句,既不需要移位,也不需要称代,只需要在适当的地方增加语音停顿,就可以将一个长句变为几个短句或语言片段,还不影响语意的表达。例如:

⑥原句:这些刊物里面一个一个的字像火星一样地点燃了他们弟兄的热情。那些新奇的议论和热情的文句带着一种不可抗拒的力量压倒了他们三个人,使他们并不经过长期的思索就信服了。

改句:这些刊物里面一个一个的字,像火星一样地点燃了他们弟兄的热情。那些新奇的议论和热情的文句,带着一种不可抗拒的力量压倒了他们三个人,使他们并不经过长期的思索就信服了。

二、整句与散句

句子从结构上,可以分为整句与散句。单个的句子无所谓整散,但许多句子组织在一起,就有了整散的区别。句子之间的整齐或错落,也会使语言显示出一种齐整美或参差美。

结构相同或相似,排列形式比较整齐的一组句子叫整句。构成整句的修辞方式主要有对偶、排比、顶真、回环等,其他音节整齐匀称的形式也可以构成整句。例如:

①黄花满地,白柳横坡。小桥通若耶之溪,曲径接天台之路。石中清流滴滴,篱落飘香;树头红叶翩翩,疏林如画。西风乍紧,犹听莺啼;暖日常暄,又添蛩语。遥望东南,建几处依山之榭;近观西北,结三间临水之轩。笙簧盈座,别有幽情;罗琦穿林,倍添韵致。

(曹雪芹《红楼梦》第十一回)

这里的整个段落,都是由对偶构成的整句:前边两个句子的对偶形式是独句对,后边四个句子的对偶形式是隔句对(又称“扇面对”),都对得十分工整。该段落完全采用骈体文的形式,来描写宁国府的园中秋色,显得文雅别致而耐人寻味。

②他们的品质是那样的纯洁和高尚，他们的意志是那样的坚韧和刚强，他们的气质是那样的淳朴和谦逊，他们的胸怀是那样的美丽和宽广！

（魏巍《谁是最可爱的人》）

这是由排比构成的整句，每个分句都使用“他们的……是那样的”格式进行关联，使几个分句结构相同、整齐划一，凝练而鲜明地说明了志愿军战士的崇高品格。

③声浪碰到群山，群山发出回响；声浪越过延河，延河演出伴奏；几番回荡往复，一直辐散到遥远的地方。

（吴伯箫《歌声》）

这里前边的两个分句，都是用顶真手法构成的整句，巧妙而生动地描写出声音传递的特点，并同第三个分句相呼应，描绘出延安大合唱的感人魅力。

④好个“友邦人士”！日本帝国主义的兵队强占了辽吉，炮轰机关，他们不惊诧；阻断铁路，追炸客车，捕禁官吏，枪毙人民，他们不惊诧。中国国民党治下的连年内战，空前水灾，卖儿救穷，砍头示众，秘密杀戮，电刑逼供，他们也不惊诧。在学生的请愿中有一点纷扰，他们就惊诧了！

（鲁迅《“友邦惊诧”论》）

上边这段话里加点的两组四字句，排列整齐，语气一致，结构相同或相似，采用消极修辞方式来调整音节和词语，也同样能构成整句，像一发发重型炮弹射向日本侵略者和国民党政府，义正词严地揭露了他们相互勾结、残害中国人民的滔天罪行。

结构不一致，排列不整齐，各种句式交错运用的一组句子叫散句。例如：

⑤那水呢，不但不结冰，反倒在绿萍上冒着点儿热气，水藻真绿，把终年贮蓄的绿色全拿出来了。天儿越晴，水藻越绿，就凭这些

绿的精神，水也不忍得冻上；况且那长枝的垂柳还要在水里照个影儿呢。看吧，由澄清的河水慢慢往上看吧，空中，半空中，天上，自上而下全是那么清亮，那么蓝汪汪的，整个的是块空灵的蓝水晶。这块水晶里，包着红屋顶、黄草山，像地毯上的小团花的小灰色树影。

这就是冬天的济南。

（老舍《济南的冬天》）

这是文章结尾的一段，使用的都是散句。每个复句的分句都有长有短，结构不一，没有刻意地整齐排列，写河水、写绿萍、写水藻、写垂柳、写蓝天，写蓝天映衬下的屋顶、草山和树影，生动活泼地描绘出济南冬天的特色。

⑥有着黑漆大门的公馆静寂地并排立在寒风里。两个永远沉默的石狮子蹲在门口。门开着，好像一只怪兽的大口。里面是一个黑洞，这里面有什么东西，谁也望不见。每个公馆都经过了相当长的年代，或是更换了几个姓。每一个公馆都有它自己的秘密。大门上的黑漆脱落了，又涂上新的，虽然经过了这些改变，可是它们的秘密依旧不让外面的人知道。

（巴金《家》）

这是小说第一章中的一个段落，通过对 20 世纪 20 年代初四川成都官僚地主公馆门口景物的描写，象征和暗示腐朽的封建道德和传统观念对年轻一代的束缚和摧残。完全使用散句，句式参差错落，结构灵活多变，但却使表意更加曲折深沉。特别是前边的三个句子运用了拟人和比喻的辞格，使景物描写既形象细腻又富有象征意义。后边四个句子对于大门口里面的“黑洞”和“秘密”的述说，也都具有强烈的暗示作用。

整句与散句，具有不同的修辞效果。**整句的修辞效果**：形式整齐，声音和谐，语意凝练，气脉贯通，能够给人留下鲜明深刻的印象。**散句的修辞效果**：结构灵活，参差错落，舒卷自如，自然活泼，富有生气，能够给人以灵动之感。

整句与散句，各有各的特点，也各有各的用处。从语言形态上看，散句是语言的自然形态，也是基本形态，人们平时说话和写文章，主要用的是散句；整句则是语言的加工形态，是运用一定的修辞方式而形成的，是一种必要的辅助形态。整句除了在诗、词、歌、赋等韵文中起主导作用外，在其他文体和口语中，一般都同散句结合使用。整句与散句结合使用，可以在整齐中有变化，匀称中见参差，既有整齐匀称之美，又有错综变化之妙。例如：

⑦你看，你看，这不是又一批新砍的毛竹滑下山来了吗？这些青翠的竹子，沿着细长的滑道，穿云钻雾，呼啸而来。它们滑下溪水，转入大河，流进赣江，挤上火车，走上迢迢的征途。井冈山的翠竹啊！去吧，去吧，快快地去吧！多少工地，多少工厂矿山，多少高楼大厦，多少城市和农村，都在殷切地等待着你们！快快地去吧，带去井冈山人民的心愿，带去井冈山人民的干劲，也带去井冈山人民的风格吧！

（袁鹰《井冈翠竹》）

这是一篇歌颂井冈山精神的抒情散文。这一段中的句子整散结合，散句自由灵活，便于抒发情感，整句运用了两处对偶和两处排比，重在凝练句意。该段通过这样的句式表现井冈山毛竹的贡献和升华井冈山精神，使整个段落语意连贯，语势如行云流水，给人以多种艺术享受。

三、紧句与松句

句子在表达节奏上，有的紧凑凝缩，有的松散舒缓，这就有了紧句与松句的区别。

把需要用几个句子来表达的较为复杂的意思，紧缩在一个句子形式之中，这种句子称为紧句。紧句的特点：用一个句子表达几层意思，一口气说出来，中间没有语音停顿，节奏加快，语势急促，适合于表达急迫的语气和强烈的情感。因此，紧句具有结构紧凑凝练、表意丰富集中、语势通畅有力的修辞效果。例如：

①一套衣服老大穿过了，老二老三接着穿还穿不烂。

（朱德《回忆我的母亲》）

这个复句，后边的分句是一个紧句，把“老二老三接着穿”和“还穿不烂”两层意思合在一起说，既使表达简洁明了，又使句子的结构凝练紧凑。

②她是谁？她年轻吗？抱着的是她的孩子吗？她在哪里工作？她是搞科学技术的吗？是夜大学的新学员吗？是“老三届”的毕业生吗？她为什么学德语学得这样起劲？她在追赶那失去了的时间吗？她做到了一分钟也不耽搁了吗？她有机会见到德国朋友或者到德国去或者已经到德国去过了吗？她是北京人还是本地人呢？她常常坐火车吗？有许多个问题想问啊。

（王蒙《春之声》）

这是一个段落，也是一个句群，使用了一连串的疑问句，其中加点的长句子是一个紧句，是把“她有机会见到德国朋友吗？她有机会到德国去吗？或者她已经到德国去过了吗？”这三层意思，紧缩在一个单句中一口气说出来的，真切地表达了小说主人公岳之峰对在闷罐子车里学德语的“她”的深切关注，以及很想知道这些事的急切心情。

把本可以用一句话说出来的意思分成几个句子或语言片段来表达，这种句子称为松句。松句的特点：增加语音停顿，使表达节奏放慢，便于突出语意和强调主旨，表达某种特殊的情感。因此，松句具有组织疏松、语气舒缓、轻松活泼、重点突出的修辞效果。例如：

③傍晚时候，上灯了，一点点黄晕的光，烘托出一片安静而和平的夜。乡下去，小路上，石桥边，有撑起伞慢慢走着的人；还有地里

工作的农夫，披着蓑，戴着笠的。他们的草屋，稀稀疏疏的，在雨里静默着。

（朱自清《春》）

在这段话中，三处加点的地方使用了松句：第一处可以合在一起说成“傍晚上灯的时候”，第二处可合说为“在乡下的小路上和石桥边”，第三处也可合为一个句子“他们的草屋稀稀疏疏的在雨里静默着”。但是作者有意将它们断开，增加语音停顿，使节奏放慢、语气舒缓，既表现出一种轻松闲适的气氛，又突出了这些地方的语意，给人留下回味和想象的空间，创造出一种恬静自然之美。

④在我的后园，可以看见墙外有两株树，一株是枣树，还有一株也是枣树。

（鲁迅《秋夜》）

这是这篇散文开头的一段，只由一个复句构成，其中后边的两个分句使用了松句，看似语意重复，目的在于强调，以形成一种单调冷寂的氛围，寄托作者沉郁的情感。如果把这两句合在一起，说成“都是枣树”，虽然简单明了，但是境界全无了。

紧句与松句，相对于正常句式而言，都是一种特殊的表达方式。二者如果接连使用太多，都各有弊端：只用紧句，就会显得节奏紧迫急促；反之，只用松句，也会使语句松散无力。所以，不管是紧句还是松句，都应该配合其他句式使用，根据表达的需要选用紧句或松句，这样才能使语言表达节奏适宜，张弛有度，更加符合表达内容和情感的需要。例如：

⑤在这千万被饲养者中间，没有光，没有热，没有温情，没有希望……没有法律，没有人道。这儿有的是20世纪的烂熟了的技术、机械、体制和对这种体制忠实服役的16世纪封建制度下的奴隶！

黑夜，静寂得像死一般的黑夜，但是，黎明的到来，是无法抗拒的。索洛警告美国人当心枕木下的尸首，我也想警告某一些人，当心呻吟着的那些锭子上的冤魂!

（夏衍《包身工》）

这是此篇文章结尾的两段,其中字下加点的是松句,字下加线的是紧句,其他为正常句式。可以看出,第一个松句反复使用几个“没有”,构成排比辞格,简洁有力地表现出包身工悲惨的生活;接着就使用了一个紧句,把两层意思合在一起说,深刻揭露了帝国主义侵略者的罪恶。下面一段的前一个句子又使用了松句,通过增加语音停顿而放慢节奏,突显黑夜终究不能抗拒黎明的到来这一深刻含义,给人留下想象和回味的空间;后一个句子则使用正常句式,对外国侵略者发出庄严的警告,表达了作者的强烈愤慨,突出了全文的主题。这两个段落综合地看,松句、紧句与正常句式交错运用,因而能够张弛有度、收放自如。

四、主动句与被动句

汉语的典型句式和常用句式是主谓句。它在语法层面分为主语和谓语,在语义层面分为施事和受事。施事是行为动作的发出者,因而是主动者;受事是行为动作的承受者,因而是被动者。因此,从施事和受事的角度,可以将句子分为主动句和被动句两种类型。

由施事做主语的句子叫主动句;由受事做主语的句子叫被动句。例如:

A. 匪徒们‖抓走了村里的几个年轻妇女。(主动句)

B. 村里的几个年轻妇女‖被匪徒们抓走了。(被动句)

C. 匪徒们‖把村里的几个年轻妇女抓走了。(主动句)

这三个句子是一组同义句式,所表达的基本意思相同,但表达的侧重点不同,表达效果也不同:A 句是主动句,以“匪徒们”为陈述对象,表达的侧重点在施事,表达效果是直截了当的;B 句是被动句,以“年轻妇女”为陈述对象，表达的侧重点在受事，并用介词“被”引出施事，表示一种被动关系，强调对受事的处置结果；C 句是通常所说的“把”字句，它虽然仍是主动句，但用介词“把”将受事提到谓语动词之前做状语，增强了对受事的处置意味。

使用主动句还是被动句，要根据表达内容和语言环境来决定。**将主动句变为被动句的方法**：将受事提到句首充当主语，用介词“被”（“叫”“让”等）将施事引到谓语动词之前作状语（如将 A 句变为 B 句），这就是通常所说的“被”字句。**将被动句变为主动句的方法**：将施事提到句首充当主语，将受事移到动词后边作宾语（如将 B 句变为 A 句），形成一般的主谓句；或者将施事提到句首作主语，利用介词“把”将受事置于谓语动词之前作状语（如将 B 句变为 C 句），这就把“被”字句变为“把”字句。

主动句和被动句，具有不同的修辞功能：主动句的修辞功能是以施事为陈述对象，表意直接明了；被动句的修辞功能是以受事为陈述对象，强调对受事的处置结果。例如：

①养蜂人杀上一只大公鸡，放上辣子、土豆、胡萝卜和山花椒，就是一锅新疆大盘鸡。

刘玉琴《梦远天山行》）

②我妈戴上纸王冠，吹灭生日蜡烛，双手捂着脸，流下眼泪。

（鲍尔吉·原野《我有一匹马》）

上边的这两个句子，都使用主动句叙事，分别以施事“养蜂人”和“我妈”作为陈述对象，按照“施事—动作—受事”的正常语序来表达，使表意直截了当，简单明了。

③在全场人们欢呼喝彩声中，那老大的牦牛，“嘭腾”一声被姑娘毫不费力地翻倒在场地上！

（赵燕翼《桑金兰错》）

④秭归是屈原的故乡，是楚王子熊泽建国之地。后来屈原被流

放到汨罗江，死在那里。

（刘白羽《长江三日》）

这两个句子都使用被动句叙事，分别以受事“牦牛”和“屈原”为陈述对象，按照“受事—施事—动作”的特殊语序来表达。其中例③用“被”引出施事“姑娘”，突显出这个姑娘的力气和技巧；例④则只用“被”字来表示对受事的处置结果，而省去后边的施事不必说出，使语句更加简洁，同时仍不影响语意的表达。

现代汉语中的被动句，有大量主语在意念上处于被动地位（即受事）的句子，往往不需要使用“被”字（“给”等），如：房子早已卖掉了。/自行车已经修好了。/东西搬走了。/钱花光了。这些句子的主语都是受事，虽未使用“被”字，但被动关系仍然十分明显，并使表达更加简洁明了。当然，这样的被动句有时也可用上介词，如：房子被卖掉了。/东西给搬走了。但一般以不用为常。

此外，还有一类被动句，根据表达的需要必须使用“被”（“叫”“让”等），这就是通常所说的“被”字句。可见，“被”字句的使用是有条件的，其使用条件也就是它的表达功能。在通常情况下，“被”字句的表达功能主要有以下几个方面：

第一，为了特意引出施事而使用“被”字句。

这种用法是，在谓语动词或动词短语之前使用“被”字，并通过“被”将施事介绍出来，明确指出施事是谁或是什么，以达到表意的需要。此时，“被”字之后必须带有施事。例如：

①七月天，中伏大晌午，热得像天上下火。何满子被爷爷拴在葡萄架的立柱上，系的是拴贼扣儿。

（刘绍棠《蒲柳人家》）

②还没拉到便道上，祥子和光头的矮子被十来个兵捉了去！

（老舍《骆驼祥子》）

以上两例，都在“被”的后面引出施事来：例①中的施事是“爷爷”，特意交待出这是爷爷对孙子不好好读书的惩罚；例②中的“十来个兵”是施事，也需要用“被”字引出来，否则就不能说明被谁捉去，同时也能交代出捉他们的人数量众多，他们两个人根本无力反抗。

第二，为了强调对受事的处置结果而使用“被”字句。

当以受事为陈述对象时，为了强调对受事的处置结果，可以在谓语动词或动词短语前边只使用“被”字，而不必说出施事。例如：

③贝汉廷在休假中突然被通知到广州集合。

（柯岩《船长》）

④从孩子口里知道：他的姊姊是个转业军人，刚从文工团回来不久，到上海后就被分配到工厂里担任行政工作。

（何为《第二次考试》）

以上两例，动词之前的“被”字，都只在强调对受事“贝汉廷”和“他的姊姊”的处置结果，而施事则不必说出或无从说出，仍不影响语意的表达。

第三，为了强调某种不如意和不情愿而使用“被”字句。

如果谓语动词所带来的结果是不幸的，或者是说话人不希望发生的，也可以在动词或动词短语之前使用“被”字，来表达这种惋惜的意思。此时，造成这种不良后果的施事既可以出现，也可以不出现。例如：

⑤第二天才知道阎振被关在警察厅里了，父亲和我们心里都很不安，为这位工友着急。

（李星华《十六年前的回忆》）

⑥不要说当干部的挨批判是家常便饭，连我这个小小老百姓，这几年来，在大会小会上，也不知被批判过多少回了。

（陈若曦《尹县长》）

以上两例，都是用“被”字来强调某种意外和不幸的结果：例⑤

表达了说话人的不祥之感，施事“警察厅”在动词后边的补语中出现了；例⑥则表达了“我”十分无奈和不情愿的心情，而批判过他的施事不止一个而无法说出。

第四，为了前后句子的主语一致、表达顺畅而使用“被”字句。

在一个复句中，当各个分句的主语不一致时，可以将其中的某个分句改为“被”字句，使叙述角度一致，语意连贯，语气畅通。例如：

⑦二诸葛老婆追出门来，被二诸葛拦回去，还骂个不休。

（赵树理《小二黑结婚》）

在这个复句中，第一个和第三个分句都是主动句，而第二个分句使用被动句，使三个分句的主语一致，说的都是“二诸葛老婆”，这样才能使叙述角度一致而表达顺畅。如果第二个分句仍用主动句，说成“二诸葛把她拦回去”，就会出现叙述角度不一致的情况，表达也就不那么顺畅了。

在“被”字句中，有时还使用介词“给”“叫（教）”“让”等，它们与“被”的语法功能相同，只是语体色彩不同。“被”常用于较为正式和庄重的场合，书面语色彩较重些；而“给”“叫（教）”“让”等多用于口语中，口语色彩更强一些，显得比较灵活随便。例如：

⑧双喜以为再多偷，倘给阿发的娘知道是要哭骂的，于是各人便到六一公公的田里又各偷了一大捧。

（鲁迅《社戏》）

⑨你听她们议论起来了：礁石硬得跟铁差不多，怎么会变成这样子？是天生的，还是錾子凿的，还是怎的？

“是叫浪花咬的！”一个欢乐的声音从背后插进来。说话人是个上年纪的渔民，……

（杨朔《雪浪花》）

⑩吕伟精彩的表演，将游泳场的气氛推向了高潮。她的这个动

作“5136”，让几位裁判亮出了 9.5 分的高分。

(夏浩然、樊云芳《“飞天”凌空——跳水姑娘吕伟夺魁记》)

以上三例中，用“给”“叫”“让”的句子都应看作“被”字句，其表达功能与“被”字句相同，只是口语色彩更重一些。

五、肯定句与否定句

肯定句与否定句，是从语意然否的角度对句子所作的分类。

对事物作出肯定判断的句子叫肯定句；对事物作出否定判断的句子叫否定句。

同一个意思，有时既可以用肯定句来表达，也可以用否定句来表达，所不同的是使用肯定句时语意要重些、强些，使用否定句时语意要轻些、弱些。例如：

A. 这次试验又失败了。(肯定句)

B. 这次试验又没有成功。(否定句)

使用肯定句还是否定句，要根据所表达的内容和具体的语言环境来决定。将肯定句变为否定句的基本方法是，使用与原来表示肯定意义的相反的词语，并在前边加上否定副词。将否定句变为肯定句的方法，则与此相反。

肯定句与否定句，是两种不同的表达形式，因而也具有不同的表达效果。肯定句是从正面来表述某种肯定的看法或情况的，有时还要使用“一定”“必定”“必须”等表示肯定和强调的副词来加重语气，其修辞效果是语意显豁有力，语气比较强烈。而否定句是从反面来表述某种否定的看法或情况的，以在句子中使用“不”“无”“没”“没有”等否定副词为标志，其修辞效果是语意比较委婉，语气比较和缓。例如：

①中国特色社会主义进入新时代，我们党一定要有新气象新作为。打铁必须自身硬。党要团结带领人民进行伟大斗争、推进伟大

事业、实现伟大梦想，必须毫不动摇坚持和改善党的领导，毫不动摇把党建设得更加坚强有力。

（习近平《在中国共产党第十九次全国代表大会上的报告》）

②指导一个伟大的革命运动的政党，如果没有革命理论，没有历史知识，没有对于实际运动的深刻的了解，要取得胜利是不可能的。

（毛泽东《中国共产党在民族战争中的地位》）

上边例①运用的是肯定句，从正面说明我们党在新时代应该怎样做才能“有新气象新作为”，并使用了“一定”和“必须”来加重肯定和强调的口气，使表意更加坚定有力；而例②运用的是否定句，以连续使用否定副词“没有”和“不”为标志，从反面说明我们党不用革命的理论来指导实践就不能取得胜利的道理，显得语意委婉、语气和缓。

从表达方法上看，肯定句属于正常的表达方法，而否定句则是一种特殊的表达方法。因此，在修辞方面，我们要特别重视否定句。否定句在形式上，可以分为单纯否定句和双重否定句两种。**单纯否定句**是在句子中只使用一个否定副词，来表示否定的意思；**双重否定句**是在句子中使用两个否定副词，或者使用一个否定副词再同时使用反问语气，用否定的形式来表示肯定的意思，而且比一般的肯定句语意更重些，语气也更加强烈。例如：

③对于只懂得理论不懂得实际情况的人，这种调查工作尤为必要，否则他们就不能将理论和实际相联系。

（毛泽东《〈农村调查〉的序言和跋》）

这个复句中最后一个分句是单纯否定句，只使用一个否定副词“不”来表示否定的意思。

④从前线回来的人说到白求恩，没有一个不佩服，没有一个不为他的精神所感动。晋察冀边区的军民，凡亲身受过白求恩医生的治疗和亲眼看过白求恩医生的工作的，无不为之感动。

（毛泽东《纪念白求恩》）

这段话中有三个分句是双重否定句，都连续使用了两个否定副词，其中的“没有……不”和“无不”，都表示出一种没有例外和排除其他可能的意味，因而更进一步加重了语意，并加强了强调口气。

⑤这块土是血的土，血是我们的伙伴的血，还不够是一课严重的功课么？

（叶圣陶《五月卅一日急雨中》）

这句话后边的分句，是由一个否定副词加上反问语气构成的双重否定句，用“还不够是”来反问相当于“已经是”，仍能表示肯定的意思，而且语气更加强烈。

多数双重否定句，都比一般的肯定句语意更重、语气更强。但需要注意的是：有的双重否定句在一定的语言环境中，还能够比一般的肯定句在表达上更委婉一些，可以减轻语意和减弱语气。例如：

⑥我看见他脸上的恳切表情，不能不答应。

（巴金《杨林同志》）

这句话的第二个分句是双重否定句，但在这种语言环境中，却能够表示出一种无法拒绝的意思，这是被“他脸上的恳切表情”所感动的结果。说“不能不答应”，比直接说“只能答应”更委婉一些，口气也要轻些弱些。

否定句连用，具有列举说明的作用，可以从反面把道理论述得更充分。例如：

⑦前夜看了《塞上风云》的预告片，便又回忆起猩猩峡外的沙漠来了。那还不能被称为“戈壁”，那在普通地图上，还不过是无名的小点，但是人类的肉眼已经不能望到它的边际，如果在中午阳光正射的时候，那单纯而强烈的反光会使你的眼睛不舒服；没有隆起的沙丘，也不见有半间泥房，四顾只是茫茫一片，那样的平坦，连一个“坎儿井”也找不到；那样的纯然一色，即使偶尔有些驼马的枯骨，它那微小的白光，也早溶入了周围的苍茫；又是那样的寂静，似乎只有

热空气在作哄哄的火响。然而，你不能说，这里就没有“风景”。

（茅盾《风景谈》）

这段话描写新疆猩猩峡外的沙漠，在第二个长复句和第三个句子中，接连使用了几个否定句，使用了否定副词“不”和“没有”，使景物描写更加起伏跌宕，耐人寻味，比都使用肯定句更有表现力。

否定句与肯定句并用，可以从正反两个方面来说明事物，使之相互补充、相互衬托，把事物的内在规律揭示得更全面、更深刻。例如：

⑧“实事求是”就是要从客观存在的事物里面去求“是”，而不是从自己的头脑里去求“是”。我们的头脑只能反映“是”而不能创造“是”，只能从客观事物里引出其固有的规律性，而不能臆造出这种规律性。

（王澈《“实事求是”解》）

这段话交替使用肯定句与否定句，从正反两个方面说明“实事求是”中“是”的含义，以及如何去求“是”，对指导人们探索事物发展的客观规律具有深刻的启迪。

六、常式句与变式句

现代汉语中的句子，词语之间的组合都有一定的次序，句子各组成成分之间也都有比较固定的位置，这就是“语序”。语序是汉语的主要语法手段，我们在说话和写作中组织句子，一般都按照正常语序来进行，这就是通常所说的常式句。但有时为了表达的需要，可以临时改变它们的正常位置和次序，作变异的使用，以追求特殊的表达效果，这就产生了所谓变式句。**按照正常语序组合而成的句子叫作常式句；按照变异语序组合而成的句子叫作变式句。**

表达相同内容的常式句和变式句，属于同义句式的范畴，它们在基本意思上没有多大变化，但在感情色彩、表达重点等方面，却有着细微的差别。常式句属于正常的表达形式，而变式句则是特殊的表达形式，因而具有特殊的修辞效果。所以，我们在修辞方面要着重研究变式句。

因为句子分为单句和复句，其变化形式，也需要从这两个方面来探讨。

(一)单句的变化形式

单句中的变式句，常见的有以下几种形式：

1. 主谓倒置句

汉语的典型句式和常用句式是主谓句，通常主语在前，谓语在后。如果将谓语置于主语之前，往往具有强调和突出谓语的作用。例如：

①鼓动吧，风！咆哮吧，雷！闪耀吧，电！把一切沉睡在黑暗怀里的东西，毁灭，毁灭，毁灭呀！

(郭沫若《屈原》)

这里连着用了三个主谓倒置句，突出了“鼓动吧”“咆哮吧”“闪耀吧”这三个谓语，具有火山喷发一样的气势，更好地表现了屈原对黑暗社会的极度不满和想要摧毁它的强烈愿望。

②水生追回那个纸袋子，一只手高高举起，一只手用力拍打着水，好使自己不沉下去。对着荷花淀吆喝：

“出来吧，你们！”

好像带着很大的气。

她们只好摇着船出来。……

(孙犁《荷花淀》)

这里记录水生招呼几个青年妇女的话，把“出来吧”放在前边，是为了先说出谓语表示的新信息，以引起几个青年妇女的注意。这种主谓倒置句的表达重点都在谓语上，而不在主语上。

2. 定语后置句

在句子里的名词中心语前面,有时会带有修饰或限制成分,称为定语,其作用是把人或事物描述得精确严密、生动形象。正常语序,一般都是定语在前、中心语在后。但有时为了表达的需要,也可将定语置于中心语之后,以强调和突出定语的语义,增强表达效果。例如:

③荷塘四面,长着许多树,蓊蓊郁郁的。

(朱自清《荷塘月色》)

④他们应该有新的生活,为我们所未经生活过的。

(鲁迅《故乡》)

这两个句子,都是定语后置句,具有特殊的修辞效果。例③将“蓊蓊郁郁的”这个定语移到名词中心语后边,自成一句,一方面突出了这个定语的意义,增强了其描写和渲染作用,另一方面也使其前边的分句更加简短有力。例④将“为我们所未经生活过的”这个定语后置,既使语句简洁,又突出了这个定语所表示的特有意义,表达了作者对宏儿和水生这一代人所过的新生活的向往和希望。

3. 状语后置句

在句子里,动词的前边也经常带有修饰语,以把行为动作表现得具体、形象和鲜明,这种修饰语称为状语。状语与中心语的位置,一般也是状语在前、中心语在后。但有时为了表达的需要,故意将有的壮语置于句尾,以突出其特殊意义,获得独特的修辞效果。例如:

⑤大队向草原走着,在晚霞里,在暮色里,在晨曦中。

(李准《老兵新传》)

⑥这里就不说我喜欢的那首唱遍世界的歌《东方红》了。那是标志着全国人民对伟大领袖衷心爱戴的歌,又是人民群众自己创作的歌。谁不喜欢呢?从心里,从灵魂的深处。

(吴伯箫《歌声》)

以上两例，都是状语后置句，具有特殊的表达效果。例⑤中后置的状语“在晚霞里，在暮色里，在晨曦中”，既突出地说明了大队人马向草原进发的时间，又具有一种渲染气氛的作用。例⑥后置的两个状语“从心里，从灵魂的深处”，突出了作者对《东方红》这首歌及伟大领袖毛主席的无限热爱。这种状语后置的句式，如果将后置的状语移回动词中心语之前，不但会使句子的结构变得臃肿，而且无法取得这样的修辞效果。

4. 宾语前置句

在句子里，宾语的正常位置都在支配它的动词（或动词短语）之后。但有时为了强调宾语所表示的意义，以及上下文语言环境的需要，人们会有意将宾语的内容提到前边说。这也是一种特殊的表达方式，在人们的口语和文学作品中，都会经常看到这种用法。例如：

⑦北京是美丽的，我知道，因为我不但是北京人，而且到过欧美，看见过许多西方的名城。

（老舍《我热爱新北京》）

⑧上好的茧子！会没有人要，他不相信。

（茅盾《春蚕》）

上边两例，都是宾语前置句，将前置宾语作为表达的重点。在例⑦中，“北京是美丽的”是后边“我知道”的宾语，移回原位是“我知道北京是美丽的”。在例⑧中，“上好的茧子”“会没有人要”是后边“他不相信”的宾语，移回原位是“他不相信上好的茧子会没有人要”。但如果都这样按正常语序来表达，就不能突出宾语的意思；而将宾语前置以后，增加了语音停顿，既加强了语气，又强调了重点，同时又使语句简洁，表意仍然比较通畅。

（二）复句的变化形式

复句特别是偏正复句，也是有一定的语序的，一般都是表示从属意义的偏句在前，表示主要意义的正句在后。但有时为了突出偏句所表达的内容，也可将偏句移到后边。其中因果复句、假设复句、条件复句、目的复句、转折复句等，在使用中都有偏句后置的用法。例如：

①他的性格，在我眼里和心里是伟大的，虽然他的姓名并不为许多人所知道。

（鲁迅《藤野先生》）

②正义是杀不完的，因为真理永远存在！

（闻一多《最后一次讲演》）

上边的两个复句，都是变式句。例①是转折复句，将偏句“虽然他的姓名并不为许多人所知道”移到后边，既有一种补充说明的意味，又突出了藤野先生平凡而伟大的人格，更深沉地表达出作者对老师的景仰和怀念之情。例②是因果复句，将表示原因的偏句“因为真理永远存在”移到后边，突出了偏句的语意，字字如金石般掷地有声，表达了作者坚定的革命信念。这两个复句，如果按照正常语序来表达，把这两个偏句都移回前面去，就无法获得这种表达效果。

最后需要说明的是，我们讲变式句怎样好，并不意味着常式句就不重要了。常式句是正常的表达形式，变式句是特殊的表达形式，在平时说话和写作中，用得最多的还是常式句，而变式句只是作为补充，是为了取得某种特殊的表达效果才使用的。完全使用常式句，会让人感到平淡；变式句用得太多，也会使人感到别扭。因此在修辞上，我们还是提倡常式句与变式句结合使用，使用哪一种句式更好一些，要根据所表达的思想内容和具体的语言环境来确定。

七、口语句式与书面语句式

句式若从使用范围和风格色彩上进行分类，可以分为口语句式和书面语句式。

口语句式是指经常用于口语之中而具有口语风格色彩的句式；书面语句式是指经常用于书面语之中而具有书面语风格色彩的句式。口语句式与书面语句式具有不同的特点，二者的区别主要表现在以下几个方面。

第一，口语句式结构比较简单、松散，多用短句；书面语句式结构比较复杂、严谨，较多使用长句。

第二，口语句式要求简练，少用或不用关联词语；书面语句式要求严密的逻辑性，关联词语用得较多。

第三，口语句式灵活多变，多使用生动活泼的口语词；书面语句式讲究语言规范和词语的锤炼，多使用庄重典雅的书面语词，还有时使用文言词。

口语句式多用于口语和文艺作品之中，具有简洁、活泼、自然的修辞效果。例如：

①小芹今年十八了，村里的轻薄人说，比她娘年轻时候好得多。青年小伙子们，有事没事，总想跟小芹说句话。小芹去洗衣服，马上青年们也都去洗；小芹上山采野菜，马上青年们也都去采。

（赵树理《小二黑结婚》）

②几个青年妇女划着她们的小船赶紧回家，一个个像落水鸡似的。一路走着，因过于刺激和兴奋，她们又说笑起来，坐在船头脸朝后的一个噘着嘴说：

"你看他们那个横样子，见着我们爱搭理不搭理的！"

"啊，好像我们给他们丢了什么人似的。"

她们自己也笑了，今天的事情不算光彩，可是：

"我们没枪，有枪就不往荷花淀里跑，在大淀里就和鬼子干起来！"

“我今天也算看见打仗了。打仗有什么出奇,只要你不着慌,谁还不会趴在那里放枪呀!”

“打沉了,我也会浮水捞东西,我管保比他们水式好,再深点我也不怕!”

“水生嫂,回去我们也成立队伍,不然以后还能出门吗!”

“刚当上兵就小看我们,过二年,更把我们看得一钱不值了,谁比谁落后多少呢!”

(孙犁《荷花淀》)

上边的例①以口语句式进行叙述,句式简短,语意简练,多用口语词,显得亲切自然、生动活泼。例②完全用口语词记录青年妇女们的谈话,多用短句,语意简洁明了,具有活泼自然的特点。

书面语句式多用于政论、公文等文体之中,具有严谨、周密、文雅的修辞效果。例如:

③社会主义的建设事业必须依靠工人、农民和知识分子,团结一切可以团结的力量。在长期的革命、建设、改革过程中,已经结成由中国共产党领导的,有各民主党派和各人民团体参加的,包括全体社会主义劳动者、社会主义事业的建设者、拥护社会主义的爱国者、拥护祖国统一和致力于中华民族伟大复兴的爱国者的广泛的爱国统一战线,这个统一战线将继续巩固和发展。

(《中华人民共和国宪法》序言)

这是国家宪法中关于爱国统一战线的表述,完全使用书面语句式和书面语词,显得庄重典雅,特别是使用了一个91字的长句,对爱国统一战线的领导和组成结构进行了周密严谨的概括,表现出书面语句式的特殊功能。

④矛盾的普遍性和矛盾的特殊性的关系,就是矛盾的共性和个性的关系。其共性是矛盾存在于一切过程中,并贯串于一切过程的

始终，矛盾即是运动，即是事物，即是过程，也即是思想。否认事物的矛盾就是否认了一切。这是共通的道理，古今中外，概莫能外。所以它是共性，是绝对性。然而这种共性，即包含于一切个性之中，无个性即无共性。假如除去一切个性，还有什么共性呢？因为矛盾的各各特殊，所以造成了个性。一切个性都是有条件地暂时地存在的，所以是相对的。

（毛泽东《矛盾论》）

这是哲学论文中的一个段落，论述矛盾的普遍性与矛盾的特殊性（共性与个性）的关系。不但使用规范的术语和书面语句式，还使用了必要的关联词语，来表示上下文之间严密的逻辑关系，体现出书面语句式严谨周密的特点。

八、文言句式与欧化句式

在现代文体中，有时为了追求特殊的表现力和修辞效果，还会特意使用一些文言句式和欧化句式。它们在现代汉语中不经常使用，但偶尔用之，就会显得新奇独特，别具一格。所以，也对这两种特有的句式作简要介绍。

（一）文言句式

所谓文言句式，是指按照古代汉语的句法结构所构成的句式。在现代汉语里，比较常用的文言句式，有判断句式、疑问句式、疑问代词做宾语前置句式、介词结构做状语后置句式等，此外还有其他一些习惯句式。运用文言句式，具有以下几个方面的修辞作用。

第一，可以使语言具有典雅庄重的风格色彩。

运用文言句式，需要配合使用一些文言词语，这就会增加语言典雅庄重的风格色彩，使语言具有一种特殊的表现力。例如：

①如果我们不尽快结束目前这种分裂局面，早日实现祖国的统

一，我们何以告慰于列祖列宗？何以自解于子孙后代？

（《中华人民共和国全国人民代表大会常务委员会告台湾同胞书》）

这段话后边的两个反问句，都是文言句式。其中“何以”相当于现代汉语的“用什么”，“何”是疑问代词做宾语前置；“于”和后边的成分是介词结构做状语后置，“于”相当于现代汉语里的介词“向”。这样用文言句式来表达，不但音节对称、语意鲜明，而且增加一种典雅庄重的色彩。

②有时远见大江，江帆点点，在晓日之下，清极秀极。我素喜北方风物，至此也不得不倾倒于江南之雅澹温柔。

（冰心《寄小读者·通讯四》）

这段话中的最后一个分句，也使用的是文言句式。其中“于”是介词，相当于现代汉语中的“被”或“为”，“于江南之雅澹温柔”是介词结构做状语后置，一方面使后置状语的“江南”风景得到了突出和强调，另一方面又使全句的结构更加凝练，表现出文言句式特有的风格色彩。

第二，有时可以增加语言的幽默讽刺意味。

在表达具有批评和否定意义的内容时，与上下文语言环境相配合，适当使用文言句式，似乎庄重，实则谐趣，能够增加语言的幽默讽刺意味。例如：

③南海圣人康有为，佼佼者也，他周游十一国，一直到得巴尔干，这才悟出外国之所以常有“弑君”之故来了，曰：“因为宫墙太矮的缘故。”

（鲁迅《谚语》）

这段话中的第二个分句，使用了古汉语中的“……者也”式判断句，看似是庄重的恭维，实则是辛辣的讽刺，再看康有为周游列国所得出来的荒唐结论，更加重了讽刺意味。

④紧跟着八月十三日淞沪战事的消息，方鸿渐闹的笑话没人再提起。但那些有女儿要嫁他的人，忘不了他的演讲；猜想他在外国花天酒地，若为女儿嫁他的事，到西湖月下老人祠去求签，难保不是第四签："斯人也而有斯疾也！"这种青年做不得女婿，便陆续借口时局不靖，婚事缓议，向方家把女儿的照相、庚帖要了回去。

（钱锺书《围城》）

钱锺书这部小说，是一本有趣的书、睿智的书，是一位智者对人性的洞察和调侃。这里的签语，使用了一个文言句式"斯人也而有斯疾也"。原本是说"如此贤良的人怎么会得这么严重的病"，这里则是反说，批评方鸿渐在演讲中闹的笑话，具有强烈的讽刺意味，表现出一种幽默的语言风格。

第三，可以使语言表达言简意赅，精悍有力。

由于文言句式大都比较简短，文言词又都以单音节为主，表意丰富，所以使用文言句式，可以使语句简洁，语言凝练，收到言简意赅的修辞效果。例如：

⑤怕"人家"笑话的，倒是自己忘了党的优良传统；如果是坚持了无产阶级的好作风，何羞之有？如果因为坚持或者学习无产阶级作风而被"人家"嘲笑，又何羞之有？

（艾丰《从"最没有政治"的地方看看》）

在这段话里，作者通过假设和反问的方法，连续使用了两个"何羞之有"，这是古汉语中疑问代词做宾语前置的句式（"何羞之有"即"有何羞"），使语句极其简洁有力，又进一步加重了强调的口气。

⑥什么叫顽固？固者硬也，顽者，今天、明天、后天都不进步之谓也。这样的人，就叫做顽固分子。要使这样的顽固分子听我们的话，不是一件容易的事情。

（毛泽东《新民主主义的宪政》）

这段话解释什么是顽固,使用了两种文言句式:解释“固”用的是“……者……也”式文言判断句,只有四个字;解释“顽”所用的“……之谓也”,也是古汉语中的一种习惯句式,相当于“说的是……”。后者常用语气词“也”煞尾,句中的“谓”是谓语动词,“之”是助词(前置宾语的标志),“之”以前的成分都是前置宾语。通过使用这种文言句式来表达,把国民党顽固派的本质解说得既简洁又鲜明,并增加了讽刺意味,具有特殊的表现力。

(二)欧化句式

所谓欧化句式,是指按照印欧语言的句法结构所构成的句式。现代汉语除了吸收部分古代汉语的文言句式外,对印欧语中确有特殊表现力而又不和汉语句法体系相抵触的格式,也适当吸收利用,以丰富汉语的表现力。现代汉语中,较为常见的欧化句式有介词结构做状语后置、在人称代词前边带有定语、使用并列式动词性成分等句式。

恰当地使用欧化句式,具有结构独特、表意丰富的修辞作用,也有一种特殊的表现力。请看下面例子中使用的欧化句式:

①我常和妻说:“我们家真是成日的千军万马呀!”有时是不但“成日”,连夜里也有兵马在进行着,在有吃乳或生病的孩子的时候!

(朱自清《儿女》)

这段话里最后一个句子,使用的是欧化句式。“在有吃乳和生病的孩子的时候”是将其前边句子的状语后置,按照汉语的正常语序,它应该放在“连夜里”这个句子的前头,作为句首状语,而这样放在后边却更有表现力,并对这个后置的状语具有突出和强调的作用。

②牦牛群一群又一群,一拨又一拨,有两头黑牦牛嫌我们挡住了它们前进的路,用肩膀抵得四驱“坐骑”一颠一震一晃悠,坐在车

里拿着相机拍照的我吓得一动不敢动。

（刘玉琴《梦远天山行》）

这个句子的最后一个分句，使用了欧化句式。在人称代词“我”的前边，加了一个长定语，把需要用两三个松句来表达的内容变为一个紧句，表意照样比较顺畅，又使语言别具一格。

③母亲是一个平凡的人，她只是中国千百万劳动人民中的一员，但是，正是这千百万人创造了和创造着中国的历史。

（朱德《回忆我的母亲》）

这是一个转折复句，其中最后一个分句是使用两个动词性并列成分的欧化句式，将“创造了和创造着”共同与后边的同一宾语相搭配，既通顺又恰当，使句子表意更加丰富。

通过以上例子可以看出，这些欧化句式的利用，读来并不令人感到与汉语句式格格不入，反而能够增强语言的表现力。因此，有的欧化句式或某种格式，已经融入汉语之中，成为现代汉语里的一种新兴句式。

思考与练习二

1. 与修辞有关的句式都有哪些？什么是同义句式？为什么说句式选择主要是对同义句式的选择？

2. 什么是长句和短句？它们各有什么不同的用途和修辞效果？举例说明。

3. 长句与短句在表达上各有什么不足之处？为什么提倡要多使用短句、少使用长句？将长句化为短句有哪些方法？举例说明。

4. 什么是整句和散句？整句是由哪些修辞方式形成的？整句和散句各有怎样的修辞效果？举例说明。

5. 什么是紧句和松句？它们各自的特点和修辞效果是什么？

举例说明。

6. 什么是主动句和被动句？它们在表达的侧重点和修辞功能上有什么不同？举例说明。

7. 什么是“被”字句？它同不必使用“被”（“给”等）的被动句有什么区别？“被”字句有哪些方面的表达功能？

8. 什么是肯定句和否定句？它们具有怎样不同的修辞效果？举例说明。

9. 否定句在表达形式上分为哪两种？双重否定句是怎样构成的？具有怎样的修辞效果？举例说明。

10. 什么是常式句和变式句？它们在表意上有什么细微的差别？举例说明。

11. 在变式句中，单句的变化形式常见的有哪几种？复句的变化形式是什么？举例说明。

12. 什么是口语句式和书面语句式？二者有什么区别和不同的修辞效果？举例说明。

13. 什么是文言句式和欧化句式？它们各有哪些常见的形式？各有怎样的修辞作用？

14. 指出下面段落中哪些是整句，并说明是用哪种修辞手法构成的。

①南国之秋，当然是也有它的特异的地方的，譬如廿四桥的明月，钱塘江的秋潮，普陀山的凉雾，荔枝湾的残荷，等等，可是色彩不浓，回味不永。比起北国的秋来，正像是黄酒之于白干，稀饭之于馍馍，鲈鱼之于大蟹，黄犬之于骆驼。

（郁达夫《故都的秋》）

②翻上了海拔5 000多米的天山顶，徒步爬上一座高峰，抑制着高反，低头看去，脚下的山层林尽染，脚下的水波光潋滟，脚下的云

蒸腾翻滚，脚下的路如玉带缠绕，虽然寒气袭骨，但还是觉得自己是在仙境，脑子里立刻就想到了王母的蟠桃会，想起了嫦娥的广寒宫，想起了织云织雾的七仙女……

（刘玉琴《梦远天山行》）

15. 把下边的长句化为短句，不能改变原句的意思。

①校门口有一块上面写着“有礼貌，勤学习，守纪律，爱集体，讲卫生”十五个金光闪闪的大字的标语牌。

②历史剧《屈原》，描写了战国时代楚国的屈原虽然“信而见疑，忠而被谤”，仍然身怀爱国热忱不动摇，同朝廷绝齐亲秦的反动势力进行不调和的斗争的故事。

16. 指出下边的段落或句子中，哪个句子或分句是紧句，哪个句子或分句是松句，并说明具有怎样的修辞作用。

①稼先为人忠诚纯正，是我最敬爱的挚友。他的无私的精神与巨大的贡献是你的也是我的永恒的骄傲。

（杨振宁《邓稼先》）

②前边的喊后边的为什么不说最前边的立着。

（贾平凹《秦腔》）

③春天像小姑娘，花枝招展的，笑着，走着。

（朱自清《春》）

④闻一多先生，是卓越的学者，热情澎湃的优秀诗人，大勇的革命烈士。

他，是口的巨人。他，是行的高标。

（臧克家《说和做——记闻一多先生言行片段》）

17. 把下边复句中加线的分句变为被动句或主动句，使之与其他分句的主语一致。

①张林同志是生产能手，他还积极带动别人致富，今年春天，<u>全</u>

体村民选举他当了村长。

②地里的庄稼一片碧绿,微风把它们吹得一起一伏,就像无边的海浪,参观的人都被吸引住了。

③我们在工作中遇到了不少困难,但依靠党的领导和群众的支持,一切困难终于都被我们克服了。

④那时候他住在我的家里,跟我很亲密。后来他父亲把他带回上海,又把他送到一个工厂里去当学徒。

18. 不改变句子的原意,把下边句子里加点的词语改换一下,使句子由肯定句变为否定句,或者由否定句变为肯定句,并说明改后同原句在修辞效果上有什么不同。

①那时候,他年纪又小,不懂得种地技术,土地产量也很低,一家好几口人,生活总是很困难。

②都是新产品,质量相当好,价钱也便宜,大家都喜欢用。

③古往今来,没有哪一场战争,不是给群众带来巨大灾难的。

④那本书的内容不浅,读起来恐怕要花不少功夫。

19. 把下边的句子调整为特殊语序,并说明调整以后是哪种类型的变式句,有什么修辞作用。

①中国的儿童多么幸福啊!

②那些青年从容地不声不响地离开了山上的营地。

③天津的、抚顺的、本市的下乡知识青年都陆续回城了。

④你的书找到了吗?

⑤同学们从教室里、从宿舍里、从操场上纷纷跑来了。

⑥我最近看了张扬在七十年代末出版的长篇小说《第二次握手》。

20. 分析下面三个段落中的口语句式和书面语句式,说明各有什么特点。

我问问他的景况。他只是摇头。

“非常难。第六个孩子也会帮忙了，却总是吃不够……又不太平……什么地方都要钱，没有定规……收成又坏。种出东西来，挑去卖，总要捐几回钱，折了本；不去卖，又只能烂掉……”

他只是摇头；脸上虽然刻着许多皱纹，却全然不动，仿佛石像一般。他大约只是觉得苦，却又形容不出，沉默了片时，便拿起烟管来默默的吸烟了。

（鲁迅《故乡》）

21. 找出下面两段话中的文言句式和欧化句式，并说明二者与现代汉语句式有什么不同，各有怎样的修辞作用。

①中日两国人民本无愁怨，不图日阀专政，逞其凶独，内则横征暴敛，外则制造战争。致使日本人民起居不安，生活困难，背井离乡，触冒烽火，寡人之妻，孤人之子，独人父母。对于中国和平居民，则更肆行烧杀淫掠，惨无人道，死伤流亡，痛剧创深。此实中日两大民族空前之浩劫，日阀之万恶罪行也。

（聂荣臻《大战中的插曲》）

②我多么害怕，如果站在一块原来与我应该是非常亲近的土地上，却发现自己已经是，并且，也终于只能是一个陌生的异乡人了。

（席慕蓉《还乡》）

③登山途中，不得不打发成群前来乞食猴群的我，从兜子里取出文友特意准备的小食物，撒向猴群时，两片落叶从我面前飘过——奇怪的是……

（冰夫《秋天·我追逐过一只蝴蝶》）

第三节 语气的调整

句子都表示一定的语气和情感，表达同一个意思，有时也可以使用不同的语气，其表达效果是不一样的。此外，句子的语气还有不同的配合使用方法，也能够在语音方面和情感表达上收到特有的修辞效果。因此，句子语气的调整和使用，也可以成为句子修辞的内容之一。

一、句子的语气和语调

句子是语言的基本运用单位。句子的后面都有一个较大的语音停顿，都表示一定的语气，都带有一定的语调，这是句子区别于词和短语的根本特征。句子在写下来时，分别用句末点号——句号、问号、叹号，将语音停顿和不同语气、语调同时表示出来。

句子的语气是从表达功能和作用上对句子所作的分类，分别表示陈述、疑问、祈使、感叹等不同的语法范畴。对句子的表达作用和语气所作的分类，在语法学上称之为“句类”。汉语的句子，一般都分为陈述句、疑问句、祈使句、感叹句四种基本类型，分别表示陈述、疑问、祈使、感叹四种语气。其中告诉别人一件事使用陈述句，表示陈述语气；询问别人一件事使用疑问句，表示疑问语气；要求别人做一件事使用祈使句，表示祈使语气；表达自己某种强烈的感情使用感叹句，表示感叹语气。这几种句子都有各自的特点，说的时候都带有一定的语调，写下来时都使用一定的标点。例如：

①赵兵是我们班的班长。（陈述句，表示陈述语气）

②你家住在哪里？（疑问句，表示疑问语气）

③快点儿走！（祈使句，表示祈使语气）

④这可真不容易啊！（感叹句，表示感叹语气）

表示语气的主要手段是语调，其次是语气词。**语调是一句话里语音高低、轻重、快慢的配置，表示一定的语气和情感。**语调包括重音、停顿和句调三个方面：重音是一个词、短语或句子里需要重读的音；停顿是指句末的语音停顿；句调是指统一全句的音高变化。其中停顿和句调，可以在字面上通过句末标点表示出来。

汉语里的句子，各种语气都有特定的语调，是各不相同的：陈述语气的语调是平直的，或平中带降的，句末一般用句号来表示；疑问语气的语调是末尾向上扬的，句末一般用问号来表示；祈使语气的语调是末尾向下降的，但声音较短促，语气比较和缓的句末用句号来表示，语气比较强烈的句末用叹号来表示；感叹语气的语调一般也是末尾向下降的，但声音略长些，句末多用叹号来表示。例如：

⑤孩子们的身体都很强壮。（陈述语气，语调平直，或平中带降）

⑥谁能回答这个问题？（疑问语气，语调末尾上扬）

⑦把书递给我。（祈使语气，语调末尾下降，声音较短促）

⑧他说得太好啦！（感叹语气，语调末尾下降，声音略长些）

在句末使用语气词，有助于表达语气，同时能够在语调的基础上增加色彩。如上边例④中的“啊”和例⑧中的“啦”，不仅有助于表达感叹语气，还增加了一种感慨和赞叹的感情色彩。

二、句子语气的调整

语气，也是语言表达的一个重要因素。同一个意思，用不同的语气来表达，就会有不同的表达效果；同一种语气，因说法不同，也会表达出不同的思想情感。例如：

①你应该去一趟。(陈述语气,提出建议,语气较轻)

②你有必要去一趟。(陈述语气,带肯定的口气,语气较重)

③你去一趟吧。(祈使语气,表示劝说,语气较轻)

④你必须去一趟!(祈使语气,发出指令,语气较重)

⑤你能去一趟吗?(疑问语气,征求意见,语气较轻)

⑥你去一趟咋就不行呢?(疑问语气,反问形式,语气较重)

⑦你去一趟太好啦!(感叹语气,表示高兴)

⑧你真的要亲自去一趟呀!(感叹语气,表示惊讶)

通过以上例句可以看出,同一个意思,在利用句子进行表达时,不仅可以使用不同的语气,而且能够获得不同的表达效果。这就说明,句子的语气有时也是需要调整的,而且是可以调整的,句子语气调整的方法,就是转换使用不同类型的句子(句类)。所以我们可以得出结论:句子语气的调整,也是句子修辞的一种重要方法。

那么,什么是句子语气的调整呢?**所谓句子语气的调整,就是在保持句子基本意思不变的前提下,通过句子语气的转换和调整,达到所需要的表达效果。**

在现代汉语的句子中,用得最多的是陈述句,其次是祈使句,而疑问句和感叹句用得相对少一些。这四种语气的句子,有时是可以相互转换的,特别是陈述句和祈使句,转换为其他语气的能力更强些,通过转换可以加重语气或减轻语气,以达到所需要的表达效果。句子语气的调整方法和修辞作用,常见的有以下几种情况:

(一)将陈述句转换为祈使句,有加重语气的作用;反之,将祈使句转换为陈述句,有减轻语气的作用

例如:

①A. 我想听听你对这个问题的意见。(陈述句,语气较轻)

B. 请你说说对这个问题的意见。(祈使句,语气较重)

②A. 你们一定要完成任务!(祈使句,语气较重)

B. 你们是能够完成任务的。(陈述句,语气较轻)

(二)将陈述句转换为感叹句、反问句,都有加重语气的作用;反之,将感叹句、反问句转换为陈述句,都有减轻语气的作用

例如:

③A. 这个道理谁都懂。(陈述句,语气较轻)

B. 这个道理谁都懂啊!(感叹句,语气较重)

C. 这个道理谁还不懂吗?(反问句,语气更重)

④A. 世界上哪有这样荒诞的事!(感叹句,语气较重)

B. 世界上会有这样荒诞的事吗?(反问句,语气更重)

C. 世界上不会有这样荒诞的事。(陈述句,语气较轻)

(三)将祈使句转换为疑问句,有减轻语气的作用;反之,将疑问句转换为祈使句,有加重语气的作用

例如:

⑤A. 时候不早了,咱们走吧!(祈使句,语气较重)

B. 时候不早了,咱们走行吗?(疑问句,语气较轻)

⑥A. 你发烧了,去医院好不好?(疑问句,语气较轻)

B. 你发烧了,赶快去医院!(祈使句,语气较重)

通过以上这些例子可以看出,陈述句、祈使句、疑问句、感叹句有时是可以相互转换的,用以达到调整句子语气的目的。**但要注意两个问题:**一是使用哪种语气的句子来表达,要由所表达的思想内容来决定;二是并非所有的句子都可以相互转换,能否转换为另外一种语气,也是由具体的语言环境决定的。

三、句子语气的配合

句子的各种语气,都有不同的表达效果,不仅有语气轻重之别,还有语调高低升降的变化,能够构成不同的语音效果,帮助某种思想情感的表达。因此,在平时说话和写作中,句子的语气一般都是

配合使用的,其使用方法有连用、换用、兼用、叠用四种形式。

(一)语气的连用

所谓语气的连用,是指在一个语言片段中连续使用同一种语气,以获得特有的表达效果。

我们平时最常用的是陈述句,它是记叙事物和表达情感的主要手段。因此,陈述语气的连用最为普遍,娓娓道来,具有从容细腻、周密翔实的修辞效果。例如:

①两个月之后,老田出院了,我第一次又是在街上碰到他的。他还是那个样子:驼着背,低着头,背着手,迈着八字步。只是步子迈得更慢了,背更驼了。我远远地望着他走过来,心里有一种说不出的情感。我知道走过来的并不是什么怪人,而是我的第一个上级。他是一个普普通通的领导干部,同时也是一个值得受人尊敬的人。

(马烽《我的第一个上级》)

这是这篇小说结尾的一段,通过记叙和描写县农建局副局长、防汛指挥部副总指挥"老田"出院以后的样子(他因患关节炎又在决口合龙前带头跳进河里阻拦洪水而昏迷住院),表达了"我"对"第一个上级"无比崇敬的情感。这个段落连续使用了六个陈述句,陈述语气的连用使表达更加细腻而充满深情。

疑问、祈使和感叹三种语气,一般都同陈述语气结合使用。当这三种语气单独连续使用时,能够表示某种特别强烈的情感,具有激越悲壮、热烈奔放、震撼人心的艺术效果。例如:

②我激动极了,也惭愧极了,我在心里自己叫着自己的名字说:"姚光中呀,姚光中!你给人民做了些什么?你对党有什么贡献?你凭什么让小陈用一家人的性命来掩护你一个人?凭什么?啊?你究竟凭什么?"

(峻青《黎明的河边》)

这是武工队队长姚光中目睹小陈一家三口为保护他而献出生命,只剩下陈大爷一人凫水送他过河又中弹负伤的心理活动描写。作者在使用了一个感叹句之后,又连续使用了六个疑问句,其中还有一个叹词句,这种疑问语气的连用,如狂涛飞瀑一般无法阻挡,突出表现了"我"那种难以控制的激动和惭愧心情。

③"哎!"老寿像是受了伤,痛苦地唤了一声,就两手扒开了衣裳,露出了瘦骨嶙峋的胸膛,哑声地说道:"拿去吧!为革命我没怕死过。把我这块石头搬了吧!我是块石头,绊脚石头,我赶不了这形势,我闹不来这革命,我想不通,把我搬掉吧!搬掉吧!……"

(茹志鹃《剪辑错了的故事》)

这段话是生产队副队长、梨园负责人、党员老寿(本名田寿本)因劝说公社甘书记不要砍梨树种小麦而受到严厉批评以后,在极度伤心的情况下说的,先后使用了四个祈使句,其中后面的两个分句连用,使祈使语气更加强烈,表达了一种悲愤欲绝的复杂情感。

④微笑的魔影,漂亮的魔影,惶恐的魔影,我诅咒你们:你们灭绝!你们消亡!你们是拦路的荆棘!你们是伙伴的牵累!你们灭绝,你们消亡,永远不存一丝儿痕迹,永远不存一丝儿痕迹于这块土!

(叶圣陶《五月卅一日急雨中》)

这个段落在第一句的后边,接连使用了五个感叹句,其中四个单句、一个复句,通过感叹语气的连用,充分表达了作者对那些小觑革命力量的人和胆小鬼们的批判和斥责态度。这种复杂而强烈的情感,只使用一个感叹句是无法表达出来的。

(二)语气的换用

所谓语气的换用,是指在同一个语言片段中交替使用两种以上的语气,以造成语调高低起伏、错综有致的变化。

在记叙事物、说明事理或表达情感时,如果一味地使用陈述语气，就会使人感到沉闷，也会显得语言单调呆板。所以在表达时，一般都将陈述语气同其他语气配合使用，或者将疑问语气同感叹语气配合使用，这样会使语调高低起伏、富于变化，也会使语音更加和谐，有助于思想内容和情感的表达，能够取得更好的修辞效果。例如：

①……记得在一个夏季的夜里，席子铺在堂屋，旁边燃着蚊香，我熟睡了。不知道睡了多久，也不知道是夜里的什么时辰，我忽然爬起来，迷迷糊糊地往外走，母亲喊住我：

“你要去干什么？”

“找蔡老师……”我模模糊糊地回答。

“不是放暑假了吗？”

哦，我才醒了。看看那块席子，我已经走出六七尺远。母亲把我拉回来，劝说了一会，我才熟睡了。我是多么思念我的蔡老师啊！至今回想起来，我还觉得这是我记忆中的珍宝之一。一个孩子的纯真的心，就是那些在热恋中的人们也难比的呀！……什么时候，我才能再见一见我的蔡老师呢？

（魏巍《我的老师》）

这是作者写的一篇回忆童年时代的老师的文章。上边是文章结尾处的几个自然段，描写“我”暑假的一天夜里在睡梦中起来去找蔡老师的感人情景。这里将陈述语气同疑问语气、感叹语气交替使用，使语调起伏跌宕，更有助于表达作者难以平静的心情；特别是使用一个疑问句作为全文的结尾，使作者对老师的思念之情永远定格，并让读者感到余味无穷、充满期待。

②就因为这些，我常常想起那辆纺车。想起它像想起老朋友，心里充满了深深的怀念。围绕着这种怀念，也想起延安的种种生活。在党中央和毛主席的周围工作，学习，劳动，同志的友谊，革命大家庭的温暖，把大家团结得像一个人。真是既团结、紧张，又严

肃、活泼。那个时候，物质生活曾经是艰苦的、困难的吧，但是，比起无限丰富的精神生活来，那算得了什么！凭着崇高的理想、豪迈的气概、乐观的志趣，克服困难不也是一种享受吗？

（吴伯箫《记一辆纺车》）

这是吴伯箫这篇散文结尾处的一个段落，前边用五个陈述句总结全文，说明“常常想起那辆纺车”的原因，后边又换用了一个感叹句和一个疑问句，通过对陈述、感叹、反问语气的交替使用，充分表达出作者对延安生活的深切怀念和赞美之情。

（三）语气的兼用

所谓语气的兼用，是指在同一个句子内兼用两种语气，以表达更加复杂的语意和情感。

语气的兼用，常见的是疑问语气与感叹语气兼用，包括两种情况：一种是带有反问语气的感叹句，此时句子的感叹语气比较强烈，同时又带有反问语气，表示方法是前边用问号、后边用叹号（“?!”）；另一种是带有感叹语气的反问句，此时句子的反问语气比较强烈，同时又带有感叹语气，表示方法是前边用叹号、后边用问号（“!?”）。在书写格式上，句末的两个标点共占一个字的位置。例如：

①欢腾的风暴从大厅的上空掠过。同志们闪着湿润的笑眼向小栾拥了上来。栾菊杰以4∶5战胜了苏联选手扎加列娃。这是在忍受剧烈伤痛情况下取得的光辉战绩。4∶5可以描绘场上的景象，怎能描绘姑娘深沉的内涵?！祖国呵，你的女儿用鲜血浇开胜利的牡丹，为你赢得了光辉的一剑！

（理由《扬眉剑出鞘》）

②祖国的未来，应该较盛唐无可比拟般地辉煌。马克思主义武装的党和人民，岂能不如自己的祖先？岂能让古老的历史老是戳着我们的脊梁？更岂能容忍我们的敌人幸灾乐祸地投来蔑视的目光?！又怎忍心啊，怎忍心使我们的朋友惋惜、哀叹、失望?！

（黄宗英《大雁情》）

例①这个段落写的是我国女子花剑运动员栾菊杰在西班牙第二十九届世界青年击剑锦标赛决赛中，在左臂受伤（她恰是左手握剑）的情况下战胜苏联选手夺得亚军，在国际剑坛上升起第一面五星红旗。作者在加点的句子后面同时使用了反问和感叹两种语气，突出表达了自己的强烈感慨和叹服之情，高度赞扬了栾菊杰用鲜血和生命为国争光的奉献精神。

例②是作者刚来到西安植物园采访秦官属的事迹时，看到植物园被破坏的情景后所发的感慨，特别是最后两个句子，兼用了反问和感叹两种语气，把作者的复杂情感抒发得异常强烈，简直有点怒不可遏。

③这时，听得门外有一个凶狠狠的声音说："你咳嗽啥？你咳嗽啥？"又听见孙老汉的声音说："你管我哩！还不叫我咳嗽！？"门"砰"的一声踢开了，撞进来的是密谍组长巴三虎。

（马烽、西戎《吕梁英雄传》）

④但虽然是虫豸，闲人也并不放，仍旧在就近什么地方给他碰了五六个响头，这才心满意足的得胜的走了，他以为阿Q这回可遭了瘟。然而不到十秒钟，阿Q也心满意足的得胜的走了，他觉得他是第一个能够自轻自贱的人，除了"自轻自贱"不算外，余下的就是"第一个"。状元不也是"第一个"么？"你算是什么东西"呢！？

（鲁迅《阿Q正传》）

例③说的是汉家山的暗民兵孙生旺等人正在屋里开会，其父孙老汉在院子里放风，听见门外有人来了便咳嗽一声给屋里的人报信，当被汉奸巴三虎追问时使用了一个带有感叹语气的反问句"还不叫我咳嗽！？"，兼用感叹和反问两种语气，既表达出对敌人的强烈不满，又表现出一种理直气壮和毫无畏惧的气势。

例④说的是阿Q的精神胜利法，被闲人按着撞头以后还觉得自己是“第一个”，仍看不起打他的人，感叹和反问对方“‘你算是什么东西’呢！?”通过这两种语气的兼用，更加突出而深刻地揭示出阿Q的性格特征。

（四）语气的叠用

所谓语气的叠用，是指在同一个句子的后面重叠使用同一种语气，以进一步加强语气和加重语意。

语气的叠用比较罕见，在文学作品的正文里，可以见到感叹语气的叠用。当写说者的感叹语气异常强烈时，说的时候可以特别加重语气，写下来时可以连用两个叹号，个别地方还有连用三个叹号的情况。这种语气叠用的方法，可以表达写说者异乎寻常的语气，给读听者以强烈的震撼，并对强调语意具有重要作用。例如：

①喂！起来！起来！！

现在是什么时代？——

一九一九年末日底二十四时完结了，

你瞧！这红色的年儿新换，世界新开！

（刘大白《红色的新年》）

②“过了二十年又是一个……”阿Q在百忙中，“无师自通”的说出半句从来不说的话。

“好！！！”从人丛里，便发出豺狼的嗥叫一般的声音来。

（鲁迅《阿Q正传》）

③第二天，新华社记者来访。他见到了陈景润，谈了话进他房间看了看。回去就写出一篇报道，立即在内部刊物上发表。其中，说到了陈景润的经历；他刻苦钻研的精神；重大的科研成果以及他现在还住在一间烟熏火烤的小房间里。生活条件很差！疾病严重！！生命垂危！！！

（徐迟《歌德巴赫猜想》）

以上三例，都是感叹语气的叠用：例①在第二个“起来”之后连用两个叹号，充分表达了作者希望工农大众快快觉醒的强烈情感；

例②连用三个叹号,用以表示人们的喝彩声异常大且突然;例③在前一个感叹句的基础上,又接连叠用了两个叹号和三个叹号,来表现语意的逐层加重和情况的危机。以上这些感叹语气的叠用,都具有特殊的表达作用。

陈述语气和祈使语气,一般没有叠用的情况。疑问语气有时可以叠用,即连用两个问号"??",但在正文中很少这样使用,有时可出现在文章的大小标题后边,用以表示特殊的意思。例如:

④她

她?

她??

她

她??

(黄宗英《大雁情》)

黄宗英这篇著名的报告文学,写于1978年党的十一届三中全会召开前夕,原载《十月》1979年第1期,报道的是女科学家秦官属(西安植物园助理研究员)的先进事迹。这是全文五个部分的标题,其中第一部分写在1978年春天全国科学大会上作者初次见到秦官属时的情景,第四部分写几个月后作者到西安植物园和洛南山区采访后所了解的秦官属在"文革"中一心搞科研的先进事迹,所以这两个部分都采用正常的表示方法,后面不加任何标点符号。而其他三个部分的标题,都特意增加了疑问语气,有两个部分还叠用了两个问号,分别表示不同的意义:第二部分"她?"写的是秦官属虽然出席全国科学大会却不是正式代表的奇怪现象;第三部分"她??"写西安植物园人员对秦官属的种种非议,表现当时的人们对知识分子和科学家的种种偏见;最后一部分"她??"又说明作者自己对写这篇报道的种种担心,并表达了对我党尽快落实知识分子政策的热切愿望。这样在文章标题中叠用疑问语气,不仅对结构篇章具有重要作用,而且使作品的思想脉络更加清晰鲜明,也使人物形象更加丰满真实。

按照国家公布的《标点符号用法》(GB/T 15834—2011)规定:在多个问句连用或表达疑问语气加重时,可叠用问号;表示声音巨大或声音不断加大时,可叠用叹号,表达强烈语气时,也可叠用叹号。叠用问号或叹号,最多可用三个。其书写格式是:两个问号或叹号叠用时,占一个字位置;三个问号或叹号叠用时,占两个字位置。同时还说明,在没有异常强烈的情感表达需要时,不宜叠用问号或叹号。对此,我们应该在使用时引起重视。

思考与练习三

1. 什么是句子的语气?句子的语气分为哪四种类型?在语言表达上各有什么作用?

2. 什么是语调?语调包括哪三个方面的内容?各种语气的语调有什么不同特点?

3. 表达语气的主要手段是什么?句末语气词有什么作用?

4. 什么是句子语气的调整?句子语气的调整方法和修辞作用常见的有哪几种情况?举例说明。

5. 什么是语气的连用、换用、兼用和叠用?各自有什么修辞效果?举例说明。

6. 按照后边括号里的要求改写加线的句子、分句或成分,并说明改写以后同原句在表达效果上有什么不同。

①离开车时间只有二十分钟,赶快走吧!(改成反问语气)

②这个孩子确实很好。(改成感叹语气)

③自己有了错误哪能不承认呢?(改成陈述语气)

④今天你到我家来一趟!(改成商量口气的疑问句)

7. 指出下面这个段落中每个句子各使用的是哪种语气,并说明这几种语气是怎样配合使用的,有怎样的修辞效果。

亲爱的朋友们,当你坐上早晨第一列电车驰向工厂的时候,当你扛上犁耙走向田野的时候,当你喝完一杯豆浆提着书包走向学校的时候，当你坐到办公桌前开始这一天工作的时候，当你往孩子口里塞苹果的时候，当你和爱人一起散步的时候……朋友，你是否意识到你是在幸福之中呢？你也许很惊讶地说："这是很平常的呀！"可是，从朝鲜归来的人，会知道你正生活在幸福中。请你意识到这是一种幸福吧，因为只有你意识到这一点，你才能更深刻地了解我们的战士在朝鲜奋不顾身的原因。朋友！你是这么爱我们的祖国，爱我们的伟大领袖毛主席，你一定会深深地爱我们的战士——他们确实是我们最可爱的人！

（魏巍《谁是最可爱的人》）

8. 指出下面的段落里哪个句子是语气的兼用、哪个句子是语气的叠用，并说明兼用或叠用了哪种语气，具有怎样的修辞作用。

①……但，不管怎么说——张老师想到这儿，忍不住对谢惠敏开口分辩道：

"这本《牛虻》可不能说成是黄书……"

谢惠敏的两撇眉毛险些飞出脑门，她瞪圆了双眼望着张老师，激烈地质问说："怎么？不是黄书?！这号书不是黄书什么是黄书？"

（刘心武《班主任》）

②"我不准你按电铃！"

"你配!?"伪省长黄眼睛里网起红血丝，胡须乍起，手哆嗦着去按电铃，电铃带着激荡心弦的声音，叮叮叮响了起来。独立耳房屋里的听差，从音响中感到有了急事。他们一迭连声答应着："来了！来了！"两人响着沉重的脚音，朝起坐间跑步。

（李英儒《野火春风斗古城》）

③我发疯似的跑上楼，猛砸主任办公室的门，他不在，我心有灵犀地知道他在哪儿，就飞跑到存放眼睛的那个小房间，他果然在里面，看着大屏幕。她在大屏幕上，还在那个封闭的控制舱中，穿着那件"太空服"，画面凝固着，是以前录下来的。"是为了她来的吧。"主任说，眼睛还看着屏幕。

"她到底在哪儿?!"我大声问。

"你可能已经猜到了,她是'落日六号'的领航员。"

一切都明白了,我无力地跌坐在地毯上。

除了太空,还有一个地方会失重!!

"落日工程"是一系列的探险航行,它的航行程序同航天中心的其他航行几乎一样,唯一不同的是,"落日"飞船不是飞向太空,而是潜入地球深处。

(刘慈欣《带上她的眼睛》)

④方鸿渐准五点钟找到赵辛楣住的洋式公寓,没进门就听见公寓里好几家正开无线电,播送风行一时的《春之恋歌》,空气给那位万众倾倒的国产女明星的尖声撕割得七零八落——

春天,春天怎么还不来?

我心里的花儿早已开!

唉!!! 我的爱——

(钱锺书《围城》)

第四章　调　音

本章所讲的调音，是指调配语音，以更好地适应达意传情的需要。语言是声音和意义的结合体，语言的意义是通过语言的声音表达出来的。合理地调配语音，可以使语言说来朗朗上口，听来清晰悦耳，节奏鲜明，富有音乐性和韵律美。

语言的音乐性，主要表现在音节的对应以及语音的节奏、声调和押韵上，也就是表现在声音的高低快慢、抑扬顿挫和循环往复等方面。要使语言的声音具备这些特点，不但需要掌握一定的语法知识，还要具有一些音韵学常识。为此，我们专门设立调音这一章，根据现代汉语韵文和散文的特点及写作的需要，简要介绍调配音节、注意节奏、协调平仄、讲究押韵等基本常识。

第一节　调配音节

汉语的音节，由声母、韵母和声调三个部分组成。普通话的音节，有的三要素俱全，还有少数音节只有韵母和声调两个部分。如“凶(xiōng)”具有声、韵、调三个部分，而“恶(è)”只有韵母和声调，没有声母。普通话共有 22 个声母(声母表上 21 个辅音声母，加一个零声母 Ø)和 39 个韵母(韵母表上 35 个韵母，加 ê、er、舌尖前元音-i、舌尖后元音-i)，按照配合规律可以拼出有意义的音节约 400 个，再加上 4 个声调的变化和轻音的变读，共可形成有特定声调的音节数大致不超过 1 400 个，标记着现代汉语中常用的单音词和单音语素。这样，就自然会出现不少同声词或同韵词，再由它们作为语素来构词，又可构成一些双声词、叠韵词、叠音词、拟声词等。再加上现代汉语词的双音化倾向，以及古代汉语中部分单音词的继续使用，这就使语言运用中对音节的调整和组合十分灵活，比较容易形成语句的鲜明节奏和优美韵律。

要加强语言的音乐性和节奏感，首先要做到的是音节匀称，这样才会使语音和谐。因此，如何调配和使用好音节，使之相互协调配合，更好地满足表情达意的需要，就成为语音修辞的一项基本功。为此，我们应主要掌握以下几方面内容。

一、词语音节变化的灵活性

现代汉语的词，在音节上具有一定的灵活性。这是因为，表示相同或相近的意思，有时会有几个不同音节的同义词语或近义词语，这就为调配音节提供了有利条件。词语的音节变化，主要有以下几种形式。

(一)单音词与双音词同义互换

现代汉语虽然以双音词为主，但仍然存在为数不少的单音词，有些单音词和双音词表示相同的意思，可根据需要选择使用。例如：

同义的名词：耳—耳朵　眼—眼睛　过—过错、过失

同义的动词：败—失败　退—后退　攻—进攻、攻打

同义的形容词：穷—贫穷　美—美丽　富—富裕、富足

(二)给单音词或双音词增加附加成分

现代汉语中有些单音词，可以增加“老、小、阿、第、初”等前缀，

还可以增加“子、儿、头、乎、巴”等后缀，变成双音词，而词的基本意义不变。例如：

加前缀的：虎—老虎　草—小草　爸—阿爸　三—第三

加后缀的：儿—儿子　石—石头　干—干巴　热—热乎

还有的单音节形容词，可以在后面增加叠音词缀，变成三音节的形容词。例如：

白—白茫茫　绿—绿油油　红—红彤彤、红艳艳、红扑扑

胖—胖乎乎、胖嘟嘟、胖墩墩　轻—轻飘飘、轻悠悠

有的双音节形容词或拟声词，可以增加中缀“里”，并增加其他相应的语素，变成四音节的形容词或拟声词，其基本意义都没有改变，只是增强了描绘作用。例如：

形容词：糊涂—糊里糊涂　马虎—马里马虎　古怪—古里古怪

拟声词：哇啦—哇里哇啦　哗啦—稀里哗啦　啪啦—噼里啪啦

还有少数单音节形容词，后边可以增加中缀“不”，并相应增加其他口语或方言语素，变成一个四音节的形容词。这样的形容词，基本意义也未改变，只是增加了口语色彩和方言色彩。例如：

红不棱登（口语）　紫不啦唧（口语）　甜不啦唆（口语）

黑不溜秋（方言）　白不呲咧（方言）　馋不溜丢（方言）

（三）采用重叠法增加音节

在现代汉语中，有些动词和形容词可以重叠使用，其基本意义没有多大改变，只是程度有所加重或减轻。例如：

单音节动词重叠：说—说说　听—听听　看—看看

单音节形容词重叠：慢—慢慢　轻—轻轻　狠—狠狠

双音节动词重叠：研究—研究研究　讨论—讨论讨论

双音节形容词重叠：结实—结结实实　干净—干干净净

类似上面这样的词语，可根据需要选择使用重叠形式或非重叠形式。

（四）利用减缩法减少音节

现代汉语中，有些专有名词音节较多，一般要求使用全称，在一定的语言条件下也可以使用简称。需要说明的是，“简称”只指规范的简称，而不是自己随意简化的称呼，其基本要求是已被社会广泛认可或约定俗成，有的简称已被作为一个词固定下来，收入《现代汉语词典》等工具书中。例如：

中华人民共和国—中国　中国共产主义青年团—共青团

劳动模范—劳模　文化教育—文教　军人家属—军属

四个现代化—四化　内蒙古自治区—内蒙古—内蒙

百花齐放、百家争鸣—“双百”　北京大学—北大

这四行例词中，上边两行的简称已被作为一个词固定下来，可以随意选用，不会引起歧义。下边两行的简称，在使用中还都有些说道：“四化”虽已作为一个词固定下来，但仍有两个义项，一是指工业、农业、国防和科学技术现代化，二是指干部队伍的革命化、年轻化、知识化、专业化，所以用哪个义项要由所表达的内容来决定；“双百”还没有成为一个定型的名词，使用时还需加引号，以表示特定的含义；“北大”和“内蒙”的简称一般只在口语中使用，而在书面语中还应使用全称。

（五）改变骈立格成语的语序

现代汉语中的成语具有定型性，在使用中一般不得增减、替换或颠倒其组成成分。但是有少数骈立格成语，可以分为前后两个部分，各自表示一种相对完整的意义，两部分之间是并列关系。这种成语在使用时，可以根据声调平仄的需要，颠倒前后两部分的次序，其基本意义不会有大的改变。这种用法虽然不能增加或减少音节，但对协调平仄、和谐语音具有重要作用。例如：

披星戴月——戴月披星　千山万水——万水千山

翻江倒海——倒海翻江　单枪匹马——匹马单枪

虎踞龙盘——龙盘虎踞　天涯海角——海角天涯

以上这几组成语，前后两个成语的意义相同，都被同时收入成语词典之中。这种骈立格成语，前后两个部分的语序改变以后，所表示的意义没有改变，只是平仄声调发生了变化，便于同其他词语协调配合。

上面，我们介绍了现代汉语中词语音节变化的几种形式。掌握了这些变化规律和调整方法，在选用词语和调配音节时，就会比较自由和得心应手了。

二、调配词语音节的基本方法

对音节的调配使用，一般都以整齐匀称为原则。即使在有意追求错综时，也是在整齐中求错综，错综与齐整结合使用。调配音节的基本方法，主要有以下几点。

（一）单音词与单音词相互对应

现代汉语中还有一定数量的单音词。单音词除了能够单独运用外，其基本方法是对应使用，这一般有两种形式：一是将单音词有规律地用在其他词语之间，使之隔词相对；二是将几个单音词排成一列整齐的格式，中间不再添加别的音节。例如：

①这类反动文化是替帝国主义和封建阶级服务的，是应该被打倒的东西。不把这种东西打倒，什么新文化都是建立不起来的。不破不立，不塞不流，不止不行，它们之间的斗争是生死斗争。

（毛泽东《新民主主义论》）

②以言气候，中国处于温带，不十分热，也不十分冷，好像我们母亲的体温，不高不低，最适宜于孩儿们的偎依。

（方志敏《可爱的中国》）

例①后边一个句子中，接连使用了六个单音节动词，“破”与“立”、“塞”与“流”、“止”与“行”分别是一组反义词，都用否定副词

“不”修饰，形成隔词相对的形式，以深刻的哲理说明必须打倒反动文化才能建立新民主主义的文化。例②这个句子，用了四个单音节形容词，“热”和“冷”、“高”和“低”也各是一组反义词，都形成隔词相对的形式，音节对称，语音和谐，语意鲜明。

③他出去了；母亲和我都叹息他的景况：多子，饥荒，苛税，兵，匪，官，绅，都苦得他像一个木偶人了。

（鲁迅《故乡》）

④根据这几种东西的颜色：树木是苍翠的，火是红艳艳的，金属是亮晶晶的，深深的水潭是黝黑的，中原的泥土是黄色的。于是青、赤、白、黑、黄五种颜色就被拿来配木、火、金、水、土，成为颜色上的五行了。

（秦牧《社稷坛抒情》）

例③中连用了四个单音节名词“兵、匪、官、绅”，例④中前边连用了五个单音节形容词“青、赤、白、黑、黄”，后边又与此相互对应，连用了五个单音节名词“木、火、金、水、土”，都是整齐地排成一列，中间不能再插入别的音节。

（二）双音词和多音词在使用中也要讲究对应

现代汉语中，双音词占优势，同时还有一些三个音节的合成词和四个音节的固定短语等。它们除了单独使用外，在配合使用时一般也要讲究音节上的对称，即双音词与双音词相互对应或搭配，三个音节或四个音节的词语，也应该分别相互对应或连续排列，这样才能够做到音节匀称，语音和谐。例如：

⑤倡导 创新 文化，强化 知识 产权 创造、保护、运用。

（习近平《在中国共产党第十九次全国代表大会上的报告》）

这个复句，全部使用双音词：既有名词，又有动词；词语之间既有修饰关系（“创新文化”“知识产权”），又有支配关系（“倡导创新文化”“强化知识产权”），还有并列关系（“创造、保护、运用”）。不管是双音词的搭配使用，还是双音词的并列排列，都对应得十分严整。

⑥灿烂的黄昏夕照下，周总理由园主人随身陪伴，穿过园中小径。紫荆架、牡丹台、芍药圃、荷花池，然后是石砌梅屋。

（何为《园林城中一个小庭园》）

⑦资本主义的思想体系和社会制度，已有一部分进了博物馆（在苏联）；其余部分，也已"日薄西山，气息奄奄，人命危浅，朝不虑夕"，快进博物馆了。

（毛泽东《新民主主义论》）

例⑥中接连使用了四个三音节名词，而后边的"石砌梅屋"，虽然在语意上也可以连在一起说，但因为同前边几个三音词在语音上不和谐，所以又在后边单说一句。例⑦接连引用了四个成语，都是四音节的连续排列，引自西晋李密的《陈情表》，可见古人已习惯于这样排列音节。

⑧"信天游"唱起来高亢、悠远，"蓝花花"唱起来缠绵、哀怨。

（吴伯箫《歌声》）

在这个句子中，两个三音节名词"信天游"与"蓝花花"前后相对，两组双音节形容词"高亢、悠远"与"缠绵、哀怨"前后对应，使两个分句形成了整齐的对偶形式，语音十分和谐悦耳。

（三）单音词、双音词与多音词并列使用时，要把音节少的放在前边，将音节多的放在后边

现代汉语的句子中，有时需要使用并列成分，将几个词语连续排列。这除了要考虑意义上的先后外，还要按照音节多少的次序排列，这样才能使语句齐整美观，语音也会更加和谐。例如：

⑨要是来了客人，就想方设法，弄出好多碗：鸡、鸭、烘鱼、腊肉、熏腰子和蛋卷子等等。……

（《周立波短篇小说集》）

⑩古色古香的中国式红木条几上，花架上，八仙桌上，摆满了许多出奇制胜的盆景。雀梅、三角枫、鸟不宿、五针松、六月雪、米叶冬青、瓜子黄杨等等，或作悬崖式，或作枝垂式，或作石附式，或作直干式，变幻无穷，令人目不暇接。

（何为《园林城中一个小庭园》）

上边例⑨中，加点的名词一个音节的排在前边，两个音节的排在后边，三个音节的排在最后，井然有序，语音和谐；例⑩中所列的各种盆景名称，也都按照两个音节、三个音节、四个音节的次序排列，所以虽罗列众多而次序不乱，显得齐整美观，读起来也顺口悦耳。

三、调配音节的标准和原则

调配音节与选用词语同步进行。调整词语的音节，目的是使语句的相关部分大体匀称，做到上口悦耳，增强语言的节奏感。为此，我们在调配音节时，应该坚持以下标准和原则。

（一）调配音节应以上口顺耳为标准

语言大师们都很重视音节的搭配。叶圣陶在《一点简单的意见》一文中说："写稿的自己好好儿念一遍，就是自己先来检验一下，写下来的那些语言上不上口，顺不顺耳。……要是不怎么上口，不怎么顺耳，必然是语言有毛病，就得修改。……修改成什么样儿才了事呢？到自己满意，认为上口顺耳为止。"这是作者的经验之谈，也应该成为我们修改语句、调配音节的要求和标准。

我们来看叶圣陶《五月卅一日急雨中》开头的一段，领略一下作者运用语言的功力，也体会一下怎样调配音节才能使语言上口顺耳。

从车上跨下，急雨如恶魔的乱箭，立刻湿了我的长衫。满腔的愤怒，头颅似乎带着紧紧的铁箍。我走，我奋疾地走。路人少极了，店铺里仿佛也很少见人影。哪里去了!哪里去了!怕听昨天那样的排枪声,怕吃昨天那样的急射弹,所以如小鼠如蜗牛般,蜷伏在家里,躲藏在柜台底下么?这有什么用!你蜷伏,你躲藏,枪声会来找你的耳朵,子弹会来找你的肉体,你看有什么用?

这篇散文写于1925年“五卅惨案”的第二天,抒发了作者对日、英帝国主义者的极大愤慨。这个段落若从修辞手法上进行分析,运用了比喻、错综、反复、对偶、反问等几种辞格,使语言生动形象、简洁有力。从选用词语和语音方面进行分析,加点的词语都在音节上相互对应,有的还注意到句末词语声调上的平仄相谐,如第一个句子的“乱箭”与“长衫”、第二个句子的“愤怒”与“铁箍”、第七个句子的“排枪声”与“急射弹”,不仅音节对称,连最后一个字的声调都是平仄交替的,所以显得语音十分和谐、上口悦耳。白话文在五四运动后才刚刚兴起,在近一百年前,作者就对现代汉语的语音、词汇和辞格等运用得如此纯熟,足见语言大师们运用语言的高超功力。

(二)调配音节应坚持形式为内容服务的原则,防止以辞害义

调配音节涉及选用词语,二者都是为所要表达的思想内容服务的。所以,选用什么样的词语,怎样调整音节,如何组织语句和使用语调,都是紧密联系和不可分割的,它们都是为着共同的表达目的而进行的修辞活动。因此,调配音节仍属于语言形式的范畴,不能离开思想内容的需要,更不能为了音节和谐而以辞害义。如上边分析的叶圣陶那段散文,既充分体现出音节调配上口悦耳的标准,又突出体现了语言形式和思想内容相统一的原则。

而下面一例,则有以辞害义之处:

隆隆的雷声,把闪电追赶,
急风摇着芦苇,抖抖满天雨线,
好黑的夜呀,伸手不见拳!

这最后一句中为了押韵，也为了同前边的单音词“夜”相配合，作者故意把“五指”或“掌”改用“拳”。这样调配音节，不符合汉语的表达习惯，不仅不能增加语言的韵律美，反而影响了表达效果。单纯追求形式，为了语音上的和谐而以辞害义，这样做是得不偿失的。

思考与练习一

1. 什么是调音？语言的音乐性主要表现在哪些方面？合理地调配音节具有怎样的修辞作用？

2. 为什么说调配音节是语音修辞的一项基本功？调配音节的标准和原则各是什么？

3. 词语的音节变化主要有哪几种形式？举例说明。

4. 调配词语的音节有哪些基本方法？举例说明。

5. 标出下列句子中音节相互对应和配合的词语，并说明其配合方法和修辞作用。

①我爱热闹，也爱冷静；爱群居，也爱独处。

（朱自清《荷塘月色》）

②将一门技术掌握到炉火纯青，这固然是工匠精神，但工匠精神的内涵又远不限于此。有人说：“没有一流的心性，就没有一流的技术。”的确，倘若没有发自肺腑、专心如一的热爱，怎能有废寝忘食、尽心竭力的付出；没有臻于至善、超今冠古的追求，怎能有出类拔萃、巧夺天工的卓越；没有冰心一片、物我两忘的境界，怎能有雷打不动、脚踏实地的笃实。工匠精神中所深藏的，有格物致知、正心诚意的生命科学，也有技进乎道、超然达观的人生信念。

（李斌《以工匠精神雕琢时代品质》）

③我独不解中国人何以于旧状况那么心平气和，于较新的机运就这么疾首蹙额；于已成之局那么委曲求全，于初兴之事就这么求

全责备？

（鲁迅《这个与那个》）

④雪花呀，
恰似繁星从天坠；
桦树林呀，
犹如古代兵将守边陲。
好兵将啊，
白旗、白甲、白头盔。

（郭小川《祝酒歌》节选）

6. 下面的句子，在音节配合上有不和谐的地方，或有以辞害义之处，把它改正过来，并说明理由。

①动人的事数说不尽，丰收的喜讯到处传。

②门外的小菜园儿里，种满西红柿、葱、辣椒、蒜、黄瓜等各种蔬菜。

③现在学校虽然不收书本费和学费，但学生缴纳的其他费用仍不少。

④大家决心学雷锋人，走雷锋路，接雷锋枪，使雷锋精神不断发扬光大。

第二节　注意节奏

“节奏”一词产生很早，使用范围也很广。《礼记·乐记》中说：“文采节奏，声之饰也。”节奏最初只指音乐中交替出现的有规律的强弱、长短的组合现象，后来使用范围逐步扩大，泛指在一定时间内交替出现的有规律的所有现象，如一年四季——春、夏、秋、冬，是一种气候变化的节奏；人们的日常活动也有生活节奏、工作节奏等。

语言是人们的交际工具,既可以耳听,又可以目治,也是有一定的节奏规律的。节奏是语言的脉搏,也是汉语音律的灵魂。因此,我们要使语言更富有表现力和音乐美,不仅韵文要强调节奏,就是散文也不可忽视节奏。

一、什么是语言的节奏

语言的节奏,与上边所说的广义的节奏都有联系,但又有它的特定含义。吴洁敏先生在《什么是语言的节奏——汉语音律研究札记》(《语文建设》1991 年第 5 期)中,把语言的节奏定义为**“语音的徐疾、高低、长短、轻重及音色的异同,在一定时间内有规律地相间交替、回环往复的组合形式”**。要理解这个定义,需要把握以下三个要点:

第一,语言的节奏与语音有密切关系,它是利用语音的四要素而产生的。

语音是语言的物质外壳,语言的意义通过语音表达出来。语音具有音高、音强、音长、音色四个要素:音高指声音的高低,取决于声音的频率;音强指声音的强弱,取决于声音的振幅;音长指声音的长短,取决于发音持续时间的长短;音色(又称音质、音品)指声音的特色,是由发声物体、发声条件和发声方法所决定的。

语言的节奏,正是通过利用语音的四要素而产生的:由音长构成的节奏,主要表现在声音的长短、快慢和有规律的间歇停顿上,由此形成一种节奏美;由音强构成的节奏,主要表现在重音和非重音的交替上,音量的强弱是形成节奏最明显的因素;由音高构成的节奏,主要表现在平仄和语调上,即交错运用不同声调和语调的高低升降变化,来形成抑扬有致的节奏性;由音色构成的节奏,主要表现在是否押韵和双声、叠韵等的运用上,利用声韵对立的有规律的组合,给人一种回环往复、和谐悦耳的节奏感。

第二，语言的节奏不是单一的，它必须是语音的各种对比因素的有机组合。

语音本身，存在着高低、长短、快慢、轻重和音色如何等种种区别，但某一种对比因素都不能单独构成节奏，必须将各种对比因素有机组合起来，才能构成语言的节奏。因为声音要靠时间来表达，所以语音的高低、轻重等都与声音的长短有密切关系。一般说来，高音、重音都比较长些，而低音、轻音则相对短些。因此，一切成节奏的音列，通常都由长音、短音的交替和强音、弱音的反复配置而成。这充分说明，构成语言节奏的主要因素是语音的重轻与长短，其他因素也不同程度地包含在其中。

第三，语言的节奏表现在一个较长的语音链上，必须有规律且反复出现。

只有孤立的一个词语或一个句子，还不能形成一种完整的节奏；只有在一个连续的语音链上，才能使某种节奏有规律地相间交替或回环往复。所以，我们所说的语言节奏，不仅仅指一个单句或一个分句，这只能形成一个音列，而一个复句、一个句群、一个段落，甚至是整篇文章（如较短的诗歌往往全诗只有一种节奏形式），才是一个由众多音列组成的更大的语音链，在这个较长的语音链上才能表现出不同的节奏来，同时这种节奏又不止出现一次，而是有规律地反复出现，这样才能给人一种鲜明而优美的节奏感。

总之，语言的节奏贯穿于说话和写作的全过程，它是增强语言的表现力和音乐性的重要手段。此外，需要说明的是，语言的节奏感又跟人的情感波动起伏有密切关系：昂扬奋发的情绪，往往表现为急促有力的节奏；悲哀愁苦的情怀，往往表现为婉转低沉的节奏；等等。人的思想感情的变化，往往影响到语音的缓急、高低、重轻，这就自然涉及节奏的徐疾、扬抑、强弱。因此，我们在分析作品语言的节奏时，还要考虑到作品的思想内容和作者的情感因素。

二、构成语言节奏的主要因素

上面已经说过，语言的节奏是利用语音的四个要素而产生的。但这所说的仅仅是语言节奏的产生渠道，我们决不可把语音的音高、音强、音长、音色四要素与语言节奏的构成因素混为一谈。全面考察汉语的语言节奏，主要是由语音的重轻、语音的停顿、语速的快慢、音列的长短、语调的扬抑、声调的平仄、是否押韵等几项因素构成的。对于平仄和押韵，将在后面两节专门进行介绍，这一节主要说明其他五种因素。

（一）语音的重轻

由重音和轻音有规律地交替组合，可以形成语音的重轻节奏。这种重轻交替的节奏表现在音步与音步之间，是汉语中最普遍、最明显的节奏，可以看作语言节奏的起点。

现代汉语以双音词为主。当双音词出现在语音链上时，一般都是第一个音节读重音，第二个音节读轻音（或次重音），这样一重一轻就自然形成一个音步（又称为“节拍”或“音组”），并产生一次短暂的音顿；当两个以上的音步连起来以后，就会在音步之间或音段之间形成一种节奏。这种节奏的特点是：大致每两个音节为一个音步，每两个音步为一个基本节奏音段，重音与轻音交替出现，重音一般都落在每个音步的第一个音节上。这种轻重交替、往复出现的节奏形式，在韵文中尤为突出，在散文中虽然复杂而有变化，但仍能明显地感觉出来。例如：

①越过 高山，/越过 平原，
跨过 奔腾的/黄河 长江；
宽广 美丽的/土地，
是 我们/亲爱的 家乡。
英雄的 人民/站 起来了，

我们/团结 友爱/坚强 如钢。

（王莘《歌唱祖国》歌词）

这段歌词的特点是多用双音词，除了使用助词“的”和“了”、单音词“是”和“站”的句子以外，都是每两个音节为一个音步（用字下加直线表示，下同），每两个音步构成一个基本节奏音段（用分隔号“/”表示，下同），每个音步的重音（用字下加点表示，下同）都落在第一个音节上，形成重轻交替的节奏。只有几个特殊的地方：助词“的”和“了”附着在其前边的词语上，一律读轻声；单音词“是”和“站”单独构成一个音步，自然要读重音；动态助词“起来”虽是双音词，但也要读轻音；最后一句较长，分为三个基本节奏音段，其中“我们”单独构成一个音段，“如钢”不是一个双音词（是比况短语），重音落在后边的音节上。

②时序 刚刚/过了 秋分，就 觉得/突然 增加了/一些 凉意。早晨/到 海边/去 散步，仿佛 觉得/那 蔚蓝的/大海，比前 更加/蓝了 一些；天，也/比前 更加/高远了 一些。

（峻青《秋色赋》）

这是这篇散文的第一自然段。其特点也是多用双音词，基本上都是两个音节构成一个音步，也大多是两个音步构成一个基本节奏音段，重音一般都落在每个音步的第一个音节上，由此构成一种语音重轻节奏。只有几个地方特殊：助词“了”附着在其前边的词语上，要读轻声；单音词“就”“到”“去”“那”“天”“也”独立构成一个音步，自然要读重音；“比前”是一个比况短语，重音落在后边的音节上。

（二）语音的停顿

当相等音节或相等音步有规律地交替出现，就可以由语音的停顿产生一种鲜明的节奏感。这种语音的停顿节奏，是汉语最明显的节奏标志。

因为在说话和朗读时，一开口就会出现语流重音和非重音的交替，就会形成一个一个的音步。音步之间都有一次短暂的音顿，一个基本节奏音段的后面又有一次稍长的语音顿歇，一个语句音段（音列）后边还会有一次较大的语音停顿，这就由语音停顿的反复出现而构成了节奏。这种音顿节奏明显地表现在诗歌中，因为诗句往往字数相等，上句与下句结构相同，所以音节匀称，语音和谐，节奏鲜明。例如：

①东方/红，太阳/升，
中国/出了个/毛泽东；
他为/人民/谋幸福，
他是/人民/大救星。

（李有源《东方红》歌词）

这段唱词同时使用了单音词、双音词和三音词。用分隔号"/"表示音步之间的语音顿歇（下同），第一句的前后两个部分结构一致，各有一次语音顿歇；后边的三句音节数量基本相等（只第二句中多一个音节），中间各有两次语音顿歇；这样，再加上句中和句末的语音停顿，就形成了鲜明的节奏感。

音顿节奏在汉语中占有重要地位。特别是在诗、词、曲、赋等传统韵文中，三字句、四字格和五字句、六字句、七字句等，都在音顿配合上形成了一些相对固定的格式，便于增强节奏感和表现力。下面分别进行简要介绍。

1. 三字句

汉语中的三字句，一般都由两个词或三个词构成。它的音顿配合有两种形式：一种是二一式，另一种是一二式。例如：

②风樯/动，
龟蛇/静，
起/宏图。

（毛泽东《水调歌头·游泳》）

这三句的音顿配合，前两句是二一式，第三句是一二式。

2. 四字格

四字格多由两个词或一个成语组成，音顿配合一般都是二二式，通常也都要读成二二式。我国最早的诗歌如《诗经》，都以四言为主。例如：

③硕鼠/硕鼠，无食/我黍！三岁/贯女，莫我/肯顾。逝将/去女，适彼/乐土。乐土/乐土，爰得/我所？

（《诗经·硕鼠》）

多数四字格成语，音顿配合的格式也都是二二式。如：叶公/好龙、颠倒/是非、八面/玲珑、抛砖/引玉，它们分别由主谓、动宾、偏正、并列几种结构关系组成，但在音顿上都是二二式；即使在意义上是一三式或三一式的，如“泣——不成声”和“近朱者——赤”，也都习惯读成二二式“泣不/成声、近朱/者赤”。这正如吕叔湘先生所说：“不得不承认 2 +2 的四音节是现代汉语里的一种重要的节奏倾向。”①因为这种四音节两音步，语音上成双成对，念起来节奏匀称，十分上口，的确可以加强语言的表达效果，对此应该引起我们的充分注意。

四字格除了二二式的基本格式外，还有其他一些特殊的音顿配合形式。例如：

一二一式：染/柳烟/浓，吹/梅笛/怨，春意知几许。

（李清照《永遇乐》）

一三式：唤取红巾翠袖，揾/英雄泪。（辛弃疾《水龙吟》）

三一式：千古江山，英雄无觅，孙仲谋/处。

（辛弃疾《永遇乐》）

---

①吕叔湘：《现代汉语单双音节问题初探》，《中国语文》，1963 年第 1 期。

3. 五字句

五字句一般由三个词或短语组成。它的音顿配合有两种基本格式：一种是二二一式，另一种是二一二式。例如：

④入春/才/七日，离家/已/二年，人归/落雁/后，思发/在/花前。

（薛道衡《人日思归》）

这首诗第三句的音顿格式是二二一式，其他三句都是二一二式。

五字句也有其他特殊的音顿配合格式。例如：

一二二式：执手相看泪眼，竟/无语/凝噎。（柳永《雨霖铃》）

三二式：惜春更选残红折，雨轻风色暴，梅子青/时节。

（张先《千秋岁》）

二三式：明月楼高休独倚，酒入愁肠，化作/相思泪。

（范仲淹《苏幕遮》）

4. 六字句

六字句多由三个双音词或短语组成，它的音顿配合节奏多为二二二式。例如：

⑤六盘/山上/高峰，
红旗/漫卷/西风。
今日/长缨/在手，
何时/缚住/苍龙？

（毛泽东《清平乐·六盘山》）

这是这首词下阕的四个句子，均是整齐一致的二二二结构，每个音顿两个字，有的是一个双音词，有的是双音节短语。第一句的“六盘山”虽是一个三音词，但为了音顿的一致也可断开，使“山上”构成一个短语，仍不影响语义的表达，而且使语音更加和谐。

六字句也有一些特殊的音顿配合形式。例如：

二四式：到处/莺歌燕舞，更有/潺潺流水，高路入云端。

（毛泽东《重上井冈山》）

四二式：三十八年/过去，弹指一挥间。

（同上）

在古代诗词中，六字句用得较少。但因每一个音顿内的音节都成双成对，所以节奏感特别鲜明。

5. 七字句

在古代诗词和现代韵文中，五字句和七字句用得最多。七字句比五字句增加一个音顿，即多两个音节、一个音步，大大增强了诗歌表现生活的能力。

七字句多由四个词或短语组成，一般分为四个音步，即一句之内有三次语音顿歇和一次语音停顿（句末），它的音顿配合有二二二一式和二二一二式两种基本格式。例如：

⑥凤凰/台上/凤凰/游，凤去/台空/江/自流。

吴宫/花草/埋/幽径，晋代/衣冠/成/古丘。

三山/半落/青天/外，二水/中分/白鹭/洲。

总为/浮云/能/蔽日，长安/不见/使/人愁。

（李白《登金陵凤凰台》）

这首七言律诗的音顿格式是：首联的出句与对句不同，分别是二二二一式和二二一二式；其他各联的出句与对句一致，其中颔联都是二二一二式，颈联都是二二二一式，尾联又都是二二一二式，节奏形式十分整齐。再加上讲究平仄、对仗和押韵，所以这首诗的韵律非常和谐优美。

七字句也有几种特殊的音顿配合格式。例如：

二二三式：离愁/渐远/渐无穷，迢迢/不断/如春水。

（欧阳修《踏莎行》）

三二二式：易得凋零，更多少/无情/风雨。

（赵佶《宴山亭》）

三四式：要什么/素车白马，断送出/古陌荒阡。

（关汉卿《窦娥冤》）

四三式：白云山头/云欲立，白云山下/呼声急。

（毛泽东《渔家傲·反第二次大"围剿"》）

由于音节增多，音顿配合方式也随之复杂起来。八字句以上的不经常使用，这里不再列举。

汉语的口语和散文中，也存在着音顿节奏。由于现代汉语中双音词占优势，再加上重音与轻音的变读，使语流中较多地形成两个字一顿，并以两个音步为一个基本节奏音段，这也成为口语和散文的主要节奏倾向。口语和散文中的音顿节奏富于变化，不像韵文那样整齐对称，音步之内的音节数量、基本节奏音段里的音步数量，会根据情况增加或减少，但如果认真分析，仍可把握其中的音顿节奏。例如：

⑦延安 机场上/送行的 情景，又 出现在/眼前了：主席/伟岸的身形，站在/飞机 舱口；坚定的 目光，望着/送行的 人群；宽大的 手掌，握住 那顶/深灰色的 盔式帽；慢慢的 举起，举起，然后/用力地一挥，停止在 空中……

（方纪《挥手之间》）

在上边这个散文段落中，用字下直线划分出来的是一个音步，用分隔号"/"划分出来的是一个基本节奏音段（对只有一个基本节奏音段的语言片段不再划分），每个分句或语言片段的后面都有标点。这样，我们在朗读时，就可以根据句中语音顿歇和句末语音停顿时间的长短，感觉到这段散文的音顿节奏。

（三）语速的快慢

语速的快慢，是指在音步和音段之内每个音节所占时值的长短。它是由音步或音段中音节的相对疏密程度所决定的，音节少、所占时值长为慢，音节多、所占时值短为快。例如在一个音步之内，如果只有一个音节，语速就要慢些；有两个音节，语速就要快些；有三个以上的音节时，语速就更快些。

此外，语速的快慢还表现在句末的语音停顿上。相比之下，句号、问号或叹号是全句的标志，表示一个相对完整的意思已经表达完毕，所以停顿的时间要长些；而句子内部的逗号或分号等只是一个分句或语言片段的语音停顿，表示还要继续说下去，因而停顿的时间要短些，但是它们仍比音步之间、音段之间的停顿时间要长些。正因为如此，我们称音步之间、音段之间为“顿歇”，而称分句之间（含语言片段之间）、句子之间为“停顿”。例如：

①月亮 升起来。‖院子里 凉爽 得很，|干净 得很。‖白天 破好的 苇眉子 潮润润的，|正好 编席。‖女人 坐在 小院 当中，|手背上 缠绞着 柔滑修长的 苇眉子。‖苇眉子 又薄 又细，|在她 怀里 跳跃着。

（孙犁《荷花淀》）

在上边这个段落中，用字下的直线表示音步，用单竖线表示句末较短的停顿时间，用双竖线表示句末较长的停顿时间，按此标示朗读，就可感觉出语速的快慢。这段话每个音步多为二至三个音节，除了有一处多音节谓语和一处多音节定语的语速稍快一些以外，其他地方的语速都比较慢，使这个段落在节奏上比较舒缓。

还有，写说者的情感起伏，也能够从语速的快慢中表现出来。一般说来，人的心情激动，说话的速度就要加快，语言的节奏也会变得急促。例如：

②大家都有 一支笔，|有 一张嘴，|有什么理由 拿出来讲啊！‖有事实 拿出来说啊！‖（闻先生声音激动了）为什么 要打要杀，|而且又不敢 光明正大地 来打来杀，|而偷偷摸摸地 来暗杀！|（鼓掌）这成 什么话？‖（鼓掌）

（闻一多《最后一次讲演》）

这段讲话从音步上看,多数都在三个音节以上,有的甚至达到五六个音节,可见讲话的速度很快;另外从分句和句子后边的语音停顿上看,两句相接的时间也明显加快。这种急促的语音节奏,充分表达出作者气愤和激动的心情。

通过以上的分析可以看出,语速就是语言的快慢节奏,它关系着音节发音持续时间的长短,由语音所占时值长短交替出现而形成节奏。因此,语速的快慢也是构成语言节奏的重要因素之一,它与语音的重轻、语音的停顿等都有密切关系。

(四)音列的长短

从语音的角度来考察,通常可以把一个句子(包括单句和复句中的分句)称为一个音列。音列同前边所讲的音节、音步、音段之间的关系是:由两个及以上(多为两个)音节组成一个音步,由两个及以上(多为两个)音步组成一个基本节奏音段,再由一个或几个音段组成一个音列,这就是通常所说的句子。由若干个音列连接起来,就会形成一个更长的语音链,这就是通常所说的句群或段落。一首诗或一篇文章,也可整体看作一个总的语音链。综上所述,语音的长短可依次排列为“音节→音步→音段→音列→语音链”。

在一个较长的语音链中,由长音列和短音列有规律地交替组合,就会构成语言的长短节奏。长短节奏在韵文中的运用,常用等长音列来排列组合,构成整齐对称的句式,如古代诗歌特别是格律诗都是如此。而词却是一种特殊的诗体,虽也讲究格律,但多数词牌的句式长短不齐,所以又将词称为“长短句”,每首词几句、每句几字都有固定格式,使长音列与短音列形成一种有规律的长短节奏。例如:

①人生易老天难老,
　岁岁重阳,
　今又重阳,

战地黄花分外香。

一年一度秋风劲，
不似春光，
胜似春光，
寥廓江天万里霜。

（毛泽东《采桑子·重阳》）

采桑子这一词牌为双调44字，上下阕各三平韵（字下加“△”处），此格中间两句用叠句（本词的两个叠句都稍有变化），对每个字的平仄声调都有规定。这首词从音列上看，上阕与下阕相同，分别为两长（七字）夹两短（四字），反复出现而构成长短节奏。

长短节奏在散文中的应用，则是长句与短句交错运用，每句的长短和字数灵活多变，形成语句的参差错落之美，使表意纵横驰骋，不受结构和音律上的限制。例如：

②宇宙是一个大生命，我们是宇宙大气中之一息。江流入海，叶落归根，我们是大生命中之一叶，大生命中之一滴。

在宇宙的大生命中，我们是多么卑微，多么渺小，而一滴一叶，也有它自己的使命！

要知道：生命的象征是活动，是生长，一滴一叶的活动生长，合成了整个宇宙的进化运行。

要记住：不是每一道江流都能入海，不流动的便成了死湖；不是每一粒种子都能成树，不生长的便成了空壳！

生命中不是永远快乐，也不是永远痛苦，快乐和痛苦是相生相成的。等于水道要经过不同的两岸，树木要经过常变的四时。

（冰心《再寄小读者·通讯四》）

在这几个段落里，作者在向小朋友们谈生命，特别是谈个人的小生命同宇宙的大生命之间的关系,解说人的生命的丰富内涵。从语音上进行分析,既可以把每个自然段作为一个语音链,分别由几个语句音列组成;也可以把这几个自然段看作一个大的语音链,由几个小的语音链组成。在这个大的语音链上,每个段落都将长音列与短音列交错使用,字下加线的几个最短的音列,只有三至四个音节,只由两个音步、一个音段组成,而表意极其精准有力。几个段落的长短音列交替出现,形成了语言的长短节奏,使语言有一种参差错落的美感,作者对生命的认识和情感的抒发,也在这种长短自如的节奏中雍容不迫地表达出来。

(五)语调的扬抑

语调是指说话的腔调,就是一句话里语音高低、轻重、快慢的配置,能够表示一定的语气和情感。修辞学里所讲的语调,要比语法学里所说的语调宽泛得多,它不仅仅指句子末尾的语调(一般用句号、问号或叹号来表示),也包括复句中各个分句(一般用逗号或分号来表示)尾字的声调,还包括句中语音暂停处(一般用逗号或顿号来表示)尾字的声调,当它们共同出现在一个语音链上时,无论长短,只要有语音停顿,都应看作一个独立音列,因而也都具有语调抑扬的变化。语调的扬抑,主要与以下两项因素有关。

第一,语调的扬抑,主要表现在句调的高低升降变化上。

普通话的语调,有两种最基本的类型:一种是升扬调,一种是降抑调。降抑调是句尾降低的语调,陈述句、祈使句、感叹句一般都用降抑调;升扬调是句尾升起的语调,疑问句一般使用升扬调。

第二,语调的升降,在句尾音节上表现得特别明显。

在一个音列之内,每个字都有自己的声调,对语音的抑扬变化都具有一定作用。特别是句末(包括分句和语音暂停处)的最后一个音节,其声调的平仄对这个句子的语调、分句或语言片段的声调都起着重要作用。所以,我们在确定语调的扬抑时,一方面要看句末的语调（特别是疑问句的末尾，一般都应看作升扬调），另一方面还要看句子、分句和语音暂停处最后一个音节的声调，一般都以此为依据，平声为升扬调，仄声为降抑调。

语调扬抑的变化，跟所表达的意思和说话人的感情有直接关系，语调运用如何，也直接关系到语言的表达效果。在一个句群、段落乃至整篇文章中，让升扬调和降抑调有规律地交替出现，就会形成语言的语调扬抑节奏，使语音具有一种抑扬顿挫的美感。例如：

①试想在圆月朦胧之夜，↘海棠是这样的妩媚而嫣润；↘枝头的好鸟为什么却双栖而各梦呢？↗在这夜深人静的当儿，↗那高踞着的一只八哥儿，↘又何尽撑着眼皮儿不肯睡去呢？↗他到底等什么来着？↗舍不得那淡淡的月儿么？↗舍不得那疏疏的帘儿么？↗不，↘不，↘不，↘您得到帘下去找，↘您得向帘中去找——↘您该找着那卷帘人了？↗他的情韵风怀，↗原是这样这样的哟！↘朦胧的岂独月呢；↘岂独鸟呢？↗但是，↘咫尺天涯，↗教我如何耐得？↗我拼着千呼万唤；↘你能够出来么？↗

（朱自清《月朦胧，鸟朦胧，帘卷海棠红》）

我们在这里用下斜箭头“↘”代表降抑调，用上斜箭头“↗”代表升扬调，分别在每个句子、分句和句中语音暂停处的后面标出（下同）。可以看出，这段话语调高低升降的变化，是靠句末的语调和分句、语音停顿处的声调共同形成的，使语音起伏变化、抑扬有致：或者降抑调与升扬调交替运用，或者在连续使用几个升扬调以后，再连续使用几个降抑调，使人读起来明显地感觉到有一种语调抑扬的节奏美。

三、各种节奏因素的配合使用

上面，我们介绍了构成语言节奏的几种主要因素，这只是为了述说的方便，作了单独的平面的分析。从这个角度上说，每一种构成节奏的因素，也可以单独看成一种节奏形式，几种节奏形式有机结合，构成语言的整个节奏系统。

需要特别指出的是，在实际运用中，各种节奏形式都不是单独出现的，各种节奏因素也不是单独发生作用的，而往往是共同发挥作用和配合运用的。当然，这几种节奏因素（形式）的作用也不是平等并列的，也有主从之分。它们之间的联系和配合关系，表现在以下几个方面：

第一，语音的重轻和停顿是两种贯彻始终的节奏形式，对其他节奏形式具有包含和先导的作用。

由于现代汉语中的双音词占优势，双音词在语音链上一般都是第一个音节读重音、第二个音节读轻音，这种语音重轻的规律能够自然形成一个个音步，由此成为节奏的起点，并贯彻始终；而语音的音步、音段、音列不同的停顿规律，又是构成语言节奏的明显标志，在一个语音链上也是贯彻始终的。所以，语音的重轻构成力的节奏，语音的停顿构成时的节奏，二者既不可分割，又相互依存，共同成为语言节奏的基础。而其他几种节奏形式，都是在语音的重轻和停顿基础上产生的，或者说是包含在这二者之中的。

第二，语速的快慢，蕴含在音步和基本节奏音段之内，又与语音停顿和语音重轻有关。

语速的快慢，由一个音步或音段之内的音节多少决定，音节多则快，音节少则慢。此外，语速快慢与音列（包括句子、分句和语音暂停处）后边的语音停顿时间长短也有密切关系，两句之间接得快语速则快，接得慢语速则慢。同时，语速的快慢还与语音的重轻有关，一般说来，语速慢时语音较重，语速快时语音较轻。

第三，音列的长短要受多方面因素的制约，尤其对音节、音步和音段的调整有密切关系。

音列的长短，在散文里主要由表达的思想内容所决定，在韵文里还要受到格式、字数等因素的制约。要形成等长音列，或长短音列有规律的变化，或长短音列交错使用，都要涉及对音节、音步和音段的调整，这又与语音的重轻、停顿和语速的快慢发生联系，所以必须同时兼顾、有机组合。

第四，语调的扬抑，是语音起伏变化的融合点和总开关。

句末的语调和分句、语音暂停处的声调，不仅表示语音停顿时间的长短，还表示说话的语气和腔调。而这种语气和腔调，完全是语音高低升降和长短快慢相配合的产物。这就充分说明，语调的扬抑与语音的重轻、语音的停顿、语速的快慢、音列的长短等其他节奏因素都密切相关，因此可以说，语调的扬抑是语音起伏变化的融合点和总开关。

综上所述，我们可以得出这样的结论：语言的节奏具有层次性和融合性的特点，各种节奏因素或节奏形式之间，存在着互相包含和层层套叠的关系，正是它们的有机结合，构成了语言的节奏感，赋予了汉语的音乐美。

正因为如此，在一个句群、段落甚至是全篇的语音链上，有时会突出地体现出一种或两种节奏形式，但如果再仔细分析，其他节奏形式也往往包含其中。例如：

①伟大的 领袖/和导师 毛主席↗——我们敬爱的/父亲逝世后的/第一个 春天，↗我们 回到了/老家 湖南。↗我们 伫立/橘子 洲头，↗漫步/湘江 两岸，↘回 清水塘，↗登 岳麓山；↗徘徊/板仓 小径，↘依恋/韶山 故园……↗万千 思绪，↘随/山移 水转。↘正是/杜鹃花 开遍/三湘的 季节，↗乡亲们 怀着/深情 厚谊，↘送给 我们/一棵 带着/韶山 泥土的/红杜鹃。↗

（毛岸青、韶华《我们爱韶山的红杜鹃》）

这是这篇散文开头的第一自然段，语言优美，节奏鲜明：首先给人的突出印象是语音的长短节奏，开头和结尾各用了一个长句，中间全用短句，而且有的形成对偶，使音列整齐匀称；语音的重轻交替有序（字下加点表示重音），音顿节奏鲜明（字下的直线表示音步，用分隔号“/”表示基本节奏音段）；语速舒缓，一个音步之内只有两到三个音节，使用双音词或三音词点出父亲青年时代的几个活动场所，表达了对父亲的无比思念；在语调上，升扬调与降抑调交替使用（分别用“↗”和“↘”标出），使语音和谐婉转。特别是在散文中用韵是一大特色，文中标“△”处共押一韵，使全段的语音更加和谐优美。

通过以上的分析可以看出，各种节奏形式在话语中都是配合使用的，是有机地结合在一起发挥作用的。我们在交际和写作中，要增强语言的节奏感，就要根据自己的思想感情和表达内容的需要，抓住一两种主要的节奏形式，使之充分发挥作用，并借此带动其他有关的节奏因素，以形成自己语言的特有节奏，取得更好的表达效果。

思考与练习二

1. 什么是语言的节奏？我们应该怎样理解这个定义？节奏对于语言和音律有什么重要作用？

2. 语音的重轻节奏是怎样形成的？其特点是什么？为什么说语音的重轻是节奏的起点？

3. 语音的停顿节奏是怎样形成的？为什么说语音的停顿是节奏的标志？

4. 传统韵文中的三字句、四字格、五字句、六字句、七字句，在音顿配合上各有哪些基本格式？举例说明。

5. 什么是语速的快慢？语速的快慢都与哪些因素有关系？

6. 什么是音列？它同音节、音步、音段和语音链之间是什么关系？语言的长短节奏是怎样形成的？

7. 什么是语调？修辞学里所讲的语调包括哪些内容？为什么？

8. 普通话的语调有哪两种基本类型？语调的扬抑主要与哪两项因素有关？语言的语调扬抑节奏是怎样形成的？

9. 各种节奏因素（节奏形式）之间是怎样相互联系和配合的？为什么说语言的节奏具有层次性和融合性的特点？

10. 用分隔号“/”分别划分出这首词中的三字句、四字格、五字句、六字句、七字句、八字句的音顿节奏，并说明这首词是怎样运用语言的长短节奏的。

北国风光，
千里冰封，
万里雪飘。
望长城内外，
惟余莽莽；
大河上下，
顿失滔滔。
山舞银蛇，
原驰蜡象，
欲与天公试比高。
须晴日，
看红装素裹，
分外妖娆。

江山如此多娇，
引无数英雄竞折腰。
惜秦皇汉武，
略输文采；

唐宗宋祖，
稍逊风骚。
一代天骄，
成吉思汗，
只识弯弓射大雕。
俱往矣，
数风流人物，
还看今朝。

（毛泽东《沁园春·雪》）

11. 下面是一段散文，划分出每个句子的音步（字下加直线）和基本节奏音段（用分隔号“/”表示），标出每个音步内的重音（字下加点），再标出每个句子、分句及语音暂停处的语调抑扬（分别用“↘”和“↗”表示），说明哪些地方的语速较快、哪些地方的语速较慢，并说明各种节奏因素是怎样配合使用的。

惨象，已使我目不忍视了；流言，尤使我耳不忍闻。我还有什么话可说呢？我懂得衰亡民族之所以默无声息的缘由了。沉默呵，沉默呵！不在沉默中爆发，就在沉默中灭亡。

（鲁迅《记念刘和珍君》）

第三节　协调平仄

声调的平仄，自古以来就倍受推崇，特别是在唐代格律诗出现以后，平仄被视为诗词格律的重要组成部分。到了现代的文体中，包括诗歌在内，对声调的平仄就没有严格要求了。但很多优秀作家在作品中，仍然注意声调的平仄，在表达思想内容的同时，追求抑扬顿挫的语音美。老舍在《关于文学的语言问题》中说：“我写文章，不仅要考虑每个字的意义,还要考虑到每个字的声音。不仅写文章是这样,写报告也是这样。我希望我的报告可以一字不改地拿来念,大家都能听得明白。虽然我的报告作得不好,但是念起来很好听,句子现成。比方我的报告当中,上句末一个字用仄声字,如‘他去了。’下句我就要用个平声字,如‘你也去吗?’让句子念起来叮当地响。好文章让人家愿意念,也愿意听。”这是语言大师们的经验之谈,我们平时说话和写作,如果能够注意声调平仄的配合,就会使语音更加和谐悦耳,取得更好的表达效果。

为了让大家了解声调平仄的有关知识,我们在这一节中,介绍什么是平仄、平仄声调的语音特点和修辞作用、格律诗词中的平仄、现代文体中平仄声调的运用等几方面内容。

一、什么是平仄

所谓“平仄”,是汉字声调的两大类型。本来汉字的声调有四种,即通常所说的四声。声调自古到今,也有一个演变的过程。古代汉语的四声是平声、上声、去声、入声,发展到现代汉语普通话的四声是阴平、阳平、上声、去声。其中阴平和阳平由古平声字分化而来,古上声字有一部分变为去声,古去声字没有变化,古入声字消失,分别归入阴平、阳平、上声、去声之内。

在古代汉语里,只将平声字划入“平”声,而把上、去、入三声都划为“仄”声。“仄”即“侧”,就是不平的意思。现代汉语普通话中,一般都将阴平、阳平(即一声、二声)划入平声,将上声、去声(即三声、四声)划入仄声。这很好记,绝大多数字音都是如此,如“装聋作哑”,前两个字都为平声,后两个字都为仄声。

在讲究声调的平仄时,有一个如何对待古入声字的问题。在现代文体(包括诗歌)里,可以不顾及古入声字,只按一二声为平、三四声为仄考虑即可。而在学习和写作格律诗词时,必须建立起古入声字的概念。对于转入上声、去声的古入声字可以不必管它，因为它们在现代汉语里都为仄声；而对于转入阴平、阳平的古入声字需要特别注意，例如“屋、哭、叔、突”是阴平，“辖、察、拔、滑”是阳平，但它们在格律诗词中仍为仄声，不能按照平声对待和使用，否则就无法辨别是否符合平仄格律的要求。为了大家在学习和写作格律诗词时查阅方便，我们根据胡裕树主编《现代汉语》中的《古入声字普通话读音表》，专门整理出《转入阴平、阳平的古入声字表》附后（见附录一）。

二、平仄声调的语音特点和修辞作用

汉语中的平声字和仄声字，读起来各有不同的语音特点：一般说来，平声字的声音高平或微扬，拉得长，送得远，音感强烈，具有平缓洪亮的特点；而仄声字的声音低而抑，音短促，拉不长，音感比较弱，具有曲折爽脆的特点。例如“山（shān）”和“河（hé）”的语音起点较高，且能拉长，听起来平缓洪亮；而“水（shuǐ）”和“路（lù）”的语音就明显不同，前者虽有曲折，但不能拉长，后者起点虽高但急剧下降，也不能拉长，所以使二者听起来曲折爽脆。通过比较可以看出，平声字和仄声字的语音具有截然不同的特点，其响度和语音效果是完全不一样的。

从矛盾对立统一的角度来分析声调，平仄处于对立的两端。如果一味使用平声，会使人感到平直而少变化；如果老是运用仄声，又会令人感到刺耳和压抑，都不会有好的语音效果。恰当地运用平仄声调，主要有两个方面的修辞作用。

第一，平仄相对，或有规律地交错运用，可以使语音高低起伏、变化有致，呈现一种抑扬顿挫的音乐美感。

古人说话和写作，都十分讲究声调平仄的搭配。现代文体如诗歌、戏剧、散文和报告文学等，包括政论文在内，凡名篇佳作，仍很讲究平仄声调的配合。例如：

①人民解放军百万大军，从一千余华里的战线上，冲破敌阵，

—— | | — | | | — — | — — — | | | | | — | — |

横渡长江。西起九江，东至江阴，均是人民解放军的渡江区域。

— | —— — | | — — | —— — | — — | | — | | — — |

（毛泽东《人民解放军百万大军横渡长江》）

这是毛主席在 1949 年 4 月 22 日为新华社写的一篇新闻的开头，因为要在电台播放，十分注意语音效果。为方便起见，我们用“—”代表平声，用“|”代表仄声，在每个字的下方标出平仄（下同）。可以看出，这两个句子有规律地交错运用平仄声调，因而读起来抑扬顿挫、铿锵悦耳，给人以荡气回肠之感。

现代汉语里的有些成语，运用平仄配合的规律组成，语音十分悦耳动听。例如：闻鸡起舞（平平仄仄）、纸上谈兵（仄仄平平）、名正言顺（平仄平仄）、叶公好龙（仄平仄平）、望洋兴叹（仄平平仄）、甘拜下风（平仄仄平）。

第二，将平仄声调用于句子煞尾或押韵，可以表现出不同的情感和气氛。

自古以来，就一直有这种用法，古人作诗填词，非常讲究押平声韵还是押仄声韵。即使不押韵，在一个句子（或段落）的末尾使用平声字还是仄声字，也会在某种特定的语言环境下，表现出不同的情感和气氛。一般说来，用平声字煞尾或押平声韵，由于声音的高扬和洪亮，可以表现出一种雄壮激昂的情感；而用仄声字煞尾或押仄声韵，由于声音的低抑和短促，又会造成一种悲切沉郁的气氛。例如：

②前不见古人，后不见来者。念天地之悠悠，独怆然而涕下。

— | | | — | | | — | | — | ——— | | — — | |

（陈子昂《登幽州台歌》）

这是初唐“四杰”之一陈子昂的一首杂言古诗，虽不讲究押韵，却十分注意声调平仄的配合：前两句的“前”与“后”、“古人”与“来者”都平仄相对；后两句的“天地”与“怆然”、“悠悠”与“涕下”也都是平仄相对的。特别是全诗两个句子，均以仄声字“者”和“下”煞尾，更增加了沉郁气氛，充分表达了作者怀才不遇、壮志难酬的悲愤心情。

三、格律诗词中的平仄

格律诗是一种特殊诗体。在唐代以后，将诗分为两类，一是古体诗，是继承汉魏六朝的诗体；一是今体诗（又称近体诗），是唐代新兴的诗体。古体诗简称古诗，分为五言古诗和七言古诗，简称为五古和七古，一般只讲押韵，对平仄的要求不严格，在字数和句数上也不限制，还专门有一种杂言诗。今体诗分为律诗和绝句两类，律诗有五言律诗（简称五律）和七言律诗（简称七律）两种，五律每句五个字，共八句，全诗四十个字；七律每句七个字，共八句，全诗五十六个字。绝句也有五言绝句（简称五绝）和七言绝句（简称七绝）两种，五绝每句五个字，全诗四句，共二十个字；七绝每句七个字，全诗四句，共二十八个字。

律诗有固定的格式，除了讲究押韵外，还讲究平仄和对仗，这些统称为“格律”。律诗和绝句的押韵，限押平水韵，一般只押平声韵，很少押仄声韵。律诗的对仗，一般用在中间两联；绝句可以不用对仗，如用对仗多用在首联。而律诗和绝句的平仄最为复杂，不但讲究“对”和“黏”，还禁忌“犯孤平”。律诗八句，每两句构成一联，一二句为首联，三四句为颔联，五六句为颈联，七八句为尾联。每联的前句为出句，后句为对句。所谓“对”，是指每联的出句与对句，第二、四、六字（五言第二、四字）必须平仄相对；所谓“黏”，是指下一联的出句与上一联的对句，第二、四字（五言第二字）必须平仄相同。

这一平仄格式,就是通常所说的“一三五不论,二四六分明”(五言则是“一三不论,二四分明”)。这是因为,格律诗也一般以两字为一节奏(即音步或节拍),第一、三、五字不是节奏点,所以允许不论平仄,而第二、四、六字正在节奏点上,所以必须平仄分明,不能通融。所谓“犯孤平”,是指律诗和绝句中的对句仄平脚句型(五言“平平仄仄平”、七言“仄仄平平仄仄平”),五言第一字、七言第三字必须用平声,否则除了押韵的平声字以外只剩下一个平声字,这就叫做“犯孤平”。

律诗和绝句因讲究格律,统称为格律诗。格律诗的平仄,指的是句子的平仄格式。平声字和仄声字有规律地搭配使用,在五言律诗中可形成四种基本句型(见下)。七言律诗由五言律诗发展而来,分别在五言的各种句型前边加上两个平声字或仄声字,即可将五言扩展为七言,因此七言律诗也有平仄组合的四种基本句型。

(一)㊀仄平平仄	(一)㊉平㊀仄平平仄
(二)平平仄仄平	(二)㊀仄平平仄仄平
(三)㊉平平仄仄	(三)㊀仄㊉平平仄仄
(四)㊀仄仄平平	(四)㊉平㊀仄仄平平

(字外加圈,表示可平可仄,下同)

将这四种句型有规律地交错使用,可以构成五言律诗和七言律诗的四种平仄格式:首句仄起仄收式、首句平起平收式、首句平起仄收式、首句仄起平收式(平起、仄起均以第二字为准)。

我们先来看五言律诗和七言律诗。例如:

① **春夜喜雨** 杜甫

好雨知时节,当春乃发生。
随风潜入夜,润物细无声。
野径云俱黑,江船火独明。

晓看红湿处,花重锦官城。

(字下加三角表示韵脚,字下加点的为转入阴平或阳平的古入声字,它们在格律诗词中仍为仄声,下同)

这是一首五言律诗,其平仄格式是首句仄起仄收式。这种格式的平仄句型配合方法是用(一)开头,按(一)(二)(三)(四)的次序重复两遍。

② **自夏口至鹦鹉洲夕望岳阳寄元中丞** 刘长卿

汀州无浪复无烟,楚客相思益渺然。
汉口夕阳斜渡鸟,洞庭秋水远连天。
孤城背岭寒吹角,独戍临江夜泊船。
贾谊上书忧汉室,长沙谪去古今怜。

这是一首七言律诗,其平仄格式是首句平起平收式。这种格式的平仄句型配合方法是:用(四)开头,先(四)(二)(三)(四),再(一)(二)(三)(四)。

下面说绝句。“绝”者“截”也,所以绝句又称截句。在同样平仄格式的情况下,五绝、七绝可说是截取五律、七律的一半,有的只截取前半首,有的截取前半首或后半首均可。所以,绝句也具有律诗的四种平仄句型,各种句型有规律地交错使用,也能构成律诗那样的四种平仄格式。例如:

③ **山中送别** 王维

山中相送罢,日暮掩柴扉。
春草明年绿,王孙归不归?

这是一首五言绝句,其平仄格式是首句平起仄收式。这种格式的平仄句型配合方法是:用(三)开头,按(三)(四)(一)(二)的次序,等于截取同格式律诗的前半首或后半首均可。

④ **赤壁** 杜牧

折戟沉沙铁未消，自将磨洗认前朝。

东风不与周郎便，铜雀春深锁二乔。

这是一首七言绝句，其平仄格式是首句仄起平收式。这种格式的平仄句型配合方法是：用（二）开头，按（二）（四）（一）（二）的次序，等于截取同格式律诗的前半首。

最后再来说词。词是始于唐代而盛行于宋代的一种新兴诗体。早期的词，一般都是配合乐曲可以歌唱的，所以叫"曲子词"；后来渐与乐曲脱离，只能吟而不能唱，成为一种独立的诗体，才被称为"词"。因为词是从诗发展而来的，所以又叫作"诗余"。词的特点是句式长短不齐，所以又有人把词称为"长短句"。词按字数多少可分为三类：五十八字以内为小令，五十九字至九十字为中调，九十字以上为长调。词按段落情况可分为四类：不分段的称为单调，往往是小令；分为前后两段（又叫上阕、下阕或上片、下片）的，称为双调；分为三段的，称为三叠；分为四段的，叫作四叠。双调最为常见，其次是小令，三叠、四叠罕用。

词有词牌，如"沁园春""菩萨蛮""西江月"等。词牌是词的曲调名称，对词的字数、句数、平仄、韵脚等都有具体要求。后来有人把每种词牌的格式和要求都标示出来，就成为词谱。按照词谱写词，叫作"填词"。唐宋人填词，仍依照平水韵。词用韵较宽，既可押平声韵，也可押仄声韵，还能上去通押、中间换韵。但句子的平仄格式比诗的律句更为严格，而且不容许有变格。词最短的是一字句，最长的是十一字句，其中八字及八字以上的句子称为长句，在词中比较少见。

我们来看苏轼的词《水调歌头》：

（丙辰中秋，欢饮达旦，大醉。作此篇，兼怀子由。）

明月几时有？把酒问青天。不知天上宫阙，今夕是何年。我欲乘风归去，又恐琼楼玉宇，高处不胜寒。起舞弄清影，何似在人间。

转朱阁，低绮户，照无眠。不应有恨，何事长向别时圆？人有悲欢离合，月有阴晴圆缺，此事古难全。但愿人长久，千里共婵娟。

作者这首著名的中秋词作于密州（今山东诸城）任上，中秋节饮酒赏月，怀念弟弟苏辙（字子由），以明月照应全词，通过天上人间的联想，抒发了作者乐观旷达的情怀。《水调歌头》这个词牌共九十五字，上阕与下阕各四平韵，韵脚的位置、句数、字数、平仄等，都完全按照词牌的要求填写。

以上，只是简要介绍格律诗词中的押韵和平仄格式等有关内容（对仗见第五章对偶辞格）。但我们要想更好地学习鉴赏格律诗词，特别是想要自己写作格律诗和填词，光知道以上这些还很不够，还必须认真阅读格律诗词方面的专书，例如王力先生的《诗词格律》《诗词格律概要》，龙榆生先生的《唐宋词格律》等，这样才能全面获取这方面的专门知识，满足自己学习和写作的需要。

四、现代文体中平仄声调的运用

语音是语言的物质外壳，是一种表达语意的客观物质材料。汉语元音占优势，且四声分明，具有区别意义的作用，因而读起来音节响亮，抑扬顿挫，铿锵悦耳，是世界上最好听的语言。而对平仄声调的运用，会使语音更加和谐而富有节奏感，这是在深入挖掘汉语语音的特有美质。但是，有些人说话和写文章，只管说来写来，只注重说写的内容，不注意语音效果，这其实是一种缺憾。如能再把写好的文章朗读几遍，把有些字眼的声调平仄搭配调整一番，语音会更加和谐悦耳，这也是增强语言表达效果的一个重要方面。

除了日常口语交际外，现代文体的写作可分为韵文体和散文体两大类：所谓韵文体，是指以押韵为主要标志的各种文章体裁，包括诗歌、曲艺、歌词和戏剧中的唱词等，其中曲艺又包括弹词、大鼓、快板儿等说唱艺术；散文体是同韵文体相对应的，各种不要求押韵的文章体裁统称为散文体。按照这种大的分类，文艺作品中的小说、散文、报告文学、特写、游记等都属于散文体，政论文和说明文，包括机关公文和应用文等，也都属于散文体。韵文体讲究押韵，节奏鲜明，其中声调平仄的配合具有重要作用。散文体虽然散行排列，不讲究韵律，但是适当注意声调平仄的配合，同样会增加语言的节奏感和音乐美。

平仄声调在现代文体中的运用，总的说来有两种配合方法。

（一）平仄交替

所谓平仄交替，是指在一个句子或语段之内交替使用平仄声调，以造成高低起伏、抑扬有致的语音效果。声调的平仄交替，不仅可以应用于韵文体，也可应用于散文体，都会增强语音的表达效果。例如：

①十年征战几人回，	㊣平㊀仄仄平平
又见同侪并马归。	㊀仄平平仄仄平
江淮河汉今谁属？	㊀仄㊣平平仄仄
红旗十月满天飞。	㊣平㊀仄仄平平

（陈毅《与八路军南下部队会师》）

②这时心下光明澄静，如登仙界，如归故乡。眼前浮现的三

| — — | — — — | — — — | — — | — | — — | | —

个笑容，一时融化在爱的调和里，看不分明了。

| | — | — — | | | | — — | | | — — |

（冰心《笑》）

以上两例，是在诗行和句子之内，交替使用平仄声调。例①右侧是七绝诗谱，其中带圆圈的是可平可仄的字。对照诗谱并查《平水韵》表可以看出，三个韵脚字“回”“归”“飞”不在同一韵部，第三

句的“淮”“汉”“谁”三字又不合平仄格律,所以这不是一首七言绝句,只是一首仿古体新诗。但由于三个韵脚字在现代汉语中押韵,再加上每一行诗的音节相等,并交替使用平仄两种声调,所以读来仍然声音响亮,节奏铿锵,很有点七言绝句的韵味。例②是这篇散文的结尾,总结全文而升华主题,两个句子及各个分句,有规律地交替运用平仄声调,使语音和谐悦耳,增强了语言的感染力。

(二)平仄对应

所谓平仄对应,是指在上句与下句的适当位置,对应使用平仄声调,使之形成平仄相对的语音效果,进一步增强语言的节奏感和音乐美。平仄对应的方法,在韵文体和散文体中都能应用,可以产生一种上递下接、回环往复的语音效果,更有助于思想内容的充分表达。例如:

③女:锦绣山乡红旗展,

男:万朵彩霞映蓝天。

女:丰收的美景望不尽,

男:英雄赞歌唱不完。

女:大路上来了人一个,

男:他本是赛马湾的社员名叫李玉山。

女:给社里育良种离家在外,

男:完成任务今儿个把家还。

女:身背行李朝前走,

男:听身后一辆马车跑的欢。

女:小老板就在车上坐,

扎着两根小短辫手摇大长鞭。

男:李玉山急急忙忙迎上去,

(男白)小同志,能不能捎个脚?

(女白)同志,上车吧!得儿——驾!

合:马跑如飞一溜烟。

(刘莹、董以信《女队长》唱词)

这是一段二人转唱词,在每一句的末尾交替使用平仄声调:上一句的末尾都用仄声字,下一句的韵脚处都用平声字,这种上仄下平的配合规律,使平仄声调相互对应,不仅唱起来很和谐、很响亮,读起来也很顺口、很悠扬。

④他决定去拉车,就拉车去了。赁了辆破车,他先练练腿。

— | — |

第一天没拉着什么钱。第二天的生意不错,可是躺了两天,他的

— | —

脚脖子肿得像两条瓠子似的,再也抬不起来。(老舍《骆驼祥子》)

| —

这段话记叙祥子刚到城里拉车时的情形,每个句子和分句的末尾,交替使用平仄声调,使语音高低起伏,抑扬有致,进一步增强了表达效果。

⑤春温秋肃,默化潜移,身心获益靡涯,文笔增华有望。

———| ||—— —— || —— —| —— ||

(郭沫若《鲁迅诗稿序》)

这个句子中,前边两个分句的词语平仄相对:"默化"对"春温","潜移"对"秋肃",其中为了能够相互对应,特意改变了"潜移默化"的语序;后边两个分句的词语也分别平仄相对:"文笔"对"身心","增华"对"获益","有望"对"靡涯"。这样协调词语的声调,不仅使两个相邻分句的平仄声调相互对应,就是将整个复句连起来念,也是平仄有规律地交替运用。语言大师们这样刻意安排和调整声调的平仄,来追求更好的语音效果,实在值得我们学习和效仿。

⑥这场哭，直哭得那铁佛伤心，石人落泪；风凄雨惨，鹤唳
——　||　——||　||
猿啼；便是那树上的鸟儿，也忒楞楞展翅高飞；路上的行人，也
——　|　||——　—
急煎煎闻声远避。
——||

（文康《儿女英雄传》）

这段话描写的是十三妹在母亲灵前痛哭的情景，不仅使用了夸张手法，极力铺陈哭声的感天动地，而且使用了对偶辞格（独句对和隔句对），使语句十分整齐。特别是在句中和句末的平仄声调运用方面特别讲究：其中的“伤心”对“落泪”，是两个句末的平仄相对；“风凄雨惨”和“鹤唳猿啼”，既是一句之内的平仄交替，又是两句之间的平仄对应；后边的两个句子，“鸟”对“人”是两个句末的平仄相对，“展翅高飞”与“闻声远避”既有一句之内的平仄交替，又有两句之间的平仄对应。这样在语句对偶的基础上精心搭配声调的平仄，使话语说起来和听起来都铿锵悦耳，体现出口头文学的突出特点。

思考与练习三

1. 古代汉语和现代汉语普通话各分为哪四声？其中古今声调有哪些发展变化？

2. 什么是平仄？在古代汉语和现代汉语普通话中，对平仄声调各是怎样划分的？涉及格律诗词时应如何对待古入声字？

3. 汉语中的平声字和仄声字各有什么不同的语音特点？恰当地运用平仄声调具有哪些修辞作用？举例说明。

4. 什么是古体诗、今体诗？它们各是怎样分类的？各有什么

特点？

5. 律诗和绝句的格律主要包括哪些内容？五言和七言的平仄组合各有哪四种基本句型？试举例说明。

6. 为什么说词是一种特殊的诗体？什么是词牌和词谱？词在押韵和平仄上各有什么特点？

7. 汉语在语音上有什么特点？为什么说在语言表达时不注意语音效果也是一种缺憾？

8. 什么是韵文体和散文体？它们各包括哪些文章体裁？平仄声调在现代文体中的应用有哪两种基本方法？举例说明。

9. 写出下边两首律诗和绝句的平仄格式(加点的字为转入阴平和阳平的古入声字)，并说明其平仄声调配合的特点。

红豆生南国，春来发几枝。
愿君多采撷，此物最相思。

(王维《相思》)

燕台一望客心惊，笳鼓喧喧汉将营。
万里寒光生积雪，三边曙色动危旌。
沙场烽火连胡月，海畔云山拥蓟城。
少小虽非投笔吏，论功还欲请长缨。

(祖咏《望蓟门》)

10. 分析下面两段散文的语音，指出其声调平仄配合的方法是什么，并说明具有怎样的修辞作用。

①臣本布衣，躬耕于南阳，苟全性命于乱世，不求闻达于诸侯。

(诸葛亮《出师表》)

②穷则思变，要干，要革命。一张白纸，没有负担，好写最新最美的文字，好画最新最美的画图。

(毛泽东《介绍一个合作社》)

附录一 转入阴平、阳平的古入声字表

(按《汉语拼音方案》中声母表的顺序排列)

声母	古入声字及读音
b	bā:八捌 bá:拔跋 bái:白 bāo:剥(剥皮)báo:薄(薄饼)雹 bī:逼 bí:荸 biē:憋鳖瘪(瘪三) bié:别蹩 bō:拨剥(剥削)钵 bó:勃渤博搏膊帛薄(薄暮)泊驳伯箔舶(共30字)
p	pāi:拍 pī:劈霹 pí:枇 piē:撇(撇开)瞥 pō:朴(朴刀)泼泊(湖泊) pū:扑仆(前仆后继) pú:仆(仆从)濮璞(共14字)
m	mā:抹(抹布) méi:没(没有) mō:摸 mó:膜(共4字)
f	fā:发 fá:乏伐筏罚阀 fó:佛(佛教) fú:弗佛(仿佛)怫拂伏茯服幅福辐蝠(共18字)
d	dā:答(答应)搭 dá:达答(回答) dé:得德 dī:滴 dí:狄荻迪的(的确)涤敌嫡笛籴 diē:跌 dié:迭谍堞牒碟蝶叠 dū:督 dú:毒独读渎犊黩 duō:咄 duó:夺度(揣度)踱铎(共36字)
t	tā:塌 tī:剔踢 tiē:帖(服帖)贴 tū:凸突秃 tuō:托脱(共10字)
n	niē:捏(共1字)
l	lā:邋 lēi:勒(勒紧) luō:捋(捋起袖子)(共3字)
g	gā:夹(夹肢窝) gá:轧(轧帐) gē:疙胳(胳臂)鸽搁(搁浅)割 gé:阁格蛤(蛤蜊)革隔嗝膈葛胳(胳肢) gū:骨(骨碌) gú:骨(骨头) guā:刮鸹 guō:郭聒蝈 guó:国掴帼(共26字)
k	kē:磕瞌 ké:壳咳 kū:哭窟(共6字)
h	hē:喝 hé:合盒颌核涸阂阁阖貉 hēi:黑嘿 hū:忽惚淴唿 hú:囫斛 huá:滑猾搰豁(豁拳) huō:豁(豁口) huó:活(共24字)

续表

声母	古入声字及读音
j	jī:击圾唧积屐芨缉(侦缉)激　jí:及汲级极岌吉即亟急疾嫉棘集瘠辑楫藉籍　jiā:夹浃　jiá:荚颊　jiáo:嚼　jiē:疖结(结实)接揭　jié:孑节杰劫诘洁结捷竭截睫　jū:掬鞠　jú:局菊　juē:撅　jué:决诀抉觉珏绝倔(倔强)掘崛厥獗镢蹶爵嚼(咀嚼)攫孓(共68字)
q	qī:七戚喊槭缉(缉鞋口)漆　qiā:掐　qiē:切(切削)　qū:曲(弯曲)蛐屈　quē:缺阙(共13字)
x	xī:夕汐矽吸昔惜析淅晰息熄悉蟋锡膝蜥　xí:习席袭媳檄　xiā:瞎　xiá:匣侠峡狭硖辖　xiāo:削(切削)　xiē:歇蝎楔　xié:协胁挟　xuē:削(剥削)　xué:穴学噱(噱头)(共39字)
zh	zhā:扎(扎针)　zhá:扎(挣扎)轧(轧钢)闸铡　zhāi:摘　zhái:宅翟　zháo:着(着急)　zhé:折哲蜇蛰辄辙　zhī:汁只(一只)织　zhí:执直植殖侄职　zhōu:粥　zhóu:轴　zhú:竹竺烛逐　zhuō:拙卓桌涿捉　zhuó:灼酌茁镯啄琢着(衣着)(共42字)
ch	chā:插　chá:察　chāi:拆　chī:吃　chū:出　chuō:戳(共6字)
sh	shā:杀刹(刹车)　sháo:勺芍杓　shé:舌折(折耗)　shī:失虱湿　shí:十什石识实食拾蚀　shū:叔淑　shú:孰塾熟赎　shuā:刷(刷墙)　shuō:说(共26字)
z	zā:匝咂扎　zá:杂砸　záo:凿(凿通)　zé:责则泽择　zéi:贼　zú:族卒足　zuō:作(作坊)　zuó:昨作(作践)(共17字)
c	cā:擦　cuō:撮(共2字)
s	sā:撒(撒手)　sāi:塞(瓶塞儿)　sú:俗　suō:缩嗍(共5字)
y	yā:压押鸭　yē:噎　yī:一壹揖　yuē:约曰(共9字)
w	wā:挖　wū:屋(共2字)
a	ā:阿(共1字)
e	é:额(共1字)

注:表中收录古入声字403个,转入阴平的字166个,转入阳平的字237个。

第四节 讲究押韵

押韵是和谐声韵、强化节奏的重要手段，它使同韵成分有规律地交替出现，造成一种回环往复的韵律美。押韵是声律的重要内容。我国对声律的运用和研究有着悠久的历史，《尚书·舜典》中就有“诗言志，歌永言，声依永，律和声”（这里的“永”同“咏”）的论述，齐梁时代的沈约创造了声律论，提出了著名的“四声八病”说，确立了平上去入四种声调，总结归纳了它们在诗句中相谐、默契的八条原则（违反了便成“八病”），使诗歌的音律美发展到一个更加自觉的阶段。唐代律诗的押韵达到高峰，宋代的词韵开始放宽一些，元代的曲韵则更宽些，已接近现代汉语。直到近代、现代的诗歌，一直都讲究押韵，并成为韵文体的主要特征。鲁迅先生在《给窦隐夫的信》中曾经说过：“我以为内容且不说，新诗先要有节调，押大致相近的韵，给大家容易记，又顺口，唱得出来。”这些都说明押韵的重要性。不仅是韵文体需要押韵，散文体的关键之处，如果有几句精练整齐，再偶然用韵，也照样能使读听者为之一振，留下鲜明而深刻的印象。所以，我们在这一节里，专门介绍一点押韵的有关知识。

一、押韵的类型和依据

所谓押韵，是指在每句或隔句的末尾，选用韵母相同或相近的字。押韵也称为“压韵”或“叶韵”“谐韵”。押韵的句子末尾处一般称之为“韵脚”；在韵脚上押韵的字称为“同韵字”。一组同韵字的特点是：韵母相同或相近。因此，押韵的“韵”，是专指韵母而言的。例如：

①望三门，三门开：

“黄河之水天上来！”

神门险，鬼门窄，

人门以上百丈崖（旧又读 ái）。

黄水劈门千声雷，

狂风万里走东海。

（贺敬之《三门峡——梳妆台》节选）

这一节诗首句即入韵，除了第五句以外，句句押韵，“开、来、窄、崖、海”共押“ai”韵。如果想要押韵，每一句的末尾处都可视为韵脚，押韵的几个字都是同韵字。

（一）押韵的类型

现代汉语中，随着押韵的逐步放宽，押韵形成了两大类型：一种是押相同的韵，另一种是押相近的韵。二者相比，前者比较简单，后者反而复杂。

1. 押相同的韵

在讲“韵”之前，有必要先说明韵母的结构。汉语完整的韵母包括韵头、韵腹、韵尾三个部分，韵头只有 i、u、ü 这三个，常作韵腹的有 a、o、e、i、u、ü 六个，韵尾只有 n、ng、i、u 四个。例如：iou、uai、üan、ueng，前边的 i、u、ü 是韵头，中间的 a、o、e 是韵腹，后边的 u、i、n、ng 是韵尾。每个韵母一定要有韵腹，但不一定有韵头和韵尾。如单元音 a、o、e、i、u、ü 作韵母时，就只有韵腹，而没有韵头和韵尾；ia、ua、üe 作韵母时，只有韵头、没有韵尾；ou、an、ang 作韵母时，只有韵尾、没有韵头。弄清韵母的结构，再讲押韵就方便多了。

所谓相同的韵，是指由韵腹和韵尾相同所构成的韵。一般认为，押韵指的是韵母相同，这是一种误解。实际上，押韵并不要求韵母完全一样，只要求韵腹和韵尾相同，而不必管有无韵头。例如：发（fā）、拉（lā）、塌（tā）、搭（dā），只韵腹 a 相同，没有韵头和韵尾，就算押韵；安（ān）、烟（yān）、弯（wān）、冤（yuān），韵腹 a 相同，韵尾

n 也相同，也算押相同的韵，前边没有韵头的，前边带有韵头 u（由 ü 省略两点而来）的，都与押韵无关，可以不必管它；至于尖（jiān）、千（qiān）、先（xiān）、天（tiān），韵头、韵腹、韵尾都相同（韵母完全一样），就更算是押相同的韵了。

古典诗词讲究押平声韵和仄声韵，现代诗歌已没有这些讲究，只要韵母符合押韵的条件，不用再管声调，阴平、阳平、上声、去声都可通押。例如：超（chāo）、劳（láo）、脚（jiǎo）、跳（tiào）都可以押韵，而且都算是相同的韵。

2. 押相近的韵

所谓相近的韵，是指由韵母发音相近所构成的韵。一般也称为"音近通押"。所谓"音近"，主要是指韵腹发音相近；当带有韵头和韵尾时，则体现为整个韵母发音相近。现代汉语中押相近的韵，主要有以下几种情况：

（1）o 和 e 通押

o 和 e 舌位相同，发音相近，因而可构成押韵。如：摸（mō）、歌（gē）可以押韵，河（hé）、波（bō）也可押韵。

（2）i 和 ü 通押

i 和 ü 都是舌面前高元音（只有不圆唇与圆唇的区别），发音相近，可构成押韵。例如：击（jī）、拘（jū，韵母是 ü）可以通押，细（xì）、绿（lǜ）也可通押。

（3）i 和 -i（前）、-i（后）通押

i 是舌面元音，-i（前）是舌尖前元音，-i（后）是舌尖后元音，发音相近，而且在音节中都写作"i"，所以可构成相互押韵。例如：西（xī）、慈（cí）、死（sǐ）、市（shì）可以通押；资（zī）、池（chí）、纸（zhǐ）、日（rì）也可以通押。

（4）o 和 uo 通押

o 是单元音，uo 是复元音。后者因韵头 u 发音短暂，其声音仍

以韵腹 o 为主，使二者发音相近，可以构成押韵。例如：波（bō）、郭（guō）可以押韵，漠（mò）、落（luò）也可押韵。

（5）ie 和 üe 通押

这两个韵母的韵腹相同，只是韵头不同，而且韵头 i 和 ü 的发音又相近，致使二者的发音极其相似，所以可以构成押韵。例如：街（jiē）、缺（quē）、斜（xié）、铁（tiě）、雪（xuě）、烈（liè）、越（yuè）等都可作为同韵字。

（6）ei 和 uei 通押

ei 是前响复元音，uei 只多个韵头，发音仍以 ei 为主，因此使二者的发音也很相似，可以构成押韵。例如：黑（hēi）、规（guī）、雷（léi）、回（huí）、给（gěi）、鬼（guǐ）、费（fèi）、对（duì）等都是同韵字。

（7）ong 和 eng 通押

ong 和 eng 都是后鼻音韵母，韵腹 o 和 e 发音相近，再加上韵尾相同，使二者的发音很相似，也可以从宽押韵。例如：功（gōng）、风（fēng）、穷（qióng）、横（héng）、勇（yǒng）、炯（jiǒng）、重（zhòng）、正（zhèng）等，都可以作为同韵字从宽押韵。

（二）押韵的依据

诗歌的押韵，要根据思想内容的需要（对此将在后面进行探讨），但也要有一定的形式依据。

古代诗歌押韵，主要根据不同时代的韵书所规定的音韵。我国最早的一部诗韵是《切韵》，隋代陆法言著，成书于 601 年；第二部诗韵是《唐韵》，刊定于唐天宝年间（一说开元年间）；第三部诗韵是《广韵》，成书于北宋 1008 年；南宋 1252 年，江北平水人刘渊编著《壬子新刊礼部韵略》，将《唐韵》和《广韵》的 206 韵合并为 107 韵，到了清代又改为 106 韵，这就是著名的“平水韵”（清代以后又称“佩文诗韵”）。据王力先生考察，平水韵是根据唐初许敬宗奏议合并的韵，所以唐人用韵实际上用的是平水韵。从那时起，写旧体诗词的人也都依据平水韵。1324 年元代周德清的《中原音韵》，对唐、宋的韵书改动较大，将平水韵的 106 韵合并为 19 个韵部。明清以来，在北方民间戏曲里又逐步形成了“十三辙”，来自实践且比较科学，普遍为群众所接受，直到现在仍然使用。1941 年黎锦熙等编《中华新韵》，明确了作新诗的十八个韵部，被称为“十八韵”。2019 年国家教育部和语言文字工作委员会，联合发布中华诗词学会制订的《中华通韵》，将同韵的字归为一部，共分为 15 个韵部，适用于诗歌、戏曲等韵文的教学和创作。

我们现在说话或写作要押韵，应该以普通话语音为标准，以《汉语拼音方案》为依据。《中华通韵》《中华新韵》与民间“十三辙”，都是根据北京音系的韵母系统归纳出来的韵部，与《汉语拼音方案》中的 39 个韵母都有对应关系，所以现在都可以使用。根据教育部和语委关于“不会取代旧韵书”“尊重个人选择”和“知古倡今、双轨并行”的原则，本书整理出一张《普通话韵母与中华通韵、中华新韵、民间十三辙对照表》，并有部分例字，供大家学习和使用（见附录二）。

二、押韵的方式

押韵是人们习用的一种传统语音修辞手段，押韵方式也多种多样。**从押韵的声调着眼**，可将押韵方式分为两种：一种是同调押韵，有的称之为“一条龙”，古典诗词大都如此，如唐代的律诗和绝句在科举考试中限押平声韵，还有些词谱规定限押仄声韵；另一种是平仄通押，现代诗歌和唱词大都如此，只要韵母相同或相近，声调不同也可押韵。**从一篇韵文作品所用韵部的多少着眼**，又可将押韵方式分为两种：一种是一韵到底，即通篇只使用一个韵部；另一种是中途换韵，即一篇之内可以换用几个韵部。

而我们这里所讲的押韵方式，是**从押韵的位置着眼**的。从押韵的位置看，每一行诗句的末尾都是韵脚，都可以押韵。根据同韵字在诗行中出现的不同位置，可以将押韵方式分为偶韵、奇韵、排韵、随韵、交韵、抱韵等几种类型。

为了述说方便和一目了然，我们用 A 代表所押的第一个韵，用 B 代表所押的第二个韵，用 C 代表不押韵的句子或诗行，来表示各种韵式。

（一）偶韵

所谓偶韵，就是逢双行的末一字用相同的韵。韵式：CACA

这种押韵方式又称为"偶行韵"或"逢双押韵"，使用得最为广泛，可以说是汉民族用韵的传统，《诗经》、《楚辞》、汉魏六朝的四言诗和五言诗、唐以后的五七言律诗，以及近代、现代的自由诗，一般都采用隔句逢双押韵的方法。例如：

①不要，不要计较
别人怎样议论你。
因为谣言像影子
总是追逐着成绩。

除非你步入浓黑的暗夜，
那就和影子拥抱在一起；
让太阳挂在你的头顶吧，
谣言就萎缩在你的脚底！

（苏叔阳《关于谣言——致友人》）

偶韵多是从第二句起韵，也有第一句就开始入韵的。例如：

②这些人面豺狼，
愚蠢而又疯狂！
他们以为镇压，
就会使宝座稳当；
他们以为屠杀，

就能扑灭反抗！
岂不知烈士的血是火种
播出去，
能够燃起四野火光！

（雷抒雁《小草在歌唱》节选）

（二）奇韵

所谓奇韵，就是逢单行的末一字用相同的韵。韵式：ACAC

这种押韵方式又称为“奇行韵”，比较少见，一般只用在每节（或全诗）为奇数行的诗歌中，首句入韵，与第三、五、七、九行等共押一韵，同样以韵脚收尾。例如：

③每个人的一生
不论聪明还是愚蠢
不论幸福还是不幸
只要他一离开母体
就睁着眼睛追求光明

（艾青《光的赞歌·一》节选）

④彷徨，彷徨，
欲圆未圆的月儿
已高高露在天上。
旷渺无际的光波！
旷渺无际的海洋！
大海平铺，
大船直往。
我愿我有限的生涯，
永在这无际之中彷徨！

（郭沫若《海上》节选）

(三)排韵

所谓排韵,就是逐行押韵,一韵到底。韵式:AAAA

这种押韵方式又叫"逐句韵",还有人形象地称之为"打铁韵"。排韵用韵密集,用不好,会让人感到单调呆板;而用得好,又会显得节奏紧凑,便于表达炽烈奔放的情感。例如:

⑤敬亭山下橹声柔,
雨洒江天似梦游。
李谢诗魂今在否?
湖光照破万年愁。

(陈毅《由宣城泛湖东下》)

有的京剧唱词也句句押韵、一韵到底,而且要求句末同韵字的声调"上仄下平",便于吟咏和歌唱。例如:

⑥闹工潮你亲爹娘惨死在魔掌,
李玉和为革命东奔西忙。
他誓死继先烈红灯再亮,
擦干了血迹,葬埋了尸体,又上战场。
到如今日寇来烧杀掠抢,
亲眼见你爹爹被捕进牢房。
记下了血和泪一本账,
你须要立雄心树大志,要和敌人算清账,血债还要血来偿。

(现代京剧《红灯记》李奶奶唱段)

(四)随韵

所谓随韵,是指下一行随着上一行押韵,每两行押一个韵,每两行换一次韵。韵式:AABB

因为随韵总是以两行作为一个用韵单位,所以又称之为"双行韵”。例如：

⑦心口呀莫要这么厉害的跳，
灰尘呀莫把我眼睛挡住了……

手抓黄土我不放，
紧紧贴在心窝上。

……几回回梦里回延安，
双手搂定宝塔山。

千声万声呼唤你，
——母亲延安就在这里！

（贺敬之《回延安》节选）

采用随韵的诗歌，多是两行为一节。也有的四行为一节，或六、八、十等更多偶数行为一节，但仍然是两行押一韵，两行一换韵。例如：

⑧交横的木架比蛛网还密，
像用骷髅架起的天梯，
一万只手，几千颗心灵，
从白到黑在上面搏动。

这称得起是压倒全市的一件神工，
无妨用想象先给它绘个图形：
四面高墙隔绝了人间的罪恶，
里边的空气是一片静默，

一根草，一株树，甚至树上的鸟，
只是生在圣地里也觉到骄傲。

（臧克家《罪恶的黑手》节选）

（五）交韵

所谓交韵，是指四行一节的诗中，一、三两行押一韵，二、四两行押另一韵，形成奇句与偶句交叉押韵的形式。韵式：ABAB

交韵又称为“交叉韵”，这是欧美流行的押韵方式，五四运动以后，外国的文学作品开始传入中国，我国有的诗人也开始这样用韵。例如：

⑨教尔作人不作人，
教尔不苟竟狗苟。
而今俯首尔就擒，
仍自教尔分人狗。

（陈毅《示郝鹏举》）

这首诗共四句，采用了交叉用韵的方式。诗中所说的郝鹏举是国民党反动军官，他率部起义后不久又叛变投敌，最后被陈毅全歼其所属的两个师并将其活捉，作者写此诗怒斥叛徒。

比较长的诗歌，如果每节四句都交叉用韵，会更充分地表现出交韵的特点，具有特殊的语音效果。例如：

⑩总得叫大车装个够，
它横竖不说一句话，
背上的压力往肉里扣，
它把头沉重地垂下！

这刻不知道下刻的命，

它有泪只往心里咽，
眼里飘来一道鞭影，
它抬起头望望前面。

（臧克家《老马》）

（六）抱韵

所谓抱韵，是指在四行一节的诗中，一、四两行押一韵，二、三两行押另一韵，呈环抱之势。韵式：ABBA

这种韵式形式精巧，但限制较多，因此运用不太广泛。这也是在欧美流行的一种押韵方式，我国诗人偶有采用。例如：

⑪把树叶和些过迟的花朵
都交给秋风，好舒开树身
伸入严冬，我们安排我们
在自然里，像蜕化的蝉蛾。

（冯至《十四行集（二）》）

⑫游人冒着料峭的寒意低回，
漫空里不见一丝云彩，
漫空里画出无限阴霾，
青鸦也跨着萧凉的海天飞。

这林壑间映有雄浑伟大，
悠长的驴嘶和着流泉，
交互啸响在寥寞空山，
这山旁洒遍了点点的梨花。

哦！山道上充溢水色春光，

迷蒙的毛雨飘落纷纷，
远峰织着翡翠的树影，
仿佛我又一度地回到故乡。

（蹇先艾《雨晨游龙潭》）

注：此诗最后一节中，“纷”与“影”为 en 与 eng 押韵，因韵腹相同、发音相近，古今都有通押的现象。

在以上介绍的几种押韵方式中，偶韵用得最多，其次是排韵和随韵，奇韵用得较少；交韵与抱韵形式精巧，但限制较多，因此运用得不太广泛。

三、押韵的修辞作用

在韵文中，押韵是一种最重要的修辞方法。押韵的修辞作用，主要表现在以下几个方面。

1. 押韵可以使语音更加和谐悦耳

由于押韵可以使相同的音色与不同的音色有规律地交替出现，形成一种同韵相应、循环往复的语音效果，所以使语言的声、韵、调更加和谐统一，悦耳动听，富有节奏感和音乐美，便于朗诵和记忆。这是押韵的主要作用，从上边所举的例子中，都可以充分表现出来。

2. 押韵对于诗歌还具有一定的结构作用

在诗歌中，通过选用韵脚上的同韵字，可以对组织诗歌内容起到重要作用。此外，由于韵脚上的同韵字交替出现，能够形成一种前后呼应的语音效果，这从诗句的角度看，可以使字系于韵而不离散；从节段的角度看，又能使句系于韵而联成一气，这就借助于音响上的整齐律动，大大加强了内容表达上的完整性。这正如吕进在《新诗的创作与鉴赏》中所说：“音韵不但让诗发出动听的声响，又是诗的粘合剂。它将一首诗的诗行粘连成和谐、紧凑、脉络相通的整体，使人易诵易记。”例如：

①从十米高台
陶醉于下面的湛蓝
在跳板与水面之间
描画出从容的曲线
让青春去激起
一片雪白的赞叹

（艾青《跳水》）

这首诗一共六行，四个韵脚“蓝、间、线、叹”所押的言前韵（an韵），不仅把各行诗句组织在一起，同时也对结构全诗起到了重要作用。

3. 押韵还具有强调重点和深化主题的作用

在诗歌里，韵脚总是出现在诗行或句子的末尾，而这里往往是表达的重点。所以，在这些需要押韵的地方，选用词语要更加精心严谨，因为这不仅仅是为了押韵，还对强调重点和深化主题具有重要作用。马雅可夫斯基说过：“我总是把最有特征的字放在最后一行的末尾，并且无论如何使它有韵。”朱自清也曾指出，押韵要能“帮助情感的强调和意义的集中”。这些经验之谈都说明，音韵是诗人感情积蓄的产物，押韵在诗歌中，确实具有突出重点和深化主题的作用。例如：

②百年积弱叹华夏，
八载干戈仗延安。
试问九州谁做主？
万众瞩目清凉山。

（陈毅《七大开幕》）

这首诗二、四两句押韵，特意把“延安”和“清凉山”放在两个韵脚处，二者都代表着党中央和毛主席，热情歌颂了中国共产党在抗日战争中的重要领导作用，表现了作者及全国人民对伟大领袖毛主席的无限热爱。这两个韵脚的押韵，不仅强调了重点、深化了主题，还起到使人易咏易记、印象深刻的作用。

四、押韵时应注意的问题

诗歌的押韵，不只是一个简单的技巧问题，而是对词语的意义、色彩以及声、韵、调等各个方面的综合运用，精心选择韵脚的词语，涉及选词、炼句、布段、谋篇等各个方面，是作者思想升华和驾驭语言能力的集中体现。因此，要求我们在押韵时，要格外动一番脑筋，注意到以下几个问题。

1. 韵脚要为所表达的思想感情服务，做到随情选韵，因情变声

所谓随情选韵，是指在韵脚上选择使用哪些词语、押什么韵，要根据所要表达的思想情感需要来决定，这既是一项基本原则，也是一个重要方法。诗歌的韵律，往往是作者思想情感升华的产物。诗人郭小川曾经说过，"往往把先跳出来的自己满意的句子的尾字作为全诗的韵"，这就明确地告诉我们，选择韵脚上的词语和押什么韵，应把准确地表达内容、流畅地抒发情感、自由地营造意境放在第一位，而不是单纯地追求押韵。

所谓因情变声，是指要根据内容和情感的需要，灵活地转韵和换韵。一般说来，篇幅不长或情感起伏不大的诗篇，往往一韵到底，给人以行云流水、一气呵成的美感；而篇幅较长或情感流转起伏较大的诗篇，往往通过转韵和换韵，使音响更加跌宕多姿，以充分表达诗人的情怀。例如：

①诗歌是火，
诗歌是光，
它将冲破紧闭的牢房。

越过高墙,
越过电网,
在人们心中找到回响。

诗歌永不屈服,
不管诗人将遭到多少痛苦。
没有纸,没有笔,
只有无比的愤怒!

(苏阿芒《诗歌永不屈服》)

当代作家苏阿芒是天津人,他用意大利语和世界语在国外发表了不少诗作,并因此获罪入狱,1978 年始得平反。这首诗是他在狱中所作,分为两节,运用不同的韵表达不同的情感:上一节的“光、房、墙、网、响”押响亮级的江阳韵(ang 韵),表达对诗歌所代表的正义和真理力量的赞美,抒发了诗人豪迈奔放的情感;下一节节奏舒缓,并转入姑苏韵(u 韵),“服、苦、怒”这种闭口的韵,更有助于如怨如诉地控诉诗人遭受的磨难。

2. 押韵时要注意到韵的宽窄

一个韵部根据其相同韵母的字(同韵字)的多少,可分为宽韵和窄韵两种。一般认为,同韵字多的叫“宽韵”,同韵字少的叫“窄韵”。一个韵在使用中的宽窄,光看同韵字的数量还不行,还要看其中常用字的多少,常用字多的,韵就较宽些;而常用字少的,韵就较窄些。在《中华通韵》的 15 个韵部中,十一安和四衣是最宽的韵,十二恩、九熬、五乌、十四英也是宽韵,一啊、三鹅、十三昂、八欸也比较宽,而二喔、十欧、十五雍、七哀、六迂属于窄韵。

当然,选择押什么韵,主要根据表达内容和情感的需要来确定,但在可以调整的情况下,还应该尽量运用比较宽的韵,这样会使韵脚上的词语选择余地更大一些，使之既符合表情达意的需要，又同时能够押韵，以更好地追求语音形式和思想内容的统一。

3. 押韵时还应该考虑到韵的响亮度

韵母的响亮度，是由发音时口腔和鼻腔共鸣度的大小所决定的。例如 a、an、ang、en、eng 的发音比较响亮，o、e、ao、ai、ou、uo 的发音比较柔和，而 i、u、ü、ie、ui 的发音则比较细微。因此，一般都按照韵母发音的特点，将韵的响亮度分为三个不同的级别：一是洪亮级，包括江阳辙、中东辙、言前辙、人辰辙、发花辙；二是柔和级，包括遥条辙、怀来辙、梭波辙、油求辙；三是细微级，包括灰堆辙、乜斜辙、姑苏辙、一七辙。这说的是民间十三辙，中华通韵、中华新韵与普通话韵母相对应的响亮度级别，请参看附录二《普通话韵母与中华通韵、中华新韵、民间十三辙对照表》。

在通常情况下，响亮度不同的韵，分别适合于表现不同的感情基调。洪亮级的韵，适合表现豪迈雄壮、热烈奔放、慷慨激昂的情感；细微级的韵则相反，适宜于表现哀婉缠绵、悲伤愁苦、如泣如诉之类的情感；而柔和级的韵介于二者之间，适宜于表达抒情赞美、舒缓恬静、快乐悠闲的情感。例如：

②人民中国，屹立亚东。
光芒万道，辐射寰空。
艰难缔造庆成功。
五星红旗遍地红。
生者众，物产丰，
工农长作主人翁。

（郭沫若《新华颂·一》）

这首诗共三章，这是第一章，写于 1949 年新中国成立前夕。作者满怀激情地歌颂即将成立的新中国,豪迈和欢快之情溢于言表。使用洪亮级的中东辙(ong 韵),一韵到底,句句押韵,表现出一种昂扬奔放的旋律。

③周总理,我们的好总理,
你在哪里啊,你在哪里?
你可知道,我们想念你,
——你的人民想念你!

(柯岩《周总理,你在哪里》节选)

这是这首诗开头的第一节,采取排韵方式,使用细微级的一七辙(i 韵)。这种低音的连续回响,使我们可以感受到作者发自心底的深情呼唤,表现出一种哀伤痛苦、如泣如诉的情感。

需要说明的是,以上我们所说的用韵同表达情感的关系,只是说某种响亮度的韵辙有助于表达某种情感,而不是说要表达某种情感只能使用这一种韵辙,我们不能把韵辙的音响效果绝对化。要表达什么情感和要押什么韵,完全由所表达的思想内容来决定,还要看作者运用得如何,在一定的语言环境下,韵的响亮度同情感基调的关系是可以发生变化的,例如使用细微级的韵,也可以表达豪迈的情感。我们来看下面的例子:

④三伏天下雨哟,
雷对雷;
朱仙镇交战哟,
锤对锤;
今儿晚上哟,
咱们杯对杯!

舒心的酒，
千杯不醉；
知心的话，
万言不赘；
今儿晚上啊，
咱这是瑞雪丰年祝捷的会！

（郭小川《祝酒歌——林区三唱之一》节选）

这首诗虽然使用细微极的灰堆辙（ei 韵），但由于作者选用题材的特殊和驾驭语言能力的高超，仍能表达出一种热烈奔放的情感，表现和歌颂了林区工人们的冲天干劲和豪迈情怀。

思考与练习四

1. 什么叫押韵？什么是相同的韵、相近的韵？现代汉语押相近的韵主要有哪几种情况？举例说明。

2. 古代汉语中有哪几部重要的韵书？它们是怎样演变为现代汉语的十三辙和十八韵的？

3. 现代汉语的押韵应该以什么为标准和依据？十三辙和中华新韵、中华通韵同《汉语拼音方案》中的39个韵母有怎样的对应关系？

4. 什么是同调押韵、平仄通押？什么是一韵到底、中途换韵？这些押韵方式各是从什么角度进行分类的？

5. 从押韵的位置着眼可分为哪几种押韵方式？各自的韵式是什么？举例说明。

6. 押韵有什么修辞作用？押韵时应注意哪些问题？

7. 指出下面这首诗采用的是哪种押韵方式、押的是什么韵、响亮度是哪一级，并说明这首诗表现了石油工人怎样的情怀，其中的押韵有哪些修辞作用。

像一个守卫边疆的战士，
我昼夜站立在祁连山顶。
我站在那雄伟的井架下面，
深情地照料着我的油井。

虽然是严寒封锁了大地，
虽然是风沙吹打得睁不开眼睛；
不论什么时候我都不愿离开一步，
哪怕是寒冷得连汗水也冻结成冰。

在山顶上我一点也不觉得寂寞，
整天陪伴我的是那祁连群峰。
黑暗里，群山悄悄地隐入夜幕，
这时候，来拜访我的是北斗七星。

辽阔坦平的戈壁滩在我的脚下，
行驶着的车队像一群小小的甲虫。
排成长列的白云前来把我慰问，
乐队总是那高傲的山鹰的嗥鸣。

我见过黎明怎样驱走黑夜，
我见过破晓前最后熄灭的那颗晨星，
我见过坐着第一辆车去上工的兄弟，
我见过金光四射的太阳怎样升上天空。

（李季《玉门诗抄·我站在祁连山顶》）

附录二　普通话韵母与中华通韵、中华新韵、民间十三辙对照表

中华通韵	中华新韵	普通话韵母				例　字	民间十三辙
一啊	一麻	a	ia	ua		他虾瓜	(1)发花
二喔	二波	o		uo		坡多	(2)梭波
三鹅	三歌	e				车	
	四皆	ê	ie		üe	欸接约	(3)乜斜
四衣	七齐		i			西	(4)一七
	五支	-i(前)				司	
		-i(后)				诗	
附韵	六儿	er				而耳二	
六迂	十一鱼				ü	须	
五乌	十姑			u		书	(5)姑苏
七哀	九开	ai		uai		拍怀	(6)怀来
八欸	八微	ei		ui		飞回	(7)灰堆
九熬	十三豪	ao	iao			刀郊	(8)遥条
十欧	十二候	ou	iu			州久	(9)油求
十一安	十四寒	an	ian	uan	üan	安边欢宣	(10)言前
十二恩	十五痕	en	in	un	ün	分民存寻	(11)人辰
十三昂	十六唐	ang	iang	uang		方阳望	(12)江阳
十四英	十七庚	eng	ing	ueng		丰清翁	(13)中东
十五雍	十八东	ong	iong			冬兄	

说明：1. 表中所列三种韵辙的名称，是前人从该韵辙所属的字中挑选出来的代表字，它们只用作韵辙的名称，不表示其他意义。2. 在通行的十三辙中，除了这十三道大辙以外，还附有两道"小辙儿"表中未列：(1)"小言前儿"辙，由怀来、言前等大辙中的儿化韵归纳而成，如"小孩儿、一块儿、竹竿儿、聊天儿"可共押一韵，它们在没有儿化之前分属两个韵部；(2)"小人辰儿"辙，由一七、灰堆、人辰等大辙中的儿化韵归纳而成，如"金鱼儿、没事儿、晚辈儿、纳闷儿"能够押韵，而没有儿化前也是互不押韵的。

第五章 设 格

前面三章讲了“选词”“炼句”和“调音”，本章在此基础上讲“设格”。按照陈望道先生的“修辞两分野”理论，选词和炼句分别讲的是词语修辞和句子修辞，属于消极修辞的范畴；调音讲的是语音修辞，兼有消极修辞和积极修辞两方面的内容；而设格讲的是如何选择和使用辞格，完全属于积极修辞的范畴。

从修辞应用的角度讲，采取消极修辞方式是基础，使用积极修辞手法则是进一步的要求。同时，各种辞格不仅在句子中可以使用，有的在句群、段落乃至组织篇章中都可以使用。因此，辞格在整个修辞学体系中占有重要地位，正如刘焕辉先生所说：“汉语的修辞实践和研究成果表明，辞格是修辞活动中一种独具效果的言语表达方式，具有鲜明的民族文化特色和审美价值，有其悠久的研究传统，应当成为汉语修辞学的重要组成部分之一。这已成为我国当代修辞学界的共识。”①

正确地选择和使用辞格，在言语表达中具有重要作用，无论是在口语中还是在书面语中，都有着独特的表达效果。为了让大家对辞格有比较深入系统的了解，我们首先综合讲一些关于辞格的基本

---

①倪宝元：《大学修辞》，上海教育出版社，1994，第221页。

知识，然后分类介绍各种常用辞格，最后再说明辞格综合运用的方法。

第一节　辞格综述

一、什么是辞格

“修辞格”这个概念，最早源于唐钺1923年出版的《修辞格》一书，此书主要模仿英国讷斯菲的《高级英文作文法》写成，率先运用白话文写作并最早引入了西欧的修辞理论，将修辞格分为五类二十七格，建立了我国第一个较为全面且科学的修辞格系统，被陈望道先生誉为“科学的修辞论的先声”。“修辞格”这个术语虽然也是译名，却一直沿用至今，陈望道先生则简称其为“辞格”。关于修辞格的定义，唐钺的定义是“凡语文中因要增大或者确定词句所有的效力，不用通常语气而用变格的语法，这种地方叫做修辞格（又称语格）”。这个定义，抓住了辞格在语言运用上的特殊性和增强词句表达效果的本质特点。以后的几十年中，国内专家和学者们为辞格概括的定义很多。张弓先生称修辞格为“修辞方式”或“辞式”，他的定义是“修辞方式是适应社会交际的需要，根据民族语言的内部发展规律创造的具体的、一定的手法”①。刘焕辉先生的定义是“辞格是对本民族语言的语音、语义及话语结构进行特殊组合的一些独具效

①张弓：《现代汉语修辞学》，天津人民出版社，1963，第71页。

果的言语表达方式”①。《辞海》上的定义是“积极修辞中的各种格式”②。吴士文先生的定义是“辞格是在言语活动中长期形成的具有特定功能、特定结构、特定方法、符合特定类聚系统的模式”③。

我们认为,定义是揭示事物本质属性的重要方法,给某一科学术语下定义,应能全面准确地揭示出该事物的特有属性,同时尽量凝练概括,以便于人们记忆和掌握。我们特别欣赏吴士文、刘焕辉二位先生对辞格定义的深入探讨和努力。吴士文先生对辞格所作的“四位一体”定义,对辞格的条件和范围界定得十分严密,为我们区别辞格与非辞格提供了明确一致的标准,但对辞格的构成方法揭示得不够。刘焕辉先生的定义,抓住了辞格是对“语音、语义及话语结构进行特殊组合”而形成的这一本质特点,但说辞格是一种“言语表达方式”有点宽泛,它虽然可以用来区别某些文艺上的表现方法(如通感、警策、讽喻等),但对辞格的性质表达得仍然不够明确。

综合以上各家对辞格的定义,我们对辞格试作如下定义:**辞格是对语言材料进行特殊组合而具有独特表达效果的固定修辞格式。**这里所说的“语言材料”,包括语音、语义、语气和话语结构等语言因素;“特殊组合”指不是一般的组合,而完全是一种独具匠心的创造性组合;“独特表达效果”是指在特定的语境中,通过对语言材料的特殊组合而达到的特有表达效果,是其他一般修辞方法所无法实现的;“固定修辞格式”是说辞格属于积极修辞手法,每一种辞格都在人们的长期习用中形成了一种固定格式,有其固有的组合结构和形式标志,因而有别于其他的修辞手段和表现方法。尽管我们已经注

---

①倪宝元:《大学修辞》,上海教育出版社,1994,第 213 页。

②辞海编辑委员会:《辞海》,上海辞书出版社,1979,中卷第 4292 页。

③吴士文:《修辞格论析》,上海教育出版社,1986,第 13 页。

意到了这些定义项,但这样概括也未必准确,更谈不上完美无缺,仅供学习者参考和研究者讨论。

二、辞格的分类

辞格由功能、结构、方法三要素构成:一是凡辞格都因表达的需要而产生,都具有一定的表达作用(功能);二是凡辞格都具有主体和表体两个部分,都有一定的组合形式(结构);三是凡辞格都是通过对语言材料的特殊组合而形成的,即由原形到变形(方法)。在功能、结构、方法三要素中,方法是核心,起着决定作用。这是因为,任何一种辞格,都是用"变形"的方法构成的,即用变化了的表达形式——表体,来描写、叙述和说明主体,以求取得独特的表达效果。所以,只要我们抓住了"变形"这一根本方法,也就抓住了所有辞格的本质特征。正是根据辞格的三要素,我国修辞学界一直把"功能、结构、方法"三统一作为确定辞格的标准,《修辞学发凡》以后新产生的辞格,也都是按照这一标准来确定的。

在整个修辞学领域,辞格的研究最为充分。1932 年陈望道先生在《修辞学发凡》中只归纳了 4 类 38 格,一般称之为"传统辞格"。在现代汉语的长期使用中,不仅部分传统辞格有发展变化,人民群众还在语言实践中不断创造出一些新的辞格,经过修辞学家们的总结而被逐渐确定下来。在这方面做出重要贡献的要首推谭永祥先生,他在《修辞新格》(福建教育出版社,1983)中创建修辞新格 15 种,又在《修辞新格》(增订本)(暨南大学出版社,1996)中增补修辞新格 15 种(总数达 30 种),被修辞学界广泛采用。吴士文先生在《修辞格论析》(1986)一书中,也增建了几种新辞格。此外,其他一些修辞学著作和教材,也不同程度地增建了一些新辞格。现在,已经定型和基本定型的辞格大约有 100 余种,另外还有些辞格处在演变之中，总量已十分可观。如汪国胜、吴振国、李宇明编写的《汉语辞格大全》(广西教育出版社，1993)共收条目691个，其中独立的辞格231个；谭学纯、濮侃、沈孟璎主编的《汉语修辞格大辞典》(上海辞书出版社，2010)共收一级辞格和二级辞格287种。按照吴士文先生的观点，“这些新增设的辞格，有些确实是符合类聚系统，可以独立成‘格’，而有些都是违背上述系统随意增设的”(《修辞格论析》第29页)。这就是说，其中有些还没有正式取得辞格的资格，有待深入研究后确定。

面对多种多样的辞格，如何进行解释说明，如何指导人们学习和使用，这就给修辞学界提出一个重要的研究课题——对辞格如何进行科学分类。陈望道先生的《修辞学发凡》，对辞格的分类标准是“大体依据组织，间或依据作用”，将38格分为“材料上的辞格”“意境上的辞格”“词语上的辞格”“章句上的辞格”四类；张弓先生的《现代汉语修辞学》，以“语言因素和表现手法的关联性”为标准，将24种辞格分为“描绘式类”“布置式类”“表达式类”三种类型；吴士文先生在《修辞格论析》中，“用简化了的辞格结构来分类”，将辞格分为“描述体描述对象体”“换借体换借本事体”“引导体引导随从体”“形变体形变原形体”四种类型；倪宝元主编的《大学修辞》将所选用的49种辞格分为两大类，一类是“利用语义的特殊组合构成的辞格”，一类是“利用汉字或话语结构的特殊组合构成的辞格”。综观以上几种有代表性的分类方法，多数都是按照辞格的三要素来划分的，或者按照功能分类，或者按照结构分类，或者功能和方法兼而有之，还有的按照辞格所使用的语言材料进行分类。

为了便于指导人们学习和使用辞格，并重点掌握各类辞格的构成方法，我们着重从构成方法角度对辞格进行分类。选出已经定型或基本定型的常用辞格42种，分为6类：形象描写类辞格、直接描述类辞格、申说强调类辞格、语句齐整类辞格、含蓄隐讳类辞格、风趣幽默类辞格，见下《现代汉语常用辞格分类简表》。

现代汉语常用辞格分类简表

类别	构成方法	共同特点	辞格名称
形象描写类辞格	通过形象描写的方法构成	借助于客体的形象，来艺术地再现本体	比喻、比拟、借代、夸张、象征、列锦、换算
直接描述类辞格	通过直接描述的方法构成	不借助于客体的形象，直接对主体进行描写、叙述或说明	示现、摹状、衬托、对比、舛互、错综
申说强调类辞格	通过申说和强调的方法构成	以议论和抒情为主要表达方式，增强语言的说服力和感染力	设问、反问、奇问、引用、呼告、反复、同语、拈连、移就、换述、异称、升华
语句齐整类辞格	通过使语句齐整的方法构成	对词语和句子进行特意的排列，使语言形式整齐，表意凝练集中	对偶、排比、层递、顶真、回环
含蓄隐讳类辞格	通过含蓄和隐讳的方法构成	利用婉转、曲折、隐含、暗示、避开等表达方法，使语言含而不露或意在言外	双关、反语、婉曲、避讳、闪避
风趣幽默类辞格	通过风趣和幽默的方法构成	通过改变语法常规的特殊用法，增强语言的趣味性或幽默感	仿拟、析词、飞白、别解、转类、降用、易色

以上，是我们按照构成方法对辞格所进行的分类。按照构成方法分类，也难免有交叉之处，例如在直接描述时也会有申说强调，含蓄隐讳与讽刺幽默有时也难以区分，等等。但我们觉得，按照方法进行分类，会减少相关辞格的交叉现象，特别是便于抓住各类辞格

的共同特征和各种辞格的个性特征，形成一个比较科学的辞格体系。更重要的是，便于人们掌握各种辞格的构成方法，更好地学习和使用辞格。

当然，我们对辞格进行分类也是为了述说的方便，同时也为学习和使用者指出一个大致的方向。所以，我们切不可把辞格的分类绝对化，要辩证地理解辞格的构成方法和表达功能，使这一特殊的修辞手法更好地为语言表达服务。

三、怎样设置、选择和使用辞格

辞格是对语言进行创造性运用的产物，是一种固定的修辞格式。辞格本身就有一定的组合结构和使用条件，在使用中还要受到表达内容和语境等各种因素的制约。因此，如何设置、选择和使用辞格，就必然有一些可遵循的基本原则，掌握这些原则，对于正确恰当地选用辞格是很必要的。辞格的设置、选择和使用，一般应遵循以下几项原则。

（一）根据表达的需要设置辞格

辞格的运用应该有明确的目的，不能一味追求新奇，为设格而设格。一般的公文、应用文和严格的政治、经济、科技论文等，除了要用到语句齐整类和申说强调类辞格外（如递进、排比、对偶、设问、反问、引用等），一般很少使用比喻、夸张等形象描写类辞格，更少使用双关、反语等含蓄隐讳类辞格。即使是文艺语体，如果不是确有设格的必要，也不必硬设辞格。一般说来，设格的需要出于以下两种情况。

一是非设格不足以表情达意时，才设置和使用辞格。例如：

①抬起眼睛，那边站着两个巡捕：手枪在他们的腰间；泛红的脸肉，深深的纹刻在嘴围，黄的睫毛下闪着绿光，似乎在那里狞笑。

手枪，是你么？似乎在那里狞笑的，是你么？

是的，是的，什么都是，你便怎样？我仿佛看见无量数的手枪点头，听见无量数的狞笑的开口。

我吻着嘴唇咽下去，把看见的听见的一齐咽下去，如同咽一块糙石，一块热铁。我满腔的愤怒。

（叶圣陶《五月卅一日急雨中》）

上面的几段，写作者赶到“五卅”惨案事发地，看到两个英国巡捕和他们腰间的手枪以后，愤怒之情再也无法控制，便在后边的三段接连使用了四处辞格：先用呼告辞格，直接同手枪说话；再用比拟（拟人）辞格，用手枪所说的话作答；接着用一处比喻——“仿佛看见”和“听见”的情景，表现英国巡捕的嚣张气焰；最后又使用了一处比喻辞格，把“我”对英帝国主义者的满腔愤怒，表达得真切、生动而又淋漓尽致。此处如果不设置这几处辞格，只靠前后两个段落的一般描写和叙述，是无法达到这样的表达效果的。

二是所表达的内容难以被交际对象所理解，靠一般的表达方法不能达到表达目的时，才设置和使用辞格。例如：

②马克思列宁主义理论和中国革命实际，怎样互相联系呢？拿一句通俗的话来讲，就是“有的放矢”。“矢”就是箭，“的”就是靶，放箭要对准靶。马克思列宁主义和中国革命的关系，就是箭和靶的关系。

（毛泽东《整顿党的作风》）

这里讲马克思列宁主义理论与中国革命实际的关系。这个问题比较抽象难懂，毛主席就使用了一个通俗的比喻，把马克思列宁主义与中国革命比作“箭”和“靶”的关系，把复杂深刻的道理说得通俗易懂。这种独特的表达效果，是靠使用比喻辞格来实现的，这就充分体现出设格的必要性。

（二）根据题旨和情境的需要选择辞格

关于题旨和情境这两个概念，我们已经在第一章修辞概说中讲过了。简言之，题旨就是写说者立言的意旨，即所要表达的思想内容和情感；而情境是指写说时的情形和语境，即具体的语言环境。修辞总的原则是与题旨和情境相适应，这是陈望道先生从大量的修辞现象中总结出来的根本规律。因此，选择和使用辞格，必须遵循与题旨情境相适应的原则，如果离开所要表达的内容和情感来选用辞格，或者不管具体语境而不恰当地使用辞格，即使再美、再巧的辞格也会弄巧成拙。我们来对比下面两个例子。

③还有苹果，那驰名中外的红香蕉苹果，也是那么红，那么鲜艳，那么逗人喜爱；大金帅苹果则金光闪闪，闪烁着一片黄橙橙的颜色；山楂树上缀满了一颗颗红玛瑙似的红果；葡萄呢，就更加绚丽多彩，那种叫"水晶"的，长得长长的，绿绿的，晶莹透明，真像是用水晶和玉石雕刻出来似的；而那种叫做红玫瑰的，则紫中带亮，圆润可爱，活像一串串紫色的珍珠。

（峻青《秋色赋》）

*④他扒着扒着，猛然觉得手指被什么扎了一下。一看，原来让玻璃碎片刮破的地方，竟冒出了红玛瑙般的一颗血珠。

上边的例③，除了运用摹状（摹形、摹色）的辞格外，描写山楂和葡萄还用了三个精彩的比喻，给人以鲜明的形象感和美的享受，使状物大大增色；而例④所用的比喻，虽然表面上相似，却不能给人以美感，这是因为，这里的"血珠"并不需要设喻来赞美，这样反而弄巧成拙，还不如去掉"红玛瑙般的"这个比喻更好一些。

（三）根据语体的特点使用辞格

关于语体，我们将在后面第八章里专门进行介绍，这里只作简单的说明。所谓"语体"，是指语言在具体运用中所形成的各种特有的语言表达体式。一般分为口头语体和书面语体两大类，它们还可以再细分为各种分语体。与语体关系密切的还有一个"文体"的概念，指的是文章的体裁，大类如记叙文、议论文、说明文、应用文，具体体裁如小说、散文、诗歌、报告文学等，法律文书、机关公文、个人书信等也都是一种文体。不同的文体,对于语言的运用有着不同的要求。语言运用同文体、语体三者之间的关系是“语言→文体→语体”,即语言应用于不同文体之中而形成不同的语体。文体是文章学上的概念,语体是修辞学上的概念,所以在讲修辞时一般都使用“语体”这个概念,而不使用“文体”这个概念。

任何修辞活动都离不开一定的语体,都要受到语体的制约,因而适应语体的要求也是修辞的一条总的原则。辞格是对语言材料进行特殊组合而产生的,具有独特的表达效果,属于积极修辞的范畴,因此如何选择和使用辞格,也必须遵循与语体相适应的原则。不同的语体,对辞格的选择利用有着不同的要求。一般说来,口头语体可以灵活地选用各种辞格,几乎不受什么限制。而书面语体则要区分几种情况:公文语体出于平实性和严肃性的要求,主要靠规范、严谨的叙述和说明,一般很少使用辞格,或偶尔使用排比、对偶等语句齐整类辞格,绝不使用比喻、夸张等形象描写类辞格;而文艺语体重视形象性和趣味性,则多用形象描写类辞格和风趣幽默类辞格;政论语体和科技语体重视说理性,多用设问、反问和引用等申说强调类辞格;接近于文艺语体的一般评论体和鼓动体(都属于政论语体的分语体)以及通俗科技体,选用辞格更加自由一些,可以比较灵活地使用形象、描述、申说、齐整等各类辞格,来增强语言的形象性、通俗性和趣味性,使语言形式更加生动活泼。

我们来看下面几个不同语体辞格运用的例子:

⑤台湾各界人士也纷纷抒发怀乡思旧之情,诉述“认同回归”之愿,提出种种建议,热烈盼望早日回到祖国的怀抱。时至今日,种种条件都对统一有利,可谓万事俱备,任何人都不应当拂逆民族的意志,违背历史的潮流。

(《中华人民共和国全国人民代表大会常务委员会告台湾同胞书》)

⑥用长城作尺度
——才能计量你的宽广；
用峡谷作喉咙
——才配为你歌唱。

（张志民《祖国颂》）

⑦这个马国丈，原名马国章，奸、懒、馋、滑、坏，一身占全五个字，不必提名道姓，打个喷嚏，顶风臭十里。

（刘绍棠《蛾眉》）

上边是三种不同的语体，使用辞格的情况就明显不同。例⑤是公文语体，除了使用规范的书面语词和句式外，仅有两处使用了对偶辞格，使语言形式更加整齐，语意更加凝练集中。例⑥是文艺语体（韵文体），不但押韵，还运用了夸张辞格，想象奇特，气势恢宏，表现出浓重的书面语色彩。例⑦所用的是口头语体，不仅使用了“奸、懒、馋、滑、坏”和“提名道姓”这些口语词，还在前面使用了双关（谐音）辞格，在后面又使用了夸张辞格“打个喷嚏，顶风臭十里”，来形容马国章的臭名声。通过比较可以看出，例⑥与例⑦同样使用夸张辞格，但语言风格明显不同，前者文雅，后者诙谐，这都是受到表达内容和语体的制约所致。

四、辞格与非辞格的区别

在我们设置和使用辞格时，或者在鉴赏分析别人的作品时，经常会遇到辞格与非辞格的困扰，即遇有一种具体的表达方式，感觉到有些特殊，但它到底是不是辞格却说不清楚，说是辞格根据什么？说不是辞格又因为什么？这种辞格与非辞格的区别，涉及与辞格有关的几个概念——辞趣、辞规、辞风，它们都分别属于积极修辞和消极修辞两大分野的范畴，只是进一步具体化和概念化了。

辞格与辞趣，是陈望道先生在《修辞学发凡》中提出来的两个相关的概念,他将积极修辞分为辞格和辞趣两部分,“辞格涉及语辞和意旨,辞趣大体只是语言文字本身情趣的利用”。这是作者对这两个概念的基本界定。关于辞趣,他在《修辞学发凡》第九篇里作了专门论述,包括辞的意味、辞的音调、辞的形貌三个部分。

辞规和辞风,是吴士文先生在《修辞格论析》中提出来的两个相关的概念。他将消极修辞(称为“一般性修辞”)分为辞规和辞风两个部分,同时又对陈望道先生所说的辞趣内容作了调整,将“辞的意味”部分分别归入辞格和辞规之中,让辞趣只管“辞的音调”和“辞的形貌”两个部分。在此基础上,吴士文先生让辞规同辞格相对应、辞风同辞趣相对应,形成了积极修辞和消极修辞两对儿相互对应的概念,使整个修辞方式更加系统化。吴先生认为,辞规与辞格的关系是“一般和特定的关系”,即“辞格是具有特定功能、特定结构、特定方法,符合特定类聚系统的模式”,而辞规“是具有一般功能、一般结构、一般方法,符合一般类聚系统的模式”,他在书中列举了“列举分承”“称谓合体”“事象升华”“正面释言”四种辞规,并说明了“辞格可以转化为辞规”的发展变化情况。吴先生所说的辞趣,包括辞的音调(字调重间、双声叠韵、合辙押韵)、辞的形貌(变动字形、插用图符、辞的标点)两个方面;所说的辞风,纯属辞的外形的修辞问题,举出“音节对称”“字形清楚”“标点正确”三个方面。这样,通过积极修辞和消极修辞两大分野中的两对儿概念相互对应,就大大增强了修辞的分析性和科学性,基本上将人们的修辞活动和修辞现象都包括进来。

我们认为,吴士文先生的观点是对陈望道先生修辞学说的继承和发展。我们要想全面地学习和运用各种修辞方式,特别是正确地区分辞格与非辞格,就要按照陈望道先生和吴士文先生的修辞论述,对各种修辞现象和表达方式进行认真的分析,把那些重在“使人感受”、符合四个“特定”标准的固定修辞格式归入辞格之中;把那些重在“使人理会”、符合消极修辞常规的一般性修辞方式归入辞规之中；把那些利用语言文字本身的情趣来增加魅力的语音方面的修辞（平仄、押韵、双声、叠韵等）和利用字形、图形、符号示意，以及利用标点达到某种修辞目的等归入辞趣之中；而将没有魅力可言、纯属辞的外形方面的音节对称、字形清楚、标点正确等归入辞风之中。这样，就会使常见的修辞现象各得其所，基本上都能得到分析。例如：

①共产党员应是实事求是的模范，又是具有远见卓识的模范。因为只有实事求是，才能完成确定的任务；只有远见卓识，才能不失前进的方向。

（毛泽东《中国共产党在民族战争中的地位》）

这里首先在前一个句子中，将共产党员应该是两个方面的模范列举出来，然后又在后一个句子中，对为什么要发挥这两个模范作用分别加以论述说明。这就是使用了消极修辞中的一种辞规——列举分承，从而使语言表达显得更加层次清楚、条理分明。

②这真有趣。在出国考察三个月回来以后，在北京的高级宾馆里住了一阵——总结啦，汇报啦，接见啦，报告啦……之后，岳之峰接到了八十多岁的刚刚摘掉地主帽子的父亲的信。他决定回一趟阔别二十多年的家乡。这是不是个错误呢？他怎么也没想到要坐两个小时零四十七分钟的闷罐子车呀。三个小时以前，他还坐在从北京开往X城的三叉戟客机的宽敞、舒适的座位上。两个月以前，他还坐在驶向汉堡的易北河客轮上。现在呢，他和那些风尘仆仆的，在黑暗中看不清面容的旅客们挤在一起，就像沙丁鱼挤在罐头盒子里。甚至于他辨别不出火车到底是在向哪个方向行走。眼前只有那月亮似的光斑在飞速移动，火车的行驶究竟是和光斑方向相同抑或相反呢？他这个工程物理学家竟为这个连小学生都答得上来的、根本算不上是几何光学的问题伤了半天脑筋。

（王蒙《春之声》）

这篇小说写的是工程物理学家岳之峰春节前回老家在闷罐子车上的所见所闻和所想。这段话的开头是一个过渡句，承上启下引出全段内容。接下来一个句子交代他出国考察回来以后的情况以及这次回老家的原因，这里就可分析出辞风和辞趣。在“总结啦，汇报啦，接见啦，报告啦”之前使用破折号引出来，这是语法上的标点，运用的是消极修辞中的辞风，使叙事既简洁又具体。在这后边又使用省略号，这是修辞上的标点，表示这些工作还有很多，留待读者自己去想象，因而这是利用语言文字本身的情趣来表意，属于积极修辞中的辞趣。在后边几个句子里，依次使用了一处设问辞格、一处对比辞格（由“三个小时以前”“两个月以前”和“现在呢”三种情形构成对比）、一处比喻辞格，最后又用了一个设问辞格结尾。这些辞格与辞趣、辞风的综合运用，使叙述和描写紧密结合，形象生动，新颖别致，表现出作者运用语言的特有风格。

我们过去学习和使用修辞，往往只注重各种辞格，而对辞趣注意不够，特别是对辞规和辞风更是知之甚少，以为它们只是写作和书写方面的问题，与修辞关系不大，其实这是一种误解，是对修辞所包含的内容没有全面了解和认识的结果。如果我们对陈望道和吴士文二位先生所提出的积极修辞、消极修辞两大分野及其所产生的两对儿概念——辞格与辞趣、辞规与辞风，对它们各自的内容及其相互关系有一个全面的了解，我们就会更加完整准确地掌握整个修辞体系，对辞格与非辞格等语言表达方式区分得更加清楚，遇有具体问题也不会陷入迷惘之中。当然，对这些复杂的修辞理论问题，我们在这里只能作个概略的介绍和说明，要彻底弄清楚，还需要认真阅读二位先生的原著。

思考与练习一

1. 为什么说辞格在整个修辞学体系中占有重要地位？

2. 什么是辞格？你对本书的辞格定义是怎样理解的？

3. 辞格的构成有哪三个基本要素？为什么说其中方法是核心，起着决定作用？

4. 对辞格一般都从哪些角度进行分类？本书是怎样分类的？这样分类有什么好处？

5. 设置、选择和使用辞格应该遵循哪些基本原则？

6. 陈望道先生将积极修辞分为辞格和辞趣两大部门，他对这两个概念是怎样界定和区分的？他所说的辞趣包括哪些内容？

7. 吴士文先生将消极修辞分为辞规和辞风两个部分，他所说的辞规与辞格是什么关系？他所说的辞趣和辞风各包含哪些内容？

8. 分析下面两例，指出哪个地方使用了什么辞格，具有怎样的修辞作用？并说明哪个地方是辞趣，哪个地方是辞规，哪些地方是辞风。

①富春江，谁晓得，这样一个中国画般高古写意的名字，到底是什么时候、哪个高士发明出来的？

富春江，绿晕云水出，弋青会幽处。这是一个可以画出阑珊诗意而深邃意境的名字，难怪出现“天下佳山水，古今推富春”的美誉。

默写“富春江”三个字，一字复一字，一遍复一遍，仿若吴均游历富春江，清心朗目，成为雅风素香的韵致，富春江的秀姿犹如薄纱轻掩的曼妙女子——偶被清风掀动一角，露出了她的绝世容颜；低吟“富春江”三个音，一声又一声，一波又一波，宛似郁达夫过富春江，青山平谷，写就茅舍枫林的秘境，富春江的内涵恰如变化莫测的摩西魔术——间或被明眼人看出端倪，依然保持了她“春来江水绿如蓝”的迷人笑靥……

（付秀宏《富春江之美》）

②大红旗下逞英豪，

端起巢湖当水瓢，
不怕老天不下雨，
哪方干旱哪方浇。

（民歌《端起巢湖当水瓢》）

第二节　形象描写类辞格

形象描写类辞格，是通过形象描写的方法所构成的一类辞格。这类辞格的表达功能是：增强语言的形象性，通过丰富的联想，对所描绘的事物给人以具体可感的形象。这类辞格的共同特点是：借助于客体的形象，来艺术地再现本体。

形象描写类辞格，主要有比喻、比拟、借代、夸张、象征、列锦、换算等。

一、比喻

用打比方的方法来描写事物或说明事理，使表达更加形象鲜明，这种修辞手法叫比喻。

比喻在结构上，分为本体、喻体、喻词三个部分。本体是所要叙述或说明的事物；喻体是用来打比方的事物；喻词是用来连接本体和喻体、表示相似关系的词语。三者的位置，一般都是本体在前，喻体在后，中间用喻词连接，其中借喻不使用喻词。例如：

共产党，像太阳，照到哪里哪里亮。

（《东方红》歌词）

这句歌词把“共产党”比喻为“太阳”，形象地说明了共产党给人民带来的光明与温暖。其中“共产党”是本体，“太阳”是喻体，“像”

是喻词。

比喻，常见的有明喻、隐喻、借喻三种形式。

（一）明喻（“甲像乙”）

用“像”等喻词来明显地表示本体与喻体的相似关系，这种比喻手法叫明喻。

如果用“甲”代表本体，用“乙”代表喻体，明喻的基本格式是“甲像乙”。

明喻的喻词一般由动词来充当，常用的有“像”“似”“如”“好像”“好比”“好似”“仿佛”“犹如”“宛如”“如同”等，用它们来连接本体和喻体，表示二者之间的相似关系。此外，有时还在这些动词的后面使用比况助词相配合，构成“像（就像、好像、仿佛、犹如、如同）……一样（一般、似的）”的格式；也有时不使用喻词（动词），只在喻体后面使用比况助词“一样”“一般”“般”“似的”等，来表示与本体之间的相似关系。例如：

①七月天，中伏大晌午，热得像天上下火。

（刘绍棠《蒲柳人家》）

②那个向西的稻草棚屋，好像一个东倒西歪的老人，蹲在那里。

（柳青《创业史》）

③马克思给我们留下的最有价值、最具影响力的精神财富，就是以他名字命名的科学理论——马克思主义。这一理论犹如壮丽的日出，照亮了人类探索历史规律和寻求自身解放的道路。

（习近平《在纪念马克思诞辰200周年大会上的讲话》）

④一个庞然大物，老虎似的迎面而来，一时烟尘滚滚，风声呜呜。原来是一部大型柴油汽车，拖着五六节车厢，……

（臧克家《镜泊湖》）

上边几例，都是明喻：其中例①、例②、例③使用动词“像”“好像""犹如"充当喻词,连接本体和喻体,明显地表示出二者之间的相似关系;例④未使用动词充当喻词,只在喻体"老虎"后边使用比况助词"似的",也把同前边本体的相似关系表示得比较明显。

(二)隐喻("甲是乙")

把本体直接说成是喻体,将比喻的意义隐含其中,这种比喻手法叫隐喻。隐喻的基本格式是"甲是乙"。

隐喻的比喻关系不像明喻那样明显,因此又叫"暗喻"。隐喻主要使用判断词"是"充当喻词,此外还可使用"就是""成""成为""变为""变成""等于"等表示相似或相关意义的词语。这种"甲是乙"的比喻,意在着重指出甲和乙在某一点上非常相像,是一种强调性的比喻。例如:

⑤树缝里也漏着一两点路灯光,没精打采的,是渴睡人的眼。

(朱自清《荷塘月色》)

⑥我想,党的工作要是不和群众相结合,那就是没有根的草,不会有生命、有力量。

(杨沫《青春之歌》)

⑦俺十八个伤病员,要成为十八棵青松!

(现代京剧《沙家浜》)

⑧没有正确的政治观点,就等于没有灵魂。

(毛泽东《关于正确处理人民内部矛盾的问题》)

以上几例都是隐喻,其共同特点是不说"像",而说"是""就是""成为""等于",这种隐喻,在意义上比明喻更进一步,带有一种强调的意味。

(三)借喻("乙"代"甲")

在表达时不说出本体,而直接用喻体来代替本体,这种比喻手法叫借喻。借喻的方法是用"乙"代替"甲"。

借喻是一种替代性的比喻。它的特点是在句子中不使用喻词，本体也不出现，而直接用喻体来代替本体。例如：

⑨我们若想用我们自己建筑上的优良传统来建造适合于今天我们新中国的建筑，我们就必须首先熟悉自己建筑上的“文法”和“词汇”，否则我们是不可能写出一篇中国“文章”的。

（梁思成《中国建筑的特征》）

⑩我似乎打了一个寒噤；我就知道，我们之间已经隔了一层可悲的厚障壁了。

（鲁迅《故乡》）

⑪这个鬼地方，一阴天，我心里就堵上个大疙瘩！

（老舍《龙须沟》）

⑫着舰指挥员从容地走上甲板指挥平台。“刀尖上的舞蹈”就要开始了。现场所有的人都捏着一把汗。

（蔡年迟、蒲海洋《一着惊海天——目击我国航母舰载战斗机首架次成功着舰》）

以上几例都是借喻，其中例⑨用“文法”来代替建筑的结构和方法，用“词汇”来代替建筑材料或建筑的某个部分，用“文章”来代替整个一座或一组建筑物；例⑩以“厚障壁”这一有形之物，来代替无形的感情上的隔阂；例⑪用“堵上个大疙瘩”来代替不愉快的心情；例⑫用“刀尖上的舞蹈”来代替我国航母舰载战斗机首次着舰，比喻其难度之大。这种用喻体直接代替本体的比喻手法，其比喻意义和替代关系，要根据句子内容和上下文来仔细理解和体会。

以上介绍的是比喻的三种基本形式。有时为了表达的需要或上下文的要求，还会把比喻演化为其他特殊形式。

1. **换位式比喻**。因表达或句式的需要，使本体和喻体换位。例如：

⑬真正的铜墙铁壁是什么？是群众，是千百万真心实意地拥护革命的群众。

（毛泽东《关心群众生活，注意工作方法》）

这里使用了设问手法，使本体同喻体换位，变为喻体在前、本体在后的形式。

2. **省略式比喻**。明喻或隐喻都可以省去喻词，把正文和比喻配成对偶、排比等平行句法，本体和喻体的位置可前可后。例如：

⑭头顶着蓝天大明镜，
延安城照在我心中。

（贺敬之《回延安》）

这上面一句是比喻，把“蓝天”比作“大明镜”，中间省略了喻词“像（好像）”或“是”，但仍然是本体在前、喻体在后。

3. **缩喻**。这是一种修饰性比喻，使本体和喻体成为修饰语与中心语的关系。为了表达的需要，本体和喻体的位置都比较灵活，既可以作修饰语，又可以作中心语。例如：

⑮敌人围剿那百顷大苇塘的时候，她们配合子弟兵作战，出入在那芦苇的海里。

（孙犁《荷花淀》）

后面一句中的“芦苇的海里”是缩喻，将本体和喻体变为修饰关系，让喻体做中心语，而让本体做修饰语。如按正常语序表达则是“像大海一样的芦苇荡里”，而使用缩喻以后，既使语句简洁，又不失掉比喻的形象色彩。

4. **反喻**。这是一种否定式比喻，比喻的意思是从否定的方面（反面）来说的，经常使用表示否定意义的“不是”“不像”等来充当喻词。例如：

⑯几个年轻人齐声反对道：“人又不是个泥胎，他来了还不会

跑？腿又没借给别人。”

（马烽、西戎《吕梁英雄传》）

这段话把人比喻为“泥胎”，并用喻词“不是”构成了否定式比喻——反喻，形象地说明了人不能像不会动的泥胎一样被动挨打。

5. **博喻**。这种比喻是连用几个喻体，从不同角度多方面描述本体，使人对事物获得更加丰富的形象感。例如：

⑰层层的叶子中间，零星地点缀着些白花，有袅娜地开着的，有羞涩地打着朵儿的；正如一粒粒的明珠，又如碧天里的星星，又如刚出浴的美人。

（朱自清《荷塘月色》）

这个句子的后面，连着用了三个比喻，来形容荷叶中间零星开着的白花，给人以多方面的艺术享受。

比喻的修辞作用：第一，比喻具有形象化的表达功能，可以借助于喻体的形象来描写本体，给人以鲜明的形象感；第二，比喻还具有帮助理解的作用，通过用人们所熟悉的事物来设喻，可以帮助人们理解陌生的事物或深刻的道理，使语言既浅显易懂又生动形象。

运用比喻的注意事项：

第一，本体与喻体之间必须有相似点，这是构成比喻辞格的首要条件。所谓相似点，是指两个事物之间必须在某一方面确有相似之处，才能通过这一相似点将本体同喻体联系起来，唤起人们的联想，来更具体形象地感知事物。例如：

⑱如果说瞿塘峡像一道闸门，那么巫峡简直像江上一条迂回曲折的画廊。船随山势左一弯，右一转，每一曲，每一折，都向你展开一幅绝好的风景画。

（刘白羽《长江三日》）

这里把巫峡风光比喻为“江上一条迂回曲折的画廊”，使巫峡两岸的风光与画廊里的一幅幅“风景画”产生了相似点，由此将本体同喻体紧密联系起来，构成比喻辞格。这样设喻，即使没有去过长江三峡的人，也能通过这个比喻想象巫峡风光之美。

第二，比喻要浅显贴切。所谓浅显，是指比喻要选择人们熟悉的事物、浅显的道理作为喻体，力避生僻、晦涩；所谓贴切，是指喻体要选择得当，能够在形象和意义上准确鲜明地表现本体，这样才能充分实现比喻的修辞功能。例如：

⑲他们的缺点散布在咱们工作的成绩里边，就像灰尘散布在美好的空气中，你嗅得出来，但抓不住，这正是难办的地方。

（王蒙《组织部来了个年轻人》）

一些人的缺点散布在别人的工作成绩里边，是一种什么状态很难说清。作者就在这里运用了一个形象的比喻，“就像灰尘散布在美好的空气中”，这种现象人们都比较熟悉，都能想象得出、体会得到，所以这样设喻既浅显又贴切，很容易被人们理解。

第三，比喻的感情色彩要鲜明。选用什么事物来打比方，往往带有作者鲜明的感情色彩。只有作者的思想感情正确且鲜明，才能更好地感染读者和引起共鸣。例如：

⑳他长着一副微黑透红的脸膛，稍高的个儿，站在那儿，像秋天田野里一株红高粱那样淳朴可爱。

（魏巍《谁是最可爱的人》）

㉑炕沿上坐着的那个鬼子军官，两眼红红的，像刚吃过死人的野狗。

（管桦《小英雄雨来》）

这两例比喻的感情色彩特别鲜明：例⑳把志愿军战士比喻为“秋天田野里一株红高粱”，表达了作者对战士们由衷的喜爱和赞美；例㉑把鬼子军官比作“刚吃过死人的野狗”，则表达了作者对日本侵略者的无比痛恨。就是这种爱憎分明的感情色彩，才会使读者受到更加强烈的感染，才能使比喻收到更好的修辞效果。

二、比拟

为了表达某种强烈的情感，把物当作人、把人当作物或把甲物当作乙物来描写，这种修辞手法叫比拟。

比拟在结构上，分为本体、拟体和摹拟语三个部分：本体是所要表现的事物；拟体是用来比拟的事物；摹拟语是摹写拟体的句子或词语。其表达方法是：只出现本体，不出现拟体，用适用于拟体的词语来描摹本体，使本体与模拟语在表层搭配上出现异常，由此产生特殊的修辞效果。

比拟，一般可分为拟人和拟物两种类型。

（一）拟人

把事物当作人来描写，使之具有人的语言、动作或行为，以增强语言的形象性和生动性，这种修辞手法称为拟人。

当写说者对某种事物（包括抽象的客观事物和动物、植物、自然景物等）产生某种强烈的情感时，就会把自己的强烈感受赋予这种事物，让其通过人的语言、动作或行为等表现出来，达到一种物我交融的境界，这就形成了拟人手法。

拟人手法广泛应用于小说、散文、诗歌等各类文体中，即使在政论文体里也时有应用，能够增强语言的形象性、生动性和感染力。例如：

①想不到这畜生也通灵性，居然乘机夺门而入，抢走了骨头，可见它也是蓄谋已久的。

（高晓声《泥脚》）

②当杏子还没断绝，小桃子已经歪着红嘴想取而代之。

（老舍《四世同堂》）

③然而，两根纤细、闪亮的铁轨延伸过来了。它勇敢地盘旋在山腰，又悄悄地试探着前进，弯弯曲曲，曲曲弯弯，终于绕到台儿沟脚下，然后钻进幽暗的隧道，冲向又一道山梁，朝着神秘的远方奔去。

（铁凝《哦，香雪》）

④在安康的江边，往左手看，莽莽苍苍的大山是秦岭；往右手看，莽莽苍苍的群峰是巴山。巴山秦岭终日对视竟千万年，由此雄浑。

（鲍尔吉·原野《我有一匹马》）

上边的例①是动物拟人，例②是植物拟人，例③是事物拟人，例④是景物拟人。这些例子都将它们当作人来描写，赋予其人的行为、动作、形态或表情等，而这些正是作者的情感在它们身上的体现，由此使语言形象、鲜明、生动，获得独特的表达效果。

（二）拟物

把人比拟成物，或把甲物比拟为乙物，以突出人或事物的本质特征，这种修辞手法称为拟物。

拟物的方法是：用适于物的词语来描写人，使人具有物的某种属性特征；或用适于乙物的词语来描写甲物，使甲物具有乙物的某种属性特征。通过这种比拟描写的手法，来表现本体的某一突出特征，借以表达作者的思想情感并感染读者。例如：

⑤我到了自家的房外，我的母亲早已迎着出来了，接着便飞出了八岁的侄儿宏儿。

（鲁迅《故乡》）

⑥你不要听他那号话，四月里胡宗南占绥德，不是说“天上飞机忽隆隆响，洋面撂到飞机场”吗？他们占了三天，不是夹起尾巴逃跑了？

（柳青《铜墙铁壁》）

上边两例，是把人当作物来描写：例⑤中的“飞”，是能飞行的某些动物或物体的属性特征，此处用来形容孩子跑出来之快，描绘出孩子的惊喜状态，此例是一种褒义的比拟；例⑥用“夹起尾巴逃跑了”，把胡宗南的部队描写成丧家犬，使人具有动物的某种属性特征，这是一种带有贬义的比拟。

⑦是琼瑶仙境，静穆的晶莹和洁白。永恒的阳光和风的刻刀，千万年来漫不经心地切割着，雕凿着，缓慢而从不懈怠。冰体一点一点地改变了形态，变成自然力所能刻画成的最漂亮的这番模样：挺拔的，敦实的，奇形怪状的，蜿蜒而立的。

（马丽华《在长江源头各拉丹冬》）

⑧他无法统计他失败了多少次。他毫不气馁。他总结失败的教训，把失败接起来，焊上去，作为登山用的尼龙绳子和金属梯子。

（徐迟《哥德巴赫猜想》）

上边两例，是把甲物当作乙物来描写。例⑦把“风”比拟为“刻刀”，形象地说明了在阳光和风的共同作用下，形成了长江源头唐古拉山脉高处奇形怪状的雪山冰体。例⑧说“把失败接起来，焊上去，作为登山用的尼龙绳子和金属梯子”，也都是把抽象的事物比拟为具体的事物，形象生动地表现出陈景润勇攀科学高峰的坚强意志。

比拟的修辞作用：运用比拟的修辞手法，可以把物写活，或把人物化，从而产生两种明显的修辞效果。

第一，比拟借助于拟体的形象来描写本体，可以引起读者的联想，增强语言的形象性和表现力。

第二，比拟可以增强抒情性，通过拟人或拟物的描写手法，抒发作者强烈的思想感情，表明作者的爱憎态度，给人留下鲜明深刻的印象。

运用比拟修辞手法的注意事项：

第一，写说者对所要表现的人或事物（本体），必须要有真切而强烈的感受，这样才能将自己的情感赋于拟体之上，也才能摹写得贴切、自然、感人。例如：

⑨大青牦最大的特点是吃苦耐劳。它干起活来，闷头苦干，一天能犁十亩地。它认真严肃，一丝不苟。

（碧野《我怀念的是牛》）

通过这段话可以看出，作者非常喜欢这头牛，以至于倾注了浓重的情感来怀念它，把几个描写人的四字词语用在它身上，赞美了这头牛的老实、听话和有力气。

第二，对摹拟语要精心构思和提炼，使之既符合事物的特点，又合乎人的心理。这样的比拟才是恰当的，否则就是不恰当的。例如：

⑩油蛉在这里低唱，蟋蟀们在这里弹琴。

（鲁迅《从百草园到三味书屋》）

这是鲁迅先生描写儿时乐园——百草园中景物的两个句子。他把油蛉和蟋蟀当作人来描写，说油蛉“低唱”、蟋蟀“弹琴”，这一方面表现了油蛉和蟋蟀鸣声悦耳的特点，另一方面又表达出儿童所特有的天真和快乐的性情。像这样贴切恰当的比拟才会真正感人，如果摹拟语同事物的特点不合，或者同人的心理不合，就不会有好的修辞效果。

三、借代

不直接说出人或事物的名称，借用其本身的特征或相关的事物来代替，这种修辞手法叫借代。

借代辞格在结构上，包括本体和借体两个部分：本体是所要表达的人或事物，借体是用来代替的人或事物。在表达时，本体并不出现，直接用借体来代替本体。

借代是利用客观事物之间的种种关系，巧妙地形成一种语言上的替换形式，从而收到形象突出、特点鲜明、具体生动的表达效果。根据借体的性质和与本体之间的关系，可以将借代分为旁代、对代两种类型。

（一）旁代

旁代是利用事物之间的相关性而形成的借代。常见的有借特征代、借标记代、借工具代、借材料代、借处所代、借专名代等几种形式。例如：

①“你几时见过，大嫂子？”绒帽子笑了笑，把那装好烟丝的旱烟袋递给胡子。

（周立波《北京来客》）

②高粱好似一队队的“红领巾”，悄悄地把周围的道路观察；向日葵摇头微笑着，望不尽太阳起处的红色天涯。

（郭小川《团泊洼的秋天》）

③老杨同志到场子里什么都通，一拿起什么家具来都会用，特别是好扬家，不只给老秦扬，也给那几家扬了一会，大家都说“真是一张好木锨”。

（赵树理《李有才板话》）

④我最佩服北京双十节的情形。早晨，警察到门，吩咐道：“挂旗！”“是，挂旗！”各家大半懒洋洋地踱出一个国民来，撅起一块斑驳陆离的洋布。

（鲁迅《头发的故事》）

⑤总指挥部来了电话，问这口井喷油情况，他们一宿没合眼，在等消息。北京也在等。

（张天民《创业》）

⑥何况现在不是学的孔夫子,学的是新鲜的国语、历史、地理和自然常识,这些文化课学好了,到处有用。

(毛泽东《整顿党的作风》)

以上各例,都是用同本体有关的其他事物所形成的借代,因而称之为旁代。其中例①是借穿着和相貌特征代本体,例②是借标志代本体,例③是借工具代本体,例④是借材料代本体,例⑤是借处所代本体,例⑥是借专名代本体。旁代的这种借代关系一般都比较明显,因而也比较容易辨别。

(二)对代

对代是利用事物之间的对应关系所形成的借代。常见的有以部分代整体、以具体代抽象、以个别代一般、以结果代原因等几种形式。例如:

⑦咱们既然在此驻扎,就不许他们在这一带动老百姓一草一木。

(姚雪垠《李自成》)

⑧"你的形式就是从洋装书变成线装书;从学生服变成长袍大褂。"道静忽然笑着插了话。

(杨沫《青春之歌》)

⑨现在是"阳春白雪"和"下里巴人"统一的问题,是提高和普及统一的问题。

(毛泽东《在延安文艺座谈会上的讲话》)

⑩这时我就会腋下出汗,恨无地洞可钻。

(鲁迅《人生识字胡涂始》)

以上各例,都是利用事物之间的对应关系所形成的借代,因而称之为"对代"。其中例⑦是以部分代整体;例⑧是林道静挖苦余永泽的话,因为他不但考据古文,还穿古人的衣服,搞"读书救国"那一套，这里用“线装书”代替考据学，用“长袍大褂”代替古人的装束，这都是以具体代抽象；例⑨是用“阳春白雪”（古代楚国的一种高深典雅的音乐）代替不通俗和所要提高的文学艺术，用“下里巴人”（古代楚国的两首民间歌曲）代替通俗和所要普及的文学艺术，这都属于以个别代一般；例⑩是以结果代原因。对代的这种借代关系比较抽象一些，需要从事物内部的逻辑关系上仔细加以辨别。

借代的修辞作用：一是能够引起人们的联想，进一步突出人或事物的本质特征；二是可以使语言富于变化，避免单调和重复，增强语言的形象性和生动性；三是可以使文笔简练，并增强语言的含蓄性。

运用借代的注意事项：

第一，运用借代要抓住人或事物的突出特征。借体要有代表性，同时要注意借体的褒贬色彩，要让人感到既鲜明突出，又合情合理。

第二，借体一般都要选用为人熟知的事物。当用比较生僻的事物进行借代时，一般都需要在上下文里有所交代，要使读者一看到借体就能明白本体是什么，或者能够从借体推导出本体，否则就会流于晦涩。

借代与借喻的区别：

借代和借喻有共同点，都是本体事物不出现，而借另一事物来代替。但是借代同借喻又有着本质的区别，这主要在于二者的客观基础不同：借代的客观基础是事物的相关性，借体与本体之间有实在的联系，二者是相关的关系；而借喻的客观基础是形象的相似性，借体与本体之间没有实在的联系，二者是相似的关系。例如：

A. 人生自古谁无死，留取丹心照汗青。（借代）

B. 煤矿工人有决心，千层地底挖黑金。（借喻）

A 句中的“汗青”是古代的书简，在这里代指史册，书简与史册之间只有相关性而无相似性，所以这里的“汗青”只能构成借代，而不能构成借喻；B 句中用“黑金”来代替煤，二者之间虽然没有实在的联系，但在形象（颜色）上具有相似性，因此可以构成借喻。

四、夸张

故意言过其实，对事物进行夸大、缩小或超前的描写，这种修辞手法叫夸张。

夸张在结构上，可分为现实体、假想体和夸张语三个部分：现实体是指客观事物的真实情景；假想体是对客观事物的想象情景；夸张语是对假想体进行描写的。在语言表达时，现实体并不出现，完全通过对假想体的描写表现出来。

根据夸张的不同方法，可将夸张分为扩大夸张、缩小夸张、超前夸张三种类型。

（一）扩大夸张

就是根据表达内容和思想情感的需要，故意把事物的属性和特征，往大、多、快、高、长、好、强等方面夸张。例如：

①西头老户主阎恒元，在抗战以前年年连任村长，有一年改选的时候，李有才给他编了一段快板道：“村长阎恒元，一手遮住天，自从有村长，一当十几年……”

（赵树理《李有才板话》）

②唉，还是住在我们绿毛坑里好！泥巴黑得发亮，肥得出油，就是插下根柴棍也能抽枝出芽！

（古华《爬满青藤的木屋》）

③我没有眼泪，王同志，穷人要是遇到不痛快的事就哭鼻子，那真要淹死在泪水里了。

（周立波《暴风骤雨》）

④莫夸财主家豪富，财主心肠比蛇毒。

塘边洗手鱼也死，路过青山树也枯。

（歌剧《刘三姐》）

上边的几例都是扩大夸张，即对客观事物的特征故意进行夸大的描写。例①是往大夸张，描写村长阎恒元的势力大；例②是往好夸张，描写绿毛坑的土地好；例③是往多夸张，突出表现劳动人民在旧社会的深重苦难；例④是往强夸张，从多个侧面揭露财主的狠毒心肠。

（二）缩小夸张

就是根据表达内容和思想情感的需要，故意把事物的属性和特征，往小、少、慢、低、短、差、弱等方面夸张。例如：

⑤漫说你转不过屁股的小不丁点的县城，就是千门万户也认不错门，也分得清敌友我。

（梁信《龙虎风云记》）

⑥山，

快马加鞭未下鞍。

惊回首，

离天三尺三。

（毛泽东《十六字令三首·其一》）

⑦要是没有共产党毛主席的这土地改革呀，扛活扛到棺材边，也挣不到一根垄、半间房，还能说媳妇？

（周立波《暴风骤雨》）

⑧哼，灰尘掉下来都怕把自己砸死，还叫工程师、主任呢！

（刘宾雁《在桥梁工地上》）

以上几个例子，都是缩小夸张，即对客观事物的特征故意进行缩小的描写。例⑤是往小夸张，以说明自己到过大城市、见过大世面；例⑥是往低夸张，艺术地表达出山之高和翻山人之勇；例⑦是往少夸张，说明不搞土改穷人永远也分不到土地和房屋；例⑧是向弱夸张，来形容技术室周主任谨小慎微的性格特征和不敢负责的工作作风。

（三）超前夸张

超前夸张是故意把事情出现的时间提前，把以后才能出现的事说成已经出现或同时出现，从而收到夸张的修辞效果。例如：

⑨他酒没沾唇，心早就热了。

（郑直《激战无名川》）

⑩花里带着甜味儿；闭了眼，树上仿佛已经满是桃儿、杏儿、梨儿。

（朱自清《春》）

⑪嗬，中国名酒——茅台，我一见就醉了。

（郑锡同、陈建《血泪樱花》）

⑫巴三虎说："你们别嘴硬了！不是姓吴的说大话，你们放个屁，就知道你们要拉啥屎。上几回八路军进来，是哪些王八蛋勾引的？今晚你们鬼鬼祟祟干啥？哼！我早就操心上你们了。"说着便在家里上下左右打量。

（马烽、西戎《吕梁英雄传》）

上边几例，都是超前夸张。例⑨把喝酒以后才能出现的现象，说成没喝之前就出现了；例⑩说一闻到树上花的香味，就觉得都已经变成"桃儿、杏儿、梨儿"了；例⑪说酒好想喝，"一见就醉了"；例⑫是汉奸密谍组长巴三虎发现几个暗民兵在孙生旺家开会以后所说的话，其中加点的句子是超前夸张，意在表明他已经提前知道暗民兵们开会要干什么了。以上这些，都有超前描写的倾向，这种夸张手法更能突出地表现不同人物的思想情感。

夸张的修辞作用：

第一，运用夸张，可以突出地表现人或事物的本质特征，给人留下鲜明深刻的印象。

第二，运用夸张，可以表达写说者某种异乎寻常的感觉，造成一种强烈而离奇的景象，调动读听者的想象力，进一步增强语言的形象性。

第三，运用夸张，还能够增加语言的力度，使语言更加简洁有力。

运用夸张的注意事项：

运用夸张，要注意做到**“夸而有节，饰而不诬”**，这是刘勰在《文心雕龙》的《夸饰》篇中所提出来的一条重要原则。这里的“节”即节制、分寸，“诬”即歪曲、违背，意思是夸张而有分寸，修饰而不违背事实。夸张尽管是故意言过其实，但又必须以客观真实为基础，不能毫无事实根据地乱说，必须把握好夸张的度，做到既要夸饰、又要“有节”“不诬”，这样才能通过夸张的艺术手法突出事物的本质特征，使人获得鲜明而深刻的印象。

五、象征

用具体的形象的事物暗示特定的事理，以表达真挚的情感和深刻的寓意，这种修辞手法叫象征。

象征辞格在结构上，可分为本体、象征体和暗示语三个部分：本体是所要表达的事物；象征体是用来象征和暗示的事物；暗示语是对象征体进行描述的。但在表达时，本体并不出现，只通过对象征体的描写来暗示本体，由此表达写说者的深沉情感和特有寓意。例如：

①一阵微风吹过。“爱莲堂”前那株腊梅，蓓蕾满枝。还是那棵老梅树。最初的梅花已经开放，高高的树干，带着一丛繁密的蜡黄

色梅花，伸向园子的上空，伸向一望无际的长天碧空，似乎正在向苍天诉说一个过去的故事。

（何为《园林城中一个小庭园》）

这篇散文描写了苏州城里“周家花园”的兴衰，以及园主周瘦鹃（现代作家和翻译家、著名园艺家）在“文革”中被“四人帮”迫害的遭遇。作者在叙写完上述经历和园中的萧条景象后，又满怀深情地写下了这段富有象征意义的结尾。老艺术家周瘦鹃是本体（在此处没有出现），“爱莲堂”前那棵老梅树是象征体，描写老梅树的几个句子都是暗示语。这里既有对一个老艺术家的高度赞颂和深切同情，又有对周恩来等老一辈革命家的无限怀念（他们都曾经到苏州周家花园拜访过周瘦鹃），还有对“四人帮”的控诉与愤恨，对未来文艺界状况的憧憬和希冀，等等。作者这些复杂情感和深刻寓意，都通过对老梅树的描写暗示出来，写得含蓄而深沉。

②当天空中出现乌云的时候，我们就指出：这不过是暂时的现象，黑暗即将过去，曙光即在前头。

（毛泽东《目前形势和我们的任务》）

这是在政论文中应用象征手法。毛主席用“乌云”象征猖獗一时的国民党反动势力，用“黑暗”象征蒋家王朝的腐朽没落以及军事力量的暂时优势，用“曙光”来象征中国人民解放军已经打退了蒋介石的进攻，胜利就在前方。这种象征手法的运用，把严肃的政治话题形象且深刻地表达出来。

③就在这个时候，一缕阳光照在凤凰村的山头上。那棵笔直的青松在阳光下挺立着。大雨刚刚洗遍了它的全身，它显得更为翠绿、挺拔……

（金敬迈《欧阳海之歌》）

这是在小说中使用象征手法。这段话是在写完欧阳海为保卫列车而牺牲后，通过描写欧阳海家乡山头上的那棵青松，来象征欧阳海将永远活在人民心中。

④她，一柄绿光闪闪的长剑，孤零零地立在草原，高指蓝天。也许，一场暴风会把她连根拔去。但，纵然死了吧，她的腰也不肯向谁弯一弯！

（流沙河《草木篇·白杨》）

这是在诗歌中使用象征手法，并以此结构全篇。这首散文诗原载《星星》1957 年第 1 期，当时文艺界“左”倾思想影响严重，文艺作品实事求是地反映社会生活往往会受到批判。在这种环境下，作者在诗中以白杨作为象征体，来表达自己宁可一死也不肯弯腰的文人气质和斗争精神。

象征的修辞作用：一是具有形象性，在特有的形象中寄托写说者的情感和寓意，使人受到教育和感染；二是具有深刻性，通过形象暗示的方法，能够把事物和道理说得更深刻、更感人。

运用象征的注意事项：一是选择象征体要恰如其分，符合人们的心理习惯，要使人能够从象征体联想到本体；二是对象征体的描写（暗示语）要形象而深刻，能够把写说者的情感和寓意充分表达和暗示出来。

六、列锦

利用多个名词或修饰性名词短语排列出连续的场景和画面，用以叙事、状物或抒情，这种修辞手法叫列锦。列锦这一新辞格的命名，始自谭永祥先生的《修辞新格》（福建教育出版社，1983），采用形象的说法，意如彩锦之罗列。

列锦在结构上，具有总括体和分列体两个部分：总括体是作者脑海里对某种事物总的印象；分列体是从这种总的印象中分解出来的一个个场景和画面。在表达时，总括体并不出现，只化作一个个分列体，这些分列体本身就具有描写的作用，因而不需要再使用其他词语（特别是不能使用动词）进行描述。

列锦的方法是：连续排列几个乃至多个名词或修饰性名词短语，根据表达的需要单独构句或组合构句，用以勾勒出一个个场景或一幅幅画面，使它们像电影分镜头一样并列出现在读者眼前，给人以丰富的形象感和强烈的震撼，由此收到特殊的修辞效果。

列锦的修辞手法古已有之，并多用于古诗词之中。例如：

①枯藤 老树 昏鸦，小桥 流水 人家，古道 西风 瘦马，夕阳西下，断肠人在天涯。

（马致远《天净沙·秋思》）

这支小令仅28个字，容量却相当大。前三句不见一个动词，连续排列了9个名词或修饰性名词短语，构成了一连串的画面，而且有着不同的层次：第一组分镜头表现一种凄凉萧瑟的场景；第二组分镜头又营造了一种安逸宁静的气氛；第三组分镜头则异峰突起，本已遇有人家，可是漂泊之人却无家可归，还骑着瘦马顶着西风走在荒凉的古道上，此情此景与第二组分镜头形成一种强烈的反差。这三组镜头与后边的两句相配合，真是写尽了天涯游子漂泊异乡的凄楚情怀，因而这首抒情散曲一向被誉为“秋思之祖”。

列锦手法在现代诗歌、散文和小说中都有应用，既可以用来描写，也可以用来记叙和抒情。例如：

②东山的糜子 西山的谷，
肩膀上的红旗 手中的书。

（贺敬之《回延安》）

这是列锦手法在现代诗歌中的应用。作者在这两行诗中，连续排列了四个修饰性名词短语，没用一个动词和形容词，仍能表达出延安人民对自己的教育和培养，而且含义更加丰厚，达意传情也更加细腻。

③还说那时的话，从杨柳枝的乱鬓里所得的境界，照规矩，外带三分风华的。况且今宵此地，动荡着有灯火的明姿。况且今宵此地，又是圆月欲缺未缺，欲上未上的黄昏时候。叮当的小锣，伊轧的胡琴，沉填的大鼓……弦吹声腾沸遍了三里的秦淮河。喳喳嚷嚷的一片，分不出谁是谁，分不出哪儿是哪儿，只有整个的繁喧来把我们包填。

（俞平伯《桨声灯影里的秦淮河》）

这是列锦辞格在现代散文中的应用。这段话描写秦淮河的夜景，其中加点的地方采用了列锦手法，由三个修饰性名词短语构成短句，都是写歌女们的艇子上发出的音乐之声的，好像在整段夜景中插入了三个特写镜头，画面感十分强烈，更加突出地表现了秦淮河月夜中弦歌不绝的喧闹情景。

④自由市场。百货公司。香港电子石英表。豫剧片《卷席筒》。羊肉泡馍。醪糟蛋花。三接头皮鞋。三片瓦帽子。包产到组。收购大葱。中医治癌。差额选举。结婚宴席……在这些温暖的闲言碎语之中，岳之峰轮流把体重从左腿转移到右腿，再从右腿转移到左腿。

（王蒙《春之声》）

这是列锦手法在现代小说中的应用。在这段话的前边，连续排列了八个修饰性名词短语，且都独立成句，描写春运期间闷罐子车里人们的谈话话题，渲染了一种纷乱嘈杂的气氛。

列锦的修辞作用：

一是具有形象性。通过排列一连串的场景和画面，使写景、叙事、抒情更富有形象感，并具有“蒙太奇”（电影镜头的组接构成方法)的电影画面效果。

二是具有丰富性。列锦手法能够使表达的信息量加大,含义更加丰厚,内容更加具体,具有一种汪洋恣肆之美。

三是具有深邃性。连续的众多的场景和画面,能够将作者真挚的情感寓于形象之中,使达意传情更加深沉厚重,令读者回味无穷。

七、换算

把抽象难懂的数量,变换成人们可以感知的形象化的数量,这种修辞手法叫换算。

换算辞格在结构上,分为数量体、换算体和表述语三个部分:数量体是所要表达的数量,即原来的数量形式;换算体是经过换算以后的形象化数量形式;表述语是对换算体进行表述的。在表达时,数量体可以出现,也可以不出现。

根据吴士文先生在《修辞格论析》中所说的几种换算方法,可以将换算辞格分为比较换算、排列换算、计时换算、供用换算等几种形式。

(一)比较换算

所谓比较换算,就是用“比较法”进行换算,再用这种数量形式构成换算辞格。例如:

①一束光每秒钟传播18.6万英里,约30万公里,也就是7倍于地球的周长。

(卡尔·萨根《宇宙》,周秋麟、吴依俤等译)

此处讲光的速度,连着说了两种数量都不易被人感知,因而又用“比较法”换算成“7倍于地球的周长”,即说光的速度是一秒钟能绕地球7圈,这就增加了形象感,使人们能够通过地球之大来感知光速之快。在这里，数量体（原来的数字形式）与换算体同时出现。

（二）排列换算

所谓排列换算，就是用“排列法”进行换算，再用这种数量形式构成换算辞格。例如：

②原子真是小极了。……五十万到一百万个原子，一个紧挨着一个排起“长蛇队”来，也只有一根头发直径那么小的一点儿。

（《十万个为什么·什么是分子？什么是原子？》）

此处讲原子小到什么程度，运用“排列法”进行换算，使这个新的数量形式获得形象感，人们便会通过所熟悉的“一根头发的直径”来感知原子的微小。在这里，原来的数量形式——数量体没有出现，只用换算体来代替。

（三）计时换算

所谓计时换算，就是使用“计时法”进行换算，再用这种数量形式构成换算辞格，例如：

③哪里知道这条天河淹没了一千万万颗以上的星星啊！一千万万，你一口气数下去，得数一千多年。

（郑文光《宇宙里有些什么》）

这里说银河系里大约有多少颗星星，运用“计时法”进行换算，让人们从“你一口气数下去，得数一千多年”的时间概念上，来感知银河系里星球的众多，同时也使语言更加形象生动。在这里，数量体和换算体同时出现。

（四）供用换算

所谓供用换算，就是使用“供用法”进行换算，再用这种数量形式构成换算辞格，例如：

④明万历三十七年（1609），重修二大殿。仅采木一项就费银九

百三十余万两，约合当时八百多万“半年糠菜半年粮”的贫苦农民一年的口粮。

（《故宫简介》）

这里介绍明朝万历年间重修二大殿所耗费的资财，为了让人们明白“九百三十余万两”银子是多大的数量、有多大的用处，采用“供用法”进行换算，说相当于当时八百多万农民吃一年的口粮，这么多的粮食会堆得像山一样。这样换算既使人们了解到这些银子的价值，又反映出旧社会统治阶级的奢侈程度。在这里，也是数量体与换算体同时出现的。

换算的修辞作用：可以使数量的表达获得具体感和形象感，由不易感知的抽象数量转化为容易感知的形象化数量，帮助人们理解和接受陌生事物和科学知识，并增加语言的形象性和生动性。

需要说明的是，换算辞格主要适用于通俗科普读物或说明性、辅导性文字，换算的目的是增加通俗性，并使语言更加形象生动。而正规的科技论文或专门著作，一般都不使用换算手法。

思考与练习二

1. 什么是形象描写类辞格？这一类辞格主要有哪几种？它们的表达功能和共同特点是什么？

2. 什么叫比喻？比喻在结构上分为哪三个部分？比喻的修辞作用是什么？

3. 比喻有哪三种基本形式？还有哪几种特殊形式？分别举例说明。

4. 什么叫比拟？比拟在结构上分为哪三个部分？其表达方法是什么？举例说明。

5. 比拟有哪两种类型？比拟的修辞作用是什么？举例说明。

6. 什么叫借代？借代在结构上有哪两个部分？在表达时有什么特点？举例说明。

7. 借代有哪两种类型？借代同借喻的主要区别是什么？举例说明。

8. 什么叫夸张？夸张在结构上分为哪三个部分？在表达时有什么特点？举例说明。

9. 夸张有哪三种类型？运用夸张的注意事项是什么？举例说明。

10. 什么叫象征？象征在结构上分为哪三个部分？在表达时有什么特点？举例说明。

11. 象征的修辞作用是什么？运用象征应该注意什么问题？

12. 什么叫列锦？列锦在结构上分为哪两个部分？在表达时有什么特点？举例说明。

13. 列锦的方法是什么？列锦有什么修辞作用？举例说明。

14. 什么叫换算？换算在结构上可分为哪三个部分？在表达时有什么特点？举例说明。

15. 换算可分为哪几种形式？换算的修辞作用是什么？举例说明。

16. 指出下面的段落或句子中的比喻，说明属于哪种比喻形式，并说明本体、喻体、喻词各是什么（有的没有喻词）。

①十六个结实如牛犊的小伙子，带了香烛鞭炮，同一个用生牛皮蒙好、绘有朱红太极图的高脚鼓，到了搁船的河上游山洞边，烧了香烛，把船拖入水中后，各人上了船，燃着鞭炮，擂着鼓，这船便如一支没羽箭似的，很迅速地向下游长潭射去。

（沈从文《边城》）

②工人们背后议论："新来的赵所长，这人——不赖！"王栓说：

"敢是！这人心里没假。他的心是一块阳泉炭，划根火柴就能点着，烧完了是一堆白灰。"

（汪曾祺《寂寞和温暖》）

③每件事物都逃不过这一对眼睛，都要露出赤裸裸的真相来。当这一副寒光四射的匕首转而对准它们的主人时是十分可怕的，因为锋刃无情，直戳要害，正好刺中了他的心窝。

（茨威格《列夫·托尔斯泰》，王雪飞译）

④千声万声呼唤你，母亲延安就在这里。

（贺敬之《回延安》）

⑤王阿大本能地也挣出他拿着包袱的手来，插进了那手的林。

（茅盾《当铺前》）

⑥那是西北高原的故乡。一株巨大的白丁香把花开在了屋顶的灰色的瓦瓴上。如雪，如玉，如飞溅的浪花。

（王蒙《春之声》）

17. 指出下面句子中的比拟是哪种类型，说明本体、拟体和摹拟语各是什么，并分析其修辞作用。

①我们的大炮怒吼了，千万颗炮弹飞过海峡，大地在颤动，海洋在呼啸。

②小船不高兴地乱摇晃，差些把我们撩到海里去。

③他们（指敌人）占了三天，不是夹着尾巴跑了？

④我们要建设许多繁荣的城市，让它们手挽着手，站在祖国的大地上。

⑤雨后，青蛙施展着动人的歌喉，唱起了美丽动听的小夜曲。

⑥一阵这样的风过去，一切都不知怎么好似的，连柳树都惊疑不定地等着点什么。

18. 指出下面句子中的借代属于哪种类型，并说明借体和本体各是什么，二者之间是什么关系。

①“北京话”双手抱住胳膊肘，和她们站得不远不近地说：“喂，我说小姑娘们，别扒窗户，危险！”

（铁凝《哦，香雪》）

②普及工作者永远停止在一个水平上，一月两月三月，一年两年三年，总是一样的货色，一样的“小放牛”，一样的“人、手、口、刀、牛、羊”，那末，教育者和被教育者岂不都是半斤八两？

（毛泽东《在延安文艺座谈会上的讲话》）

③来上海后这三四天就像三四年，她满心积了无数的话，无数的泪！

（茅盾《子夜》）

④卖馃子的长脖子男人，瞅见工作队的车子赶进屯子来，急急忙忙跑来告诉韩老六。

“六叔，工作队来了。”长脖子一面说，一面把篮子放在地板上，挨近炕沿站立着。

（周立波《暴风骤雨》）

⑤四十多年的炮火硝烟，炼就了他一双锐利的眼睛。

（柯岩《我的爷爷》）

⑥你们杀死一个李公朴，会有千百万个李公朴站起来！

（闻一多《最后一次讲演》）

19. 指出下边句子中的夸张属于哪种类型，并说明现实体、假想体、夸张语各是什么，具有怎样的修辞作用。

①战士们激动地说：“如果美帝再敢动手，就是我活到八十岁，胡子三尺长，我也要带着儿孙们来抗美援朝！”

（魏巍《依依惜别的深情》）

②众人谁也不敢再吭气了，有的蹲下抽烟，有的呆呆地站在那

里。心中却暗暗骂道:“刚打了几回豆子大的胜仗,倒晓不得贵姓啥了! 我们的地不种总可以吧?”

(马烽、西戎《吕梁英雄传》)

③稻堆堆得圆又圆,社员堆稻上了天。撕片白云揩揩汗,凑上太阳吸袋烟。

(民歌《稻堆》)

④羊汤是那样的鲜美滋润,那样喷香开胃,那些煮得酥烂的羊杂碎,简直来不及品味,自己抢着爬进喉咙里去。

(李国文《月食》)

⑤愁肠已断无由醉;酒未到,先成泪。

(范仲淹《御街行》)

⑥鸿渐吓得头颅几乎下缩齐肩,眉毛上升入发,知道苏小姐误会这是求婚的信,还要撒娇加些波折,忙说:“请你快看这信,我求你。”

(钱锺书《围城》)

20. 下面是鲁迅的散文《秋夜》中的两个段落,指出其中的本体和象征体各是什么,并说明象征什么意义。

①我不知道那些花草真叫什么名字,人们叫他们什么名字。我记得有一种开过极细小的粉红花,现在还开着,但是更极细小了,她在冷的夜气中,瑟缩地做梦,梦见春的到来,梦见秋的到来,梦见瘦的诗人将眼泪擦在她最末的花瓣上,告诉她秋虽然来,冬虽然来,而此后接着还是春,蝴蝶乱飞,蜜蜂都唱起春词来了。她于是一笑,虽然颜色冻得红惨惨地,仍然瑟缩着。

②鬼䀹眼的天空越加非常之蓝,不安了,仿佛想离去人间,避开枣树,只将月亮剩下。然而月亮也暗暗地躲到东边去了。而一无所有的干子,却仍然默默地铁似的直刺着奇怪而高的天空,一意要制

他的死命，不管他各式各样地瞅着许多蛊惑的眼睛。

21. 下边这段话和诗歌中都应用了列锦辞格，找出连续排列的名词或修饰性名词短语，说明其总括体是什么，并说明这些分列体有什么修辞作用。

①久别的重逢，另一个女人，新婚的妻子，重燃的热情，匆匆的别，病，玫瑰花，医院中的会晤，爱情的自白，三角的恋爱，偕逃的计划，牺牲的决心，覆车的死。

——许多的人在叹气，电灯亮了。蓝色布幕拉起来。什么也没有。我们仍旧在中国，不过做了一场欧洲的梦。

（巴金《春天里的秋天》）

②一人一马一杆枪，
咱们游击队势力壮！
大刀、马刀、红缨枪，
马枪、步枪、无烟钢。

（李季《王贵与李香香》节选）

22. 指出下面的换算辞格各属于哪种形式，并说明数量体、换算体和表述语各是什么。

①也有一些恒星非常小，有的比地球还小。可是这种星星的物质密度特别大，火柴头那么大的一点点就抵得上十多个成年人的重量。用白金造成同样大的一个球，重量才抵得上它的二百万分之一。

（郑文光《宇宙里有些什么》）

②就拿水的分子来说吧：它大约只有 0.000 000 000 000 000 000 000 03 克重；……如果一个人每秒钟数一个水分子，一秒钟不停地数下去，整整数一千年，也只不过数清了普普通通的一滴水里全部分子的二十亿分之一。

（《十万个为什么·什么是分子？什么是原子？》）

第三节　直接描述类辞格

直接描述类辞格，是通过直接描述的方法所构成的一类辞格。这类辞格的表达功能是：增强语言的鲜明性和生动性，将描写和叙述对象表达得更加具体、形象、生动。这类辞格的共同特点是：不借助于客体的形象，直接对主体进行描写、叙述或说明。

直接描述类辞格，主要有示现、摹状、衬托、对比、舛互、错综等。

一、示现

通过回忆和想象，把过去、将来或想象中的场景都描绘得如出现在眼前一样，这种修辞手法叫示现。

这种修辞手法，使用在写说者的某种情感特别强烈之时，那种对于事物的鲜明意象就会浮现在眼前，因而并不计较时空的限制，随机将其真切、具体地描述出来，以表达自己的强烈情感，并让读听者获得鲜明而深切的感受。

按照陈望道先生在《修辞学发凡》中对示现辞格的论述，示现可以分为追述示现、预言示现、悬想示现三种类型。

(一)追述示现

所谓追述示现，就是通过回忆、想象和加工，把过去发生的事情描绘得好像重新出现在眼前一样。

追述过去的事情有两种情况：一种是亲身经历过的，通过回忆再把它具体、形象地描述出来；另一种是听别人说过的事情或介绍的场景，经过自己的加工整理而将其真实贴切地再现出来。例如：

①敌人为了逃命，用了32架飞机、10多辆坦克发起集团冲锋，向这个连的阵地汹涌卷来，整个山顶的土都被打翻了，汽油弹的火焰把这个阵地烧红了。但是，勇士们在这烟与火的山冈上，高喊着口号，一次又一次把敌人打死在阵地前面。敌人的死尸像谷个子似的在山前堆满了，血也把这山冈流红了。可是敌人还是要拼死争夺，好使自己的主力不致覆灭。这场激战整整持续了8个小时。最后，勇士们的子弹打光了。蜂拥上来的敌人占领了山头，把他们压到山脚。飞机掷下的汽油弹把他们的身上烧着了火。这时候，勇士们是仍然不会后退的呀，他们把枪一摔，向敌人扑去，身上帽子上呼呼地冒着火苗，把敌人抱住，让身上的火，也把占领阵地的敌人烧死。……据这个营的营长告诉我，战后，这个连的阵地上，枪支完全摔碎了，机枪零件扔得满山都是。烈士们的遗体，保留着各种各样的姿势，有抱住敌人腰的，有抱住敌人头的，有掐住敌人脖子把敌人摁倒在地上的，和敌人倒在一起，烧在一起。有一个战士，他手里还紧握着一个手榴弹，弹体上沾满脑浆；和他死在一起的美国鬼子，脑浆迸裂，涂了一地。另一个战士，嘴里还衔着敌人的半块耳朵。在掩埋烈士遗体的时候，由于他们两手扣着，把敌人抱得那样紧，分都分不开，以致把有些人的手指都掰断了。……虽然这个连伤亡很大，他们却打死了300多敌人，更重要的，他们使得我们部队的主力赶上来，聚歼了敌人。

（魏巍《谁是最可爱的人》）

这是魏巍的一篇著名的报告文学，是根据作者在朝鲜前线采访时所了解的情况而写的。这个段落采用追述示现的手法，将听到的事情经过加工整理后进行详细的描述，把松骨峰战斗（又叫书堂站战斗）的惨烈场面再现于读者的面前，给人以身临其境之感。

（二）预言示现

所谓预言示现，就是通过合理的想象，对未来才会出现的事情

进行展望和描写，将其描绘得好像已经出现在眼前一样。

这种预言示现的手法，可以表达作者对美好未来的憧憬，抒发作者在某种特定情境中所产生的强烈情感，并使读听者获得鲜明而深刻的印象。例如：

②中国在战斗之中一旦斩去了帝国主义的锁链，肃清自己阵线内的汉奸卖国贼，得到了自由与解放，这种创造力，将会无限地发挥出来。到那时，中国的面貌将会被我们改造一新。所有贫穷和灾荒，混乱和仇杀，饥饿和寒冷，疾病和瘟疫，迷信和愚昧，以及那慢性的杀灭中国民族的鸦片毒物，这些等等都是帝国主义带给我们可憎的赠品，将来也要随着帝国主义的赶走而离去中国了。朋友，我相信，到那时，到处都是活跃跃的创造，到处都是日新月异的进步，欢歌将代替了悲叹，笑脸将代替了哭脸，富裕将代替了贫穷，康健将代替了疾苦，智慧将代替了愚昧，友爱将代替了仇杀，生之快乐将代替了死之悲哀，明媚的花园，将代替了凄凉的荒地！这时，我们民族就可以无愧色的立在人类的面前，而生育我们的母亲，也会最美丽地装饰起来，与世界上各位母亲平等的携手了。

（方志敏《可爱的中国》）

本文作者方志敏是赣东北革命根据地和中国工农红军第十军的创始人，1935 年 1 月因叛徒出卖被捕，同年 8 月在南昌英勇就义，时年 36 岁。这篇著名散文写于狱中，这段话用预言示现的手法，展望未来中国的光明前途，表现了作者坚定的革命信念和对祖国的无比热爱。作者当时所描绘的图景，现在都已变成现实，可见老一代无产阶级革命家的远见卓识。

（三）悬想示现

所谓悬想示现，就是对想象中的事情和场景进行形象生动的描绘，说得好像真的出现在眼前一样。

运用悬想示现，与时间的过去和未来没有任何关系，它完全是作者感情所至而想象出来的景象，便随机将其具体形象地描绘出来。悬想示现所描写的内容和场景，主要有两个方面的作用：一是为了表达作者的某种强烈情感或主观愿望；二是为了展示作品中的人物性格。例如：

③这样说着，梁三老汉头脑里立刻出现了这个草棚院的一片新景象——一个聪明、能干、孝敬的媳妇，代替了头发霜白的生宝他妈，烧锅、做饭、喂猪、扫地。他当公公的在脚地的小矮凳上坐下来了，媳妇立刻盛了一碗热气腾腾的饭，双手端来恭敬地放在他这公公面前的饭桌上。而且，梁三老汉一双快活的小眼睛，仿佛已经看见至少一年以后才能出现的又胖又精的小孙孙。小东西会给这草棚院的生活增添多少欢乐的气象啊！……

（柳青《创业史》）

这是梁三老汉看见儿子去相亲以后，兴奋地想象着儿子结婚以后的情景。作者在这里运用了悬想示现的修辞手法，把梁三老汉对儿子结婚以后的幸福感写得真切、具体而形象，既表现出他对儿子能娶竹园村的互助组长刘淑良而感到高兴，又反映出他对自己十几年前从终南山里给儿子领回一个童养媳又刚刚死去的愧疚心情，同时也借此表达作者对梁生宝婚姻幸福的美好祝愿。

示现的修辞作用：

1. 示现兼有叙述和描写的功能。无论是回忆还是想象，都要通过叙述和描写表达出来。

2. 示现可以使语言更加具体、形象、生动。通过示现手法，能够描述出一个个具体的场景和画面，让读者从具体感中获得形象感，同时也使语言更加生动。

二、摹状

对客观事物的形象、情状、特性等加以准确生动的描绘和摹写，

给人留下更加鲜明深刻的印象，这种修辞手法叫摹状。

我们要把一个客观事物说给大家听或写给大家看，要说得或写得形象生动，首先要学会对人或事物进行恰当的描绘和摹写。因此，摹状是积极修辞方面的一项基本功，是一种最常用的修辞方法，比其他辞格更具有基础性作用。

陈望道先生在《修辞学发凡》中说，“摹状是摹写对于事物情状的感觉的辞格”。人对客观事物的感觉是多方面的，主要有视觉、听觉、嗅觉、味觉和触觉等。摹状辞格主要诉诸人们的视觉和听觉，一般都分为摹形、摹色、摹声三种类型。

（一）摹形

所谓摹形，就是仔细摹写出人或事物的形状、形态或动作行为的状态。

凡是人或事物，都会有一种特有的形状或形态，各种动作或行为，也会呈现出不同的状态。因此，当我们对人或事物进行描绘和摹写时，如果抓住了这种特有的形状、形态或状态，往往就抓住了人或事物的特点。例如：

①刘四爷是虎相，快七十了，腰板不弯，拿起腿还走个十里二十里的。两只大圆眼，大鼻头，方嘴，一对大虎牙，一张口就像个老虎。

（老舍《骆驼祥子》）

②有一张脸渐渐吸引住霍大道的目光。这是一张有着铁矿石般颜色和猎人般粗犷特征的脸：石岸般突出的眉弓，饿虎般深藏的双睛；颧骨略高的双颊，肌厚肉重的阔脸；这一切简直就是力量的化身，他是机电局电器公司经理乔光朴，……他一双火力十足的眼睛不看别人，只盯住手里的香烟，饱满的嘴唇铁闸一般紧闭着，里面坚硬的牙齿却在不断地咬着牙帮骨，左颊上的肌肉鼓起一道道棱子。

（蒋子龙《乔厂长上任记》）

例①描写刘四爷的相貌，抓住几个有代表性的特征——腰板、腿脚、眼睛、鼻子、嘴和牙齿，进行简洁而形象的摹写，活画出刘四爷的"虎相"。

例②中字下加点的几个句子，都是摹写小说主人公乔光朴这张脸的，通过对脸的颜色、特征、眉弓、双睛、双颊、阔脸以及眼神、嘴唇、牙齿、肌肉等进行细致形象的描绘，展现出人物的品质和性格特点，对塑造人物形象具有重要作用。

（二）摹色

所谓摹色，就是精心摹写出人或事物所特有的颜色。

人或事物的外表，有时会带有某种颜色。颜色有赤、橙、黄、绿、青、蓝、紫之分，而不同条件下的颜色又会有所不同。如人的服饰颜色、动物的皮毛颜色、物体的表面颜色等，都是多种多样、各不相同的。因此，在描写人或事物时，抓住其特有的颜色特征进行描绘和摹写，就能给人留下色彩鲜明的印象。例如：

③有一年的冬初，四叔家里要换女工，做中人的卫老婆子带她进来了，头上扎着白头绳，乌裙，蓝夹袄，月白背心，年纪大约二十六七，脸色青黄，但两颊却还是红的。

（鲁迅《祝福》）

④眼看着这许许多多雪白的蘑菇隐藏在碧绿的草丛中，谁都会动心。

（碧野《天山景物记》）

例③中的带点的词语，都是描写祥林嫂的衣饰和脸部颜色的，"白头绳""乌裙""蓝夹袄""月白背心"是典型的新寡装束，"脸色青黄"写生活折磨之深，"两颊却还是红的"写尚存和仅有的青春生气。这一组摹色词语的使用，使人感到色彩鲜明，对于表现人物处境、刻画人物形象都具有重要作用。

例④中摹写蘑菇的颜色用了"雪白"，摹写草丛的颜色用了"碧绿”，相互映衬，形成了鲜明的色彩反差，形象逼真而富有表现力。

（三）摹声

所谓摹声，就是运用拟声词或其他象声词语，来模拟人或事物所发出的声音。

汉语的拟声词很多，而且用法灵活，既可在句前或插入句中作拟声语，又可直接充当句子成分，这就为摹声提供了有利条件。因此，汉语中的摹声使用较多，利用拟声词和其他象声词语来准确逼真地摹写各种声音，能够给人一种如闻其声之感，增加语言的生动性和表现力。例如：

⑤只听咯吧一声，一丈青大娘折断了一棵碗口粗细的河柳，带着呼呼风声挥舞起来，把这几个纤夫扫下河去，……

（刘绍棠《蒲柳人家》）

⑥到半夜，果然来了，沙沙沙！门外像是风雨声。他正抖作一团时，却听得豁的一声，一道金光从枕边飞出，外面便什么声音也没有了，那金光也就飞回来，敛在盒子里。

（鲁迅《从百草园到三味书屋》）

例⑤中的“咯吧”是双音拟声词，摹写一丈青大娘折断河柳的声音；“呼呼”是叠音拟声词，摹写挥舞河柳的声音。这两个拟声词的恰当运用，形象生动地表现出一丈青大娘的粗犷性格，也表现出她既勇猛又有力气。

例⑥中的“沙沙沙”是叠音拟声词，摹写美女蛇到来时的声音，表现了美女蛇的阴毒可怕；“豁”是单音拟声词，摹写飞蜈蚣从盒子里飞出去的声音，表现了飞蜈蚣的神速和威力。同时这两个拟声词的使用，也从侧面表达出作者儿时那种特有的好奇和神秘心理。

运用摹状的注意事项：

第一，摹状要抓住人或事物的主要特征，注意观察，慎重选词，恰到好处。

第二,摹状要符合主题、人物和作者思想情感的需要,避免堆砌辞藻和进行不必要的摹写。

摹状与示现的区别:

摹状与示现,都是直接描写和叙述人或事物的,但二者在表达方法上又有区别:摹状主要采用描写的方法,而且多用工笔,对描写对象加以精雕细刻;而示现则叙述与描写并用,描写的方法多用白描,往往只对描写对象进行简单的勾勒。

三、衬托

用同描写主体具有相似或相反情调的事物进行陪衬和烘托,这种修辞手法叫衬托。

世界上的任何事物都不是孤立的,总是同其他相似、相反或相关的事物相联系而存在的。因此,对这些相互联系的事物进行描写,也可以对所要表现的主体事物从侧面起到陪衬和烘托的作用。绘画上的"烘云托月"法,形象地说明了衬托的修辞作用,所以衬托又叫作"映衬"。

根据事物之间相似或相反的条件,衬托可分为正衬、反衬两种类型。

(一)正衬

用同描写主体具有相同或相似情调的事物进行陪衬和烘托,这种修辞手法是正面衬托。简称为"正衬"。例如:

①时候既然是深冬,渐近故乡时,天气又阴晦了,冷风吹进船舱中,呜呜的响,从篷隙向外一望,苍黄的天底下,远近横着几个萧索的荒村,没有一些活气。我的心禁不住悲凉起来了。

(鲁迅《故乡》)

②列车停稳了,旅客的危险消除了!副班长在染血的车轮下,抱起重伤的欧阳海,失声痛哭,呼唤着班长的名字。

风停了，雨住了。雪白的云层里，射出了耀眼的阳光。霞光万道的云空，搭起了虹桥。欧阳海慢慢地睁开眼睛，看看朝夕相处的战友，又看看转危为安的列车，嘴角上露出了一丝微笑，安详地合上了眼帘。

（辛弃添《革命青春红似火》）

例①以“阴晦”和“萧索”的自然景物，衬托出作者浓重的乡愁和悲凉的心情；例②用雨后的白云、阳光、彩虹所放出的异彩，来衬托欧阳海为抢救列车而英勇牺牲的光辉形象。这两例的共同特点是用来陪衬烘托的自然景物同所要表现的主体事物，都具有一种相同或相近的情调，因此构成了正面衬托。

（二）反衬

用同描写主体具有相反或相异情调的事物进行陪衬和烘托，这种修辞手法是反面衬托。简称为“反衬”。例如：

③愈捶愈烈！痛苦和欢乐，生活和梦幻，摆脱和追求，都在这舞姿和鼓点中，交织！旋转！凝聚！奔突！辐射！翻飞！升华！人，成了茫茫一片；声，成了茫茫一片……

当它戛然而止的时候，世界出奇的寂静，以至使人感到对她十分陌生了。

简直像来到另一个星球。

耳畔是一声渺远的鸡啼。

（刘成章《安塞腰鼓》）

④我曾亲眼看见大片大片熟透的稻子被敌人浇上汽油，烧在地里；整棵整棵苹果树挂上了炸弹，腿断腰斜，横在半山坡上。……但是就在昨天破坏的果树园里，东风一吹，满园子摆动着一片彩云似的花朵。

（杨朔《春在朝鲜》）

例③是这篇散文结尾的四个段落，反衬手法运用得十分巧妙、细腻。先是以静衬动,在极力渲染腰鼓表演达到高潮时的沸腾场面后,又细微描写腰鼓声突然停止那种“出奇的寂静”;最后又以动衬静,在万籁俱寂中“耳畔是一声渺远的鸡啼”。这种反衬手法的运用,取得了既形象生动又耐人寻味的艺术效果。

例④中所描写的,是朝鲜战争时和战后的不同景象。首先展现给读者的是稻田被烧毁、苹果树被炸断的悲惨图景,然后又描写曾被破坏的果园里的满园春色,前面的内容对后面的表达重点形成反面衬托,更加突出地表现了朝鲜人民重建家园的坚强意志。

衬托的修辞作用:第一,用相似、相关或相反的事物来陪衬和烘托主体事物,可以把主体事物表现得更加鲜明突出;第二,运用衬托手法能够更加鲜明地表达出作者的爱憎情感,容易使读者受到感染,从而引起共鸣。

运用衬托的注意事项:第一,主体事物与陪衬事物一定要有主有次,后者要为前者服务,不能喧宾夺主;第二,用来陪衬的事物或自然景物,必须在情调上与主体事物相同、相似或相反、相异,否则就无法构成陪衬和烘托。

四、对比

把两种相反、相对的事物或同一事物相反、相对的两个方面,放在一起相互对照和比较,使所要表达的主要事物或主要方面显得格外鲜明突出,这种修辞手法叫对比。

不同的事物之间,既有着本质的区别,又存在着这样或那样的联系;即使是同一事物,在某一方面或某一点上,也总是有着这样或那样的区别。这就为对照和比较两种不同事物或同一事物的两个方面,提供了条件和依据。

形成对比必须具备两个条件:一是必须有构成对比的“两体”(两种不同的事物)或“一体两面”(同一事物的两个不同方面);二

是在“两体”之间或“一体两面”之间，必须能够形成内容相互对立的对比项，当对比项不止一个时最好一一对应，这样才能使对比关系更加明显。

因此，对比也可分为两体对比、一体两面对比两种类型。

（一）两体对比

所谓两体对比，就是把两种相反或相对的事物放在一起进行对照和比较，用以突出所要表达的主要事物。

要构成两体对比，除了这两种事物要具备相反或相对的条件外，还必须属于同一范畴，这样相互之间才会有可比性，也才能构成对比关系。例如：

①农村里，一个村子的人，总是沾亲带故，不像城里，一栋楼里，谁也不来往。

（李国文《穷表姐》）

②“人家说了再做，我是做了再说。”

“人家说了也不一定做，我是做了也不一定说。”

（臧克家《说和做——记闻一多先生言行片段》）

例①将“农村里”同“城里”人与人之间的关系相比较，进一步说明了农村人与人之间关系的密切。虽然只有一个对比项，但对照关系却十分鲜明。

例②是这篇文章的开头，是闻一多先生对作者说过的两句话。将“人家”和“我”进行对比，两种做法截然不同，言简意赅，对比鲜明，突出表现了闻一多先生作为学者的高尚品格。

（二）一体两面对比

所谓一体两面对比，就是把同一事物相反或相对的两个方面放在一起进行对照和比较，用以突出所要表达的主要方面。

要构成“一体两面”的对比，必须抓住同一事物相互对立的两个方面，这样才会有可比性，也才能构成“一体两面”的对比关系。例如：

③共产党员无论何时何地都不应以个人利益放在第一位，而应以个人利益服从于民族的和人民群众的利益。因此，自私自利，消极怠工，贪污腐化，风头主义等等，是最可鄙的；而大公无私，积极努力，克己奉公，埋头苦干的精神，才是可尊敬的。

（毛泽东《中国共产党在民族战争中的地位》）

④这里地薄人穷，山可是富啊。光叫得出名来的野生资源就有一千一百多种。俗话说“认识是宝，不认识是草”。这一带坡坡岭岭上千年万载野生着丹参。山里人不知道丹参是医治心脏病的名贵药材，每当盛花时节，只是放牛娃子采摘几朵紫花，放在嘴皮上当“蜂糖罐儿”吮吮，而丹参、丹皮一股脑儿喂了牲口。

（黄宗英《大雁情》）

例③把共产党员的不同行为组成四个对比项，构成对比关系，鲜明有力地提出在共产党员中应该提倡什么、反对什么，并具体说明了共产党员应该如何在民族战争中发挥模范作用。

例④说的是陕西洛南山区生长着各种中草药材，使对其“认识”与“不认识”的两种截然不同结果形成鲜明的对比。这是同一事物正反两个方面的对比，虽然只有一个对比项，但对比关系仍然十分明显。

对比的修辞作用：

第一，通过两种事物或同一事物两个方面的鲜明对比，可以使所要表达的主要事物或主要方面更加鲜明突出；

第二，恰当地运用对比，能够抓住事物的本质和特点，把事物揭示得更全面、更深刻，把道理讲得更透辟；

第三，运用对比手法，可以更加鲜明地表达作者的立场观点，使语言更加鲜明有力，进一步增强说服力和感染力。

五、舛互

对某一事物既全部肯定又部分否定，或者既全部否定又部分肯

定,故意造成字面上的矛盾,用以突出事物的特殊方面,这种修辞手法叫舛互。

“舛”读 chuǎn,违背之意,“舛互”即相互违背的意思。这个辞格名称,就准确揭示出它的特点:故意采用自相矛盾的表达方法,看似不合事理,却更加引人注意,在无理而妙中突出强调人或事物的某一特殊方面。舛互在结构上,往往由两个以上的句子或分句组成,前边肯定(或否定),后边否定(或肯定),中间用表示范围的副词(都、全、皆、只、就、独等)或表示转折的连词(但、而、不过、只要、只有等)进行关联。

根据肯定和否定的先后次序,可以将舛互分为肯定型、否定型两种形式。

(一)肯定型舛互

其表达方法是前边的句子先全部肯定,后边的句子再部分否定。例如:

①相传曾经有一个人,一向就以“万物不得其所”为宗旨的,平生只有一个大愿,就是愿中国人都死完,但要留下他自己,还有一个女人和一个卖食物的。

(鲁迅《并非闲话(二)》)

这里前一句说“愿中国人都死完”是先全部肯定,后面说“要留下他自己,还有一个女人和一个卖食物的”,这又是部分否定。通过这种自相矛盾的说法,更加突出地表现出这种极端利己主义者的丑陋。句子之间,用副词和连词“都”“但”“还”进行关联。

②你这个人什么都好,就是嘴快,水盆里扎猛子,也没有深浅。

(杨朔《三千里江山》)

这里先说这个人“什么都好”,这是先全部肯定;然后又说他“就是嘴快”,这又是部分否定,特别指出他这一点不好之处,使之更加鲜明突出。分句之间,用表示范围的副词“都”和“就”进行关联。这种先总的肯定、然后指出不足的表达方法,使人更容易接受。

（二）否定型舛互

其表达方法是前边的句子先全部否定，后边的句子再部分肯定。例如：

③官属说："我坚决相信我们的党不会抛弃我们知识分子的。我坚决相信社会主义不会不要科学文化……"

官属没有哭，却流下了泪；我也没有哭，也流下了泪……在林彪、"四人帮"横行的黑暗日子里，多少知识分子，多少从事科学、文化、教育工作的共产党员，为了这个不泯的信念，流过泪，甚至流尽了最后一滴血。

（黄宗英《大雁情》）

秦官属是这篇报告文学里的主人公，是西安植物园的助理研究员。她说的这两句话，既有对林彪、"四人帮"迫害知识分子的强烈愤慨，又有对我们党"文化大革命"之后落实知识分子政策的热情期待。接下来在第二段的开头，作者便使用了否定型舛互：先说秦官属和我都"没有哭"，这是全部否定；然后又说都"流下了泪"，这又是部分肯定。流泪也是哭的一种形式，只是没有发出声音而已，这种看似矛盾、实则细腻的描写手法，更适于表现知识女性的特点和伤感情怀。

④要问白洋淀有多少苇地，不知道；每年出多少苇子，也不知道。只晓得每年芦花飘飞苇叶黄的时候，全淀的芦苇收割了，垛起垛来，在白洋淀周围的广场上，就成了一条苇子的长城。

（孙犁《荷花淀》）

作者这里写白洋淀的苇子多，前边的句子先用两个"不知道"（中间用副词"也"关联）全部否定，后边的句子又用"只晓得"来部分肯定，所说的"苇子的长城"也不过是作者能够看到的一部分，更加突出地表现了白洋淀苇子之多。

还有的高明作者，将舛互的两种类型连续使用，以收到更加突出的表达效果。例如：

⑤人常说,人旺财不旺,财旺人不旺,他什么都不缺,就是缺钱。什么都没有,就是老婆有病,病过三年,竟死了。

(贾平凹《火纸》)

这里的“什么都不缺,就是缺钱”,是先肯定、后否定;而接下来的“什么都没有,就是老婆有病”,又是先否定、后肯定。这种看似矛盾的说法,进一步突出了叙述对象的“缺”和“有”,把他的穷困处境表现得更加鲜明,同时也增加了语言的生动性。

舛互的修辞作用:

第一,舛互具有对比和衬托的双重作用。通过对事物的某一特殊方面与其整体相比较,更加衬托出所要表达的特殊方面,使其更加鲜明突出。

第二,舛互具有“无理而妙”的修辞效果。通过肯定与否定的矛盾说法,更加引人注意,在似乎不合理之中突出部分的真实,能够收到更加显豁的表达效果。

六、错综

通过变换表达方式造成语句内容和形式的参差错落之美,这种修辞手法叫错综。

陈望道先生在《修辞学发凡》中,论述了四种错综之法:一是“抽换词面”,二是“交蹉语次”,三是“伸缩文身”,四是“变化句式”。按照这四种方法,我们可以将错综分为词面错综、语序错综、句形错综、语气错综四种类型。

(一)词面错综

所谓词面错综,是指在表达相同的意思时,尽量选择和使用各种同义词语或近义词语,避免上下文词语的重复。对于这种修辞方法,有的称之为“避复”。例如:

①齐燮元究竟是督军兼巡阅使,他的声音是加倍的洪亮;那时场中也特别肃静——齐燮元究竟与众不同呀!他咬字眼儿真咬得

清白；他的话是"字本位"，是一个字一个字吐出来的。字与字间的时距我不能指明，只觉比普通人说话延长罢了；最令我惊异而且焦躁的，是有几句话说完之后。那时我总以为第二句应该开始了，岂知一等不来，二等不至，三等不到；他是在唱歌呢，这儿碰着全休止符了！等到三等等完，四拍拍毕，第二句的第一个字才姗姗的来了。这其间至少有一分钟；要用主观的计时法，简直可说足有五分钟！

（朱自清《旅行杂记》）

作者在这里记述齐督军讲话慢，特意使用了两组同义词"来、至、到"和"完、毕"，形成字面上的错综，如果都说成"一等不来，二等不来，三等不来"，或者说成"三等等完，四拍拍完"，那就显得单调呆板而没有情趣了。

②终于见面了，原来老朋友住在这么一个狭小简陋的地方，只比上海的亭子间略大一些，和很多普通的人们住在一栋楼，一个院里。

钦佩之情令昔日友谊升华。当杨振宁坐在这简易的沙发上时，他知道这种简洁生活的分量。为了一个从贫穷"挨打"中走出的民族，邓稼先什么都愿意承受。

（张曼菱《邓稼先与杨振宁：千里共同途》）

在这两段话中，作者使用了一组近义词，形成了词面错综：写邓稼先与别人一起住的这栋小楼用"简陋"，写邓稼先家里的沙发用"简易"，写邓稼先的生活方式用"简洁"。通过换用后面的一个语素，在错综和比较中，突出表现了邓稼先为国为民艰苦奋斗、不计较个人得失的高贵品质。

③30 年来，中国航天的跨越发展令世人惊叹。"神舟"问天、"嫦娥"揽月、"北斗"指路、"祝融"探火、"羲和"逐日、"天和"遨游星辰、"悟空""慧眼"探索宇宙奥秘……我们把对宇宙的无尽憧憬寄托在这些美好的名字中。党的十八大以来，载人航天事业不断发展，执行一系列重大飞行任务，不断刷新太空中的中国速度、中国奇迹，

也在一项项成就中，不断谱写中华民族飞天梦想的崭新篇章，持续迈出从航天大国到航天强国的铿锵步伐。

(2022 年 6 月 5 日 19：19 央视新闻热评《“神舟十四”问天，谱写飞天梦想新篇章》，撰文：董竹，来源：腾讯新闻网)

这是作者为 2022 年 6 月 5 日神舟十四号载人飞船发射成功所写的评论，历数了我国航天事业发展的众多成就，在列举的航天卫星和飞船的名字后面都使用了不同的说明词语——“问天”“揽月”“指路”“探火”“逐日”“遨游星辰”“探索宇宙奥秘”。这些不仅形成了辞面上的错综，增加了语言情趣，而且形象生动地说明了各种卫星、飞船的不同任务和特点，让人读来耳目一新。

(二)语序错综

所谓语序错综，是指有意变换语句中某个成分的正常位置，以造成一种变化错落的结构形式，避免语言表达的呆板单调。例如：

④我们想告诉你，五个孩子都好，我们一定尽心教养他们，让他们对得起死了的母亲你！谦，好好儿放心安睡吧，你。

(朱自清《给亡妇》)

这篇散文是作者在夫人武钟谦死后三年所写的，文中回忆了她生前许多生活片段，这是文章结尾一段的最后几句。作者有意将最后一句话的主语后置，使“你”成为全文的结尾，这不但造成了语序的错综和句式的错落，还使“你”所代表的全部语意骤然停止和凝聚，充分表达出作者思念亡妇的无限深情。

⑤无数双眼睛——黝黑的、碧蓝的、金黄的，同时辐集到那条手臂上，各种语言发出同声赞叹！

(理由《扬眉剑出鞘》)

这个复句，前面的分句将定语后置，造成语序的错综，使句式参差错落，大大加强了描写性和抒情性。如果按正常语序来表达，说成“无数双黝黑的、碧蓝的、金黄的眼睛”，就会变成平铺直叙，其描写和抒情的作用都会大大减弱。

⑥他们从山上带下平安与快乐在他们心里，他们又带来许多好看的百合花在空着的篮里，在头巾里，在用山草结成的包裹里。

（李广田《山之子》）

这个复句，前一个分句加点的部分是定语后置，后一个分句加点的部分是状语后置，而且都是介词短语。这种结构形式作定语或状语时后置于句尾，不但可以构成语序的错综，使句式参差错落，还使表达更加方便，内容得到扩展，如后面分句的状语就连用了三个介词短语，大大增强了语言的描写和抒情色彩。

（三）句形错综

我们这里所说的"句形"，指的是句子的形体长短。所谓句形错综，是指交错使用长句和短句，使语句之间在外观上形成一种参差错落之美，避免一味地追求整齐匀称的句式。例如：

⑦大地回春，乍暖还寒。新中国大规模的建设开始了。贝汉廷开始到一艘大船上当实习二副了。船长是个老派的船长，十分严格，每天板着面孔，不苟言笑，穿一身笔挺的制服，右手捏着一副雪白的手套。多么大的风雪，见习生也只许站在驾驶台外巡视海面。不许拿望远镜，又不许漏掉一个目标，否则就骂得你狗血喷头。姿势嘛！必须按照条例，手绝对不许插在兜里。零下二十度不许吗？是的，不许！零下三十度呢？也不许！

（柯岩《船长》）

这个段落长句与短句结合使用，既使叙述方便，又有一种起伏荡漾之感。特别是最后几个句子，通过使用语气词和增加语音停顿的方法，使句子的形体缩短，最短的只有两三个字，既造成句形长短的参差变化，又使语意重点得到强调而更加鲜明突出。

⑧凡是过去，皆为序章。党的十九大已经为满足人民美好生活需要、增进人民福祉描绘出了科学可行的路线图，只要大家心往一

处想，劲往一处使，齐心协力，砥砺前行，13 亿多人的获得感幸福感安全感就会越来越强，一个更加富足、宽裕的全面小康社会定会呈现在世人面前！

（王道勇《更好地满足人民美好生活需要》，载于《时事报告》2018 年第 8 期）

这是一篇政治性论文，主要表达方式是议论。这个段落是文章的结尾，通过议论总结全文。整句与散句、长句与短句交错运用，使句子以及分句之间形成一种“短—长—短—长”的节奏变化，给人一种错综起伏的美感，也使表意更加周密细腻、语重心长。

（四）语气错综

所谓语气错综，是指根据表达的需要，交错使用陈述、疑问、祈使、感叹各种语气，造成句子之间在语气上的错综变化，使语音起伏跌宕，语意更加鲜明，以增强语言的表达效果。例如：

⑨回头向古陌岭上望去，哦，秋色更浓了。多么可爱的秋色啊！我真不明白，为什么欧阳修作《秋声赋》时，把秋天描写得那么肃杀可怕，凄凉阴沉？在我看来，花木灿烂的春天固然可爱，然而，瓜果遍地的秋色却更加使人欣喜。

（峻青《秋色赋》）

上面一段交错使用了三种语气，呈现出一种“陈述—感叹—疑问—陈述”的有规律的变化过程，使语音高低起伏，语调抑扬顿挫，语意婉转流畅，充分抒发了作者对秋天的赞美之情。

⑩也许，那天夜里，延安的许多同志，各个解放区的许多同志，都是在一种焦急和不安当中度过的吧？谁不知道蒋介石是个最无信无义的大流氓？谁不知道是美帝国主义在支持蒋介石政府挑动中国的内战？虽说赫尔利假惺惺的跑到延安来，难保不是一伙强盗做就的圈套！

（方纪《挥手之间》）

这段话首先用了一个疑问句，语气较轻，表示猜测，表达了解放区军民对毛主席要亲赴重庆谈判的担心；接着连续使用了两个反问句，表示对蒋介石以及美帝国主义挑动中国内战的极大愤慨；最后又使用了一个感叹句，再次表示对蒋介石和美国代表的怀疑。通过句末语气的调整和变化，使语音起伏跌宕，语意的表达也一波三折，更宜于抒发作者复杂而强烈的情感。

错综的修辞作用：

第一，运用错综手法，能够避免词语的重复和表达上的单调呆板，增加语言的变化美。

第二，错综手法可以广泛应用于各种表达方式：用于叙述，可以增加丰富感和层次感；用于描写，可以使错落参差之处更加鲜明突出；用于议论，更宜于往来纵横、任意恣说；用于抒情，也有助于表达作者的各种强烈情感。

思考与练习三

1. 什么是直接描述类辞格？这类辞格主要有哪几种？它们的表达功能和共同特点是什么？

2. 什么叫示现？示现分为哪三种形式？示现的修辞作用是什么？

3. 什么叫摹状？摹状主要有哪三种类型？举例说明？

4. 为什么说摹状是积极修辞方面的一项基本功？摹状与示现有什么区别？

5. 什么叫衬托？衬托分为哪两种类型？举例说明。

6. 衬托的修辞作用是什么？运用衬托时应注意什么问题？

7. 什么叫对比？形成对比要具备哪些条件？对比的修辞作用是什么？

8. 什么是“两体”对比？什么是“一体两面”对比？分别举例

说明。

9. 什么叫舛互？舛互的特点和修辞作用是什么？

10. 舛互根据什么进行分类？可分为哪两种类型？举例说明。

11. 什么叫错综？错综分为哪几种类型？具有怎样的修辞作用？举例说明。

12. 比较下面两段话，指出哪一段使用的是摹状辞格，哪一段使用的是示现辞格，并说明为什么。

①这来的便是闰土。虽然我一见便知道是闰土，但又不是我这记忆上的闰土了。他身材增加了一倍；先前的紫色的圆脸，已经变作灰黄，而且加上了很深的皱纹；眼睛也像他父亲一样，周围都肿得通红，这我知道，在海边种地的人，终日吹着海风，大抵是这样的。他头上是一顶破毡帽，身上只一件极薄的棉衣，浑身瑟索着；手里提着一个纸包和一支长烟管，那手也不是我所记得的红活圆实的手，却又粗又笨而且开裂，像是松树皮了。

（鲁迅《故乡》）

②假使有钱，他便去押牌宝，一堆人蹲在地面上，阿Q即汗流满面的夹在这中间，声音他最响：

"青龙四百！"

"咳~~开~~啦！"庄家揭开盒子盖，也是汗流满面的唱。"天门啦~~！角回啦~~！人和穿堂空在哪里啦~~！阿Q的铜钱拿过来~~！"

"穿堂一百——一百五十！"

阿Q的钱便在这样的歌吟之下，渐渐的输入别个汗流满面的人物的腰间。……

（鲁迅《阿Q正传》）

13. 说明下面的段落哪个使用了衬托辞格，哪个使用了对比辞格，并说明各是哪一种具体类型。

①康明理读的哭了，哭得肩膀都抽动起来。沉静的场子里，立时起了一片唏嘘的哭泣声。这时天空乌云密布，冷风吹着飘洒的细雨。人们哭泣，天也“沙沙沙”地哭起来了。

（马烽、西戎《吕梁英雄传》）

②你是革命第一，他人第一；而在有些人却是出风头第一，休息第一，自己第一。

（毛泽东《给徐特立的一封信》）

③两鬓斑白，年轻人已称呼我为老人了。但在这老人的胸膛里，依然有一颗年轻、炽热的心在跳动着。这颗心里，依然不停地发射着光和热。

（杨沫《我的生平》）

④看火车，她跑在最前边；火车来了，她却缩到最后去了。

（铁凝《哦，香雪》）

14. 指出下面的句子或段落哪个使用了舛互辞格，哪个使用了错综辞格，并说明为什么。

①当夜幕降临的时候，整个城市都是繁弦急管，都是红灯绿酒。而我们在寂静里，我们在黑暗里，我们在不被了解的孤独里。

（张晓风《行道树》）

②这些“老总”们，有的骑骡压马，有的牵驴拉牛，牲口上拴捆着花红柳绿的包袱。

（马烽、西戎《吕梁英雄传》）

③适园已荡然无存，只剩下一只石宝塔。

（徐迟《废园》）

④原先他就不喜欢说话，现在更不爱开口了。

（老舍《骆驼祥子》）

第四节　申说强调类辞格

申说强调类辞格，是通过申说和强调的方法所构成的一类辞格。这类辞格的表达功能是：增强语言的说理性，采取各种方法，对所表达的事物或事理进行强调和说明，使语言更加鲜明有力。这类辞格的共同特点是：以议论和抒情为主要表达方式，增强语言的说服力和感染力。

这一类辞格，主要有设问、反问、奇问、引用、呼告、反复、同语、拈连、移就、换述、异称、升华等。

一、设问、反问和奇问

设问、反问和奇问，都是利用疑问语气所构成的辞格，但是设格的目的和特点各不相同：设问是为了提出问题，引人注意，需要自己作答；反问是为了强调和加强语气，不需要回答，答案就含在问句之中；奇问只为提出各种奇特的问题，无需回答甚至无法回答，完全出于启人联想、增添情趣或创造意境的需要。

为了便于区别和比较，我们把这三种辞格放在一起进行介绍。

（一）设问

为了强调自己的看法或结论，故意先提出一个或几个问题，然后自己作答，这种修辞手法叫设问。

设问是为提醒下文而问的，所以又称为“提问”。按照提问和回答的方式，设问可以分为一问一答、多问一答、连问连答三种形式。

1. 一问一答

就是在讲述道理时，首先提出一个问题，然后再作出解释和回答。这种表达方法，目的在于设定问题，突出重点，引人注意。这种设问形式使用起来比较简单，因此也比较常用。例如：

①1958 年他入党后，想了又想，一个共产党员到底图什么？图的就是多为人民服务！

（林为民《心有一团火，温暖众人心》）

②什么是路？就是从没路的地方践踏出来的，从只有荆棘的地方开辟出来的。

（鲁迅《生命的路》）

2. 多问一答

“多问一答”的设问，首先要连续发问两次以上，然后再一起作出回答。这种设问形式，可以使提出的问题更具体、更全面，阐述的道理更明确、更深刻。例如：

③是啊，它有什么理由在台儿沟站脚呢？台儿沟有人要出远门吗？山外有人来台儿沟探亲访友吗？还是这里有石油储存，有金矿埋藏？台儿沟，无论从哪方面讲，都不具备挽住火车在它身边留步的力量。

（铁凝《哦，香雪》）

④威信从何而来？是从地位来的吗？是从权力来的吗？是从老资格来的吗？统统不是！只有旧社会的官僚才靠这些建立“威信”。

（林木《威信从何而来》）

3. 连问连答

所谓“连问连答”，就是随问随答、连续问答两次以上，也相当于一问一答的设问连续使用。这种设问的形式，前后提出的问题大多表现为相承或递进的关系，常用来层层深入地阐述事物或说明道理。例如：

⑤所谓俄国的知识阶级，其实与中国的不同，俄国当革命以前，社会上还欢迎知识阶级。为什么要欢迎呢？因为他确能替平民抱不平，把平民的苦痛告诉大众。他为什么能把平民的苦痛说出来？

因为他与平民接近,或自身就是平民。

(鲁迅《关于知识阶级》)

⑥我们从哪里来?从深重的苦难与磨砺。

我们向何处去?向着民族复兴的光明未来。

(钟华论《在民族复兴的历史丰碑上——2020 中国抗疫记》)

上边的例⑤,连续运用了两个一问一答的设问,在意义上是相承的关系;例⑥也连续使用了两个设问,在意义上是递进的关系。这样连续的设问,能够层层深入地阐述道理,表达更加丰富的内容。

设问的修辞作用:设问并不是真正有疑而问的疑问句,它并不着意于新信息的获取,而重在某些已有信息的凸显。设问的具体修辞作用主要表现在两个方面:一方面能够引人注意,启发思考,对自己的观点或结论起到突出和强调的作用;另一方面能够加强语势,突出重点,增强语言的说服力和感染力。

(二)反问

用疑问语气来表达确定的意思,对自己的观点或结论起到突出和强调的作用,这种修辞手法叫反问。

反问是为激发本意而问的,所以又称为"激问"。反问的特点是:对所提出的问题不需要回答,答案就在问句的反面。

在反问句中,经常使用"为什么""难道""岂能""怎么""究竟"等词语,来加重反问的语气。根据反问的方式和作用,可以将反问分为肯定式、否定式两种类型。

1. 肯定式反问

所谓肯定式反问,就是使用肯定句进行反问,所表示的是否定的意思。例如:

①水生嫂,回去我们也成立队伍。不然,以后还能出门吗?

(孙犁《荷花淀》)

②香雪却觉着她在哄她，难道除了学校她就没家吗？

（铁凝《哦，香雪》）

以上两例，都是用肯定句进行反问，所表达的意思正好相反。例①的“还能出门吗？”说的是不能出门了；例②的“她就没家吗？”说的是她肯定有家，前边的“难道”起加重语气的作用。

2. 否定式反问

所谓否定式反问，就是使用否定句进行反问，所表示的是肯定的意思。例如：

③有些批评家说，中国的文人学士，尤其是诗人，都带着很浓厚的颓废色彩，所以中国的诗文里，颂赞秋的文字特别多。但外国的诗人，又何尝不然？

（郁达夫《故都的秋》）

④历史上没有一个反人民的势力不被人民毁灭的！希特勒，墨索里尼，不都在人民之前倒下去了吗？

（闻一多《最后一次讲演》）

以上两例，都是使用否定句（以使用否定副词“不”为标志）进行反问，表示的意思也正好相反。例③是说外国的诗人也是这样的；例④是说希特勒、墨索里尼都在人民之前倒下去了。这个意思运用反问语气来表达，能够增强语势，显得不容置疑。

以上是反问的两种基本形式。反问在具体运用中，还有两种特殊形式：一种是连续反问，以表达更加丰富的内容和更加突出的情感；另一种是反问与设问结合使用，即前面用设问的形式提出问题，后面用反问的形式作出回答。例如：

⑤比如你起早熬夜准备考试的时候，忽然想起有一个长长的假期在前面等待你，你会不会觉得轻松一点？并且庆幸并且感激这样的安排？

（史铁生《我与地坛》）

⑥朋友们，当你听到这段英雄事迹的时候，你的感想如何呢？你不觉得我们的战士是可爱的吗？你不以我们的祖国有着这样的英雄而自豪吗？

（魏巍《谁是最可爱的人》）

上边的例⑤是连续反问，表达的意思更加肯定，前后两个反问是递进关系，其中前面的“会不会”起加重语气的作用，后面的“并且”表示在意义上的递进。例⑥是设问与反问结合使用，前面的问句是设问，提出问题；后边的两个问句是反问，作出回答。这种表达方法比较独特，格外耐人寻味。

反问的修辞作用：反问也不是一般的疑问句，反问的目的是增加语言表达的力度。其具体修辞作用表现在三个方面：反问的主要作用是加强语气，增强语势；使用反问，能够对自己的观点或结论起到突出和强调的作用，给读听者留下鲜明深刻的印象；使用反问，还可表达写说者的某种强烈情感，增强语言的说服力和感染力。

（三）奇问

故意设疑提出新颖而奇特的问题，用以增添情趣或创造意境，这种修辞手法叫奇问。

奇问与一般的疑问句不同。一般疑问句都是有疑而问，要求对方回答，而奇问则不要求别人回答，写说者自己也不作回答，甚至根本无法回答。在无疑而问这一点上，奇问有点像反问，但它又与反问有所不同：反问的语气较重，目的在于强调；而奇问的语气较轻些，目的在于增加情趣或造成某种特殊的意境。

奇问的手法古已有之。根据所提出问题的多少，可分为单项奇问、多项奇问两种类型。

1. 单项奇问

所谓单项奇问，就是只提出一个新奇的问题，就足以表情达意。这种单项奇问，多用于诗文的结尾处。例如：

①春眠不觉晓，
　处处闻啼鸟。
　夜来风雨声，
　花落知多少？

（孟浩然《春晓》）

②自从由帝国成为民国以来，上层的改变是不少了，无教育的农民，却还未得到一点什么新的有益的东西，依然是旧日的迷信，旧日的讹传，在拼命的救死和逃死中自速其死。

这回他们要得到“天讨”。他们要骇怕，但因为不解“天讨”的缘故，他们也要不平。待到这骇怕和不平忘记了，就只有迷信讹传剩着，待到下一次水旱灾荒的时候，依然是迎神，咬人。

这悲剧何时完结呢？

（鲁迅《迎神和咬人》）

例①中的“花落知多少？”问语新奇独特，谁也回答不出，作者也并不回答，只为了创造春雨之夜的特有意境；例②在全篇结尾提出“这悲剧何时完结呢？”这在旧中国时谁也说不清楚，作者这样设疑，旨在发人深省和深化主题。

2. 多项奇问

所谓多项奇问，就是连续提出两个以上的新奇问题，以表达作者更加丰富的情感，引起读者更多的联想，达到增加情趣和创造意境的目的。例如：

③黎明前的轻雾，蝉翼似的罩在她们身上。她们穿云钻雾，拾级而上。这究竟是“七仙女”来到人间呢？还是我们就在“天宫”呢？

（曹靖华《风物还是东兰好——广西抒情之二》）

④这歌声，是袅袅的炊烟引来的么？是暖暖的阳光引来的么？是亮亮的水渠引来的么？

（谢先云《鸟的歌唱》）

例③中的两个问句，乍看是在接连提出两个问题，实则是在接连使用两个新奇的比喻，这样表达既显得别致、富有情趣，又能创造一种美好的意境；例④在描写鸟的歌声时，连续提出三个问题，把鸟叫同炊烟、阳光和水渠联系起来，看似在问鸟叫的原因，实则是在展现美好的环境，旨在引人联想，表达作者的独特感受。

奇问的修辞作用：奇问也不是一般的有疑而问，而是对谁也无法回答或无须回答的问题故意设疑，以追求新奇的表达效果。奇问的具体修辞作用主要表现在两个方面：一方面能够增添情趣，创造意境，增加作品的感染力；另一方面可以引起人的联想，显得含蓄深沉，耐人寻味。

二、引用

在文章或讲话里，引入和借用伟人、古人、他人之语和格言、警句、俗语、谚语以及典故、寓言、传说等，以帮助表达自己的意思和增强说服力，这种修辞手法叫引用。

引用也是一种传统辞格，是古代文人经常使用的一种修辞手法。古代的引用可大体分为两类：一类是“引经据典”，即引用权威性的经书典籍中的话来证明自己的观点；另一类是“引史鉴人”，即引用历史事实或前人功过来论述己见和增强说服力。现代汉语中，引用的内容也可分为“引言”和“引事”两种，前者指别人说过的现成话，后者指典籍中所载的事迹、典故以及民间流传的寓言和神话传说等。引用在口语和书面语里都经常使用，主要用于说理，也可用于抒情，因此多见于政论文，以及小说、散文、诗歌等文艺作品中。

引用从方式上，可分为明引、暗引两种形式；从作用上，又可分为正用、反用两种类型。我们在这里，重点介绍两种引用的方式。

（一）明引

所谓明引，是指明白点出所引用内容的出处和来源，使人一目

了然。这是一种比较常用的引用方式，可省去读者寻根溯源的麻烦，更容易引起读者的注意，同时也便于准确地理解引用的内容。使用明引时，对引文一般都要用引号标出。例如：

①孔子说："饱食终日，无所用心，难矣哉！"又说："群居终日，言不及义，好行小慧，难矣哉！"孔子是一位教育大家，他心目中没有什么人不可教诲，独独对于这两种人便摇头叹气说道："难！难！"可见人生一切毛病都有药可医，唯有无业游民，虽大圣人碰着他，也没有办法。

（梁启超《敬业与乐业》）

②我在五年前脱离技术第一线，一年来逐渐脱离管理第一线。我已经61岁了。微软的董事长比尔·盖茨曾经讲过："让一个60岁的老者来领导微软公司，这是一件不可设想的事情。"所以比尔·盖茨本人一定会在60岁之前退休。

（王选《我一生中的重要抉择》）

③马克思说过，科学技术是生产力，事实证明这话讲得很对。依我看，科学技术是第一生产力。我们的根本问题就是要坚持社会主义的信念和原则，发展生产力，改善人民生活，为此就必须开放。否则，不可能很好地坚持社会主义。

（邓小平《科学技术是第一生产力》）

④"修辞立其诚"，是《易传·文言》的一句话。这句话虽然是两千年以前讲的，现在仍应加以肯定，仍应承认这是发言著论写文章的一个原则。

（张岱年《修辞立其诚》）

⑤中国有一句谚语说："金刚怒目，不如菩萨低眉。"所谓怒目，便是流露；所谓低眉，便是含蓄。凡是低头闭目的神像，所生的印象往往特别深刻。

（朱光潜《无言之美》）

⑥不管此乃“野心”也罢，雄心也好，反正我极推崇闻名世界的这一兵家格言：“不想成为将军的士兵不是好士兵。”诚然，绝非所有的士兵都能成为将军和元帅的。

（李存葆《高山下的花环》）

上边各例中的引用，其引用方式都是明引。从引用内容上看，例①是引用古人的话，例②是引用名人的话，例③是引用伟人的话，例④是引用古籍上的话，例⑤引用的是谚语，例⑥引用的是格言；从引用方法上看，都在文中直接说明了引用内容的来源和出处，凡引用原文、原话的都使用引号标明，而引用主旨或大意的则不能用引号（如例③），各例都在引用的基础上说明自己的意思或观点。

（二）暗引

所谓暗引，是指不明确说明引用内容的出处和来源，而直接将引言或引事组织进自己的话语之中。运用暗引时，对引用内容既可以加引号，也可以不加引号。暗引的修辞效果是：可以将引用内容同自己的话语紧密结合在一起，使语句简洁，表达方便。例如：

⑦“犯而不校”是恕道，“以眼还眼以牙还牙”是直道。中国最多的却是枉道：不打落水狗，反被狗咬了。但是，这其实是老实人自己讨苦吃。

（鲁迅《论“费厄泼赖”应该缓行》）

这段话中的“犯而不校”引自《论语·泰伯》，“校”读 jiào（计较），全句是说别人触犯了自己不与之计较；“以眼还眼以牙还牙”引自《旧约·申命记》。这两处引用都未交待出处（只使用了引号），直接用在自己的话语之中，与下边的论述紧密结合，说明对待敌人和恶人不能讲宽容、讲仁慈，而要发扬痛打落水狗的精神。

⑧现在，我们比以往任何时候都更加接近实现中华民族伟大复兴的中国梦。行百里者半九十，越到这个时候，我们将遇到前所未有的挑战和困难。就像爬珠穆朗玛峰，最后的两百米可能是最困难

的一段历程,现在中国也是这样。这个时候更需要我们这种强烈的责任感、历史感,团结一心、脚踏实地、夙兴夜寐。

(习近平 2018 年 6 月 14 日在济南考察浪潮集团高端容错计算机生产基地时的讲话)

习近平主席在讲话中善于用典,并多用暗引。这段话中的"行百里者半九十",语出《战国策·秦策》,原文是"《诗》云:'行百里者半于九十。'此言末路之难。……",意思是能走完一百里路程的人,比走完九十里路程的人少了一半。后人在引用时,一般都去掉其中的"于"字,改为"行百里者半九十",这又可理解为一百里的路程,走到九十里,也只能算是走完一半而已。无论哪种理解,都是在说"末路之难",即做事情越是接近成功困难越大,越到最后越要坚持住,以免功败垂成。习主席引用这句古语,意在告诫全党和全国人民,越是接近实现中华民族伟大复兴的中国梦目标,各种挑战和困难就会越多,越要戒骄戒躁、持之以恒,这样才能最终实现全面建成社会主义现代化强国的宏伟目标。

通过以上两例的分析可以看出,这种不交代来源的暗引,可以直接将引文组织进写说者的话语之中,使语言简洁并增强说服力。但引用古籍中的语言或典故时,有的还需要读听者认真加以考证,才能够准确理解其中的含义。

引用从作用上分,又有正用和反用之别。**"正用"即正面引用,是指引文的意思与作者的思想观点相一致,能够从正面起印证作用。**上面所举的例子都属于正用,这是引用的基本形式。**"反用"即反其意而用之,是指引文的意思同作者的思想观点相反或不一致,能够从反面来印证自己观点的正确性。**这是引用的一种特殊形式,所引用的内容要么作为对照或批驳的对象,要么将引文作为反面例证来使用,用于表达自己的独到见解。例如:

⑨杀死了人,又不敢承认,还要诬蔑人,说什么"桃色事件",说

什么共产党杀共产党，无耻啊！无耻啊！（热烈的鼓掌）这是某集团的无耻，恰是李先生的光荣！李先生在昆明被暗杀，是李先生留给昆明的光荣，也是昆明人的光荣！（鼓掌）

（闻一多《最后一次讲演》）

此例是明引中的反用，引用国民党反动派声称李公朴被暗杀是因为“桃色事件”和“共产党杀共产党”的谣言，用以揭穿敌人的阴谋，从反面证明李先生为争取和平民主而牺牲是无上光荣的。

⑩千丝万缕生便好，
剪刀谁说胜春风。

（金农《柳》）

此例是暗引中的反用，作者的观点同引文的原意不同。后边引用的是唐代贺知章《咏柳》诗中的“二月春风似剪刀”一句，却是反其意而用之，表达了作者对春天的独特感受。

引用的修辞作用：

第一，引用可以丰厚语意，通过引文或引史，扩大视野，开拓思路，丰富和充实自己所要表达的思想内容。

第二，引用可以为写说者论述事理和抒发情感提供有力的佐证，增强语言的说服力和感染力。

第三，引用还具有一种超出修辞学乃至语言学范畴的特殊认知效应。由于所引用的都是古人、伟人、名人的格言、警句以及成语、俗语、谚语等，这些在社会上流传很广，所以可以用老话来说明新事物，用老道理来论述新观点，使引用能够借古而说今、推陈而出新，帮助人们开拓新的认知领域。

运用引用的注意事项：

第一，引用要准确。在引用时，要认真查阅核对引用内容的来源和出处，尤其对来自具体文献的要查实、查准，不能错引、漏引。

第二，引用要恰当。要做到引用内容与题旨情境相适切，使引言或引事成为自己思想观点的根据和佐证，并能够紧密结合、融为一体，这样才能增强语言的说服力和感染力。

三、呼告

在写说者的情感激越急剧之时，突然撇开读者和听者，直接呼叫叙述对象进行述说，这种修辞手法叫呼告。

呼告辞格经常用于文学作品之中。根据呼告对象的不同，呼告可分为呼人、呼物两种类型。

（一）呼人

呼告中的呼人，是指写说者的情感一时难以控制，突然转换叙述角度，撇开读听者，而直呼叙述对象进行诉说。这种呼告手法，能够充分表达写说者的激越情感，使读听者受到强烈感染。例如：

①我们亲爱的妈妈，以霞光般的生命冲向黑暗，利用生命最后最宝贵的时刻，首先通知同志们转移，处理了党的文件，给自己留下的是监狱、酷刑。为了革命胜利，用年轻的生命和鲜血保卫父亲的安全，毅然抛下三个孩儿，从容地走出浏阳门外。妈妈，我们永远忘不了那悲壮的时刻，我们经常含泪背诵着爸爸赞颂您的辉煌诗篇。

（毛岸青、韶华《我们爱韶山的红杜鹃》）

这篇文章写于毛主席逝世一周年之际，原载《人民文学》1977年第9期。这段话在描述了妈妈杨开慧为革命英勇献身的事迹以后，忽然将叙述的角度一转，直呼“妈妈”并用第二人称“您”，直接同妈妈诉说衷肠，表达了作者对妈妈的无比怀念之情，读来十分感人。

②敬爱的周总理，
人民的好总理呵，
您的坚强毅力，
是何等的惊人。

您的革命精神，
　是何等的崇高。
您为革命事业呕心沥血，
您办公室的灯光呵，
　在各族人民心中永照。

（石祥《周总理办公室的灯光》节选）

这是一首怀念敬爱的周总理的诗歌，在前边歌颂了周总理的丰功伟绩以后，这一节又使用呼告手法，直呼“敬爱的周总理”，并用第二人称“您”直接同周总理诉说，表达了作者对周总理的无限崇敬和深切怀念。

（二）呼物

呼物的呼告，就是在情感激越之时寄情于物，突然撇开读听者，直呼所叙述或描写的事物，同它说起话来。这种呼物的手法，也能借物抒情，把作者的情感表达得淋漓尽致，具有感人的艺术魅力。例如：

③如丝如缕的小草哟，
你在骄傲地歌唱，
感谢你用鞭子，
　　抽在我的心上，
让我清醒！
让我清醒！
昏睡的生活，
比死更可悲，
愚昧的日子，
比猪更肮脏！

（雷抒雁《小草在歌唱》节选）

这首诗是作者为纪念张志新烈士而写的，诗中通过小草来见证烈士为光明而献身的光辉形象。在这一节里，作者使用了呼告手法，直呼“小草哟”而同它倾诉起来，表达了自己作为一个军人并置身其中，却不能挺身救人的无比愧疚和自我解剖的强烈情感，具有特殊的感染力。

④我讲了一个成长的青年的故事，可绝非只为了青年；

我讲了一个海员的故事，可绝非只为了海员；

我讲了一个船长的故事，可绝非只为了船长……

那么，我是为了谁呢？是你呵，我的祖国！呵，我的亲爱的，经历了巨大欢乐和痛苦的祖国；我的正在向四个现代化前进，而又困难重重的祖国！我是为你而讲的，你听见么？呵，我的祖国，生我养我的祖国呵……

（柯岩《船长》）

作者的这篇报告文学写于1979年9月，载于《人民文学》1979年第11期。当时党的十一届三中全会开过不久，改革开放刚刚开始，面对“文化大革命”的十年严重创伤，作者对我国今后的政治经济形势深表担忧。正是出于这种复杂而强烈的情感，作者在热情赞颂了贝汉廷这一代新中国的建设者以后，又在文章的结尾使用了呼告手法，直接向祖国母亲诉说自己的衷肠，既说明了文章的写作目的，又进一步突出了全文的主题。

呼告的修辞作用：利用呼告手法，可以转换叙述角度，直接同描述对象进行诉说，或寄情于人，或借物抒情，充分表达写说者在瞬间产生的强烈而激越的情感。

四、反复和同语

反复和同语，都是为了表达某种特殊意思或强烈情感而使用的辞格，都是通过重复使用相同的词语（有时还重复使用相同的句子）来起到突出和强调作用的。二者在外在形式上有些相似，所以我们放在一起进行介绍。

(一)反复

为了突出地强调某个意思或表达某种情感,有意识地反复使用某个词语或句子,这种修辞手法叫反复。

当人们对于事物有某种热烈深切的感受时,往往不免一而再、再而三地申说,反复辞格正是基于人们的这种心理作用而形成的。这种重叠显现的语言形式,也往往能够给读听者一种简纯的快感,而且还有谐调语音的作用。反复辞格主要应用于抒情的文艺作品之中,在一些议论和说理的文章中也经常使用。

根据反复的词语或句子所出现的位置,反复可分为连续反复、隔离反复两种形式。

1. 连续反复

相同的语句连在一起使用,中间没有其他词语间隔,这种反复形式是连续反复。例如:

①主席也举起手来,举起他那顶深灰色的盔式帽;但是举得很慢很慢,像是在举起一件十分沉重的东西。一点一点的,一点一点的,举起来,举起来;等到举过了头顶,忽然用力一挥,便停止在空中,一动不动了。

(方纪《挥手之间》)

②我们对着高山喊:

周总理——

山谷回音:

“他刚离去,他刚离去,

革命征途千万里,

他步步紧跟毛主席!”

(柯岩《周总理,你在哪里?》节选)

以上两例,是连续反复的形式。其中例①描写毛主席去重庆谈判登上飞机时向延安军民挥手告别的动作,三处使用连续反复,用以表达毛主席的重大决定和坚强决心。例②是反复辞格在现代诗歌中的应用,用拟人的手法让山谷回答说“他刚离去,他刚离去”,好像周总理还活着一样,动人心魄地抒发了作者对周总理的无比怀念之情。

2. 隔离反复

相同的语句隔离开来反复使用,中间有其他词语或句子间隔,这种反复形式是隔离反复。例如:

③他不知道一切,只知杀敌人,拼命的杀!受了伤,倒下去,又爬起来,杀敌人,拼命的杀!

(冯德英《迎春花》)

④火红的石榴花,在我眼前开放过十次,也凋谢了十次;南飞的雁群十次在我头上飞过,我又十次望见它们飞回北方。

(萧殷《桃子又熟了》)

上边两例,都是隔离反复的形式。例③中使用了一处隔离反复手法,在前后两个复句中,相继反复使用了“杀敌人,拼命的杀!”突出表现了八路军战士江水山奋勇杀敌的战斗精神;例④含有两处隔离反复,前边的两个“十次”描写石榴花的开放与凋谢,后面的两个“十次”叙述雁群的飞过与飞回,通过反复使用这一数量短语,突出强调了时间的概念,更深沉地表达了作者的怀念之情。

连续反复和隔离反复,有时还能交错运用,能够表达更加丰富的内容,抒发更加深沉的情感。例如:

⑤但总而言之,边疆上是炸,炸,炸;腹地里也是炸,炸,炸。虽然一面是别人炸,一面是自己炸,炸手不同,而被炸则一。

(鲁迅《中国人的生命圈》)

上面这一段话中,前边连用了两处“炸,炸,炸”的连续反复,后面又用了三个“炸”的隔离反复,这些“炸”字都是动词,它们接连不断地出现,既鲜明生动地说明了中国人民的深重灾难,又深刻揭露了日寇和国民党反动派的滔天罪行，充分表达出作者的切齿痛恨之情。

反复的修辞作用：反复辞格，具有多方面的修辞功能：第一，运用反复，可以对要表达的重点内容起到突出和强调的作用；第二，运用反复，可以突出地表达作者的某种强烈情感；第三，运用反复，能够起到谐和音律和调整节奏的作用；第四，运用反复，有时还能够起到组织篇章和标志段落的作用。

需要指出的是，运用反复辞格一定要适合表情达意的需要。必须在思想深刻、情感强烈、节奏和谐等情境下恰当自然地运用，不必要的反复，反而会造成重复和累赘，对此必须注意。

（二）同语

有意在一个句子或语义结构里使用相同的词语，以形成新的语义重心，达到强调和突出的目的，这种修辞手法叫同语。

汉语一般都避免在一个句子或语言片段中重复使用相同的词语，尤其讲究词面的错综，以形成语言的错落变化之美。但同语却恰恰相反，它作为一种修辞手法，有意在一个单句、复句或句子形式里重复使用相同的词语，用以形成新的语义重心，表达某种特别的意思，并取得突出强调和引人注意的修辞效果。

根据同语的结构特点，可以将同语分为连接式、间隔式、对偶式三种类型。

1. 连接式同语

连接式同语一般只有两项，紧密相连地组合于一个句法结构之内，两个相同的词语分别作不同的句法成分。在现代汉语里，连接式同语多用于韵文体中，特别是在戏剧的唱词中多有使用。例如：

①这一次若派他单人入险要，

相信他心红红似火，志坚坚如钢，定能够战胜顽匪座山雕。

（现代京剧《智取威虎山》唱词）

②看断桥桥未断，却痛断了柔肠。

（京剧《白蛇传》唱词）

以上两例都是连接式同语，例①将形容词“红”和“坚”连用，分别在一个分句内构成同语，虽然词性没有发生改变，但语法功能却不同。前边的“红”和“坚”做谓语，后边的“红”和“坚”做中心语，“红似火”和“坚如钢”分别对前边的“心红”和“志坚”起到强调和补充说明的作用。例②前一分句将名词“桥”连用构成同语，语法功能也不同，前边的“桥”是宾语中心（“断桥”是宾语），后边的“桥”则是主语。这种连接式同语，使语义丰厚且衔接紧密，也使语音更加和谐，体现出戏剧唱词的特点。

2. 间隔式同语

间隔式同语，在构成同语的词语之间有其他词语间隔，同语与其他词语之间具有不同的结构关系。间隔式同语多为两项，有时也可以多项，以表达更加丰富的内容。

间隔式同语，在小说、散文、诗歌以及演讲、政论等各种文体中，都有广泛的应用。例如：

③读《红楼梦》就是仁者见仁，智者见智；淫者见淫，俗者见俗；哲者见哲，理者见理。

（崔耀华《红楼梦续》前言）

④我们要以科学的态度对待科学，以真理的精神追求真理，不断赋予马克思主义以新的时代内涵。

（习近平《学习马克思主义基本理论是共产党人的必修课》）

上面两例，都使用了双项间隔式同语。例③连续使用了“仁”与“智”、“淫”与“俗”、“哲”与“理”三组六对同语，并形成相同的结构，具有相互比较和补充的表达作用，从不同侧面和不同角度，简洁而深刻地说明了不同读者对《红楼梦》的不同评价。例④的前两个分句，分别使用“科学”和“真理”两对间隔式同语，前者在于突出马克思主义的科学性,后者在于强调追求真理所应有的态度。

⑤然而那现在呢,他莫名其妙地坐了好长时间的车,要按一个莫名其妙的地址去找一个莫名其妙的人办一件莫名其妙的事。

(王蒙《布礼》)

⑥他屋里的,瘦骨棱棱的,一天愁到黑。愁米愁柴又愁盐。

(周立波《暴风骤雨》)

上边两例,都是多项间隔式同语。例⑤在一个复句中由“莫名其妙”构成四项同语,突出强调了这一成语所包含的特有意义,词性相同而功能有别,前一个作状语、后三个作定语。例⑥说的是白玉山的媳妇白大嫂子,用一个“愁”字形成语义中心,构成四项同语,集中而简洁地表达出旧社会穷人生活的艰难困苦,并使两个句子的联系更加紧密。

3. 对偶式同语

对偶式同语是一种特殊形式,它实际上是对两组同语的并列使用。它由两个句子或句子形式组成,其中每一个句子或句子形式使用一组同语(可以是两项,也可以是多项),再由这两组同语构成对偶格式,形成一个更大的语义结构,用以表达更加丰富和复杂的内容。对偶式同语,多用于对联、新闻标题、广告语和网络语言之中,表意简洁、新奇而独特。例如:

⑦惜食惜衣非为惜财缘惜福
求名求利但须求己莫求人

(梁章钜《楹联丛话》)

⑧牌出多门:红牌,黄牌,见钱发牌
管无章法:你管?他管?谁都不管

(《长江日报》标题)

⑨让普通话不普通　让平凡人不平凡

(推广普通话广告语)

⑩人口普查有我有你有他，准确登记利国利民利家。

（第七次全国人口普查宣传标语）

上边四例，都是对偶式同语。其中例⑦是对联，例⑧是新闻标题，例⑨是广告语，例⑩是宣传标语，都由两组同语构成对偶形式。从每组同语的数量上看，例⑦和例⑧各由四项组成，例⑨由两项组成，例⑩由三项组成。从每一组同语的词性、功能、组合方式和所表示的意义上看，例⑦两组同语都是动词、都带宾语，所表示的意义关系比较复杂，上联与下联各表示一种意义，前后两个部分又分别表示目的关系和转折关系；例⑧的第一组“牌”分别作主语、中心语和宾语，第二组“管”分别做主语、谓语和谓语中心；例⑨的第一组“普通”和第二组“平凡”，都分别作定语和谓语中心；例⑩中的两组同语“有”和“利”，都分别在句子中做谓语动词，并带宾语，共同形成一个并列结构做谓语，使两个句子构成整齐的对偶，言简意丰，具体说明了人口普查的重大意义和与每个公民的密切关系。这些同语从表达效果上看，都有一个共同特点：语言形式整齐，意义相互映衬，表达新奇独特，语音和谐悦耳，令人易记易诵。

同语的修辞作用：

第一，运用同语能够增加语言力度。通过同语所形成的语义重心，对所要表达的特别意思起到突出和强调的作用。

第二，运用同语能够增加语义含量。通过同语所增加的隐含意义，委婉而别致地表达作者的某种深刻体会和强烈情感。

第三，运用同语能够增强语音效果。由于同一词语有规律地重复使用，使语音更加和谐悦耳，有一种回环往复的韵律美。

同语与反复的区别：

同语与反复有相同之处，都是重复使用某一个词或短语。但二者又有着本质的区别，这主要表现在三个方面。

第一，对同一词语重复使用的方法不同。反复中重复使用的词语是一种简单而不变的重复，一般都没有意义和性能上的改变；而同语中重复使用的词语多是一种同一而变化的重复，同一词语在复现中，一般都会显示出在意义上、词性上或句法功能上的不同和变化。

第二，重复使用的词语修辞功能不同。反复注重同一个语言成分的重现突出，以作一唱三叹的抒发；而同语注重不同语言成分的层现叠出，以作辗转周致的表达。

第三，重复使用的语言单位也有所不同。反复所重复使用的既可以是一个词，也可以是一个短语，还可以是一个句子；而同语所重复使用的多为一个词，极少重复使用短语，更没有重复使用一个句子的情况。

对于以上区别，我们认真看前面这些同语的例句，特别是注意分析同语的词性、语法功能和组合方式等，再同反复的例句进行比较，就会理解得更为透彻。

五、拈连和移就

拈连和移就，都是由移用词语的方法所构成的辞格。共同特点是：或用适宜于物的词语来写人，或用描写人的词语来表现物，或将适合于甲事物的词语移用到乙事物上去，通过这些方法来增加语言的表现力和抒情性，并获得形象生动的表达效果。这两种辞格既有共性，又有个性，所以放在一起进行介绍。

（一）拈连

运用某一词语顺势引出新的事物，并使前后语意紧密相连，这种修辞手法叫拈连。

拈连的特点是：第一，拈连的方法是顺势移用，所移用的词语多为动词（也有时是形容词），在句子里作谓语或谓语中心。第二，用于拈连的同一词语，前项是常用，用的是直意、实意；后项是变用，用的是喻意、虚意。第三，所要表达的重点，不在于前边的旧信息，而在于后边的新信息。

根据拈连的不同方法，可以分为引导式拈连、直用式拈连两种类型。

1. 引导式拈连

用于拈连的词语和引导体（拈连词语所引出来的对象，下同）首先出现，由此引导出新的事物，形成相互映衬和比较，用以突出所要表达的新的思想内容。例如：

①今年比往年都热闹，我记得当人们把种子撒在泥土里时，同时撒下多少希望与多少幻想呵！

（刘白羽《秋窗偶记》）

②咱人穷志不穷，想念书的心一直没死。

（李增进《“东方红”的故事》）

例①移用的是动词“撒”，由“撒种子”引导出“撒”下“希望”与“幻想”，启人联想，耐人寻味；例②前边的分句起拈连作用的“穷”是形容词，并由“人穷”引导出“志不穷”，使前后内容连为一体，生动简洁而又富有哲理。

③你默默地吐着丝，吐着温暖，吐着爱。在用生命织出的丝绸上，人们认识了你的价值。

（马继红《蚕》）

④他从小就推车，可那时是赤臂滚钉板，推得腰弓背弯，推不完的冤深仇重，推不完的苦难；如今推的是啥？推的是胜利，推的是希望，越推腰背越直，越推心越甜。

（王颖《车轮滚滚》）

上边两例，拈连的项目多些。例③由“吐着丝”，又进一步引导出“吐着温暖”“吐着爱”；例④由“推车”引导出两层内容：过去是“推冤仇”和“推苦难”，如今是“推胜利”和“推希望”。这种由丰富的联想而构成的多项拈连，都使表达内容进一步拓展，思想意义进一步深化。

2. 直用式拈连

还有的拈连，根据表达的需要，直接将用于拈连的词语用到新的人或事物之上，而引导体可以出现，也可以不出现，使语言更加简洁而富有表现力。例如：

⑤去年 8 月，我的散文集《流水似的走马》获得第七届鲁迅文学奖，赤峰市委宣传部专门召开现场直播的表彰会，对我褒奖。……会上，赤峰市委、市政府授予我“赤峰市百柳文学特别奖”并奖励我一匹克什克腾旗的铁蹄马。后来我看直播的视频，发现我长相开始像马了，窄长脸，眼神机警而有野性。对我来说，马是更好的归宿。作为马，我已没有追风的神勇，我是草原上温驯的老马，低着头，驮着我爸我妈和我的文化使命，慢慢往前走。

（鲍尔吉·原野《我有一匹马》，摘自《人民日报》2019 年 4 月 8 日第 20 版“我与新中国·庆祝中华人民共和国成立 70 周年征文”）

⑥醒着的，

只有孤愤的人罢！

听声声算命的锣儿，

敲破世人的命运。

（冰心《繁星·七》）

以上两例，都是直用式拈连。例⑤在引导体“马”出现的基础上，再把适用于马的动词“驮”用在自己身上，说“驮着我爸我妈和我的文化使命，慢慢往前走”，十分形象感人，深沉地表达出作者的至孝和敬业精神。例⑥在引导体“锣儿”出现的基础上，由敲锣儿引导出敲命运，抒发了作者对看见敲锣算命的人所引发的感慨，深深感叹穷人的命运。

⑦思想这个东西，用绳子是捆不住的。

（赵梓雄《未来在召唤》）

⑧我只好静静地，
　静静地坐在这里，
　用针线——
　牵引出我心底的思念。

（柯岩《请允许……》）

这两例也是直用式拈连，所不同的是引导体都没有出现。例⑦直接把动词“捆”用到“思想”之上。例⑧直接将动词“牵引”用在“思念”之上，由于这两个动词所涉及的对象（引导体）人们靠常识能够想象出来，所以不影响语意的表达，并能使抽象事物具体化，显得更加自然巧妙、含义深刻。

我们将以上两组 8 个例句进行比较，就不难找出区别引导式拈连与直用式拈连的外在形式特征：引导式拈连，用于拈连的词语一般都要出现两次以上；而直用式拈连，用于拈连的词语一般只出现一次。

拈连的修辞作用：

第一，运用拈连可以启发人的联想，赋予抽象事物以具体形象，并沟通事物之间的内在联系，由此起到突出事物本质的作用。

第二，通过拈连手法，能够表达作者对事物的某种深刻认识，还可以抒发作者更加殷切的情感。

第三，使用拈连，还可使语言生动活泼、新颖别致、简洁有力，进一步增强艺术表现力。

（二）移就

将某一形容词语移用于其他事物，以表示人的特殊情感，这种修辞手法叫移就。移就又称为“移情”。

移就的特点：所移用的词语一般都是表示性质或状态的形容词，将其直接用在相关事物之前，构成一种修饰关系，使这种事物带上人的感情色彩，以增强语言的抒情性和表现力。

可见，移就的修辞功用是移情。

根据移用对象的不同，可以将移就分为移人于物、移物于人两种类型。例如：

①无言独上西楼，月如钩。寂寞梧桐深院锁清秋。

（李煜《相见欢》）

②老实说，这法宝要是想得到，我老宝可就吃了四十年冤枉米啰。

（陈残云《鸭寮纪事》）

上面两例，是移就中的移人于物类型。例①的作者李煜是南唐的末代皇帝，做了宋朝的俘虏，此处移用人的感觉“寂寞”来修饰“梧桐”，借物抒情，表现出亡国之君的凄凉处境；同样，例②中的“冤枉”者是人而不是米，特意把人的情感移用到物上，说成“冤枉米”更富有表现力。

③你有一半的夜晚铆在
　发自千里之外的沉甸甸的思念上。

（胡平《当代人·养蜂人》）

④我将深味这非人间的浓黑的悲凉；以我的最大哀痛显示于非人间，使它们快意于我的苦痛，就将这作为后死者的菲薄的祭品，奉献于逝者的灵前。

（鲁迅《记念刘和珍君》）

以上两例，是移就中的移物于人类型。例③中带叠音语素的形容词“沉甸甸”本是表示事物状态的，移用来修饰人的情感，使“思念”带上一种物的属性，更加表现出思念的深重和难以排解；例④用“浓黑”这一表示事物颜色的形容词，来描写人的悲凉情感，更加显示出社会现实的黑暗和作者深深的哀痛之情。

移就的修辞作用：

第一，移就的突出功能是抒情性。运用移就手法，能够使人的情感外化，让草木带情、万物有意，增强语言的抒情色彩。

第二，运用移就，可以把抽象的事物具体化，把不同的事物巧妙地联系起来，增强语言的形象性和立体感。

移就与拈连的区别：

移就和拈连，都是顺势移用某一词语，即将适用于甲事物的词语移用于乙事物，特别是移就与直用式拈连很相似，移用的词语一般也都只出现一次，但二者在两个方面有着明显区别。

第一，所移用词语的词性不同。移就所移用的词语一般都是形容词；而拈连所移用的词语多是动词。

第二，所移用词语的语法功能不同。移就所移用的形容词，一般都与后边的名词构成修饰关系（如“寂寞梧桐”“沉甸甸的思念”）；而拈连中所移用的动词，一般都与后边的名词性成分构成动宾关系（如“吐着温暖”“捆思想”），拈连在移用形容词时，则与前边的名词性成分构成主谓关系（如“人穷志不穷”）。

六、换述和异称

换述和异称，都是在正常表达的基础上增加说述项的辞格，或者为了把道理说得更加全面周到，或者为了强调某一方面的内容，或者为了表达某种特别的意思。但是，二者对增加说述项的用法和目的是不一样的：换述是换个角度重说一遍；而异称是给叙述主体以不同的称谓。

（一）换述

在上文已经叙述或说明的基础上，再换个角度进行解说、强调或归纳，这种修辞手法叫换述。

按照倪宝元主编的《大学修辞》（上海教育出版社，1994）所论，换述在结构上可分为原述体、换述体、换述词三部分：原述体是上文已经叙说的部分；换述体是改换角度进一步解说、强调或归纳的内容;换述词是引导换述体所用的关联词语。

按照换述体的作用,可将换述分为释言式、换言式、总言式三种类型。

1. 释言式换述

释言式换述,是指换述体对原述体作进一步的解释和说明。换述词经常使用“即”“就是说”“意思是”“也就是说”等。例如:

①人在观察现象的时候,往往表现一定的主体性,在认识中含有一定的主观因素。但是,追求真理就应力求避免主观的干扰。《管子》书的《心术上》提出所谓“静因之道”。《心术上》说:“因也者,无益无损也。……因也者,舍己而以物为法者也。”这是说,在认识外物的时候不要对于外物有所损益,力求认识外物的本来面目。

(张岱年《修辞立其诚》)

这段话运用了释言式换述。其中“这是说”是换述词,其前边《管子·心术上》一文中的原话是原述体,其后边的句子是换述体,来解释说明原述体是什么意思。

2. 换言式换述

换言式换述,是指换述体对原述体作进一步的强调和提高。换述词经常使用“换言之”“换句话说”“换个说法”等。例如:

②我所能自信的,只有两点:一、未尝敢“粗制滥造”;二、未尝为要创作而创作,——换言之,未尝敢忘记了文学的社会的意义。

(茅盾《我的回顾》)

此段话中的第二点,运用的是换言式换述:前边的“未尝为要创作而创作”是原述体,“换言之”是换述词,后边的“未尝敢忘记了文学的社会的意义”是换述体,进一步揭示出前边所说内容的本质。

3. 总言式换述

总言式换述,是指换述体对原述体作进一步的归纳和总结。换述词经常使用“总之”“总而言之”“总的来说”等。例如:

③浙东有一处的戏班中，有一种角色叫作“二花脸”，译得雅一点，那么，“二丑”就是。他和小丑的不同，是不扮演横行无忌的花花公子，也不扮一味仗势的宰相家丁，他所扮演的是保护公子的拳师，或是趋奉公子的清客。总之：身份比小丑高，而性格却比小丑坏。

（鲁迅《二丑艺术》）

这段话运用的是总言式换述。“总之”是换述词，其前边所说的内容是原述体，其后边的两句是换述体，归纳总结了“二丑”这个角色的根本特点。

换述的修辞作用：换述能够深入揭示事物的本质，把道理说得更全面、更清楚，增强语言的说服力。

（二）异称

为了强调人或事物的特点，特意从不同角度给以不同称谓，这种修辞手法叫异称。

异称的特点：对同一个人或事物，列述各种不同的称谓，构成复指和并列关系，以突出人或事物的不同特征，对刻画人物形象和揭示事物本质具有重要作用。例如：

①长妈妈，已经说过，是一个一向带领着我的女工，说得阔气一点，就是我的保姆。我的母亲和许多别的人都这样称呼她，似乎略带些客气的意思。只有祖母叫她阿长。我平时叫她“阿妈”，连“长”字也不带；但到憎恶她的时候，——例如知道了谋死我那隐鼠的却是她的时候，就叫她阿长。

（鲁迅《阿长与〈山海经〉》）

这篇散文写的是作者对儿时保姆的回忆，这是开头的第一自然段。在这段话里运用了异称手法，先后对其保姆罗列了五个称谓，说明不同的人对她的称呼不同，以及“我”在不同时候对她的不同称呼，并由此交待出人物之间复杂的社会关系，自然、简洁并饶有兴味。

②艾森特·凡高——这位诞生在荷兰土地上的乞丐与富翁，这位生活的落魄者和命运的胜利者，这位在调色板和画布上为世界创造出黄金钻石的智者和疯子，就像一尊雕像供奉在我心灵的殿堂上。

（丁建元《写给凡高的乐章》）

这段话运用异称手法，通过使用“乞丐”和“富翁”、“落魄者”和“胜利者”、“智者”和“疯子”等几个有代表性的称谓，具体而深刻地概括出凡高的各种经历和成就，把作者心目中的凡高形象塑造得真实而伟大。

③开始认识他的并不多，但多知道有个章同志，那些人只要知道章同志到了村上，他们就会自动地为他警戒。后来他在村子上露面了，认识他的人就多了起来。人们都叫他章队长，又叫他章区长，也有叫老章的，如今更叫他章部长了，可是不管叫他什么，他们都同他是一样的亲热。

（丁玲《太阳照在桑干河上》）

这段话所描写的，是土改时期县委宣传部部长章品同志与暖水屯农民之间的亲密关系。农民们对他有几个不同的称谓——“章同志”“章队长”“章区长”“老章”“章部长”，这既是不同的人对他的不同称呼，也反映出他的不同的工作经历，对于塑造人物形象都具有重要作用。

④他照着手电筒送我，边走边说：“我们县里凡有药场的社队，谁不知道秦师傅、老秦同志、秦老师呢？尤其是她常去的、公司直接抓的试验点，老人娃子都认得她。他们说：‘秦师傅离儿别女扔着老伴，把心扑在俺这苦山圪垃地里。她黑着头发进山，如今白了头发，俺们忘不了她’。”

（黄宗英《大雁情》）

这是陕西省洛南县药材公司办公室主任老王，向前来采访的作者介绍西安植物园女科学家秦官属的工作情况，她因带领群众发展中草药产业成绩突出而出席了全国科学大会。这段话里通过群众对秦官属的三个不同称呼，说明了她对洛南药材产业发展所做的多方面工作，同时也表现出当地群众对她的深厚感情。

异称的修辞作用：

第一，使用异称手法，对于概括人物身份经历、刻画人物性格、显示人物社会关系等都具有重要作用。

第二，运用异称，能够从不同角度分析问题并得出结论，因而能够抓住事物的本质，帮助人们加深理解。

第三，运用异称，还可以使语言简洁凝练，生动有力，并能增加趣味性。

七、升华

由对人或事物的叙述描写而升发到更高层面的认识，这种修辞手法叫升华。

升华的特点：首先要叙述或描写出具体的事物，然后在此基础上进行提炼和升华，得出更高层面的认识，由实到虚，虚实结合，充分揭示出事物的本质，借以表达作者的褒贬态度和深厚情感。

升华的修辞手法，主要用于称颂高尚的人或事物，能够表现出庄严郑重的语言风格。例如：

①他，在这个世界上只活了二十二年，加入中国共产党也还不到两个年头；可是在这短暂的时间里，他活得多么纯洁，多么高尚，多么光彩啊！他的生命是过得多么有价值、有意义啊！他正是毛主席所说的那种高尚的人，纯粹的人。一个人能够这样活着，即使活上一天，也胜似那浑浑噩噩的一百年。

有人说，雷锋的事迹是平凡的。可是，正是在这平凡里，我们认识了一个伟大的灵魂。在雷锋的历史上，虽没有上甘岭冲天的火光,也没有云周西村惊人的风雪,但我们完全可以说,他同黄继光、刘胡兰同样的伟大;或者说,他就是我们祖国建设年代的黄继光和刘胡兰!

(魏巍《路标》)

②车夫听了这老女人的话,却毫不踌躇,仍然搀着伊的臂膊,便一步一步的向前走。我有些诧异,忙看前面,是一处巡警分驻所,大风之后,外面也不见人。这车夫扶着那老女人,便正是向那大门走去。

我这时突然感到一种异样的感觉,觉得他满身灰尘的后影,刹时高大了,而且愈走愈大,须仰视才见。

(鲁迅《一件小事》)

上边两例,是在歌颂和表现先进、高尚人物时使用升华手法。例①是一篇歌颂雷锋精神的散文,原载《人民文学》1963 年 4 月号,这两个段落中加点的地方,由雷锋所走过的道路升华出人生的价值,并把雷锋平凡而伟大的精神上升到时代的高度。例②在叙述了事情经过以后,表达“我”对人力车夫“异样的感觉”,高度赞扬了劳动人民的高贵品质和诚实心灵。

③白杨不是平凡的树。它在西北极普遍,不被人重视,就跟北方的农民相似;它有极强的生命力,磨折不了,压迫不倒,也跟北方的农民相似。我赞美白杨树,就因为它不但象征了北方的农民,尤其象征了今天我们民族解放斗争中所不可缺的朴质、坚强、力求上进的精神。

茅盾《白杨礼赞》)

④井冈山的翠竹啊,你是革命的竹子!你不仅曾经为革命建立功勋,而且现在和将来仍然为社会主义、共产主义大厦继续献出一切。你永远那么青翠,永远那么挺拔,风吹雨打,从不改色;刀砍火烧,永不低头——这正是英雄的井冈山人,也是亿万中国人民的革

命气节和革命精神!

（袁鹰《井冈翠竹》）

以上两例，都是通过描写和赞扬某种有象征意义的事物，来升华出某种人生哲理或伟大精神的。例③这篇散文写于1941年，通过赞美白杨树，高度赞扬了北方农民和民族解放斗争所需要的“朴质、坚强、力求上进的精神”。例④这个段落是全文的结尾，由井冈山的翠竹联想到“井冈山人”，又由此而升华出“亿万中国人民的革命气节和革命精神”，进一步点明题旨，深化了全文的主题。

升华的修辞作用：

第一，升华主要用于称颂高尚的人或事物，可以更加深刻地揭示出人和事物的本质及象征意义，使人受到教育和启迪，增强语言的说服力和感染力。

第二，运用升华手法，可以充分抒发作者的激情，表达对于崇高事物的赞美，并容易激起读者的共鸣。

思考与练习四

1. 什么是申说强调类辞格？这类辞格主要有哪些？其表达功能和共同特点是什么？

2. 什么叫设问、反问、奇问？三者有什么联系与区别？各自的修辞作用是什么？

3. 什么叫引用？引用有哪两种形式？何为正用、反用？

4. 什么叫呼告？呼告分为哪两种类型？呼告的修辞作用是什么？

5. 什么叫反复？反复有哪两种形式、有哪些修辞作用？

6. 什么叫同语？同语可分为哪三种类型？举例说明。

7. 同语的修辞作用是什么？同语与反复有哪些区别？举例说明。

8. 什么叫拈连？拈连可分为哪两种类型？举例说明。

9. 什么叫移就？移就的特点是什么？移就与拈连有什么区别？

10. 什么叫换述？换述在结构上分为哪三个部分？换述有哪几种形式？举例说明。

11. 什么叫异称？异称的特点和修辞作用是什么？

12. 什么叫升华？升华的特点和修辞作用是什么？

13. 指出下面的句子或段落各属于哪种辞格，并说明其修辞作用。

①为什么语言要学，并且要用很大的气力去学呢？因为语言这东西，不是随便可以学好的，非下苦功不可。

（毛泽东《反对党八股》）

②不是吗？山海关纵然是坚固险要，可也有被攻破的记载；而吴三桂的引清入关，更是不攻自破，多尔衮的铁骑，不就是从这洞开的大门下面蜂拥而过席卷中原的吗？

（峻青《雄关赋》）

③淡红的果子压弯绿枝，
秋天是一个成熟的季节，
姑娘整夜整夜地睡不着，
是不是挂念那树好苹果？
这些事小伙子应该明白，
她说：有句话你怎么不说？

（闻捷《吐鲁番情歌·苹果树下》节选）

④荔枝也许是世上最鲜最美的水果。苏东坡写过这样的诗句：“日啖荔枝三百颗，不辞长作岭南人”，可见荔枝的妙处。

（杨朔《荔枝蜜》）

⑤细雨蒙蒙，百无聊赖之时，偶然从《花间集》里翻出了一朵小小的枯槁的紫藤花，花色早褪了，花香早散了。啊，紫藤花！你真令人怜爱呢！岂仅怜爱你；我还怀念着你的姊妹们——一架白色的紫

藤，一架青莲色的紫藤——在那个园中静悄悄地消受了一宵冷雨，不知今朝还能安然无恙否？

啊，紫藤花！你常住在这诗集里吧；你是我前周畅游快阁的一个纪念。

（徐蔚南《快阁的紫藤花》）

⑥风雪一天比一天大，人们的干劲一天比一天猛，砍下的毛竹一天比一天堆得高，为竹滑道修的架在两座高山之间的竹桥，也在一天比一天往上长。

（袁鹰《井冈翠竹》）

⑦灰色的街道、灰色的房屋、灰色的车辆、灰色的川流不息的人群——整个城市全笼罩在凝重的使人窒息的灰色中。

（杨沫《青春之歌》）

⑧郎平肃然起敬。她收下了这方手帕，收下了一位陌生老人的祝愿，收下了奶奶的一颗心。

（何慧娴、李仁臣《中国女排奋斗记》）

⑨一弯新月好似一张银色的弓，绷紧了焦急和期待的弦；土地宛然蓝幽幽而又恬静、快乐的湖泊。

（纪川《夜猎》）

⑩错别字是错字和别字的总称。任意增减笔画，变换结构而改变了原来字形的叫错字；把形近或音近的甲字当作乙字的叫别字。换句话说，错字是本无其字，写错了；别字是张冠李戴，用错了。

（《语文基础知识》）

⑪她那宽阔的肩膀仿佛也在向人们表明压在身上的担子：在家里，她是贤妻、良母，同时又是包揽一切的“男人”。此外，她还得像男人一样去上班，她是医院里的大忙人，事无巨细都得管的护士长。

（理由《九死一生》）

⑫我每次看到松树，想到它那种崇高的风格的时候，就联想到

共产主义风格。

我想：所谓共产主义风格，应该就是要求于人的甚少，而给与人的却甚多的风格；所谓共产主义风格，应该就是为了人民的利益和事业不畏任何牺牲的风格。

（陶铸《松树的风格》）

第五节　语句齐整类辞格

语句齐整类辞格，是通过使语句齐整的方法所构成的一类辞格。这类辞格的表达功能是：增强语言的整齐美，并同时凝练语意、增强语势。这类辞格的共同特点是：精心提炼设计，对词语和句子进行特意的排列，使语言形式整齐，表意凝练而集中。

这一类辞格，主要有对偶、排比、层递、顶真、回环等。

一、对偶

用两个字数相等、结构相同、内容相关的句子或短语组成对句，这种修辞手法叫对偶。

对偶的基本要求和方法是词类相对，即要使名词对名词、动词对动词、形容词对形容词、数词对数词、量词对量词、虚词对虚词。当上下或前后两句的词类相互对应以后，才会使对偶工整，并使两个对句的字数相等、结构相同，达到意义上的相互对应。

对偶是富有中华民族特色的传统辞格，从古至今一直被人们广泛应用。同时，对于对偶辞格的研究也比较深入，特别是从不同角度进行分类，这对于我们学习和应用对偶辞格具有指导意义。下面，我们按照几种主要的分类方法，介绍不同类型的对偶辞格。

(一) 正对、反对与串对

按照出句与对句之间的语意关系，可将对偶分为正对、反对、串对三种类型。

正对：对句与出句的意义相近或相关，从不同角度来共同说明同一事理，并在内容上互为补充，这种对偶形式是正对。例如：

①有一副对子，是替这种人画像的。那对子说：墙上芦苇，头重脚轻根底浅，山间竹笋，嘴尖皮厚腹中空。

(毛泽东《改造我们的学习》)

②血腥的屠杀持续了大半年，仅山河村就被枪杀九人。共产党员、革命战士的鲜血，沐浴了巍峨的昆嵛山，染红了壮丽的黄垒河。

(冯德英《迎春花》)

以上两例中加点的句子，意思都是相近或相关的，因此形成正对。这种对偶形式，两句对称地排列在一起，不仅在形式上互相映衬，在意义上互为补充，而且在声调上也音节对称、和谐优美，表现出对偶独特的修辞效果。

反对：对句与出句的意义相反或相对，具有反义相衬、对照比较的表达作用，这种对偶形式是反对。例如：

③谦虚者常思己过，骄傲者只论人非。(谚语)

④野火烧不尽，
春风吹又生。

(白居易《赋得古原草送别》)

以上两例，两个对句的意思都是相反或相对的，因此形成反对。这种对偶，两句反义相衬、形成对比，使所表达的内容更加鲜明突出。

串对：两个对句的语意连接、不能颠倒，两句之间往往存在着因果、条件、假设、转折等语意关系，这种对偶形式是串对。串对是一种前后两句相连的对偶，因而有的又称之为“流水对”。例如：

⑤吟安一个字,捻断数茎须。

⑥欲穷千里目,更上一层楼。

⑦人误地一时,地误人一年。

⑧下笔千言,离题万里。

以上几例对偶,两个对句的语意前后承接、紧密相连,共同表达一个完整的意思,因而形成了串对。这样的对偶同复句一样,两个对句之间有着明显的语意关系。其中,例⑤是因果关系,例⑥是条件关系,例⑦是假设关系,例⑧是转折关系。

(二)工对与宽对

对偶如按形式上的宽严分类,可分为工对和宽对两类。

工对:所谓工对,是指严式的对偶,旧时称为"对仗",要求字数相等、结构相同、词类相当、平仄相谐,四者缺一不可。这种对偶限制较多,但确实十分严整,具有较高的艺术水平。例如:

⑨红雨随心翻作浪,
青山着意化为桥。
天连五岭银锄落,
地动三河铁臂摇。

(毛泽东《七律二首·送瘟神》节选)

⑩寒塘渡鹤影,
冷月葬诗魂。

(周玉清《红楼梦新续》第一百〇二回)

上边的例⑨是这首七言律诗中间的两联(颔联、颈联),每联的出句与对句分别对仗。例⑩上句是史湘云的出句,下句是林黛玉的对句,对得十分严整,完全符合工对的要求。

宽对:所谓宽对,是指宽式的对偶,对偶的要求有所放宽,一般只要求字数相等、结构相似就可以了。宽对不但结构可以不完全相同,词类相对也可以变通,只要主要部位的词类相对,其他地方也可不必一一对应，对于声调等更没有严格要求，同时还可以不避重字（在对偶中使用同一个字或词）。这样，就使对偶运用起来更加方便灵活。

在现代文体中，宽对运用得较为普遍。例如：

⑪然而，绿柳垂杨中掩映着的一户人家，三间泥棚茅舍，半围坍倒篱墙，二里外就望得见三丈高的穷气，却又大煞风景。

（刘绍棠《蛾眉》）

这是宽对在散文体中的应用。对句的“坍倒”与出句的“泥棚”在词类和结构上都对不上（“泥”和“棚”都是名词，二者构成偏正结构；而“坍”和“倒”都是动词，二者构成并列结构），但因开头和结尾的两个部位对偶严整，“半围”对“三间”，“篱墙”对“茅舍”，这就掩护了中间部位，再加上两句的字数相等，所以仍不失对偶的修辞效果。

⑫海防线，哨所静悄悄：

墙上——一支信号枪，
桌上——一只马蹄表；
电话机，紧绷着神经在倾听，
望远镜，大睁着眼睛在寻找；
我的小骑枪呵，
在我的肩头眯眯笑……

（李瑛《哨所静悄悄》节选）

这是宽对在韵文体中的应用。这一节诗中的二三两句、四五两句分别构成对偶，除了使用重字“上”和“一”、“着”和“在”以外，其他地方的对偶都较严整，而且出句与对句的结构一致，使对偶的语言形式在诗句中显得格外整齐，在增强诗句的表现力和韵律美方面都具有重要作用。

(三)独句对与隔句对

对偶如按内部句际关系和句数多少进行分类,又可分为独句对和隔句对两类。

独句对:所谓独句对,是指出句与对句均为一句的对偶。它是上下两句或相邻两句之间所形成的对偶,如上边所举的那些例子,都是独句对。

隔句对:所谓隔句对,是指由两个语段构成的对偶。每个语段都包含至少两个或若干分句(后边用逗号或分号),其中相互对应的两个分句分别对偶,形成隔句对偶的形式。隔句对又被称为“扇面对”,其中每个语段称为一扇,两个大的语段如扇面一样展开,其中相互对应的两个小的语言片段分别对偶。

这种隔句对的形式,是对传统对偶形式的扩展,增加了对偶的语意含量,多用于古代的对联(特别是长联),在现代文体的散文和诗歌中,也有广泛的应用。例如:

⑬引袖拂寒星,古意苍茫,看四壁云山,青来剑外;

停琴伫凉月,予怀浩渺,送一篙春水,绿到江南。

(顾复初题成都望江楼对联)

⑭半壁起危楼,岭如屏,海如镜,舟如叶,城郭村落如画;况四时风月,朝暮晴阴,试问古今游人,谁领略万千气象?

九秋临绝顶,洞有云,崖有洞,松有涛,花鸟林壑有情;忆八载星霜,关河奔走,难得栖迟故里,来啸傲金碧湖山。

(昆明西山飞云阁对联)

以上两副长联,都用隔句对(扇面对)的形式结构而成:例⑬的上联与下联各由四个分句组成,其中相互对应的两个分句分别对偶,对得十分严整;例⑭这副长联共84字,上下两联各由九个分句组成,分别隔句相对。这种长联不仅追求对偶工整,而且描写与议论的容量加大,形象生动,情景交融,既描绘出景物的美妙,又抒发出作者的情怀，更富有意境，堪称艺术珍品。

⑮心头，婉转的凄怀；口内，徘徊的低唱，留在夜夜的秦淮河上。

(俞平伯《桨声灯影里的秦淮河》)

⑯窗外的雨声，
淅淅沥沥地说个不停；
窗内的语声，
叽叽咕咕地说个不停。

窗外的说些什么？
问那树，那花，那小溪；
窗内的说些什么？
问这笑，这吻，这眼睛。

(傅天琳《秋雨声声》节选)

以上两例，分别是隔句对(扇面对)在散文和诗歌中的应用。例⑮前边两个分句增加了语音停顿，分别形成两个语言片段，并隔句相对，同时声调平仄相谐，与后边的分句语意相连，鲜明地表达出作者对秦淮歌女的深切同情。例⑯这两节诗句，都使用了工整的隔句对(不避重字)，即一三两句相对、二四两句相对，使“窗外”与“窗内”、“雨声”与“语声”构成了相互映衬的生动画面，给诗歌增添了情趣和意境。

(四)独立对与包孕对

对偶如从句子成分上进行分类，可分为独立对和包孕对两种类型。

独立对：所谓独立对，是指由两个在结构上完全独立的句子所形成的对偶。这种对偶形式，既包括两个单句的对偶，也包括复句中两个分句的对偶，如前面所举的例子，都是独立对。

包孕对：所谓包孕对，是指对偶部分只作为某个单句中的一个成分,或者只作为复句中某个分句里的一个成分。这种对偶方法古已有之,如《周易·系词下》中有“天下同归而殊途,一致而百虑。”后边的对偶部分共同作谓语。在现代文体中,包孕对用得更加广泛。例如:

⑰可是,这年月正气头朝下,邪气脚朝天;一人得道,鸡犬飞升。

(刘绍棠《蛾眉》)

⑱中年是杂念越写越长,文章越写越短的年龄。

(董桥《中年是下午茶》)

⑲听!那和缓的钟声
解释了新秋凉绪,旅人别意,
……

(徐志摩《康桥再会罢》)

以上三例,分别是包孕对在小说、散文和诗歌中的应用。其中,例⑰中的对偶“正气头朝下,邪气脚朝天”共同在句子中作谓语;例⑱中的对偶“杂念越写越长,文章越写越短”共同在句子中作定语;例⑲中的对偶“新秋凉绪,旅人别意”共同在句子中作宾语。这种包孕对的使用,不仅丰厚了语意,突出了主旨,而且也使语音更加和谐。

对偶的修辞作用:第一,从表达形式上看,音节整齐,结构对称,声韵和谐;第二,从表达内容上看,意义鲜明,高度概括,凝练集中;第三,从表达效果上看,读来顺口,听来悦耳,便于记忆和传诵。

二、排比

把三个以上结构相同或相似、意义相近、语气相同的句子或某个成分排列在一起,用以谐和语音、强调语意、加强语势,这种修辞手法叫排比。

排比的特点和方法是:在构成排比的句子或某个成分中,使用相同的词或短语进行关联,以形成一种相同或相似的结构形式,表达铺陈叠加的内容,并增强语言表达的容量和气势。

根据构成排比的语言单位的不同,可以将排比分为句子成分排比、单句排比、分句排比、复句排比、语段排比等几种形式。

(一)句子成分排比

由句子(单句或复句中的分句)的某一个成分所构成的排比,是句子成分排比。句子成分排比的形式比较灵活,利用句子的主语、谓语、宾语、定语、状语、补语等,都可以构成句子成分排比。其方法是:根据表达内容的需要,将句子的某一个成分变为并列结构,对并列的成分使用相同的词语进行关联,形成一种相同或相似的结构形式。各个并列成分之间,一般都要有语音停顿。例如:

①不注重研究现状,不注重研究历史,不注重马克思列宁主义的应用,‖这些都是极坏的作风。

(毛泽东《改造我们的学习》)

②马克思是全世界无产阶级和劳动人民的革命导师,是马克思主义的主要创始人,是马克思主义政党的缔造者和国际共产主义的开创者,是近代以来最伟大的思想家。

(习近平《在纪念马克思诞辰200周年大会上的讲话》)

③一个人的能力有大小,但只要有这点精神,就是一个高尚的人,一个纯粹的人,一个有道德的人,一个脱离了低级趣味的人,一个有益于人民的人。

(毛泽东《纪念白求恩》)

④鲁迅先生是文化战线上,代表全民族的大多数,向着敌人冲锋陷阵的(最正确、最勇敢、最坚决、最忠实、最热忱)的空前的民族英雄。

(毛泽东《新民主主义论》)

⑤你,〔用你的机枪,用你的两次功劳,用你的青春热血,用你对

人民和革命的赤胆忠心,〕在镰刀斧头的旗子下,申述你入党的愿望。

(李株《这样的战士》)

⑥入夜,用眼望去,数十里烈焰飞腾,火龙翻滚,映得〈满天红,满山红,满江红〉。

(郑直《激战无名川》)

以上句子中加点的部分,都形成一种并列结构,由此构成了句子成分排比。其中,例①中的三个“不注重”是主语的排比(后面增加代词“这些”用于复指,是主谓短语做谓语);例②中的四个“是”属于谓语的排比;例③中的五个“一个”是宾语的排比;例④中的五个“最”是定语的排比;例⑤中的四个“用你”是状语的排比;例⑥中的“满天红,满山红,满江红”是补语的排比。这种排比形式的运用,都能使句子的不同成分得到扩展,所表达的信息量加大,可以表达更加丰富的内容。

(二)单句排比

由三个以上的单句所构成的排比,是单句排比。构成排比的单句,都使用相同的词语进行关联,形成一种相同或相似的结构。各个单句都能表示一个完整的意思,单句之间在内容上有内在的联系。从语气上看,陈述句、疑问句、感叹句都可构成单句排比。例如:

⑦因为她非常关心延安。因为她听说日本报纸上已登出了这里的后方医院的照片。因为她认为对有些不三不四的新闻记者应当加以限制。

(何其芳《我歌唱延安》)

⑧有人说,只要建设,不要破坏。那末,请问:汪精卫要不要破坏?日本帝国主义要不要破坏?封建制度要不要破坏?不去破坏这些东西,你就休想建设。

(毛泽东《新民主主义的宪政》)

⑨生产多么需要科学！革命多么需要科学！人民多么需要科学！

（秦牧《向科学技术现代化进军的战鼓》）

以上都是单句的排比。其中，例⑦用三个“因为她”构成了陈述句的排比，集中表现“她”对延安的关心；例⑧用三个“要不要破坏”构成了疑问句的排比，深刻说明了革命不破不立的道理；例⑨用三个“多么需要”构成了感叹句的排比，表达了作者对重视科学技术的赞美和希望之情。

（三）分句排比

由一个复句中的三个以上的分句所构成的排比，是分句排比。在每个分句中，都要使用相同的词语进行关联，使各个分句的结构一致，意义相关，共同表达一个完整的意思。例如：

⑩他善于从千树万枝中发现第一片绿叶，他善于从喧闹嘈杂的城市中听出第一声蛙鸣，他善于从车水马龙的街道上看到第一只燕子，他善于从春天的风沙中辨别出第一朵柳絮。

（叶永烈《逝世前的科学记录》）

⑪赶超，关键是时间。时间就是生命，时间就是速度，时间就是力量。

（郭沫若《科学的春天》）

上边的例⑩，由四个分句构成排比，共同使用了“他善于从”进行关联，再与后边的四个“第一”相配合，突出表现了我国著名气象学家和物候学家竺可桢的敬业精神；例⑪后面的一个复句，由三个分句构成排比，共同使用“时间就是”进行关联，既生动地表现出时间的紧迫性，又充分揭示出时间对于赶超世界先进水平的重要性。

（四）复句排比

由三个以上的复句所构成的排比，是复句排比。构成排比的几个复句，必须结构一致，在每个复句中都使用相同的词或短语进行关联，使几个复句所表达的内容密切相关，形成一个统一的整体，共同表达或说明一个比较复杂的意思。例如：

⑫漓江的水真静啊，静得让你感觉不到它在流动；漓江的水真清啊，清得可以看见江底的沙石；漓江的水真绿啊，绿得仿佛那是一块无瑕的翡翠。

（陈淼《桂林山水》）

⑬过了腊月二十三，蛤蟆滩全是准备过年的气象。这家碾大米，那家磨白面；这家做米酒，那家蒸年馍；这家扫房子，那家贴窗花；这家杀猪，那家买肉……社里社外，家家户户都忙活了。

（柳青《创业史》）

上边的例⑫，是由三个复句构成的排比（当中都使用分号），其中每个分句都用“漓江的水”开头，并采用相同的结构形式，从“静”“清”“绿”三个方面铺陈描写出漓江水之美。例⑬中加点的句子，用四个“这家”和“那家”构成复句排比，语意紧密相连，表现了农民入社以后欢欢喜喜过春节的热闹景象。

（五）语段排比

当三个以上的自然段，前边用共同的词语或句子进行关联时，就构成了语段排比。语段排比的特点：多在每段开头的句子中保持结构相同或相似，并使用相同的词语或句子进行关联；而后面其他句子的结构都可以不具有相似性，甚至可以完全不同，句子的数量也可以多少不一，在整齐中有变化，又在变化中有统一。例如：

⑭春天像刚落地的娃娃，从头到脚都是新的，他生长着。

春天像小姑娘，花枝招展的，笑着，走着。

春天像健壮的青年，有铁一般的胳膊和腰脚，他领着我们上前去。

（朱自清《春》）

⑮梯田之美，美在其依山势而筑，因地制宜，顺其自然。改变而

不是改造、耕作而不是损毁。决不削足适履而是锦上添花。

梯田之美，美在其多样化。田地不规则、不求一律，但求个性。大田小田，阳光雨水机会均等。高田低田，各得其所、各美其美。

梯田之美，美在其山水与耕地的完美交融。流水不腐，活水是梯田的灵魂。梯田逐水而上，在流水中完成精神的升华。

梯田之美，美在农人超常的耐力和智慧。祖祖辈辈子子孙孙代代接续，百年千年的修筑与修改，方在人类创业史上留下此等东方奇迹。

（张抗抗《云和梯田》）

以上两例，都是语段排比。例⑭由三个语段构成排比，每个语段都是一个复句，开头都用“春天像”关联在一起，其中第一个分句结构相同，后面的分句富于变化，通过三个拟人化的比喻，热情歌颂了春天旺盛的生命力。例⑮由四个语段构成排比，每个语段都由两个以上的句子组成，形成一个句群，在前边共同使用“梯田之美，美在……”进行关联，从各个角度对梯田进行了具体生动的描述，尽情抒发了作者对于大自然的热爱，热情歌颂了我国传统的农耕文化。

排比的修辞作用：

第一，运用排比，可以使语句的结构相同或相似，语言形式整齐，增加语言的齐整美。

第二，运用排比，能够加强语势，凝聚语意，使表达更加鲜明有力，增加语言的气势美。

第三，运用排比，还可以使语音更加和谐，增强语言的节奏美。

排比是对偶的扩大和发展，它比对偶形式更加灵活，内容更加丰富，表达也更有气势。对偶只有两句，排比则三句以上；对偶要求句式工整，排比则自由得多，因此排比的运用更为普遍。

三、层递

按照事物之间的逻辑关系，通过语意的层层递进来论述或说明事物，这种修辞手法叫层递。层递又称为“递进”。

层递的特点：在形式上，必须有三个以上的语言单位，结构大致相似，字数大体相等，句式相对整齐；在意义上，不是随意排列的，而总是按照事物范围的大小、程度的轻重、时间的长短、数量的多少、次序的先后等依次进行排列；在语意上或者层层递升，或者层层递降，给人以清晰鲜明的印象。

根据不同的排列方法，可以将层递分为递升式、递降式两种类型。

（一）递升式层递

在论述或说明事物时，按照语意层层递升的顺序来排列语句，这种表达方法是递升式层递。例如：

①内容正确，就具备了说服读者的基本条件。不过要读者容易接受，也还依靠好的表现形式，还得在布局上、逻辑上、修辞上再花些功夫，才能使文章的每一句、每一段、一直到全篇，一下子打进读者的脑筋。

（何其芳《谈修改文章》）

②时间一天一天的过去，一月一月的过去，一年一年的过去，真理老人所撒的种子，也一天一天的生长，一月一月的开花，一年一年的结果。一粒种子变成一百粒，万粒，千万粒……

（圣野《两代种子》）

③海上的风浪是颠簸的，贝汉廷先是吐食物，后是吐白沫，继而吐苦胆水，最后吐血了。但他一边和同志们面对面地、一下一下地“啪打、啪打”地压着水泵，一边吐了吃、吃了吐地延续着自己的生命，并把生命给船……

（柯岩《船长》）

以上三例中加点的部分，都是递升式层递。其中，例①是由部分到整体的递升；例②前面两处是时间由短到长的递升，后面是数量由少到多的递升；例③是程度由轻到重的递升。这样层层递升的说明和叙述，使文中语意逐层递进，表现出事物的阶梯式发展规律。

（二）递降式层递

在论述和说明事物时，按照语意层层递降的顺序来排列语句，这种表达方法是递降式层递。例如：

④确实的，现在我们队伍中确有许多同志被这种作风带坏了。对于国内外、省内外、县内外、区内外的具体情况，不愿作系统的、周密的调查和研究，仅仅根据一知半解，根据“想当然”，就在那里发号施令，这种主观主义的作风，不是还在许多同志中间存在着吗？

（毛泽东《改造我们的学习》）

⑤秋天，这北国的秋天，若留得住的话，我愿意把寿命的三分之二折去，换得一个三分之一的零头。

（郁达夫《故都的秋》）

⑥“把余粮卖给国家，支援工业化！……”

“互助合作的道路，是大家富裕的道路！……”

“十五年左右的时间，一家一户的庄稼人就统统入了农业生产合作社啦！……”

这些话，从乡政府说到行政村，说到庄稼院，说到老婆婆们坐着的热炕头上。

（柳青《创业史》）

以上三例中加点的部分，都是递降式递进。其中，例④是地域范围由大到小的递降，更加充分地表现出主观主义者对任何地方都不愿作调查研究的错误行为；例⑤是时间由长到短的递降，更加强烈地表达出作者对北国秋天的无比热爱之情；例⑥则是具体地点由上层到下层的递降，进一步说明了党的合作化政策的宣传深度。可见，这种层层递降的表达方式，也同样能够使语意层层推进，增强语言的表达效果。

层递的修辞作用：

第一，按照语意层层递进的方法来论述和说明事物，能够使说理更加充分，表意更加具体，抒情更加恳切，增强语言的说服力和感染力。

第二，层递辞格是根据事物的阶梯式发展规律构成的，因而能够给人以清晰鲜明的印象，有助于人们全面而深刻地认识客观事物的属性和特征。

层递与排比的区别：

层递与排比有共同之处，都由三项以上构成，有时都使用相同的词语进行关联，但二者又有着根本的区别：层递的各项之间，在意义上有层层递升或层层递降的关系；而排比的各项之间，在意义上是平行并列的，不要求层层递升或层层递降。例如：

A. 保卫家乡！保卫黄河！保卫华北！保卫全中国！

（光未然《保卫黄河》歌词）

B. 在这千万被饲养者中间，没有光，没有热，没有温情，没有希望……没有法律，没有人道。

（夏衍《包身工》）

在这两个句群和复句中，都有相同的关联词语（“保卫”和“没有”），但 A 是层递，B 是排比。这是因为 A 中的各项“家乡—黄河—华北—全中国”是地域的逐步扩大，在语意上是层层递升的关系；而 B 中的各项“光”“热”“温情”“希望”“法律”“人道”是平行并列的，在语意上没有层层递升或层层递降的关系。

四、顶真

使前后的句子或段落首尾蝉联、上递下接，这种修辞手法叫顶

真。顶真又叫“顶针”“联珠”“蝉联”。

顶真也是汉语的传统辞格之一，其基本方法是：用前一句结尾的词语作后一句的开头，或者用上一段结尾的词语或句子作下一段的开头，形成首尾相连的艺术形式，至少由两项以上组成，多项不限。顶真在记叙文、议论文和诗歌等各种文体中，都有广泛的应用。

根据顶真的宽严程度，可分为严式顶真、宽式顶真两种类型。

（一）严式顶真

严式顶真要求比较严格，下一句的开头紧顶着上一句的结尾，在共同使用的词语之间，没有其他词语间隔。例如：

①大门朝东，对着大车路。大车路前面是一个沙滩，沙滩的尽头，横着一条小河。小河的那边又是沙滩，……

（欧阳山《高干大》）

②窦光鼐只好践约，刚想举步朝学宫走去，徐文长却叫住他：“启禀太师，自古中国才子算浙江，浙江才子数绍兴，绍兴处处出才子，太师要小心提防！”

（祁连休《历代文学艺术家的传说》）

③指挥员的正确的部署来源于正确的决心，正确的决心来源于正确的判断，正确的判断来源于周到的和必要的侦察，和对于各种侦察材料的联贯起来的思索。

（毛泽东《中国革命战争的战略问题》）

上面三例，是严式顶真在散文体中的运用。例①用于叙述，例②用于说明，例③用于议论，都使句子首尾蝉联，语意层层推进，语气贯通，语音和谐，富有逻辑性和感召力。

④望三门，三门开，
　黄河东去不回来。
　昆仑山高邛山矮，
　禹王马蹄长青苔。

马去"门"开不见家，
门旁空留"梳妆台"

梳妆台呵，千万载，
梳妆台上何人在？
乌云遮明镜，
黄水吞金钗。
但见那：辈辈艄公洒泪去，
却不见：黄河女儿梳妆来。

梳妆来呵，梳妆来！
——黄河女儿头发白。
挽断"白发三千丈"，
愁杀黄河万年灾！
登三门，向东海：
问我青春何时来？！

何时来呵，何时来？……
——盘古生我新一代！
举红旗，天地开，
史书万卷脚下踩。
大笔大字写新篇：
社会主义——我们来！

我们来呵，我们来，
昆仑山惊邛山呆：
展我治黄万里图，

先扎黄河腰中带——
神门平，鬼门削，
人门三声化尘埃！

（贺敬之《三门峡——梳妆台》节选）

这是严式顶真在现代诗歌中的应用，下一节开头的词语紧顶着上一节的结尾，使各节诗句首尾蝉联，形成了一个不可分割的整体，不仅起到了组织内容、连贯章节的结构作用，还造成一种连绵不断的语感，为这首诗增添了别具一格的艺术特色。

（二）宽式顶真

宽式顶真则要求不那么严格，在相邻两句用于顶真的词语之间，允许有其他词语间隔，或者构成顶真的词语略有变化，但由于语意关系紧密相连，仍能收到顶真的修辞效果。宽式顶真，在散文体中运用较多。例如：

⑤我由悲伤又转为仇恨，又由仇恨变为愤怒，这愤怒就像火一样烧遍我的全身，不，我不能害怕。

（黎汝清《海岛女民兵》）

⑥希望是附丽于存在的，有存在，便有希望，有希望，便是光明。

（鲁迅《华盖集续编·记谈话》）

例⑤中的两个“仇恨”和两个“愤怒”，分别构成宽式顶真，当中虽有其他词语间隔，但仍使前边的三个分句语意联系十分紧密。例⑥前边的两个“存在”，中间有语气词“的”和动词“有”间隔，属于宽式顶真，而后边的两个“有希望”则是严式顶真。

⑦嗯，这就是我们江南的一个小村子，大龙溪很美，村子靠着山，山脚有个大龙潭，龙潭的水流到村前成了小溪，溪水碧清碧清的。

（叶文玲《心香》）

例⑦中加点的“山”与“山脚”、“大龙潭”与“龙潭”、“小溪”与

"溪水",分别构成宽式顶真,虽在词语上略有变化,但由于结构相同、语意连贯,使人几乎感觉不到这种变化,仍然具有首尾蝉联、浑然一体的修辞效果。

⑧他曾下厂劳动,也曾用数学来为生产服务,尽管他是从事于数论这一基础理论科学的。但不关心政治,最后政治要来关心他。并且,要狠狠地批评他了。批评得轻了,不足以触动他。只有触动了他,才能使他今后注意路线关心政治。

(徐迟《歌德巴赫猜想》)

例⑧中第二个句子的两个分句,用"政治"构成宽式顶真,后边的三个句子,分别由"批评"和"触动他"构成两处宽式顶真,在这些构成顶真的词语之间,虽然有其他词语间隔,但仍然能使这些句子的语意紧密相连,具有较好的修辞效果。

顶真的修辞作用:

第一,顶真在表达上具有特殊作用。它可以使语意前后相连,用于叙事,则井然有序;用于说理,则紧凑严密;用于抒情,则缠绵细腻。

第二,顶真在语音上具有独特效果。它可以使相邻句子或段落的语音首尾蝉联,有一种音律和谐、上递下接的美感,便于记忆和朗诵。

五、回环

利用词语排列次序的循环往复,来表现两种事物或事理的相互关系,这种修辞手法叫回环。

这种辞格在古代汉语中叫作"回文",多用于回文体的诗、词、曲中,以晋代苏蕙所作的《璇玑图》最为著名。宋代苏轼有一首七律《题金山寺》:

潮随暗浪雪山倾,远浦渔舟钓月明。

桥对寺门松径小,槛当泉眼石波清。

迢迢绿树江天晓,霭霭红霞晚日晴。

遥望四边云接水,碧峰千点数鸥轻。

这首回文诗十分巧妙,倒过来念仍是一首韵律严整的七律:

轻鸥数点千峰碧,水接云边四望遥。

晴日晚霞红霭霭,晓天江树绿迢迢。

清波石眼泉当槛,小径松门寺对桥。

明月钓舟渔浦远,倾山雪浪暗随潮。

可见,这种回文诗不仅要考虑到正念与倒念,还要照顾到内容和韵律,要作好实在很难。但因为古代汉语中的词多是单音词,就可以做到以字(词)为单位,顺念倒念均能成文,所以才不断有人尝试作回文诗。而现代汉语中的词多为双音词,还有少部分多音词,就不能再完全回读了。因此,回环的方式就跟着发生了变化:**由古代汉语的回返式发展为现代汉语的互换式**。例如:

总理 爱 人民,人民 爱 总理。

通过此例可以看出,在现代汉语存在双音词和多音词的情况下,要使用回环辞格,就不能再采用完全的"回返式",只能将上一句的词语按照相反的次序进行排列,而不能再改变句中双音词或多音词的固定语序,如果完全倒着读或倒着写,所构成的回环句子就不能正确表义了。**这种将词语反向排列的方法,实际上就是调整和互换某些词语的位置,构成新的组合关系,表达与原句相互对应的内容。**

现代汉语中的回环辞格,在具体运用中也有完全互换式、不完全互换式两种形式,一般称前者为严式回环,称后者为宽式回环。

(一)严式回环

严式回环是一种比较严格的回环,两个句子所使用的词语相同,排列的次序相反,先顺后倒,形成循环往复的语言形式。严式回环主要适用于比较简短的语句,在俗语、谚语和散文、政论等文体中都有应用。例如：

①人不犯我，我不犯人。

②留情不举手，举手不留情。

以上是严式回环在比较简短的语句中的应用，中间的相关词语保持不动，首尾的词语互返，使两个分句连接紧密，不仅形式整齐、语音和谐，而且语意鲜明、气势贯通，同时还能够揭示出两种事物之间相互依存或相互排斥的辩证关系。

③谭婶婶学一个月回来，挟了两个卫生包，身上被单一扎，她就是产院，产院就是她，到处给人接生，到处宣传科学，和旧的接生婆展开了斗争。

（茹志鹃《静静的产院》）

④江山就是人民、人民就是江山，打江山、守江山，守的是人民的心。

（习近平在庆祝中国共产党成立100周年大会上的讲话）

例③是严式回环在散文中的应用，“她就是产院，产院就是她”通过主语和宾语的互换，使二者成为一体，进一步突出了谭婶婶在新法接生、宣传科学方面所作的贡献；例④是回环辞格在政论文中的应用，前一分句“江山就是人民、人民就是江山”利用了严式回环，鲜明而突出地说明了“江山”与“人民”密不可分的关系，深刻表达出习总书记的治国理政理念，给人留下深刻的印象。

（二）宽式回环

宽式回环是一种不太严格的回环，只将某些关键词语互换位置，其他词语保持不动或略作调整，结构形式更加灵活，使用起来也更加方便。它不但可以用于短句，也可用于较长的句子之中；不但可以用来叙述，还可用来描写、议论和抒情。例如：

⑤云，挤在山中；山，挤在云里。

（傅仇《挤进十万大山》）

⑥总之，我们必须学会全面地看问题，不但要看到事物的正面，也要看到它的反面。在一定的条件下，坏的东西可以引出好的结果，好的东西也可以引出坏的结果。

（毛泽东《关于正确处理人民内部矛盾的问题》）

⑦从我一生的经历，我悟出了一条千真万确的真理：只有社会主义才能解放科学，也只有在科学的基础上才能建设社会主义。科学需要社会主义，社会主义更需要科学。

（郭沫若《科学的春天》）

⑧摔碎了泥人再重和，
再捏一个你来再捏一个我；
哥哥身上有妹妹，
妹妹身上也有哥哥。

（李季《王贵与李香香》节选）

上面各例，都是宽式回环在不同文体、不同语言中的应用。例⑤中的“云”与“山”、例⑥中的“坏”与“好”、例⑦中的“社会主义”与“科学”，都是表示两种对应事物或现象的关键词语，将它们互换位置、往复使用，对其他词语保持不动或略作调整，就可以使上下两句的结构相同，形成一种循环往复的语言形式，用以揭示事物之间的内在联系，表达新的思想内容。例⑧这一节诗立意新奇，后边两句采用宽式回环（只多用一个副词“也”）来抒发情感，使两个句子紧密相连、浑然一体，让人感到往复联绵、深情无限。

回环的修辞作用：

第一，能够造成一种循环往复的语音效果，使语句形式整齐，语音和谐，增加韵律美。

第二，可以使前后两个句子结构一致，语气贯通，语感更加鲜明有力，增加语言表达的气势。

第三，能够深刻揭示事物之间相互依存或相互排斥的关系，使语意更加精辟警策，加深人们对客观事物的认识和理解。

回环与顶真的区别：

回环与顶真，在首尾顶接这一点上很相似，但又有明显区别。

第一，回环是一种周而复始的循环结构，其结构形式是“甲—乙，乙—甲”；而顶真是一种不循环的链条式结构，其结构形式是“甲—乙，乙—丙，丙—丁……”。

第二，回环的特点是“顶”而又“回”，在循环往复中揭示事物之间相互依存或相互排斥的关系；而顶真的特点是“顶”而不“回”，不断顶出新的内容。

第三，回环只能有两项；而顶真可以由三项以上组成。

我们认真对照这两种辞格中的例句，就不难看出以上这些区别。

思考与练习五

1. 什么是语句齐整类辞格？这类辞格主要有哪几种？它们的表达功能和共同特点是什么？

2. 什么叫对偶？对偶都可以从哪些角度进行分类、各有哪些基本类型？分别举例说明。

3. 什么叫排比？排比有哪几种形式？排比的修辞作用是什么？

4. 什么叫层递？层递有哪两种形式？层递的修辞作用是什么？

5. 什么叫顶真？宽式顶真与严式顶真有什么区别？顶真的修辞作用是什么？

6. 什么叫回环？现代汉语中的回环辞格是怎样形成的？回环有哪两种形式？

7. 回环的修辞作用是什么？回环与顶真有什么区别？举例说明。

8. 指出下面的对偶哪个是正对、哪个是反对、哪个是隔句对（扇面对）、哪个是包孕对，并说明为什么。

①人往高处走,水往低处流。

(谚语)

②直上中天摘星斗,
欲倾东海洗乾坤。

(徐悲鸿自勉联)

③三分水,四分竹,添七分明月;
五步楼,十步阁,望百步长江。

(黄遵宪自作梅州人境庐故居对联,王存信、王仁清《中国名胜古迹对联选注》)

④你说,还有爬不过的高山,渡不过的大河吗?

(陆文夫《小巷深处》)

9. 找出下边构成排比的成分、句子或语段,标出起关联作用的相同词语,并说明是哪种形式的排比。

①我炮兵一阵猛轰,把敌人炸得死的死,伤的伤,逃的逃。

②民族的生机,任何反动势力都扼杀不了!人民的志气,任何阶级敌人都摧毁不了!真理的火焰,任何阴风鬼气都吹灭不了!

③是的,滔滔的黄河,流过荒古的北京人时代,流过奴隶社会和封建社会时代,流过蒋介石反动统治时代,它那贪婪的大口,吞进了千万顷良田沃土,在大地上留下了漠漠荒沙,它把几千年前的水纹留在峭壁上,它把惊险留在一代又一代三门峡船工的心头,它把报警的锣鼓声、大堤溃决时绝望的呼号,永远留在人民深深的记忆里。

(臧克家《毛主席向着黄河笑》)

④这不就是法兰克福的孩子们吗?男孩子和女孩子,黄眼睛和蓝眼睛,追逐着的,奔跑着的,跳跃着的,欢呼着的。……

不,那不是法兰克福。那是西北高原的故乡。……

不,那不是西北高原。那是解放前的北平。……

不,那不是逝去了的,遥远的北平。那是解放了的,飘扬着五星红旗的首都。……

(王蒙《春之声》)

10. 指出下边每段话中表示递升或递降关系的词语或句子,并说明是层递辞格的哪种形式。

①霎时,冷元被震惊了:他看见粮库门里的火光!这火,不是在烧公粮,是在烧他的肉,烧他的骨头,烧他的心!

(冯德英《迎春花》)

②全国同胞们!平津危急!华北危急!中华民族危急!只有全民族实行抗战,才是我们的出路!

(毛泽东《反对日本进攻的方针、办法和前途》)

③啊啊!你看那个热烈吧!省上的、专区的、县里的,谁能知道中国有多少干部在一九五三年冬天下了乡呢?乡村里,白天黑夜在开会……

(柳青《创业史》)

④我们现在是从事战争,我们的战争是革命战争,我们的革命战争是在中国这个半殖民地的半封建的国度里进行的。因此,我们不但要研究一般战争的规律,还要研究特殊的革命战争的规律,还要研究更加特殊的中国革命战争的规律。

(毛泽东《中国革命战争的战略问题》)

11. 指出下面句子中构成顶真的词语或句子,并说明是哪种顶真形式,有什么修辞作用。

①工作日变成了工作月,工作月变成了工作年,比埃尔和玛丽并没有失掉勇气。

(艾芙·居里《美丽的颜色》,左明彻译)

②她想:还在范村的时候,人们给她提过亲的那些对象——精明的不忠厚,忠厚的不能干,能干的思想不好。精明、忠厚、能干、思想好的男人,又要没结过婚,这样的对象上哪里去找呢?

(柳青《创业史》)

③故乡的门前有条小河，
小河微微荡着清波，
清波回旋着岸柳的倩影，
俊俏的姑娘哟，那是不是你在唱歌。

（《故乡的小河》）

④咱们做的事越多，老百姓就来得越多；老百姓来得越多，咱们的力量就越大；咱们的力量越大，往后做的事就越多。

（欧阳山《高干大》）

12. 标出下面句子中构成回环的关键词语或句子，指出是哪一种回环形式，并说明其修辞作用。

①他爹和他合起来，在世上活了一百来年，什么时候倒在一个冬天同时穿上新棉袄新棉裤来？总是：棉袄是新的，棉裤是旧的；几年以后，棉裤是新的，棉袄又是旧的。

（柳青《创业史》）

②血雨腥风里，毛竹青了又黄，黄了又青，不向残暴低头，不向敌人弯腰。

（袁鹰《井冈翠竹》）

③理性认识依赖于感性认识，感性认识有待于发展到理性认识，这就是辩证唯物论的认识论。

（毛泽东《实践论》）

④但我以为一切文艺固是宣传，而一切宣传却并非全是文艺，这正如一切花皆有色（我将白也称作色），而凡颜色未必都是花一样。

（鲁迅《文艺与革命》）

第六节　含蓄隐讳类辞格

含蓄隐讳类辞格，是通过含蓄和隐讳的方法所构成的一类辞格。这类辞格的表达功能是：增强语言的含蓄性和模糊性，用委婉曲折的表达方法，来表达不想直说或不宜明说的内容。这类辞格的共同特点是：利用婉转、隐含、暗示、避开等表达方法，使语言含而不露或意在言外。

这一类辞格，主要有双关、反语、婉曲、避讳、闪避等。

一、双关

利用语言的声音或意义上的联系，故意让一个词语或句子同时关顾两种事物、表示两种意思，这种修辞手法叫双关。

双关辞格的特点是言在此而意在彼，其方法是巧设语言环境，借助于一个能表示双关意义的词语或句子构成。这个词语或句子必有表、里两层意思，语辞表面的意思称为“语面”，语辞暗含的意思称为“语底”。语面所表达的意思是辅助的，语底所暗含的意思是主要的。

根据构成双关所运用的语言要素的不同，可以将双关分为谐音双关、语义双关两种类型。

（一）谐音双关

所谓谐音双关，是指利用词语的音同或音近条件所构成的双关。

现代汉语里存在着大量的同音词，它们的语音相同而意义不同。在词汇学上，将同音词分为两种：一种是异形的同音词，如“旧”

与“舅”、“攻势”与“工事”之类；另一种是同形的同音词，如“白”(白色)与“白”(白跑了一趟)、“出口”(把产品卖到国外)与“出口”(大厅的出口)之类。这两种形式的同音词，都可以构成谐音双关。例如：

①新做屋基四四方，
细细石子来打墙；
哥哥会盖大瓦屋，
问妹要廊不要廊。

(《民间情歌三百首·新做屋基四四方》)

这是利用异形的同音词所构成的双关。最后一句中的“廊”与“郎”谐音，语面的意思是“问妹要不要房廊”，语底的意思是“问妹要不要情郎”，体现了民歌用双关隐语来表达爱情的风格特点。

②我失骄杨君失柳，
杨柳轻飏直上重霄九。

(毛泽东《蝶恋花·答李淑一》)

这是利用同形的同音词所构成的双关。下一句中的“杨柳”，既关顾着本句的内容——说的是杨花柳絮，又关顾着上一句中的“杨”和“柳”——指的是杨开慧、柳直荀两位烈士，这两句中的“杨”和“柳”，音同形同而义不同，巧妙地构成了双关。

谐音双关，除了可以利用词语的同音条件构成外，还可利用词语的音近条件构成，这种谐音双关运用起来更加灵活，因而使用的也比较多。例如：

③果然正像老百姓说的那样：“遭殃军，刮民党，又是夺来又是抢！”

(李心田《闪闪的红星》)

这里的“遭殃军”是中央军的谐音，“刮民党”是国民党的谐音，表达了老百姓对国民党和中央军的痛恨。这种谐音双关比较简单，不用考虑上下文关顾的问题，只取声音近似这一个条件，直接将原来的词语替换下来就可以了。

有些谐音形式的歇后语，都是利用谐音双关的修辞手法构成的。例如：

山坡上滚石头——石打石（“石”谐“实”）

窗户眼吹喇叭——鸣声在外（“鸣”谐“名”）

卖海米的丢秤砣——抓虾（“虾”谐“瞎”）

腿肚子上绑暖壶——水瓶比脚高（“瓶”谐“平”，“脚”谐“较”）

应当指出的是谐音双关虽然是利用语音构成的，但其修辞目的还是侧重于语义的，而利用同音词（字）只是一种修辞手段。

（二）语义双关

所谓语义双关，是指利用能够表示两种意义的词语或句子所构成的双关。

语义双关，大多由整个句子所表示的两种意思构成，也有的由某个词语所具备的双重意义构成。在表情达意方面，语义双关比谐音双关更加丰富含蓄，因此听起来语意深厚、余味悠长。例如：

④蚊子遭扇打，只为嘴伤人。

（谷斯范《新桃花扇》）

上面的句子，是用整体意思构成的语义双关。语面的意思是说蚊子因为用嘴叮人被扇子打了，而语底暗含的意思是指有的人因为说话不注意而得罪人。

⑤《武大郎开店》这幅画，看到店里这班一个比一个矮的堂倌，这等奇景引人注目，也好笑。再看堂倌说：“我们掌柜的有个脾气，比他高的都不用。”这又是荒诞了。

（方成《从漫画展览谈漫画艺术》）

这段话里的“高”，是利用它能表示的两种不同意义所构成的双关语。语面的意思说的是个子高，而语底暗含的意思是指品德高、才能高，来讽刺用人上的不正之风。

⑥可是匪徒们走上五十几里的大山背，他没想到包马蹄的麻袋片全烂掉在路上，露出了他们的马脚。

（曲波《林海雪原》）

这是利用“马脚”这个词的双重意义所构成的语义双关。其语面的意思是说把马蹄子露出来了，而语底的意思是指露出了破绽，即暴露了匪徒们的行踪。

双关的修辞作用：

第一，双关手法可以产生意在言外的修辞效果，使表达更加委婉和耐人寻味，增加语言的含蓄美。

第二，运用双关手法可以形成幽默和讽刺，增加语言的谐趣美和嘲讽美。

第三，运用双关手法可以表现说话人的聪明才智和机变能力，使表达更富有情趣，增加语言的机巧美。

运用双关的注意事项：要注意语底暗含的意思不能过于冷僻、晦涩。要做到既含而不露，又使读听者能够体会得到、寻味得出，否则就会造成误会或歧义，失去双关自然和巧妙的特色。

二、反语

不直接说出本意，而故意用与本意相反的词语或句子来表达，这种修辞手法叫反语。

反语的特点是故意说反话，使词面的意思同词里的意思相反，利用词面的意思把本意隐含起来，让对方或读者自己去悟出。它有时使用某一词语的反义，有时借助于一个句子来表达相反的意思，或者以正言反，或者以反言正，有的具有讽刺意味，有的带有风趣情调。

根据反语的表达作用，可以分为讽刺性反语、风趣性反语两种类型。

（一）讽刺性反语

这类反语一般都采用以正言反的方法，就是使用褒义的词语，词面上是称赞或颂扬的意思，而词里暗含的是嘲弄或讽刺的意思。此种反语，主要用于讽刺和批评，以及揭露和打击敌人。例如：

①当三个女子从容地转辗于文明人所发明的枪弹的攒射中的时候，这是怎样的一个惊心动魄的伟大呵！中国军人的屠戮妇婴的伟绩，八国联军的惩创学生的武功，不幸全被这几缕血痕抹杀了。

（鲁迅《记念刘和珍君》）

②你们的“理论”确比毛泽东先生们高超得多，岂但得多，简直一是在天上，一是在地下。但高超固然是可敬佩的，无奈这高超又恰恰为日本侵略者所欢迎，则这高超仍不免要从天上掉下来，掉到地上最不干净的地方去。

（鲁迅《答托洛斯基派的信》）

③参加八国联军打败中国，迫出庚子赔款，又用之于“教育中国学生”，从事精神侵略，也算一项“友谊”的表示。

（毛泽东《“友谊”，还是侵略？》）

以上三例，都是讽刺性反语。从字面上看是在称赞和颂扬，而实际上是在讽刺和揭露。例①的“文明人”正是“野蛮人”，“伟大”正是“凶残”，“伟绩”和“武功”正是“罪恶”，有力地揭露了北洋军阀政府屈从外敌、镇压民众的反动本质；例②的“高超”正是“低劣”，“敬佩”正是“鄙视”，深刻地指出托派的观点只能对日本侵略者有利；例③中将镇压说成“教育”，将“友谊”加了引号，讽刺和揭露了美帝国主义假友谊、真侵略的本质。这些反语的使用，都有着特殊的表达效果，对于讽刺和揭露敌人，具有强烈的战斗作用。

（二）风趣性反语

这类反语一般都采用以反言正的方法，就是使用贬义的词语，词面上是批评、怨恨、戏骂等意思，而词里暗含的是称赞、爱惜、亲昵等意思。此种反语，多用于表达某种特殊的赞许或喜爱之情。例如：

④土豪劣绅的小姐少奶奶的牙床上，也可以踏上去滚一滚。动不动捉人戴高帽子游乡，"劣绅！今天认得我们！"为所欲为，一切反常，竟在乡村造成一种恐怖现象。

（毛泽东《湖南农民运动考察报告》）

⑤几个女人有点失望，也有些伤心，各人在心里骂着自己的狠心贼。

（孙犁《荷花淀》）

以上两例，都是风趣性反语：例④中带点的句子或词语虽然都带有贬斥的色彩，但让作者当反语这么一用，生动地表现了湖南农民运动的空前深入，也表达出革命领袖看到农民发动起来、中国革命有了成功的希望以后那种无比兴奋的心情；例⑤中的"狠心贼"词面上是怨恨之意，而词里暗含的是妇女们对自己丈夫的爱慕和思念，同时也巧妙地表达出夫妻之间那种特有的亲昵情味。

风趣性反语，也有采用以正言反方法的，通过使用褒义词来表达相反的意思，并由此增加语言的风趣性和幽默感。例如：

⑥当我把那一斤草提到饲养棚时，在场的人大乐。饲养员赵大叔用食指挑着我那一斤草，说：你真是个劳模儿！

（莫言《晚熟的人》）

这里所说的"劳模儿"本应是一个非常能干的人，可是"我"只割了一斤草就提到生产队交给饲养员，这实在是太不会干活了，草也割得太少了，因而饲养员使用了这个反语，不仅充满风趣，还表达出对童年的"我"那种特别爱惜和鼓励的情感。

反语的修辞作用：

第一，反语可用于褒贬事物，能够深刻揭示事物的本质，增强语言的鲜明性和生动性。

第二,反语用于反面事物,可以使语辞具有讽刺或嘲弄的意味,增强语言的战斗力,达到讽刺或揭露的目的。

第三,反语应用于正面事物,可以使语辞含蓄或诙谐幽默,表达特殊的难言之情或喜爱之意,此时别无嘲弄讽刺的意思在内。

运用反语的注意事项:

第一,使用反语时要分清对象,不可乱用。对待敌人,可以无情地嘲弄、讽刺和揭露;而对待友方,则要注意分寸,一般只能是善意的讽刺或风趣、幽默。

第二,因为反语采用的是说反话的表达方式,所以要力求语义鲜明,切忌含混。如果靠一般的表达不容易使人理解反语暗含的意思,可采取给反语加引号、加"所谓"等提示语、在上下文里点明等方法,给读听者一定的提示。

三、婉曲

不直说本意,而用委婉曲折的方法表达出来,这种修辞手法叫婉曲。

婉曲的特点是:对所要表达的本意不直接说出,而是意在言外,让人思而得之,使语言含蓄隽永,耐人寻味。根据婉曲的不同表达方法,可以将婉曲分为婉言、曲语、折辞三种类型。

(一)婉言

所谓婉言,是指不直白本意,而是把话说得委婉平和,减少刺激,使人乐于接受。例如:

①王三胜不怕:他看得出别人有功夫没有,可更相信自己的本事,他是沙子龙手下的大将。"下来玩玩,大叔!"王三胜说得很得体。

老舍《断魂枪》)

②周大勇说："反正我们人少，坐无形，走无踪，要打就打，要走就走，利索得很。可是老虎也说得对：'不能蛮干，蛮干，鼻子和眼就得调换位置'。"

（杜鹏程《保卫延安》）

例①中的王三胜不直说"你敢来和我比一比吗"而说"下来玩玩"，这话在比武场上就显得很随便、很得体，不显出瞧不起人的意思，让对方听着顺耳；例②不直说蛮干就会送命，而说成"鼻子和眼就得调换位置"，说得既轻松又风趣，别人听了也容易接受。

（二）曲语

所谓曲语，是指不直说本意，而是把话说得曲折隐讳，通过描述相关事物来烘托、暗示本意。例如：

③我们不怕死，我们有牺牲的精神，我们随时像李先生一样，前脚跨出大门，后脚就不准备再跨进大门！（长时间热烈的鼓掌）

（闻一多《最后一次讲演》）

这是闻一多先生 1946 年 7 月 15 日在昆明云南大学礼堂举行李公朴先生追悼会上的发言，当天下午闻一多先生也被国民党特务暗杀，故后人将之定题为《最后一次讲演》。这是全文结尾的一段，闻一多先生使用曲语"前脚跨出大门，后脚就不准备再跨进大门"，来表示自己已经抱定必死的决心，比直接说出来更有力量、更加感人。

④目前的造物主，还是一个怯弱者。

他暗暗地使天变地异，却不敢毁灭一个这地球；暗暗地使生物衰亡，却不敢长存一切尸体；暗暗地使人类流血，却不敢使血色永远鲜秾；暗暗地使人类受苦，却不敢使人类永远记得。

（鲁迅《淡淡的血痕中》）

作者的这篇散文写于 1926 年"三一八惨案"之后，这是开头的两个自然段，因当时斗争形势的需要而使用了曲语：第一段把开枪镇压爱国学生和民众的段祺瑞军政府称为"目前的造物主"，并说他们“还是一个怯弱者”;第二段描述出这个“造物主”和“怯弱者”的一系列怯弱表现,以巨大的生活容量和深刻的思想哲理,含蓄而有力地揭露了北洋军阀政府害怕革命、害怕民众的怯弱本质。

(三)折辞

所谓折辞,是指不直说本意,而是把话说得迂回曲折,拐弯抹角地表达出来。例如:

⑤蔡孑民先生一到上海,《晨报》就据国闻社电报郑重地发表他的谈话,而且加以按语,以为“当为历年潜心研究与冷眼观察之结果,大足昭示国人,且为知识阶级所注意也”。

我很疑心那是胡适之先生的谈话。国闻社的电码有些错误了。

(鲁迅《无花的蔷薇》)

⑥学习班都是熟人,我国开创远洋事业的不少老船长、老大副都来了。老朋友久别重逢十分开心,各路兵马摩拳擦掌,准备大干一场。可是——笑容慢慢冻结在脸上了。怎么!走路要排队,吃饭也要排队;寄信要请假,说话还有人监督……军宣队宣布全面接管,难道成了国民党俘虏?

(柯岩《船长》)

以上两例,都运用了折辞:例⑤不直说蔡元培(字鹤卿,号孑民)在《晨报》上发表的谈话都是胡适(字适之)曾经说过的,而是绕着弯子说“我很疑心那是胡适之先生的谈话。国闻社的电码有些错误了”,这就给作者的老朋友蔡元培留了面子;例⑥不直接说贝汉廷他们这些经常随远洋货轮出国的老船长、老大副们都被隔离审查,而是用加点的这些相关内容绕着弯子表达出来,比直接说出更富有表现力。

婉曲的修辞作用:一是能够增加语言的得体性,委婉平和,容易接受;二是可以增加表达的含蓄性,内涵深刻,耐人寻味;三是还可增加语言的趣味性,讽刺幽默,富有情趣。

四、避讳

对犯忌触讳的事物不宜明说，而用其他词语来回避或掩饰，这种修辞手法叫避讳。

在一般情况下，避讳的内容多是不吉利的事情或者粗俗的事物。或者出于封建迷信，或者出于宗教信仰，或者出于民族习惯，或者出于对别人的尊重或其他某种情感的需要，有些事情在有些时候或有些场合是不能直接说出来的，如果直说就会犯忌触讳，或者显得不雅。如“死”一向被认为是一个不祥的字眼，所以一般都不直说，而是采用其他词语或说法来代替，连停尸房一般也都称为“太平间”；再如将厕所称为“洗手间”，将月经称为“例假”，将怀孕称为“有了”，等等，这都是为了说得更文雅一些；还有，把婚姻之事说成“终身大事”或“个人问题”，将没有钱说成“经济困难”或“囊中羞涩”等，这些都是一种掩饰或美化的说法。

可见，避讳的根本方法，就是不直接说出犯忌触讳的那个词语，而是使用其他词语来代替。有的将避讳分为美饰、掩饰两种类型，有的将避讳分为他语替代型、笼统模糊型两类，其实这两种分类是相同的，只是目的与手段的区别而已：不管是美饰、掩饰，还是笼统模糊，其根本方法都是用其他词语或说法来代替。例如：

①3 月 14 日下午两点三刻，当代最伟大的思想家停止思想了。让他一个人留在房里还不到两分钟，当我们进去的时候，便发现他在安乐椅上安静地睡着了——但已经永远地睡着了。

（恩格斯《在马克思墓前的讲话》）

这是这篇讲话开头的第一段，说明马克思逝世的时间。作者出于对马克思的尊重，以及减少对在场人员的刺激，一直没有直接使用“死”和“逝世”之类的词语，而用“停止思想了”“安静地睡着了”

"永远地睡着了"这三个短语来代替,这就达到了避讳的目的,把意思表达得委婉而平和。

②杨振宁是否预感到,邓稼先严重透支的身体与生命,正在迅速地滑向黑暗的那一边?而祖国的强大,正如日东升。

个体生命透支的同时,是一个民族站起来了。

(张曼菱《邓稼先与杨振宁:千里共同途》)

邓稼先是我国著名核物理学家,为我国成功研制原子弹、氢弹和新型核武器做出了重大贡献,于 1986 年逝世,年仅 62 岁。1999 年中共中央、国务院、中央军委追授他"两弹一星"功勋奖章。这是作者看到邓稼先生前与杨振宁的一张合影所发的感慨,看到邓稼先白发苍苍的病容,想到他多年来忘我工作而不顾身体,说他"正在迅速地滑向黑暗的那一边",这种避讳手法,更显得深沉而含蓄。

③他的脸红起来,好像为是壮壮自己的胆气,他又喝了口酒。刚才他想对她诉诉委屈,此刻又忘了。红着脸,他不由的多看了她几眼,越看,他心中越乱,她越来越显出他所不明白的那点什么,越来越有一点什么热辣辣的力量传递过来,渐渐的她变成一个抽象的什么东西。

(老舍《骆驼祥子》)

④"祥子!"她往近凑了凑:"我有啦!"

"有了什么?"他一时蒙住了。

"这个!"她指了指肚子。"你打主意吧!"

楞头磕脑的,他"啊"了一声,忽然全明白了。……

(老舍《骆驼祥子》)

作者在描绘祥子和虎妞的这两个地方,使用了避讳手法:例③不直说祥子有了性欲,而用"他所不明白的那点什么"和"有一点什么热辣辣的力量"两种说法来代替;例④中连虎妞自己也不直接说

"我怀孕了"或"我怀上你的孩子了",因为毕竟没有经过明媒正娶,所以只神秘地对祥子说"我有啦",并指着肚子说"这个"。这种避讳手法不仅显得文雅,对刻画人物性格也起到了重要作用。

避讳的修辞作用:一是可以避免犯忌触讳,使语言委婉平和;二是可以避免粗野低俗,显得文雅细腻。

五、闪避

为了避开不想正面回答或不能细说的内容,故意闪烁其词地笼统表达或换个角度表达,这种修辞手法叫闪避。

闪避的特点是:避免作正面回答或具体回答,采用换个角度的说法,或使用含义宽泛、模糊笼统的说法,故意把话说得不明白、不具体,以达到避开锋芒、闪烁其词的表达效果。

按照闪避的构成方法,可以将闪避分为转换型闪避、模糊型闪避两种类型。

(一)转换型闪避

所谓转换型闪避,是指对提出的问题不作正面回答,而是转换一个角度进行回答。转换型闪避多用于口语交际之中,是一种机警而礼貌的说话艺术,能够表现出说话人的机智与才能,例如:

①周恩来总理在北京的一次记者招待会上,介绍了我国经济建设成就和对外方针之后,请记者们提问题。一位西方记者问:"请问,中国人民银行有多少资金?"这一问语既是讥笑我国经济贫乏,又涉及到国家机密。周总理回答说:"我国人民银行货币资金嘛,有18元8角8分。"这一回答使全体记者愕然。周总理接着说:"中国人民银行发行面额为10元,5元,2元,1元,5角,2角,1角,5分,2分,1分,共十种主辅人民币合计为18元8角8分。中国人民银行是中国人民当家作主的金融机构,有全国人民作后盾,信用卓著,实力雄厚,它所发行的货币,是世界上最有信誉的一种货币,在国际上

享有盛誉。”

（周刚《委婉拒绝回答种种》）

对西方记者提出的这个刁钻的问题，周总理是无法作正面回答的，但不回答又显得没有礼貌，也会破坏记者招待会的气氛。这时，周总理所采用的就是转换型闪避的修辞手法，即换个角度来回答：巧妙地把“资金总额”转换为“发行的货币资金面额”，这样既回答了记者的问题，又保守了国家机密，还借此机会给人民币作了一次宣传，充分表现出周总理作为大国政治家和外交家的卓越才能。

②“得了，祥子！说说，说说你怎么发的财？”这样的话，祥子天天听到。他一声不响，直到逼急了，他的那块疤有点发红了，才说，“发财，妈的我的车哪儿去了？”

（老舍《骆驼祥子》）

这里祥子面对同行们的一再追问，回答的话就是转换型闪避：不正面回答他的钱是从军营里拉了三匹骆驼得来的，而是换个角度反问对方“我的车哪儿去了”，让对方想到祥子的车也确实没了，于是没法再追问下去。这句答话，也能够表现出祥子虽然老实但也粗中有细。

（二）模糊型闪避

所谓模糊型闪避，是指对提出的问题不作具体回答，而是用一些模糊性或概括性的词语来代替。模糊型闪避在一些文艺作品中经常使用，可以避免不必要的啰唆，节省大量笔墨。例如：

③船一到港，他立即彬彬有礼地去拜访代理、卸货组长、工头、工人……摸清了不卸滑石粉的由来。原来是一个工人看报时偶然发现了一篇化学家署名的文章，分析滑石粉的结构：如此这般，这般如此，作用于人体，就要引起癌症。这个工人在他的工班一说，癌症，这还了得！几个工班一商议，向工会提出：从此不卸滑石粉。

（柯岩《船长》）

这里说到化学家分析滑石粉的结构，此问题如果细说既复杂又难懂，而且与文章主题无关，所以作者用“如此这般”和“这般如此”来替代，既节省了不必要的解释说明，又不影响原来的叙述主题，这就是运用了模糊型闪避的手法。

④“这，你就错了。”聪明人学着老寿的口气，“甘书记说了些啥，也给咱传达传达嘛！”

“行！”老寿把牲口拴到槽上，回过身来，扬着眉，颤着声说道：“甘书记请我吸的黄烟，喝的绿茶，还捏着我的手，叫我放心，有党在，就饿不着老百姓。怎么样？够劲吧！”说完，老寿掉身就走了。

（茹志鹃《剪辑错了的故事》）

这段话的内容说的是，老寿带人把刚打下来的四大车稻谷送到县收购站以后，群众就追着问甘书记怎么说，意思是“咱们的粮食不够吃怎么办”。老寿是党员、干部，为了维护党和领导的威信，不能直说，只有想办法安抚大家，其中最要紧的一句“有党在，就饿不着老百姓”，这只是一种含混不清的原则话，运用的正是模糊型闪避的修辞手法。其实，老寿说的都是谎话，他自己对此事也非常痛心，因此才有“颤着声说道”的表情和说完“掉身就走”的动作，这些都深刻反映出我国“大跃进”年代“左”倾路线的严重危害。

闪避的修辞作用：

第一，闪避不同于语义不清的语言，也不是不得要领的废话，它有着明确的交际目的，可以起到既不拒绝回答又能避重就轻的作用，能够表现出应答者的机敏和智慧。

第二，闪避应用于文艺作品中，可以减少不必要的具体的解释说明，使内容更加简洁，语意更加集中；用于描写人物的语言，对于表现人物的内心世界和刻画人物性格也具有重要作用。

思考与练习六

1. 什么是含蓄隐讳类辞格？这一类辞格主要有哪几种？它们的表达功能和共同特点是什么？

2. 什么叫双关？双关的特点是什么？双关可分为哪两种类型？举例说明。

3. 双关有哪些修辞作用？运用双关手法应注意什么问题？

4. 什么叫反语？反语有哪两种形式？分别举例说明。

5. 反语有什么修辞作用？运用反语的注意事项是什么？

6. 什么叫婉曲？婉曲分为哪三种形式？婉曲的修辞作用是什么？举例说明。

7. 什么叫避讳？避讳的根本方法是什么？避讳有怎样的修辞作用？举例说明。

8. 什么叫闪避？闪避可分为哪两种类型？闪避的修辞作用是什么？举例说明。

9. 标出下边各例中起双关作用的词语或句子，并说明各是哪种类型的双关，其语面和语底各是什么意思。

①“碰壁？”我说，“你怎么会碰壁呢？是不是你走路不小心？”“你想，四周围黑洞洞的，还不容易碰壁么？”“哦！”我恍然大悟，“墙壁当然比鼻子硬得多了，怪不得你把鼻子碰扁了。”

（周晔《我的伯父鲁迅先生》）

②本地话常常把普通话的第一声念成第三声，把第二声反念成第一声，阴错阳差，一不小心就跑调。

（王安忆《B角》）

③常在河边走，哪有不湿鞋。

（谚语）

④雨里蜘蛛还结网，想晴唯有暗中丝。

（《广东谣》）

10. 指出下列各例中起反语作用的词语或句子，并说明是哪种类型的反语，所表示的真正意思是什么。

①假若当时我已经能够记事儿，我必会把联军的罪行写得更具体，更“伟大”，更“文明”。

（老舍《小花朵集》）

②吴淑兰的心，被革命竞赛的热情燃烧着，早已飞回她的队员中去，飞到田野里去了。无论张腊月和她的队员们怎样苦苦劝留，说什么也留不住。

最后张腊月无可奈何地笑骂道：“我现在才认识你，你是个顶坏顶坏的女人啊！”她们两人虽说只相处了一天，可是她们的友情是那么诚挚深厚，……

（王汶石《新结识的伙伴》）

③流氓欺乡下佬，洋人打中国人，教育厅长冲小学生，都是善于克敌的豪杰。

（鲁迅《准风月谈·冲》）

11. 指出下面应用婉曲的词语或句子，并说明哪个是婉言、哪个是曲语、哪个是折辞。

①一九五七年我们先后遭到“不测”之后，L 几乎可以说是充满温情地不断地来看望我，去看望你。

（王蒙《轮下》）

②田秀姑红着脸说：“你喜欢我们山里吗？”

何山：“喜欢。”

“将来你愿意住在我们山里吗？”

“我家里还有父亲。”

“把他接来。”

（电视剧《乌龙山剿匪记》）

③也就在那个“史无前例”的日子，我曾被投入四面是墙，门口

站着“警卫员”的所在。“警卫员”，这里需要略加说明，他们并不是为了我去警卫别人，而是别人派来“警卫”我的，——我只是被“警卫”的对象。

（黄苗子《床虱》）

12. 指出下面段落或句子中起避讳作用的词语，并说明所避讳的是什么事物。

①曾经有过好几次，他病了，病得很厉害，一连几天都起不了床，人们来看望他，都以为他要去了。不是人生七十古来稀？这儿的庄稼人既不恶生，但对死也一点不怯惧，说起来的时候总是静静的，时候到了，就该回去。

（何士光《种包谷的老人》）

②自从他明确地、坚决地表示不愿再与美兰恢复关系以后，关心他的“生活问题”“个人问题”的人实在太多，有许多老战友特别是老战友的夫人硬把照片塞到他的手里，他不胜其烦。

（王蒙《夜的眼及其他 · 蝴蝶》）

13. 指出下面段落中起闪避作用的词语，并说明是哪一种闪避形式。

①丁云鹤一下像掉到冰窖里一样，他的嗓子忽然喑住了。最后，他才眼中含着泪水：

“吴审判员，谢谢您，我全明白了，你把起诉书退给我吧，我认输了！不过我想请教一下，到底是法律说了算，还是广播上说了算？”

吴审判员为难了半天，忽然莞尔一笑，说：“哎呀，老丁啊！你在农村混了多年了。怎么还认这个‘死理’?！……”

（李准《瓜棚风月》）

②我是一名记者，又是常常被记者包围的对象，掼出三张记者证，也突不了围的窘境，也是难免的。

“宗英同志，你怎么也想起到中药界来采访了？”

“你为什么对中药感兴趣?”

怎么回答呢? 说远因? 述近缘?

“我是中国人。”一句话概括了。可无论哪一位记者,都不能满意我这十分准确的答复。

(黄宗英《行行复行行》)

第七节　风趣幽默类辞格

风趣幽默类辞格,是通过风趣和幽默的方法所构成的一类辞格。这类辞格的表达功能是:增加语言的趣味性和幽默感,追求别具一格的表达效果。这类辞格的共同特点是:通过改变语法常规的特殊用法来记述事物或说明事理,增强语言的趣味性或幽默感。

这一类辞格,主要有仿拟、析词、飞白、别解、转类、降用、易色等。

一、仿拟

比照原有的词语或句子临时仿造出新的词语或句子,用于表达诙谐、幽默或讽刺等意思,这种修辞手法叫仿拟。

仿拟具有以下两个特点:第一,仿拟是一种有意识的更换,即为了某种需要,临时更换原有词语的某个语素或句子中的某个成分,使其产生一种新的特殊意义,由此达到诙谐、幽默或讽刺的目的。第二,所更换的语素或成分,与原来的语素或成分具有相反、相对或相连的意义,使仿造的词语或句子与原词、原句形成一种格式上和意义上的对照;没有这种对照,所仿造的词语或句子就不能成立,仿拟辞格的诙谐、幽默、讽刺等情调也就不复存在。

仿拟辞格,可以分为仿词、仿句两种形式。

（一）仿词

所谓仿词，是指有意更换词语中的某个语素或成分而临时仿造出一个新词，用以表达诙谐或讽刺等意思。

仿词在使用中有三种情形：一是先出现原词，后出现仿词，这样容易对照，便于理解；二是先出现仿词，后出现原词，给人一种突兀新奇的感觉；三是只使用仿词，而原词在上下文里都不出现，但对原词和原意，读听者仍可感觉得到，因而仍能表达出幽默或讽刺的意思。例如：

①这些道理第一桩就是籍贯是无所谓的。那时要做一个世界人，连国籍都觉得狭小，不用说省籍和县籍了。那时在大学里觉得同乡会最没有意思。

（朱自清《我是扬州人》）

②萧祥在旁边插嘴，指着《中国土地法大纲》笑着说道："这比天书还要灵验，这是地书，是毛主席批下来的平分土地的书，凭着这书，大伙日子管保都能过得好。"接着萧队长和他们解说《中国土地法大纲》，……

（周立波《暴风骤雨》）

以上两例，都是先出现原词、后使用仿词的：例①在"国籍"的基础上，仿造出"省籍"与"县籍"；例②由"天书"仿造出"地书"，生动而具体地说明了《中国土地法大纲》对于农村和农民的重大意义。仿拟的修辞效果——幽默和诙谐，也正是在这种相互对照中实现的。

③像他这种人，都比我们多两个籍，我们只有一个家乡籍，他还有一个党籍，一个军籍。

（陈世旭《小镇上的将军》）

④然而不多久，这阿Q的大名忽又传遍了未庄的闺中。虽然未庄只有钱赵两姓是大屋，此外十之九都是浅闺，但闺中究竟是闺中，所以也算得一件神异。女人们见面时一定说，邹七嫂在阿Q那里买

了一条蓝绸裙，旧固然是旧的，但只花了九角钱。……

后来这终于从浅闺传进深闺里去了。因为邹七嫂得意之余，将伊的绸裙请赵太太去鉴赏，赵太太又告诉了赵太爷而且着实恭维了一番。

（鲁迅《阿Q正传》）

以上两例，都是先使用仿词，而所比照的原词在下文中出现。从修辞效果上看，例③先使用“家乡籍”，例④先两次使用“浅闺”，都增加一种新奇独特的表达效果。

⑤他那颗心僵硬了似的半筹莫展。

（茅盾《子夜》）

⑥先前信“地”，信“物”，后来信“国联”，都没有相信过“自己”。假使这也算一种“信”，那也只能说中国人曾经有过“他信力”，自从对国联失望之后，便把这他信力都失掉了。

（鲁迅《中国人失掉自信力了吗》）

以上两例，都是只使用仿词，而原词并没有出现。但一看就知道，例⑤中的“半筹莫展”是比照“一筹莫展”仿造出来的，例⑥中的“他信力”是比照“自信力”仿造出来的，其意义比原词更加鲜明有力，仍不失仿词的修辞效果。

关于仿词，还有两个问题需要说明：第一，仿词所仿造出来的新词是一种偶发词语，它只能在特定的语言环境中表示特有的意义，离开这种语言环境就不能单独使用。如上边的“省籍”“县籍”和“家乡籍”“地书”“浅闺”和“半筹莫展”“他信力”等都是这样；第二，仿词不同于生造词语，仿词是一种临时的修辞手段，而通常所说的生造词语是违反语法常规的，二者有着本质的区别。

（二）仿句

所谓仿句，是指比照原有句子的形式和意义，临时仿造出一个新的句子，使之表达与原句相反、相近或相关的意思。

这种仿拟的方法，一般都是直接使用所仿造的句子，而被仿照的原句有时在上下文中出现，也有时不出现，需要读听者自己对照原句来理解，这样才能达到仿拟的修辞效果。例如：

①“什么？”童贞不满地说：“你们当厂长的不抓管理，倒埋怨下边。我是不在其位不谋其政。”

“在其位就谋其政吗？不见得。”

他俩一边说着话，走进七车间，……

（蒋子龙《乔厂长上任记》）

例①中的仿句“在其位就谋其政吗”，是比照上文的“不在其位不谋其政”仿拟而成的，表示与原句相反的意思。原句与仿句都在上下文中出现，便于读者对照和理解。

②声如千骑疾，气卷万山来。惊心动魄的一幕出现了：9 时 08 分，伴随震耳欲聋的喷气式发动机轰鸣声，眨眼之间，舰载机的两个主轮触到航母甲板上，机腹后方的尾钩牢牢地挂住了第二道阻拦索。刹那间，疾如闪电的舰载机在阻拦索系统的作用下，滑行数十米后，稳稳地停了下来。

（蔡年迟、蒲海洋《一着惊海天——目击我国航母舰载战斗机首架次成功着舰》）

这段话描写的是 2012 年 11 月 23 日上午，在渤海海域我国第一艘航空母舰——“辽宁舰”上，歼 -15 舰载战斗机首次着舰成功时紧张而震撼的场面。开头加点的两句运用了仿拟辞格中的仿句：清代施闰章《钱塘观潮》中的原句为“声驱千骑疾，气卷万山来。”这里在使用时只改了一个字（将“驱”改为“如”），用来形容舰载战斗机着舰时的声音和气势，也非常贴切，照样能够取得简洁有力、形象生动的修辞效果。

③春蚕到死丝不断，留赠他人御风寒。

（歌剧《江姐》）

例③在唱词中直接使用仿句,而原句并未出现,这是仿照李商隐《无题》中的“春蚕到死丝方尽,蜡炬成灰泪始干”两句而来的,改动比较大,用来歌颂江姐的高贵品质。读者即使没有读过原诗,也能由字面理解其中的意思,只是不知道这是仿拟辞格而已。

仿拟的修辞作用:

(1)仿词主要用以表达诙谐、幽默或讽刺等意思;运用仿句还可开拓新的意境,抒发更加殷切的情感。

(2)运用仿拟可以形成鲜明的对照和比较,能够更加深刻地揭示事物的本质,加深读者的理解。

(3)运用仿拟能够增强语言的生动性和概括性,使语言既简洁明快,又新鲜活泼。

二、析词

故意把一个词拆开来使用并加以分析,以表达特定的思想内容,这种修辞手法叫析词。析词有的也称为“拆词”。

在一般情况下,只有一个词才是能够独立运用的最小语言单位,而词中的语素是不能单独使用的。现代汉语中,双音词虽然占优势,单音词仍然很活跃,它们除了能够独立成词外,还可以充当语素构成合成词,其中的每个单音节语素都能表示一定的意义,这就为使用析词手法提供了语言条件。析词多以合成词或固定短语为对象,在一定的语言环境下,有的双音节单纯词也可以作为析词之用。其方法是:根据表达内容的需要,对词语的某个语素或成分加以特别解释和借题发挥,或在某个关键词语中间插入其他相关成分,借以表达特定的思想内容,并使语言活泼风趣、引人深思。

根据析词的不同方法,可以将析词分为拆解式、插入式两种类型。

(一)拆解式析词

析词的“拆解式”,就是把一个合成词或固定短语拆开使用,根据需要加以解释说明。这种拆词手法,既可以分开使用词语的每个语素或成分,也可以单独使用其中某一个语素或成分。例如:

①这种态度,就是实事求是的态度。“实事”就是客观存在着的一切事物,“是”就是客观事物的内部联系,即规律性,“求”就是我们去研究。我们要从国内外、省内外、县内外、区内外的实际情况出发,从其中引出其固有的而不是臆造的规律性,即找出周围事变的内部联系,作为我们行动的向导。

(毛泽东《改造我们的学习》)

②妇女队里出来一个十六七岁的双辫子姑娘,就是小老杜家的童养媳刘桂兰。她脸频通红,说话挺快,指着张富英问道:“对军属烈属,你们啥也不拥护,光有光,没有荣,你们这是哪来的章程?”

(周立波《暴风骤雨》)

以上两例,都是拆开使用一个词语的各个语素或成分:例①把成语“实事求是” 拆开使用,分别说明“实事”“是”和“求”的含义,把道理讲得鲜明而深刻;例②分开使用“光荣”一词中的“光”和“荣”,说明在破落地主张富英办的假农会和合作社里,军属和烈属根本得不到任何优待。

③现在许多人在提倡民族化、科学化、大众化了,这很好。但是“化”者,彻头彻尾彻里彻外之谓也;有些人则连“少许”还没有实行,却在那里提倡“化”呢!所以我劝这些同志先办“少许”,再去办“化”,不然,仍旧脱离不了教条主义和党八股,这叫做眼高手低,志大才疏,没有结果的。

(毛泽东《反对党八股》)

④“请多包涵。哎哎,多包涵……我去给您取行李。”说着,他弓着水蛇腰出去了。

尽管店主“包涵”不离口，但即使他说上一千零一个，这样的地方也真难叫人“涵”得下。

（金河《大车店一夜》）

上边两例，都是从合成词中单独拿出某一个语素来使用：例③是从“民族化”“科学化”“大众化”这三个词中，单独拿出一个共同的词缀“化”来分析使用，先讲清什么叫作“化”，再说明怎样才能达到“化”，教育人们如何脱离教条主义和党八股；例④是从“包涵”一词中，单独拿出“涵”这个语素来使用，说明尽管店主客气而殷勤，但大车店的条件实在太差了，表达出一种非常勉强的意思。

（二）插入式析词

析词的“插入式”，就是在一个合成词或固定短语的中间，临时插入相关成分或词语，以表达特定的思想内容，增强语言情趣和表现力。例如：

⑤“哈呀！我早猜到杏莉是俺嫂子了。我举两只手，赞个大成！”秀子从西房间，笑着说着走过来。

（冯德英《苦菜花》）

这是长篇小说《苦菜花》中的一个情节。当秀子听到哥哥德强要娶杏莉作媳妇，母亲已经同意、弟弟也都赞成时，就从房间里走出来说了这番话。其中在“赞成”这个双音节合成词中间，插入两个临时性成分而说成“赞个大成”，充分表达出秀子特别赞成和高兴的情感。

⑥2007年，我乘去天山之机，有意去了一趟元宝坑，深感物亦不是人亦非也，元宝坑早已没有了当年的模样，人也不认识几个了，唯一庆幸的是，那片稻地早已改回旱田，改种水稻为种玉米。

（武敏政《踩筏子》）

这段话在使用成语“物是人非”时，采用了插入式析词手法：将其分为前后两个部分，根据表达的需要插入相关内容——前边的“物是”

反其意而用之，变成“物亦不是”，来反映下文所说的村庄和土地都已变样；后边的“人非”仍保留原意，但插入后变为“人亦非也”，与其前面的四个字相对称，既使语音和谐，又增添了抒情色彩和感叹语气。

不仅某些合成词和固定短语能够采用插入式析词手法，有的双音节单纯词（两个音节一般不能拆开使用），也可以在中间插入相关成分，形成一种新的临时组合，用以表达特定的思想内容。如“慷慨”一词，就可以说成“慷他人之慨”或“慷国家之慨”等，这就使析词的范围和用法进一步拓展。

析词的修辞作用：

第一，析词可以通过对单独使用的语素或成分所进行的分析和解释，达到借题发挥的目的，来表达更加丰富复杂的思想内容。

第二，运用析词手法，可以增强语势，强调重点，引人注意，能够给读听者留下鲜明而深刻的印象。

第三，运用析词手法，有时可以造成一种轻松活泼、幽默诙谐的气氛，还有时能够表达出强烈的讽刺意味。

三、飞白

故意如实记录和援用白字（别字），以造成逼真、生动、幽默、风趣等修辞效果，这种修辞手法叫飞白。

“飞白”的“白”就是“白字”，规范的说法应是“别字”，因为人们都习惯于说成“白字”，所以陈望道先生在《修辞学发凡》中就将此格定名为“飞白”，这是一种形象的说法。

别字大体有两类：一是音同或音近的字，而字形不同，这是由误听而来的；二是字形相近的字，而字音不同，这是由误记而来的。在口语或书面语中，明知其错而故意用之，就可形成飞白辞格，取得生动逼真或讽刺幽默的表达效果。

根据不同的使用方法，可以将飞白分为直录式、返用式两种类型。

(一)直录式飞白

所谓直录式飞白,是指如实记录别人说错或写错的字,以造成逼真、生动的表达效果。例如:

①老程又钻到被窝中去,指着破皮袄说:“祥子抽烟吧,兜儿里有,别野的。”别墅牌的烟自从一出世就被车夫们改为“别野”的。

(老舍《骆驼祥子》)

这里如实记录了车夫老程的原话,把“别墅”牌香烟说成“别野”的,表现出说话人的文化程度很有限,格外显得逼真、生动,并有一种风趣、幽默的情调。

②大概是太过于念念不忘了,连阿长也来问《山海经》是怎么一回事。这是我向来没有和她说过的,我知道她并非学者,说了也无益;但既然来问,也就都对她说了。

过了十多天,或者一个月罢,我还很记得,是她告假回家以后的四五天,她穿着新的蓝布衫回来了,一见面,就将一包书递给我,高兴地说道:

“哥儿,有画儿的‘三哼经’,我给你买来了!”

(鲁迅《阿长与〈山海经〉》)

这里所说的阿长是作者的保姆,不认得字,只能听出这本书名的大致语音,所以将《山海经》说成“三哼经”。这样如实记录语音,正好逼真而生动地表现出阿长的特点和说话时的神态,并收到活泼风趣的修辞效果。

(二)返用式飞白

所谓返用式飞白,是指明知对方说错写错而故意将错就错,返过来又给对方用上,以表示嘲笑或讽刺之意,同时又有打趣和幽默的作用。例如:

③甲:还有一份情书,姑娘一念就吹了。

乙:他怎么写的?

甲:"亲受的姑娘,我见到你的照片,很受你,不知道你受不受我?"

乙:跟"受"干上了。

甲:姑娘看完信,加了两句评语,把信退回了。

乙:评语怎么写的?

甲:(念)"××同志,我不受你,因为你受字太多,我受不了。请你更正错别字,加强学习。"

(郝爱民、谈宝森《录取爱人》)

这段相声说的是一个男生向一位姑娘求爱,在求爱信中误把"爱"字写成"受"字,姑娘在退信的评语中,又故意把他错写的"受"字用上,以表示拒绝和嘲笑之意。

④今年教育部下令复古,有一阵北平读经尊孔之风大盛。有一个大学热烈响应了教育部的号召,暑假就对学生举行了一次空前绝后的科举式的考试。这次考试的国文试题有两个:一个是"士先器识而后文艺论";一个是"拟南粤王赵佗复汉文帝书"。大学生在做这两个试题时,……有一个人大写道:"汉文帝三字仿佛故识,但不知系汉高祖几代贤孙?至于答南粤王赵他——则素昧平生,无从说起。且回去用功,明年再见!"试官一见这个卷子,立刻拿起朱笔批了一首五言绝句:"汉高文帝爸,赵'佗'不是'他'。今年既不中,明年再来吧!"

(杨沫《青春之歌》)

这是这个学生对第二道国文试题的答卷,他竟不知道汉文帝(刘恒)是汉高祖(刘邦)的儿子,还把南粤王赵佗误读为"赵他"。因此,考官给他的批语指出了这两个错误,告诉他"汉高文帝爸,赵'佗'不是'他'",其中后一句中的"他"就使用了飞白辞格的返用式,对学艺不精的学生以风趣的讽刺。

通过对以上例子的分析可以看出，飞白的直录式与返用式的区别，主要在两个方面：

一是二者的结构不同：直录式飞白是只有记录，没有返回；而返用式飞白是既有记录，又有返回，多这一个步骤。

二是修辞目的和作用不同：直录式飞白重在造成一种逼真、生动的表达效果；而返用式飞白重在表示讥笑或讽刺的意思。

四、别解

有意对某个句子或词语作别开生面的解释，以表达某种特定的内容并取得幽默风趣的效果，这种修辞手法叫别解。

别解的特点是：在一定的语言条件下，临时赋予某个句子或词语一种全新的意义，与想要表达的意思巧妙联系，以取得涉笔成趣、诙谐幽默的修辞效果。

别解根据所利用语言单位的不同，可以分为词语别解、句子别解两种类型。

（一）词语别解

所谓词语别解，就是对句子中的某一个词或短语进行别开生面的解释，对其临时改变原意或赋予新意，借以表达全新的内容，取得风趣幽默的修辞效果。例如：

①这大个子也是白玉山的一个挺对心眼儿的朋友，他姓李，名叫李常有。这名字是他自己起的。他啥也没有，起名李常有，说是“气气财神爷”。自从起了李常有这名字，灶坑常常不点火，烟筒常常不冒烟，身上常常穿不上衣裳，十冬腊月常常盖不上被子，一句话：常常没有，越发穷了。

（周立波《暴风骤雨》）

这段话说的是元茂屯的铁匠李常有，通过对他的名字进行特别的解释，生动地描写出他“常常”怎样和“常常没有”的穷苦生活，使语言富有情趣和幽默感，给人留下鲜明而深刻的印象。

②旧小说里提起“二十万禁军教头”，总说他“十八般武艺，件件都精”；高松年身为校长，对学校里三院十三系的学问，样样都通——这个“通”就像“火车畅通”，“肠胃通顺”的“通”，几句门面话从耳朵里进去直通到嘴里出来，一点不在脑子里停留。

（钱锺书《围城》）

这里所说的是，校长高松年在抗战时期创办三闾大学，他是二十年前在外国研究昆虫学的（自己标榜为学生物学的），对学校开设的其他课程，本来不懂而又装腔作势。这段话通过对“通”这个词进行别开生面的解释，表现高校长只会拿一些表面和皮毛的话语，在老师和学生面前装潢门面，具有一种诙谐和讽刺的意味。

（二）句子别解

所谓句子别解，是指对某一个或几个句子所表达的内容进行别开生面的解释，按照自己的需要给其增加一种新的意义，表达与原来完全不同的意思，以取得幽默风趣的修辞效果。例如：

③忽然，脚底下一滑，我扑通倒在水里，浑身感到一阵刺骨的冰凉。我挣扎着站起来，摸着黑追赶他，嘴里喊道：

“嘿，不错，洗了个澡！”

（管桦《暴风雨之夜》）

这段话是写作者“我”在暴风雨的夜里，领着地委书记（当时作者还不知道这个人就是地委书记，以为他是来给地委书记送信的老交通员）赶到抗洪抢险的大堤上去，路上一不小心摔进水里。上面一段是对此事进行正面叙述和描写，下面的话语段是“我”对此事有意进行的风趣幽默的解释：把“刺骨的冰凉”说成“不错”，把“倒在水里”说成“洗了个澡”，既掩饰了滑倒在水里的狼狈和尴尬，又表现出一种乐观主义精神。

④我有个同学，一年谈了五个对象，全吹了。……有一次，他碰见

我,叹苦经道:“咳! 有什么办法呢? 生命诚可贵,爱情价更高么。”

(樊天辉《拼搏》)

这一段的最后两句“生命诚可贵,爱情价更高”,来自匈牙利著名诗人裴多菲的《自由与爱情》(全诗是“生命诚宝贵,爱情价更高,若为自由故,二者皆可抛”),是对前边的“一年谈了五个对象,全吹了”的别解:改变了原诗句“爱情价更高”的含义,故意把“价值”的意义解释为“价格”,表明自己因囊中羞涩而恋爱失败。

别解的修辞作用:

第一,使用别解,可以开拓新的意境,表达特殊的内容,令人耳目一新,并可取得幽默风趣的修辞效果。

第二,使用别解,对于刻画作品中的人物个性、塑造人物形象等,也有一定的帮助。

五、转类

为了表达的需要,临时将某一类词转化为另一类词来使用,这种修辞手法叫转类。

转类辞格就是通常所说的“词类活用”,它不同于一般的词语锤炼,是一种临时性的修辞手段,目的在于取得某种积极修辞效果。转类的特点是:凭借一定语境的帮助,让甲类词临时具有乙类词的语法特点和功能,既具有原来的意义,又能够表示活用以后的新义,还可带上乙类词的相关成分,这样就使转类以后的这个词意义更加丰富,由此增加语言的情趣和幽默感,有时还具有讽刺意味。

动词是汉语的语法核心,在动词句中,其他词语都是围绕动词来搭配的;同时动词都是表示人或事物的动作、行为的,因而最具有动态感,也最具有表现力。所以,词类活用都以用作动词居多,在古代汉语里就有名词动用、形容词动用,并有使动用法和意动用法等区别;在现代汉语中,词类活用仍作为一种积极修辞手法而存在。

转类应用的主要是名词和形容词,一般都以活用为动词为常,此外还可将名词活用为形容词等。常见的转类主要有以下几种形式:

(一)名词活用为动词

名词是表示人或事物的名称的,一般不具有动词的功能。但有时由于表达的需要,可以借助于一定的语言环境,临时把一个名词当作动词来使用,使其具有动词的语法功能,以增加语言的表现力,并增添话语的情趣或幽默讽刺意味。例如:

①苏志毅在一旁笑道:"你们俩的矛盾解决了吧?"

黄克山得理不让人:"我从来不矛盾他,他光矛盾我。"这个怪词,引得大家一阵大笑。

(曲波《山呼海啸》)

在这两个段落里,第一段中的"矛盾"是名词,属于正常用法;第二段中的两个"矛盾"都临时活用为动词,并使其具有动词的语法功能,后边分别带有宾语"他"和"我"。这样的名词动用,既使语言简洁生动,又增加一种风趣和幽默的意味。

②有一天,我和一位新同事闲谈。我偶然问道:"你第一次上课,讲些什么?"他笑着答我:"古今中外了一点钟!"他这样说明事实,显示谦逊之意。

(朱自清《"海阔天空"与"古今中外"》)

这段话中是将并列式名词短语"古今中外"转化为动词使用:这个句子的原意是说"他"第一次给学生上课时,首先给学生讲一些古今中外的趣事,一直讲了一个小时;而将"古今中外"用作动词以后,不仅让它代替了动词"讲",还让"一点钟"充当了它的补语。从字面上看,让一个表示时间的名词短语给另一个名词短语充当补语,这是违反语法常规的,但在这种特有的语境中,却使话语既很容易被人理解，又显得简洁而风趣。

（二）形容词活用为动词

形容词是表示人或事物的性质或状态的，但在一定的语言环境下，也可以将一个形容词临时用作动词，使其具有动词的语法功能，并具有一种动态感，取得深沉凝重或幽默风趣的表达效果。例如：

③希夷！你是人民队伍的创造者，北伐抗战，你为新旧四军立下了解放人民的汗马功劳。十年流亡，五年牢监，虽苍白了你的头发，但更坚强了你的意志。一出狱，你就要求重新入党。一见面，你就提到皖南死难同志，检讨皖南事变，要我交涉继续放人。我记住，我永远记住。我敢向你保证：我们要为保护人民队伍和释放一切政治犯而奋斗到底！

（周恩来《"四八"烈士永垂不朽》）

这是 1946 年 4 月 19 日周恩来同志为《新华日报》写的署名文章，纪念 4 月 8 日因飞机失事而牺牲的王若飞、博古、叶挺、邓发等诸位烈士。这一段话是专门写给叶挺（字希夷）将军的，"十年流亡"指的是叶挺参加领导广州起义失败后出国的十年，"五年牢监"指的是叶挺将军在皖南事变中负伤被俘关进国民党监狱的五年，1946 年 3 月 4 日被我党营救出狱，7 日即由中共中央批准重新入党，却又因回延安的飞机失事而牺牲，因而作者十分痛心，专门为叶挺将军写下了上面一段文字。其中的"苍白"和"坚强"都是形容词，在这里活用为动词，而且后边都带有宾语，使它们具有一种动态感，来突出表现叶挺将军坚定的革命意志，同时也表达了作者对叶挺将军的款款深情，表现出一种深沉凝重的语言风格。

④我向来没有这样忍耐的等待过什么事物，而况这身边的胖绅士的吁吁的喘气，这台上的冬冬喤喤的敲打，红红绿绿的晃荡，加之以十二点，忽而使我醒悟到在这里不适于生存了。我同时便机械地拧转身子，用力往外只一挤，觉得背后便已满满的，大约那弹性的胖

绅士早在我的空处胖开了他的右半身子。我后无回路，自然挤而又挤，终于出了大门。

（鲁迅《社戏》）

这段话中的“胖”，本来是形容词，但在这里活用为动词，“胖开”相当于“摊开”，但却比用动词“摊”形象得多，能够细腻地表现出“我”一站起来，挤在旁边的胖绅士的右半个身子便立即舒展开来，把空出来的位置填满。所以，这种形容词动用的修辞手法，使语言更加形象生动，让人感到格外滑稽可笑。

（三）名词活用为形容词

名词较多的是活用为动词，有时也可以活用为形容词，用来代表这个名词所具备的状态，使语言更加富有表现力，能够给读听者留下鲜明而深刻的印象，并取得幽默风趣的表达效果。例如：

⑤太平洋社的那些从英国回来的学者，我们总觉得他们是太绅士了，说坏些便是官僚气味太重，一时好像合作不来。

（郭沫若《学生时代·创造十年》）

这里作者说从英国回来的学者“太绅士了”，其中的“绅士”本来是名词，指旧时地方上有势力、有功名的人，也用来称呼现代有文明修养的男士，这里活用为形容词，并用程度副词“太”加以修饰，说明这些从英国回来的学者西方绅士气味浓重。如果不用“绅士”这个名词来形容，很难把这些人的特点表达出来，这种名词活用大大增强了语言的表现力。

⑥现在却是现代起来了，节奏明显加快，慢四拍改成了快二拍，没见过打冬天一过，天骤然地热起来，脱了棉衣就披夏装。

（卢金德《城市的幽默》）

这段话中的“现代”本来是名词，指现在这个时代，这里用作形容词，既具有原来名词的意义，又能够表示出现在气候变暖的状态和特点，使语言更富有表现力，而且生动活泼，含有风趣幽默的意味。

以上是转类(词类活用)的三种主要形式。此外,有的区别词兼有名词的特点,有时也可活用为动词。例如:

⑦且戴着金戒指、金壳表、金丝眼镜,能金的地方都金了。

(马原《游神》)

在这个复句中,前边分句中的三个“金”都是表示属性的区别词,是正常用法;而后边分句中的两个“金”都活用为动词,前一个“金”表示“戴金饰”这个动宾短语之意,后一个“金”表示“戴”这个动词之意。运用这种转类手法,可以使语言不仅形象生动,而且充满幽默风趣的情调。

转类的修辞作用:

第一,运用转类手法,可以将动词及其连带成分浓缩在一个名词或形容词之内,使语句更加简洁凝练。

第二,运用转类手法,可以使语言富于变化,生动活泼,并增加语言的形象性、讽刺性或幽默感。

第三,运用转类手法,还可以突出地表达作者的某种强烈情感或独特感受,并能给读听者留下鲜明而深刻的印象。

六、降用和易色

降用和易色,是使用词语的两种不同的积极修辞手法,二者既有区别又有联系,所以我们把这两种辞格放在一起进行介绍。

(一)降用

故意把表示重大意义的词语或句子用于生活小事上,以增加语言的生动性和幽默感,这种修辞手法叫降用。

降用的特点是“大词小用”或“大意小用”,即把词语的本意或句子的原意降级使用。一个词一般都有几个正常的义项,都有一定的适用范围;一个短语或句子,也都有它的本来意义。运用降用辞格时,所使用的词语或句子同特定的使用范围不相合而产生矛盾,这就会引起人们的兴趣,造成一种风趣幽默的气氛,收到良好的修辞效果。例如:

①更有一些爬在了场边的麦秸积上,夏天四面来风,好不凉快,冬日就扒个草洞,将身子缩进去,露一个脑袋。也正是有闲阶级享受不了秦腔吧,他们常就瞌睡了,一觉醒来,月在西天,戏毕人散,只好苦笑一声悄然没声儿地溜下来回家敲门去了。

(贾平凹《秦腔》)

②平素日子里,碰到联组或互助组的什么会,他总是派遣他的二崽子学文做他的全权代表。

(周立波《山乡巨变》)

以上两例,是“大词小用”的降用辞格:例①把看秦腔而睡着了的闲人们,说成“有闲阶级”,幽默而有风趣;例②把“他”不愿意参加会议说成“派遣”他二儿子当“全权代表”,也使语言表达情趣盎然。

③他向走进屋里的一个老乡伸手说:

“有烟没有? 救一下灾!”

(管桦《暴风雨之夜》)

④拿洗脸作比方,我们每天都要洗脸,许多人并且不止洗一次,洗完之后还要拿镜子照一照,要调查研究一番,(大笑)生怕有什么不妥当的地方。你们看,这是何等地有责任心呀! 我们写文章,做演说,只要像洗脸这样负责,就差不多了。

(毛泽东《反对党八股》)

以上两例,是“大意小用”的降用辞格:例③是地委书记向老乡要烟抽,说成是“救一下灾”,既显得轻松诙谐,又表现出亲密无间的干群关系；例④把人们洗完脸后还要照照镜子检查一下，有意说成"要调查研究一番"，既增加了语言的幽默感，又形象地说明了写文章、做演说要认真负责的道理。

降用的修辞作用：

降用的主要修辞作用是增加语言的生动性和幽默感。此外，还对表现特定内容和刻画人物性格等具有重要作用。

（二）易色

由于表达的需要而临时改变词语的感情色彩，以增加语言的情趣，这种修辞手法叫易色。

有些词语除了表示一定的理性意义外，还同时带有一种感情色彩，即能够表达出人们对事物的爱憎取舍等主观情感和态度，这就是词汇学中所说的褒义词和贬义词。如"顽强""日新月异""人心齐，泰山移"等，所表示的意义都带有一种赞许的感情色彩，因而称之为"褒义"；而"顽固""日暮途穷""天下乌鸦一般黑"等，所表示的意义都带有一种贬斥的感情色彩，所以称之为"贬义"。

巧妙地运用词语的感情色彩，在一定的语境中打破常规，褒贬互易，造成一种词语的感情色彩与其所描述的事物不相合的矛盾，就会增加语言的情趣，获得新奇幽默的表达效果，这就形成了易色辞格。

根据不同的易色方法，可以将易色分为贬词褒用、褒词贬用两种形式，在具体应用中以前一种居多。

1. 贬词褒用

所谓贬词褒用，是指故意把贬义词用作褒义，即通过使用带有否定和贬斥色彩的词语，来表达肯定和褒扬的意思，以突出特定的思想内容或造成风趣幽默的表达效果。例如：

①科学工作者同志们，请你们不要把幻想让诗人独占了。嫦娥奔月，龙宫探宝，《封神演义》上的许多幻想，通过科学，今天大都变

成了现实。……我们一定要打破陈规，披荆斩棘，开拓我国科学发展的道路。既异想天开，又实事求是，这是科学工作者特有的风格，让我们在无穷的宇宙长河中去探索无穷的真理吧！

（郭沫若《科学的春天》）

②在第一线努力做贡献的，哪有时间去电视台做采访？所以 1992 年前电视台采访我，我基本上都拒绝了。现在为了方正有些需要，事业需要，有时候就去卖狗皮膏药，做点招摇撞骗的事情。（笑声）

（王选《我一生中的重要抉择》）

以上两例，是贬词褒用的易色：例①中的“异想天开”是一个表示贬义的成语，本来的意义是比喻想法离奇、难以实现，但在这里用作褒义，鼓励科学工作者要敢为人先、勇于探索。例②的作者王选是我国著名的计算机文字信息处理专家，被誉为“当代毕昇”，由他领导研制成功的“汉字激光照排系统”，为我国新闻出版业的发展做出了重大贡献。这篇文章是他 1998 年 10 月在北京大学演讲的节选，说他在退休以后接受电视台采访是“卖狗皮膏药”，说他宣传方正集团是“招摇撞骗”，通过运用这些带有贬义色彩的词语，不仅增加了风趣幽默的情调，还显示出作者的谦逊风度。

2. 褒词贬用

所谓褒词贬用，是指故意把褒义词用作贬义，即通过使用带有肯定和褒扬色彩的词语，来表达否定和贬斥的意思，以增加语言的讽刺意味。例如：

③国民党当局对作家格外“优待”，几乎每个作家都有几个特务“保护”着。一来二去，作家就被“护送”到监狱或者集中营去享受毒刑或杀戮。

（老舍《十年百花集》）

④又是一大“新生事物”，十一级干部回家扫地。

（宗福先《于无声处》）

上边两例，是褒词贬用的易色：例③中的“优待”“保护”“护送”“享受”本来都是褒义词或中性词，这里都用作贬义，分别表示“迫害”“监视”“押送”“遭受”等意义，深刻揭露了国民党当局对革命作家所实行的法西斯恐怖政策，具有极大的讽刺意味；例④中的“新生事物”本指新出现的有生命力的事物，是含有褒义的名词短语，这里用作贬义，指“四人帮”之流迫害老干部的“新花样”，也起到了讽刺作用。

易色的修辞作用：

第一，使用贬词褒用的修辞手法，可以把轻松的事情说得很严重，表现出诙谐幽默的情趣；

第二，采用褒词贬用的修辞手法，可以把严重的事情说得很轻松，由此产生强烈的揭露和讽刺作用。

易色与降用的联系与区别：

易色与降用，都是由改变词语的使用方法而形成的辞格，但二者又有着本质的区别：降用是改变词语的使用范围，其方法是大词小用；而易色是改变词语的感情色彩，其方法是贬词褒用或褒词贬用。

此外，还要特别注意易色同反语的区别：反语是完全改变词语或句子的意义，所表达的意思已经走向反面；而易色是只改变词语的感情色彩，还在一定程度上保留着原意。我们把反语同易色的例句相比较，就不难看出二者的区别。

思考与练习七

1. 什么是风趣幽默类辞格？这一类辞格主要有哪几种？它们的表达功能和共同特点是什么？

2. 什么叫仿拟？仿拟有哪两种形式？仿拟的修辞作用是什么？举例说明。

3. 什么叫析词？析词有哪两种形式？析词的修辞作用是什么？举例说明。

4. 什么叫飞白？飞白有哪两种形式？这两种形式的区别是什么？举例说明。

5. 什么叫别解？别解有哪两种形式？举例说明。

6. 什么叫转类？转类常见的有哪几种形式？举例说明。

7. 什么叫降用？什么叫易色？二者有什么联系与区别？易色同反语有什么区别？

8. 指出下面各例中仿造的词语或句子，并说明属于仿拟辞格中的哪种形式。

①施连文的牌毫无起色，他泄气了，接着又说：

“干啥？学点现代化，跳舞也行嘛！”

“跳五，还跳六呢！”顾长顺鼓着腮帮子，“男的女的，搂在一块儿扭来扭去，咱们大老粗，干不了，没那腰劲儿！”

（谌容《周末》）

②洞庭湖水深千尺，不及公主送我情。（越剧《柳毅传书》）

9. 指出下面各例是哪一种析词形式，并说明所拆开使用的是哪一个词，单独使用的是哪一个语素，其修辞作用是什么。

①因为不进，就要促。因为进得慢，就要促。于是乎我们就大开促进会。

（毛泽东《新民主主义的宪政》）

②赵大开：开了小差不处分，还欢迎，还联欢，我想不通！

鲁大成：想不通也得通！指导员的话当耳边风了。

赵大开：我欢不起来嘛！

鲁大成：欢不起来也得欢！

（沈西蒙、漠雁《霓虹灯下的哨兵》）

③桦林霸说：“不是上边有公事叫成立护村自卫团吗？我看快

快成立起来，管得严一点，就能防止老百姓胡闹！”康顺风领了一番教，回到维持会，马上就开会组织，凡年满十七岁以上，三十五岁以下者，都编成了自卫团员。

（马烽、西戎《吕梁英雄传》）

④向青少年读者推荐那些离开社会需要和发展而片面鼓吹所谓“人的价值”的作品，这到底“服”的是哪一家子的“务”啊！

（宁然《这并未过时》）

10. 指出下面的句子或段落哪个是飞白、哪个是别解、哪个是转类，并说明所利用的是哪个词语，其修辞作用是什么。

①苏小姐道：“鸿渐，你学过哲学，是不是？”

赵辛楣喉咙里干笑道：“从我们干实际工作的人的眼光看来，学哲学跟什么都不学全没两样。”

“那么得赶快找个眼科医生，把眼光验一下；会这样看东西的眼睛，一定有毛病。”方鸿渐为掩饰斗口的痕迹，有意哈哈大笑。

（钱锺书《围城》）

②他用小拳头揉了揉眼睛，说：“爸爸妈妈说：‘不管哪个人都要朽住康位’。”

（杜鹏程《夜走灵官峡》）

③她灵活的大眼睛转了几转，然后把纤细的腰肢一扭，说道，“我早就说过嘛，‘好人不党！’我就讨厌这个党那个党的互相勾心斗角。政治真就是个争名夺利的角逐场。”

（杨沫《青春之歌》）

11. 指出下面哪段话使用了降用辞格，哪段话使用了易色辞格，哪段话使用了反语辞格，并说明为什么。

①我的金鱼本来都是养在黄沙缸里的，只因春间生子太多，就分了一部分到梅丘下的荷花池中去，所以池中也做了金鱼的殖民

地了。

(周瘦鹃《再谈养金鱼》)

②可就在这时候,他俩发生了第一次争执。原来趁将军弯腰上肩的时候,小李偷偷把绳子往后移了半尺多。这个"舞弊"的做法被将军发觉了。将军扭回身抓住绳子往前移过来,不满地说:"这,这不行。"

(王愿坚《普通劳动者》)

③中国究竟是文明最古的地方,也是素重人道的国度,对于人,是一向非常重视的。至于偶有凌辱诛戮,那是因为这些东西并不是人的缘故。

(鲁迅《准风月谈·"抄靶子"》)

第八节 辞格的综合运用

前几节,我们介绍了42种常用辞格,其中传统辞格(以陈望道《修辞学发凡》为准)27种,修辞新格15种。需要指出的是,这些辞格虽然都单独说解,但并非都单独使用。在语言的实际运用中,有时候连续使用同一种辞格,或者连续使用两种以上的辞格,这是辞格的连用;有时候在同一个语言形式中,就同时使用两种以上的辞格,这是辞格的兼用;还有时在一种主要辞格里,又包含着其他辞格,这是辞格的套用;此外,还有多种辞格交错运用的复杂情况。这种对辞格的综合运用,能够使两个或两种以上的辞格相辅相成,互起作用,进一步增强语言的表现力,收到多重表达效果。

下面,分别介绍辞格综合运用的几种情况。

一、辞格的连用

所谓辞格的连用，是指在一个句群或段落里，接连使用两次以上的同类或异类辞格。

辞格连用的特点：每个辞格都是各自独立的，语句互不交错，都能单独发挥作用，连用的各辞格之间是并列关系。辞格连用的关系如图所示：甲　乙　丙

辞格连用，又可分为同类辞格连用、异类辞格连用两种类型。

（一）同类辞格连用

同类辞格连用，是指在一个句群或段落里接连使用同一种辞格。

从使用频率上看，比喻、设问、反问、对偶、反复、递进、引用等辞格都有连用的形式，其中以比喻的连用最为常见，设问、反问、引用等连用的也比较多。同类辞格的连用，是对单用效果的再强化，同时也能够表达更加丰富的内容，形成一种复合的修辞效果。例如：

①天上的云，真是姿态万千，变化无常。它们有的像羽毛，轻轻地飘在空中；有的像鱼鳞，一片片整整齐齐地排列着；有的像羊群，来来去去；有的像一床大棉被，严严实实地盖住了天空；还有的像峰峦，像河流，像雄狮，像奔马……它们有时把天空点缀得很美丽，有时又把天空笼罩得很阴森。

（朱泳燚《看云识天气》）

上边这一段话中，连续使用了八处比喻：前面的“像羽毛”“像鱼鳞”“像羊群”“像一床大棉被”都采用复句的形式，后边都带有形象的描写；后面的四个比喻“像峰峦”“像河流”“像雄狮”“像奔马”都采用单句的形式，虽然后边没有进行具体的描写，但凭着人们的经验照样能够想象出它们的样子来。这种比喻辞格的连用，给读者带来了多种具体可感的形象，把云的千姿百态形象而生动地描绘出来。

②我曾经在西府走动了两个秋冬，所到之处，村村都有戏班，人人都会清唱。在黎明或者黄昏的时分，一个人独独地到田野里去，远远看着天幕下一个一个山包一样隆起的十三个朝代帝王的陵墓，细细辨认着田埂上、荒草中那一截一截汉唐时期石碑上的残字，高高的土屋上的窗口里就飘出一阵冗长的二胡声，几声雄壮的秦腔叫板，我就痴呆了，感觉到那村口的土尘里，一头叫驴的打滚是那么有力，感觉自己心胸中一股强硬的气魄喷薄而出。

（贾平凹《秦腔》）

作者在这段话里，描写二胡声音的优美和秦腔叫板声音的震撼，接连用了两处衬托：前面加点的句子是反衬，以静衬动；后面加点的句子是正衬，以彼动衬此动。正反结合，动静结合，使这段描写具有特殊的艺术魅力。

（二）异类辞格连用

异类辞格连用，是指在一个句群或段落里接连使用不同的辞格。

异类辞格连用，可以使不同的辞格之间相互作用、相得益彰，收到更好的修辞效果。例如：

③桃树、杏树、梨树，你不让我，我不让你，都开满了花赶趟儿。红的像火，粉的像霞，白的像雪。

（朱自清《春》）

上面这两个句子，前面的句子连用了两个比拟（拟人），把桃树、杏树、梨树人格化；后边的句子又接连使用了三个比喻，把各种颜色的花描写得形象而逼真。通过比拟与比喻两种辞格连用，生动地渲染出春天的气氛，富有动态感。

④春分刚刚过去，清明即将到来。“日出江花红胜火，春来江水绿如蓝”。这是革命的春天，这是人民的春天，这是科学的春天！让

我们张开双臂，热烈地拥抱这个春天吧！

（郭沫若《科学的春天》）

本文是作者在全国科学大会闭幕式上的讲话，这是文章结尾的一个段落，共有四个句子，依次使用了对偶、引用、排比、比拟（拟人）四种辞格，足见作者运用语言的高超功力。这几种辞格的连用，充分表达了作者在打倒"四人帮"以后的欢快心情，也表现出对我国今后科技发展前景的乐观态度。

辞格连用的表达效果：一是可以把事理论述得更透彻，把人或事物描绘得更形象；二是可以酣畅淋漓地抒发作者的思想情感，给读者以强烈而深刻的感染；三是能够强化相同或不同辞格的表达效果，进一步增强语言的表现力，具有多方面的修辞作用。

二、辞格的兼用

所谓辞格的兼用，是指在同一个句子或语言片段里，就同时使用两种以上的辞格。辞格的兼用一般简称为"兼格"。

辞格兼用的特点是：两种以上的辞格，共同借助于同一载体（语句或段落）表现出来，兼用的辞格之间是相互融合的重叠关系。辞格兼用的关系如图所示：| 甲　乙 |

具体地说，就是同一语句或段落兼有两种以上辞格的特点，它们相互包容、彼此融合，从不同的角度去分析，就可以分析出不同的辞格来。例如：

①6月上旬，查娜花（芍药花）在牧区开放。雪白的、茶碗大的查娜花像天上的星星收拢翅膀留在草原过夜，忘记回家。

（鲍尔吉·原野《我有一匹马》）

这后边加点的句子，同时兼用了比喻和比拟（包括拟人和拟物）两种辞格：其中说查娜花"像天上的星星"是比喻，说星星"收拢翅膀”是拟物，说星星“留在草原过夜，忘记回家”又是拟人。通过这些修辞手法的兼用，形象生动地描写出查娜花在草原上日夜绽放的美丽景色。

②前边又是什么？是隧道，它愣在那里，就像大山的一只黑眼睛。

（铁凝《哦，香雪》）

这两个句子虽然简短，却兼用了三种辞格：前边的疑问句同后边的陈述句，构成设问辞格；后边陈述句中的两个分句，又分别是拟人和比喻。作者通过这种辞格兼用，把黑夜中的铁路隧道描写得极其形象生动。

③理想是石，敲出星星之火；
理想是火，点燃熄灭的灯；
理想是灯，照亮夜行的路；
理想是路，引你走到黎明。

（流沙河《理想》节选）

这四行诗句，是比喻和顶真两种辞格兼用：将理想分别比喻成“石”“火”“灯”“路”，这是博喻，从多方面、多角度说明了理想对于一个人的重要意义；下一行诗的“火”“灯”“路”又分别顶着上一行末尾的词语，这是顶真（宽式顶真），将四行诗的意义紧密联系在一起，结构紧凑，逐层深入，含意深刻。

辞格兼用的表达效果：由于在同一语言形式里同时使用两种以上的辞格，并相互融合，所以能够使不同辞格相互作用，多彩并发，浑然一体，使语言表达具有一种立体感和重叠美。

三、辞格的套用

所谓辞格的套用，是指在一种总体大辞格之内，还包含着其他

分体小辞格。简单地说，就是在大辞格里还套着小辞格，因此一般简称为“套格”。

辞格套用的特点是：在总体大辞格与分体小辞格之间形成不同的层次，是一种包含与被包含的主从关系。辞格套用的关系如图所示：[甲 [乙]]

辞格套用的分析方法是：先从一个语言片段的整体着眼，看其总的使用的是哪种辞格，这即为总体的“大辞格”，这是第一个层次；再看这个大辞格之内还包含着哪些“小辞格”，这是第二个层次。这样从大到小进行分析，直到分析出每一个小的辞格为止。

辞格的套用，又可分为**同类辞格套用、异类辞格套用**两种形式。其中同类辞格套用的较少，异类辞格套用的较多。在不同文体的语言运用中，设问、排比、对偶、比喻、夸张、比拟等辞格都常有套用的形式。例如：

①人的正确思想是从哪里来的？是从天上掉下来的吗？不是。是自己头脑里固有的吗？不是。人的正确思想，只能从社会实践中来，只能从社会的生产斗争、阶级斗争和科学实验这三项实践中来。

（毛泽东《人的正确思想是从哪里来的？》）

此例是同类辞格的套用。在总体设问的大辞格之内，又套用了两个小的设问：对“人的正确思想是从哪里来的”这一命题，首先从反面作出两种否定的回答，然后再从正面作出肯定的回答，使论述更加深刻，说理更加充分。

②一切都像刚睡醒的样子，欣欣然张开了眼。

山朗润起来了，水涨起来了，太阳的脸红起来了。

排比（全句）

比拟（拟人）（“山朗润起来了，水涨起来了，太阳的脸红起来了”）

（朱自清《春》）

③风声、雨声、读书声，声声入耳；
家事、国事、天下事，事事关心。

（顾宪成《无锡东林书院对联》）

④雷锋出现了！他，有如一座光芒万丈的金塔，矗立在共产主义的思想高地；他，有如一支鲜红的路标，高高插在我们生活的十字路口。

（对偶：他，有如一座光芒万丈的金塔，……十字路口。比喻：他，有如一座光芒万丈的金塔，矗立在共产主义的思想高地；比喻：他，有如一支鲜红的路标，高高插在我们生活的十字路口。）

（魏巍《路标》）

以上三例，都是异类辞格的套用：例②后面的句子，三个分句首先构成排比，其中最后一个分句又运用了比拟（拟人），这是排比套着比拟；例③从整副对联看是对偶辞格（隔句对，又称扇面对），而上联和下联又各自构成同语辞格，所以是对偶套着同语；例④后两个分句构成对偶，其中的每一个分句又分别运用了比喻，这是对偶套着比喻。这些异类辞格的套用方式，都能使语言表达收到了双重修辞效果。

辞格套用的表达效果：套用的各种辞格相互照应，相互陪衬，既使总体大辞格有所借助，又使分体小辞格有所增补，各辞格的修辞作用相得益彰，使语言表达收到多方面的修辞效果。

四、多种辞格的交错运用

以上介绍了辞格的连用、兼用和套用，这是辞格综合运用的三种基本形式。它们多为两种辞格（连用有时只有一种）的结合使用，辞格之间的结构关系特点鲜明，比较容易辨别是连用、兼用还是套用。

多种辞格的交错运用，是指在一个句群或段落中，多种辞格交错使用，其中既有连用，又有兼用或套用。这种辞格综合运用的情况，一般都有三种以上的辞格，它们之间的关系比较复杂，往往交错、立体化地使用，你中有我，我中有你，自然巧妙地结合在一起，具有更加强化的多重修辞效果，可以进一步提高语言的表现力和感染力。对于多种辞格交错运用的情况，我们在进行分析时，也要注意辞格之间的包容与被包容的层次关系，先从整体着眼，从大到小，依次进行分析，才能将交错运用的各种辞格都比较准确地分析出来，充分领略其修辞作用。例如：

①讲到长征，请问有什么意义呢？我们说，长征是历史记录上的

设 问 套

第一次，长征是宣言书，长征是宣传队，长征是播种机。

排 比 套用

排 比 套 比 喻 套用

比喻 比喻 比喻 连用

（毛泽东《论反对日本帝国主义的策略》）

上边这个句群整体辞格是设问，同时后面回答的句子四个分句之间又构成排比，所以这第一个层次是设问套用排比；在四个排比句中，后边的三个又套用着比喻，所以这第二个层次是排比套用比喻；最后的三个分句，又分别是一个独立的比喻，所以这第三个层次是比喻的连用。这样，通过设问、排比、比喻三种辞格的套用和连用，鲜明而形象地说明了长征多方面的伟大意义。

②何等动人的一页又一页篇页！这些是人类思维的花朵。

比喻

这些是空谷幽兰、高寒杜鹃、老林中的人参、冰山上的雪莲、

比喻 比喻 比喻 比喻

对偶、比喻兼用 排 比 套

绝顶上的灵芝、抽象思维的牡丹。

比喻 比喻

比 喻

（徐迟《哥德巴赫猜想》）

这是作者对数学家陈景润关于哥德巴赫猜想论文的高度评价和赞美。在辞格运用上可分为两个层次：第一个层次是比喻的连用，在第二个和第三个句子中连续使用了七个比喻，形容这篇论文的珍贵、难得和来之不易；第二个层次体现在第三个句子之内——“空谷幽兰”与“高寒杜鹃”构成了对偶与比喻兼用，“老林中的人参、冰山上的雪莲、绝顶上的灵芝、抽象思维的牡丹”又构成了排比套用比喻。因此这个句群后边的两个句子，通过比喻的连用和与对偶、排比的兼用、套用，取得了多重修辞效果。

③母亲一面夸奖一面埋怨，埋怨里面含着夸奖，夸奖里面带着埋怨。

顶 真

回 环 回 环

（冯德英《迎春花》）

按照从大到小的分析原则，这个复句整体使用的是顶真辞格，由三项构成，首尾蝉联；从各项之间的关系上进行分析，第二个分句同第一个分句构成回环（宽式），第三个分句又同第二个分句构成回

环(宽式),三项之间形成两个回环辞格的交错运用。这种顶真与回环的交错运用,具有联绵往复、表意周详的修辞效果。

最后需要指出的是,各类辞格的运用,都要根据内容需要,结合现实语境。宜于单用的则单用,宜于连用的则连用,宜于兼用的则兼用,宜于套用的则套用,可以交错运用时才能交错运用,绝不可片面追求运用修辞技巧而舍本求末。此外,对辞格使用的程度如何,还与作者运用语言的能力和知识面有关,与对别人作品的鉴赏和分析能力有关,不会鉴赏、不会分析,自然也就不会应用。因此,我们需要认真学习和研究修辞知识,才能以此为基础,提高对作品的鉴赏能力和分析能力,并进而提高自己的说写能力,以追求更好的语言表达效果。

思考与练习八

1. 什么叫辞格的连用？辞格连用的特点是什么？辞格连用有哪两种类型？分别举例说明。

2. 什么叫辞格的兼用？辞格兼用的特点是什么？举例说明。

3. 什么叫辞格的套用？辞格套用的特点是什么？

4. 辞格套用有哪两种形式？应该如何进行分析？举例说明。

5. 什么是多种辞格的交错运用？对这种复杂的情况应该怎样进行分析？举例说明。

6. 指出下面的语言片段中都连用了哪种辞格,并说明具有怎样的修辞效果。

①天上闪烁的星星好像黑色幕上缀着的宝石,它跟我们这样地接近哪！黑的山峰像巨人一样矗立在面前。四围的山把这山谷包围得像一口井。

(陆定一《老山界》)

②今晚台儿沟发生了什么事？对了,火车拉走了香雪,为什么

现在她像闹着玩儿似的去回忆呢？四十个鸡蛋也没有了，娘会怎么说呢？爹不是盼望每天都有人家娶媳妇、聘闺女吗？

（铁凝《哦，香雪》）

③摇动的车轮，旋转的锭子，争着发出嗡嗡嘤嘤的声音，像演奏弦乐，像轻轻地歌唱。

（吴伯箫《记一辆纺车》）

④为什么洪山礼堂今天这样明亮？因为被你们初升的太阳照亮！为什么我们大家心情这样激动？因为你们的青春给了我们无限的希望！

（徐迟《要叫大自然听从你们摆布》）

7. 指出下面的语言片段中，哪个句子是辞格的兼用，并说明兼用了哪两种辞格。

①霎时间，四面八方，电灯明亮，就像千万颗珍珠飞上天去！

（谢璞《珍珠赋》）

②他气愤得浑身发抖，枣木拐棍用力向地上一点一点地直撞，像要把地球捅透似的，……

（冯德英《苦菜花》）

③即使我们的工作得到了极其伟大的成绩，也没有任何值得骄傲自大的理由。虚心使人进步，骄傲使人落后，我们应当永远记住这个真理。

（毛泽东《中国共产党第八次全国代表大会开幕词》）

④小雪花不止于降落，它们在风中像小蜜蜂一样左右乱钻，最喜欢钻进人的脖子里暖和一下。

（鲍尔吉·原野《我有一匹马》）

8. 指出下面语言片段中所使用的总体大辞格是什么，并说明其中还套用了哪些小的辞格。

①一站站灯火扑来，像流萤飞走，

一重重山岭闪过，似浪涛奔流，……

（贺敬之《西去列车的窗口》）

②想象不是感知记忆这些经验的“套版反应”，而是经验的变化、扩大和创造。经验有如一粒种子，想象却是一朵花；经验有如缕缕细丝，想象却是撒满鲜花的绫罗锦绣；经验有如泥土木石，想象却是庄严灿烂、金碧辉煌的巍峨宫殿；经验有如筋肉骨皮，想象却是闭月羞花的美人儿。

（高长江、张万有《汉语修辞学新编》）

③“砰”一声，郎平的一记重扣，激起了全场经久不息的欢呼声和掌声，像海涛击岸，像山洪暴发，像飞瀑倾泻。

（鲁光《中国姑娘》）

④大理花多，多得园艺家定不出名字来称呼。大理花艳，艳得美术家调不出颜色来点染。大理花娇，娇得文学家想不出词句来描绘。大理花香，香得外来人一到这苍山下，洱海边，顿觉飘飘然，不酒而醉。

（茅盾《春城飞花》）

9. 分析下面两段话中辞格的交错运用情况，并说明哪些地方是单用、连用、兼用、套用。

①吃一堑，长一智。失败一次，前进一步。失败是成功之母；成功由失败堆垒而成。他越过了雪线，到达雪峰和现代冰川，更感缺氧的严重了。多少次坚冰封山，多少次雪崩掩埋！他就像那些征服珠穆朗玛峰的英雄登山运动员，爬呵，爬呵，爬呵！

（徐迟《哥德巴赫猜想》）

②理想开花，桃李要结甜果；理想抽芽，榆杨会有浓荫。请乘理想之马，挥鞭从此启程，路上春色正好，天上太阳正晴。

（流沙河《理想》）

第六章　组　段

对于段落是否属于修辞学研究的对象，我国语言学界一直看法不一，在很长一段时间里，段落的修辞并未引起人们的重视。这主要是因为，文章的段落处于文章学、语法学和修辞学的边缘地带，互有交叉，所以各个学科都不去深入地探讨它，包括有的修辞学著作和教材，也只是在讲篇章修辞时涉及一下段落，但大都比较简略，往往一带而过。在这方面研究成果突出的应首推郑文贞先生，他的《段落的组织》（福建人民出版社，1985）是段落修辞的专著，后来又专门有《篇章修辞学》（厦门大学出版社，1991），其中对段落的修辞又作了进一步的论述。

我们认为，组织段落对于运用语言至关重要。不仅文章写作需要组织成一个个段落（自然段），口头交际中较长的话语也是要分开来表达的，因而段落是把一个个句子紧密联系起来，组成一个更大表意单位的有机整体，也是发挥语言整体功能的一个重要环节。同时，篇章又是由一个个段落构成的，只有把每个段落都组织好，整篇文章才能写好，这都充分说明组织段落的重要性。在组织段落的过程中，也同样需要用到各种修辞方法，这既包括消极修辞方式，又包括积极修辞手法。

需要特别指出的是，段落的修辞同篇章的修辞，在修辞对象、修辞目的和修辞方法上都有很大的不同。所以，我们在这一章里，对段落的修辞专门进行探讨，主要介绍段落的地位作用和种类、段落的内部构造、组织段落的基本原则、组织段落的修辞方法等几方面内容。

第一节　段落的地位、作用和种类

一、什么是段落

以换行书写为标志、表示一个相对完整意思的文章单位叫作段落。

通过这个定义可以看出，修辞学上所说的段落，是专门指自然段而言的。一篇文章从外部结构上看，是由一个一个的段落构成的，这些段落就是通常所说的自然段。理解段落这个定义，要把握以下三个要点：

第一，从外在形式上看，每个段落都以另起一行空两格书写为标志。

第二，从内在意义上看，一个段落不管多么简短，都能够表达一个相对完整的意思；同样，一个段落不管多么复杂，也只能表达一个单一而完整的意思，如果需要表达另外的意思，就应该再分一段。

第三，段落是文章的单位，而不是语言的单位。1984 年 1 月制订实施的《中学教学语法系统提要（试用）》（以下简称《系统提要》），正式确立了“语素—词—短语—句子—句群”五级语言单位。而段落则是由句子或句群构成的，它是构成文章的单位，而不是一级语言的单位。即使一个句子或一个句群单独构成一个段落，它也不再是语言的单位，而已经成为文章的单位了，不管从文章学的角度看，还是从修辞学的角度看，都是如此。

我们来看鲁迅《故乡》结尾的几个段落：

老屋离我愈远了；故乡的山水也都渐渐远离了我，但我却并不感到怎样的留恋。我只觉得我四面有看不见的高墙，将我隔成孤身，使我非常气闷；那西瓜地上的银项圈的小英雄的影像，我本来十分清楚，现在却忽地模糊了，又使我非常的悲哀。

母亲和宏儿都睡着了。

我躺着，听船底潺潺的水声，知道我在走我的路。我想：我竟与闰土隔绝到这地步了，但我们的后辈还是一气，宏儿不是正在想念水生么。我希望他们不再像我，又大家隔膜起来……然而我又不愿意他们因为要一气，都如我的辛苦展转而生活，也不愿意他们都如闰土的辛苦麻木而生活，也不愿意都如别人的辛苦恣睢而生活。他们应该有新的生活，为我们所未经生活过的。

我想到希望，忽然害怕起来了。闰土要香炉和烛台的时候，我还暗地里笑他，以为他总是崇拜偶像，什么时候都不忘却。现在我所谓希望，不也是我自己手制的偶像么？只是他的愿望切近，我的愿望茫远罢了。

我在朦胧中，眼前展开一片海边碧绿的沙地来，上面深蓝的天空中挂着一轮金黄的圆月。我想：希望是本无所谓有，无所谓无的。这正如地上的路；其实地上本没有路，走的人多了，也便成了路。

以上共五个段落，每一段都以开头另起一行、退后两格书写作为形式标志。不管是长一点的段落还是短一点的段落（第二段仅有一个单句），都能表达一个单一而完整的意思：第一段表达“我”离开故乡时的气闷与悲哀的心情；第二段交代随行的母亲和宏儿的情况；第三段想到后辈的宏儿和水生应该怎样生活；第四段说想到今后的希望有些茫然；最后结尾一段又把希望比作地上的路，表达出一种对未来生活的坚定信心。这篇文章结尾处的几个段落，都是围绕全篇的结构和主题展开的，逐步将全篇的内容收拢起来，并进一步突出了文章的主题,其中的每一段都表达一种特定的内容,都是构成文章的最小单位。

二、段落的重要地位

段落是组织语句的单元,是构成文章的单位,也是形成全文结构的基础。刘勰在《文心雕龙》的《章句》篇里明白地指出:“夫人之立言,因字而生句,积句而为章,积章而成篇。篇之彪炳,章无疵也;章之明靡,句无玷也;句之清英,字不妄也。”这里所说的“章”,就是我们现在所说的段落。这段话不仅说明了组词成句、连句成段、缀段成篇的文章产生过程,还论述了字(词)、句、章(段)在文章中的各自作用及相互关系:一篇文章要写得文采焕发,各个章节段落都必须没有毛病;每个章节段落要写得明朗靡丽,每个句子都必须没有缺陷;每个句子要写得精彩妥帖,其中的每一个字(词)都不能用错。反过来看,这里又告诉了我们一个重要方法,不管是语言的单位还是文章的单位,它用得对不对、好不好,都必须将其放在一个更大的语言环境中去检验:词语是造句的材料,一个词用得对不对、好不好,需要放在句子中去判断和衡量;句子或句群是构成段落的单位,一个句子造得好不好,或一个句群组织得如何,这除了要从本身的结构和表意上去看以外,还必须从整个段落和上下文的联系中去检验;段落是构成文章的单位,检验一个段落组织得怎么样,也不能只看这个段落本身,而要从全篇的主题和结构着眼,看这个段落是否发挥了应有的作用。

通过以上分析,我们就可以看出段落的重要地位:它处于组词成句和缀段成篇的中间环节,下连着句子和句群,上关系到全篇的结构和主题,既是组织篇章的重要基础,又是运用语言的关键环节。主题思想、篇章结构与语言表达实现完美的统一,增强语言的表达效果、充分发挥语言的整体功能,都要通过组织好一个个段落体现出来。因此，要写好一篇文章，做到主题突出、层次分明、条理清楚，就必须认真组织好每一个段落；如果段落组织得不好，即使一个个孤立的句子都造得正确无误，也不能更好地表现段落的中心和全文的主题，更不会使文章的语言具有准确、鲜明、生动的修辞效果。

三、段落与文章的层次之间的关系

从文章学的角度和写作的过程来考察，一篇文章在写作之前，首先要确定文章的主题，这主题就是写作的目的和宗旨，即要向读者或听众讲述一件什么事情、说明一个什么道理或表达一种什么情感，这是全篇文章的中心和统领；然后就是根据表现主题的需要，来安排全文的结构和剪裁、配置材料；最后才能进入运用语言的写作过程，其中也包括对结构和语言的再修改过程，这样才能最终写出一篇较为完美的文章来。而从修辞学的角度看，确定主题、安排结构、配置材料、运用语言等各个环节之内，都包含着对各种修辞方法的运用，其中既有消极修辞，又有积极修辞，既有词语和句子的修辞，又有段落和篇章的修辞，因此可以说，修辞活动贯穿于文章写作的始终。

那么，什么是文章的层次呢？段落同文章层次之间又是什么关系呢？

所谓文章的层次，就是文章各部分内容的相对地位和排列次序，它反映着作者表现主题、安排结构、组织材料的具体思路。文章的层次又叫作“意义段”或“结构段”，也有的通俗地称之为“大段”或“部分”，说一篇文章可以分为几大段，或者说有几个部分，所说的就是这篇文章的层次。在一般情况下，一篇文章的主题思想总是通过几个不同的侧面、并按照一定的次序表现出来的，这就会使文章形成几个不同的层次，其中的每个层次又有一个与全文主题相联系的陈述中心。我们在分析一篇文章时，也都是从整体到部分，首先将全文分为几个层次,从文章总体结构上看每个层次写的是什么内容,再由层次到段落,看其中的每个自然段各写了什么。所以,在通常情况下,**段落同文章层次之间的关系是:段落小于文章的层次,每个层次都是由一个或几个段落组成的;层次的内容是由段落来表现的,每个段落表达所在层次中的一个内容,几个段落共同表达层次的陈述中心**。当然,也有的层次只有一个自然段,此时为层次与段落重合,即一个段落就是一个层次;还有少数文章不分段,全篇只有一段,此为篇、章(层次)、段三者统一。

由此可见,从文章整体结构的角度看,是由篇章到层次,再由层次到段落;而从具体写作的过程看,则是由段落到层次,再由层次到篇章。所以不管从哪个角度说,段落都是文章的最小组成部分。

我们来看毛主席写的一篇短文:

关于反法西斯的国际统一战线

(一九四一年六月二十三日)

德国法西斯统治者已于六月二十二日进攻苏联。此种背信弃义的侵略罪行,不仅是反对苏联的,而且也是反对一切民族的自由和独立的。苏联抵抗法西斯侵略的神圣战争,不仅是保卫苏联的,而且也是保卫正在进行反对法西斯奴役的解放斗争的一切民族的。

目前共产党人在全世界的任务是动员各国人民组织国际统一战线,为着反对法西斯而斗争,为着保卫苏联、保卫中国、保卫一切民族的自由和独立而斗争。在目前时期,一切力量须集中于反对法西斯奴役。

中国共产党在全中国的任务是:

(一)坚持抗日民族统一战线,坚持国共合作,驱逐日本帝国主义出中国,即用此以援助苏联。

(二)对于大资产阶级中的反动分子的任何反苏反共的活动,必须坚决反抗。

（三）在外交上，同英美及其他国家一切反对德意日法西斯统治者的人们联合起来，反对共同的敌人。

（《毛泽东选集》第三卷 764 页）

这是毛主席为中共中央写的对党内的指示，文章的主题是针对德国法西斯进攻苏联，提出建立国际反法西斯统一战线，并提出中国共产党的三项任务。全文共由六个段落组成，可以分为三个层次：第一段为第一个层次，指出德国法西斯统治者进攻苏联是反对一切民族自由和独立的侵略行为；第二段为第二个层次，提出世界各国共产党人要动员人民组成国际反法西斯统一战线；第三、四、五、六段为第三个层次，提出中国共产党反法西斯斗争的三项任务。作者通过这种对文章层次和段落的安排，把全文的主题——中国共产党的主张表现得十分突出，而且文字简洁、鲜明有力。

四、段落的作用和种类

我们这里所说的段落的作用，包括两个方面的含义：一是指文章分段的作用；二是指段落本身在文章中所起的作用。

写文章为什么要分段？分段的目的是使文章层次分明，条理清楚。一篇文章，通常先分为几个层次，每个层次又包含一个或几个段落。如果从头到尾写下来，当中不分段，这一方面会使作者的思路不能清晰地体现出来，另一方面也会给读者理解文章内容造成很大困难。而恰当地分段，就使读者比较容易看清文章的层次，也容易看清各个层次和段落同文章主题及全文结构的关系，这对于正确理解文章的内容和作者的思路，都是十分必要的。

段落在文章中的作用，是指每个段落在整个篇章结构中所起的作用，这也大体包括两个方面：一是对于表现文章主题所发挥的作用；二是在衔接过渡、强调重点、显示层次等方面所起的作用。根据段落的功能和作用,可以将段落分为基本段和特殊段两大类。

(一)基本段

在文章中起基本作用的段落叫作基本段。基本段的功能和作用是:直接表现主题和叙说各层次的基本内容,它是文章总体结构中不可缺少的组成部分。一篇文章的主要内容一般都由若干基本段构成,而其他起特殊作用的段落(如过渡段等)只是在结构上需要时才出现,如不需要则可以不用。

我们来看毛主席的这篇文章(因篇幅所限,有的段落有删减,下同):

纪念白求恩

(一九三九年十二月二十一日)

白求恩同志是加拿大共产党员,五十多岁了,为了帮助中国的抗日战争,受加拿大共产党和美国共产党的派遣,不远万里,来到中国。去年春上到延安,后来到五台山工作,不幸以身殉职。一个外国人,毫无利己的动机,把中国人民的解放事业当作他自己的事业,这是什么精神?这是国际主义的精神,这是共产主义的精神,每一个中国共产党员都要学习这种精神。……

白求恩同志毫不利己专门利人的精神,表现在他对工作的极端的负责任,对同志对人民的极端的热忱。每个共产党员都要学习他。……从前线回来的人说到白求恩,没有一个不佩服,没有一个不为他的精神所感动。晋察冀边区的军民,凡亲身受过白求恩医生的治疗和亲眼看过白求恩医生的工作的,无不为之感动。每一个共产党员,一定要学习白求恩同志的这种真正共产主义者的精神。

白求恩同志是个医生,他以医疗为职业,对技术精益求精;在整个八路军医务系统中,他的医术是很高明的。这对于一班见异思迁的人,对于一班鄙薄技术工作以为不足道、以为无出路的人,也是一个极好的教训。

我和白求恩同志只见过一面。后来他给我来过许多信。可是因为忙,仅回过他一封信,还不知他收到没有。对于他的死,我是很悲痛的。现在大家纪念他,可见他的精神感人之深。我们大家要学习他毫无自私自利之心的精神。从这点出发,就可以变为大有利于人民的人。一个人能力有大小,但只要有这点精神,就是一个高尚的人,一个纯粹的人,一个有道德的人,一个脱离了低级趣味的人,一个有益于人民的人。

这篇文章共分为四段,每一段都是一个独立的层次,每一段都表达一种特有的内容,都是表现文章主题和全文结构中不可缺少的组成部分。因此,这四个段落都是文章的基本段;在这篇文章中,没有起特殊作用的段落。

(二)特殊段

特殊段是指在文章中起特殊作用的段落。它包括强调段、过渡段、次序段、话语段等几种类型。

1. 强调段

要表达的意思本来可以同其他内容连起来说,但为了强调而单独分为一段,这样的段落叫作强调段。

强调段是文章中一种起特殊作用的段落,它是从文章的基本段中单独分列出来的。强调段具有两个明显特征:一是在内容上同基本段有着紧密的联系;二是在形式上都比较短小,一般都只由一两个句子组成,还有的仅由一个独词句构成。例如:

①回头向古陌岭上望去,哦,秋色更浓了。多么可爱的秋色啊!我真不明白,为什么欧阳修作《秋声赋》时,把秋天描写得那么肃杀可怕,凄凉阴沉?在我看来,花木灿烂的春天固然可爱,然而,瓜果遍地的秋色却更加使人欣喜。

秋天,比春天更富有欣欣向荣的景象。

秋天,比春天更富有灿烂绚丽的色彩。

(峻青《秋色赋》)

②当初，白蛇娘娘压在塔底下，法海禅师躲在蟹壳里。现在却只有这位老禅师独自静坐了，非到螃蟹断种的那一天为止出不来。莫非他造塔的时候，竟没有想到塔是终究要倒的么？

活该。

（鲁迅《论雷峰塔的倒掉》）

以上例①后边加点的两段都是强调段，每段各由一个句子构成，形成一种对称的结构；例②的“活该”也是一个强调段，只由一个独词句构成。它们所表达的意思都同上一段紧密相连，本来可以合在一起，但为了起到强调作用而单独分出一段，这样也能更加鲜明地表达作者的态度和情感。

类似以上这样的强调段，在分析段落的思想内容时，一般都将其同前面的基本段合在一起进行分析，不必单独分析后边的强调段。

2. 过渡段

处在上下两个段落之间起承上启下的过渡作用，使上下文的意思联系起来，这样的段落叫作过渡段。

过渡段也是文章中一种起特殊作用的段落，它主要是在文章结构中起到某种弥合的作用。根据文章内容和表达需要，有的文章之内有过渡段，有些文章因层次和段落之间的联系自然而紧密，不需要过渡段。过渡段也有两个明显特点：一是一般都不表达什么具体内容，只是为了承接上文、引出下文；二是语言形式一般都比较简短，如果过长就会对基本段的内容有所冲淡或阻隔。例如：

①也许还有人心里隐隐约约地说：你说的就是那些“兵”吗？他们看来是很平凡、很简单的哩，既看不出他们有什么高深的知识，又看不出他们有什么丰富的感情。可是，我要说，这是由于他跟我们的战士接触太少，还没有了解我们的战士：他们的品质是那样地纯洁和高尚，他们的意志是那样地坚韧和刚强，他们的气质是那样地淳朴和谦逊，他们的胸怀是那样地美丽和宽广！

让我还是来说一段故事吧。

还是在二次战役的时候，有一支志愿军的部队向敌后猛插，去切断军隅里敌人的逃路。当他们赶到书堂站时，逃敌也恰恰赶到那里，眼看就要从汽车路上开过去。这支部队的先头连就匆匆占领了汽车路边一个很低的光光的小山冈，阻住敌人。一场壮烈的搏斗就开始了。……

（魏巍《谁是最可爱的人》）

上面这三个段落中，中间一段是过渡段，在结构上起到承上启下的作用：由上一段写作者对志愿军战士的主观感受，转到下一段讲述书堂站战斗的经过，中间如果没有这个过渡段，其前后两段的内容就衔接不上。

以上是记叙文中过渡段的应用，在议论文中有时也根据需要使用过渡段。例如：

②我们主张积极的思想斗争，因为它是达到党内和革命团体内的团结使之利于战斗的武器。每个共产党员和革命分子，应该拿起这个武器。

但是自由主义取消思想斗争，主张无原则的和平，结果是腐朽庸俗的作风发生，使党和革命团体的某些组织和某些个人在政治上腐化起来。

自由主义有各种表现。

因为是熟人、同乡、同学、知心朋友、亲爱者、老同事、老部下，明知不对，也不同他们作原则上的争论，任其下去，求得和平和亲热。……这是第一种。

（毛泽东《反对自由主义》）

上面这四个段落中，第三段是过渡段，虽然只有一个单句，却能承接上段所讲的自由主义的危害，引出下段开始讲自由主义的表现，使所论述的内容紧密衔接起来。如果没有这个过渡段，就无法实现内容的转换。

通过以上两例可以看出，当前后段落的内容发生转换时，一般都需要在中间使用一个过渡段，否则前后的内容就不能很好地衔接。

3. 次序段

从基本段中单独分列出来的表示次序的特殊段落叫作次序段。

次序段也是文章中一种起特殊作用的段落，它能够对分列出来的事项起到突出和强调的作用，并同时标明次序。次序段的特点是：在表达内容上同前边的段落紧密相连，完全可以合成一段，但表达效果是不一样的；次序段都以在前头使用数词或其他次序语为标志，其排列次序一般不能随意变动。次序段多出现在政论文章和工作报告、领导讲话之中，例如：

①依我们的过去情形说来，大概须在退却阶段中取得下列诸种条件中至少二种以上，才算是有利于我不利于敌，才好使自己转入反攻。这些条件是：

（一）积极援助红军的人民；

（二）有利作战的阵地；

（三）红军主力的全部集中；

（四）发现敌人的薄弱部分；

（五）使敌人疲劳沮丧；

（六）使敌人发生过失。

（毛泽东《中国革命战争的战略问题》）

上例中的第一段是基本段，下面的（一）、（二）、（三）、（四）、（五）、（六）各段都是次序段。它们都是从前边的基本段中单独分列出来的，其目的是对这些内容起到突出、强调和标明次序的作用；从内容的排列上看都有一定的次序，前三段说“我”，后三段说“敌”，而且都把主要的方面排在前面，次要的方面排在后面，因而其排列次序是不能随意改变的。这种分段方法，增强了文章的表达效果。

②中华人民共和国第一届全国人民代表大会第一次会议负有重大的任务。

这次会议的任务是：

制定宪法；

制定几个重要的法律；

通过政府工作报告；

选举新的国家领导工作人员。

（毛泽东《为建设一个伟大的社会主义国家而奋斗》）

这是毛主席1954年在第一届全国人民代表大会第一次会议上的开幕词。上面这六个自然段是说明这次会议的任务的，如果都合在一起，就是一个基本段。但是作者首先将“这次会议的任务是”单独作为一个过渡段，然后又把会议的四项任务单独分列出来，成为四个次序段，对各项任务起到了突出和强调的作用。这里虽然没有使用表示次序的数词和其他词语，但由于语句简短，又分段表示，对内容的先后次序仍能表达得清楚明白。如果都合成一个段落，其表达效果就会大为减弱。

4. 话语段

为了清晰醒目，将文章中人物所说的话单独分段记录，这样的特殊段落叫作话语段。

话语段也是一种起特殊作用的段落，也是从前边的基本段中单独分列出来的。分段的目的是使所记录的人物语言清晰醒目，便于读者阅读和理解。话语段的内容同它前边的段落紧密相连，因此在功能和作用上，还不能将其视为独立的基本段，只能将其看成一种特殊的段落。

话语段经常出现在记叙文里，特别是小说和散文中的人物语言和对话，一般都使用单独的话语段。**话语段有两个明显标志：**一是将文章中人物所说的话都单独分为一段；二是在话语的开头和结尾处都使用引号。例如：

①至此，在旁边静观的赵越再也不能沉默了。他不能让他们去浪费国家的汽油，他不得不暴露自己的身份：

"我就是老赵！请你们别去接了……"

（徐慎《四书记》）

②我问问他的景况。他只是摇头。

"非常难。第六个孩子也会帮忙了，却总是吃不够……又不太平……什么地方都要钱，没有定规……收成又坏。种出东西来，挑去卖，总要捐几回钱，折了本；不去卖，又只能烂掉……"

（鲁迅《故乡》）

上面两例中的第二自然段都是话语段，都是从前面的叙述段落里单独分出来的，使人物语言显得格外清晰。这样单独的话语段，都以在两端使用引号为标记。

当一个人所说的话内容较多、篇幅较长时，也可以按照话语内容的层次再分为几个段落。此时的引号，只在每一段话的开头使用，表示话还在继续说；中间的话语段末尾不再使用引号，表示话还没有说完；但在最后一段话的末尾必须使用引号，表示话已经说完了。例如梁斌《红旗谱》第三十七章中，记录江涛在群众集会上的讲话时，就是这样使用引号的：

③他讲了一会子反割头税的事，又接着说："地租和高利贷是抽筋，地丁银附加税是拔骨，割头税比剥皮还疼……

"我们就像牛、像马，成天价在泥里、水里、风里、火里，滚来滚去……

"我们耪起地来，两手攥着锄钩，把腰一弯，像个罗圈，太阳晒得脊梁上冒出黑油儿。自春忙到秋，把租一交完蛋。寒衣节过去，身上还没有遮凉的衣裳。冬季里,寒天大雪,天黑了,灶筒里还冒不出烟来。使了账,三年本利停,‘现出利’、‘利滚利’、‘驴打滚’,利息越来越重!

“新年一到,要账的挤破了门框。起了五更,还没有下锅的饺子……

“一千斤的大铁枷,加在农民身上,我们种地人家好苦啊!”

说到这里,他喘着气停住。……

小说和散文中,经常会记录人物的对话,也往往随着说话人的变换而分段。其方法是只在开头表明是谁先说的、谁回答的,后面就可依次分段记录两个人的对话,并在每人说话的开头和末尾分别使用引号。例如:

④这又引起了乔光朴的注意,他看到那个闸把上盖满油灰,似乎从来没有被碰过。他问那个小伙子:“这个闸把是干什么用的?”

“不知道。”

“这上边不是有说明。”

“这是外文,看不懂。”

“你在这个床子上干了几年啦?”

“六年。”

“这么说,六年你没动过这个闸把?”

小伙子点点头。……

(蒋子龙《乔厂长上任记》)

上例中带引号的段落都是话语段,记录的都是厂长乔光朴同操控进口机床的小伙子的对话,其问答次序通过前边加点的句子表示出来。对话时因能借助对方的话语条件,可以使用省略句,虽然语句简短,仍能表达一个完整的意思,而且这种表达形式同两个人对话的情景基本相同,可以给读者增加一种现场气氛。

思考与练习一

1. 为什么说组织段落对于运用语言至关重要？组织段落在文章写作和口头交际中具有怎样的重要作用？学习和研究段落的修辞有什么重要意义？

2. 什么叫段落？理解段落的定义应该把握哪几个要点？

3. 什么是文章的层次？文章的层次是怎样形成的？段落同文章的层次之间是怎样的关系？

4. 写文章为什么要分段？段落在文章中具有哪些方面的作用？按照功能和作用可以将段落分为哪两大类？

5. 什么叫基本段？基本段的功能和作用是什么？举例说明。

6. 什么叫特殊段？特殊段包括哪几种类型？分别举例说明。

7. 看下面这篇新闻特写，回答下列问题：(1) 共有多少个自然段？其中哪些是基本段、哪个是特殊段？这个特殊段的作用是什么？(2) 这篇文章可分为几个层次？每个层次中包含哪几个段落？(3) 各个层次的陈述中心是什么？其中的每个段落各表达什么具体内容？(4) 全文的主题思想是什么？

飞天“凌空”

——跳水姑娘吕伟夺魁记

夏浩然　樊云芳

她站在十米高台的前沿，沉静自若，风度优雅，白云似在她的头顶飘浮，飞鸟掠过她的身旁。这是达卡多拉游泳场的八千名观众一齐翘首而望、屏息敛声的一刹那。

轻舒双臂，向上举起，只见吕伟轻轻一蹬，就向空中飞去。一瞬间，她那修长美妙的身体犹如被空气托住了，衬着蓝天白云，酷似敦煌壁画中凌空翔舞的“飞天”。

紧接着，是向前翻腾一周半，同时伴随着旋风般的空中转体三周，动作疾如流星，又潇洒自如，1.7 秒的时间对她似乎特别慷慨，让她从容不迫地展示身体优美的线条，从前伸的手指，一直延续到绷直的足尖。

还没等观众从眼花缭乱中反应过来，她已经展开身体，像轻盈的、笔直的箭，“哧”地插进碧波之中，几串白色的气泡拥抱了这位自天而降的仙女，四面水花则悄然不惊。

“妙！妙极了！”站在我们旁边的一名外国记者跳了起来。这时，整个游泳场都沸腾了，如梦初醒的观众用震耳欲聋的掌声和欢呼声，来向他们喜爱的运动员表达由衷的赞赏。

吕伟精彩的表演，将游泳场的气氛推向了高潮。她的这个动作“5136”，让几位裁判亮出了 9.5 分的高分。

这位年方十六的中国姑娘，赢得了金牌。

当一个印度观众了解到这个姑娘是中国跳水集训队中最年轻的新秀时，惊讶不已。他说：“了不起，你们中国的人才太多了！”

第二节　段落的内部构造

探讨段落修辞，不但要弄清什么是段落，而且要掌握段落的内部构造，这样才能对文章的段落有一个整体了解，也才能明确段落修辞都应该从哪些方面着手。本节探讨段落的内部构造，力图讲清以下问题：一是段落是由哪些语言单位构成的；二是段落内部的层次是怎样形成的；三是段落内部各层次之间的结构关系。

一、段落的构成单位

文章中的段落，是由句子或句群两级语言单位构成的。

以上这个命题，我国语言学界是在 20 世纪 80 年代以后才逐步确立起来的。过去一般都认为句子是最大的语言单位,所以讲语法都讲到句子为止,讲修辞也认为段落是由句子构成的,还没有认识到句群这一级语言单位的作用。例如在20世纪50年代中学《汉语》课本基础上改编而成的《汉语知识》①,是一本在60年代以后影响最大的语法修辞著作,在文章的段落一节里,只讲到"段落里句子和句子的联系",还没有提到"句群"这个概念。待《系统提要》(1984)公布后,才正式把句群作为最高一级语言单位固定下来,这以后的修辞学著作才开始把句群也作为段落的构成单位。郑文贞在《段落的组织》(1985)一书中明确提出"段落是由句子或句群构成的",这应该是迄今为止最为全面和准确的说法。

我们说段落是由句子或句群两级语言单位构成的,这具体包括三种情况:一是说段落有时只由句子构成,即由一个或两个以上的单句或复句构成;二是说段落有时是由句群构成的,即由一个句群或两个以上的句群构成;三是说段落有时是由句子和句群共同构成的,即一个段落里既有句子、又有句群。

下面,我们来分析鲁迅《从百草园到三味书屋》中的几个段落,看一下段落的具体构成情况:

①长的草里是不去的,因为相传这园里有一条很大的赤练蛇。

这个段落只由一个句子构成,是一个因果复句。

②我就只读书,正午习字,晚上对课。/先生最初这几天对我很严厉,后来却好起来了,不过给我读的书渐渐加多,对课也渐渐地加上字去,从三言到五言,终于到七言。

这个段落由两个句子构成:分隔号"/"前面的复句简要介绍"我"读书的情况;分隔号"/"后面的复句比较长,说明先生对"我"态度的转变和特别的要求。这两个句子都有各自的叙述对象,前面

①张志公:《汉语知识》,人民教育出版社,1959。

的句子说的是“我”，后边的句子说的是“先生”，因而不能看作一个句群，而应视为两个单独的复句。

③这故事很使我觉得做人之险，夏夜乘凉，往往有些担心，不敢去看墙上，而且极想得到一盒老和尚那样的飞蜈蚣。 ‖ 承接 走到百草园的草丛旁边时，也常常这样想。 | 转折 但直到现在，总还是没有得到，但也没有遇见过赤练蛇和美女蛇。 ‖ 承接 叫我名字的陌生声音自然是常有的，然而都不是美女蛇。

这个段落，只由一个句群构成：前边的两个句子同后边的两个句子之间是转折关系（以使用关联词语“但”为标志），构成一个转折句群，这是第一个层次；前边的两个句子、后边的两个句子之间，又分别是承接关系，这是第二个层次。所以，整个段落是由一个二重混合句群构成的，其中的句子和句群之间意义联系紧密，不可分割。

④这是闰土的父亲所传授的方法，我却不大能用。明明见它们进去了，拉了绳，跑去一看，却什么都没有，费了半天力，捉住的不过三四只。/闰土的父亲是小半天便能捕获几十只，装在叉袋里叫着撞着的。我曾经问他得失的缘由，他只静静地笑道：“你太性急，来不及等它走到中间去。”

这个段落，是由两个句群构成的：分隔号“/”前边是一个解说句群，后面的句子具体解说前面的句子，说明“我”对闰土的父亲所教的捕鸟方法总是不太会用；分隔号“/”后边是一个承接句群，前面的句子说闰土的父亲捕的鸟多，后面的句子接着说他讲“得失的缘由”。

⑤出门向东，不上半里，走过一道石桥，便是我的先生的家了。/从一扇黑油的竹门进去，第三间是书房。中间挂着一块匾道：三味书屋；匾下面是一幅画，画着一只很肥大的梅花鹿伏在古树

下。/没有孔子牌位，我们便对着那匾和鹿行礼。第一次算是拜孔子，第二次算是拜先生。

这个段落，是由一个句子和两个句群共同构成的，用分隔号"/"划开：段落开头是一个复句，说明先生的家住在哪里；接下来是一个承接句群，由两个句子组成，介绍先生家里书房的情况；后边又是一个解说句群，介绍行拜师礼的情况，先说"对着那匾和鹿行礼"，然后解释两次行礼各拜什么。

通过以上分析我们可以看出，从段落的外部构成形式上看，段落就是由句子（包括单句和复句）或句群（包括一重句群和多重句群）两级语言单位构成的。由语言单位构成文章的单位，由句子、句群构成段落，都是按照"从小到大"的顺序层层进行组合的。所以，我们要划分段落内部的句子或句群，就要反过来"从大到小"进行分析，先看整个段落说的是什么意思，是分几个层次来表达的，其中哪个层次使用的是一个句子（包括单句和复句），哪个层次使用的是一个句群——这个句群是由哪些句子组成的，哪个层次里既有句子又有句群，这样才能把段落内部的句子和句群都划分开来，也才能正确地分析一个段落是由哪些语言单位构成的。

二、段落内部的层次

不仅一篇文章可以分为几个层次，一个较长的段落通常也可划分为几个层次，但这两种"层次"不是同一个概念：文章里的一个层次，是指一个大的意义段或部分，它既可以是一个段落，也可包含几个段落；而段落内部的层次，是指一个段落可以分为几层意思而言的，即一个段落的中心意思是分为几个小的层次来表达的。

段落处于文章的整体结构之中，每个段落都表达一个中心意思。除了起特殊作用的段落（强调段、过渡段、次序段、话语段等）和那些意义单一的段落外，多数意义比较复杂的段落，其中心意思都要分为几个不同的层次表达出来。其中的每一层意思，都要使用一定的语言单位来表达，或者使用一个句子，或者使用一个句群。这样，所使用的语言单位之间就会产生一定的意义联系，并在这种相互联系之中，共同完成全段中心意思的表达任务。由此可见：段落内部的层次，是由组成段落的各语言单位之间在意义上的相互联系而形成的。

正因为如此，我们就可以掌握**分析段落的基本方法**：首先看这个段落可以分为几个层次，并将每个层次的组成单位——句子或句群划分出来；然后看每个层次内部的句子或句群各表达什么意思，这就是这个层次所表达的内容；最后再根据各个层次的内容，综合归纳出整个段落的中心意思。

需要说明的是，当一个段落只由一个单句或一个复句构成时，这个段落只能表达一层意思，不能再划分层次；当一个段落只由一个句群构成时，对结构简单的句群可以不划分层次，但对于结构比较复杂的句群，也需要划分层次进行分析；当一个段落由不同或多个句子（包括单句和复句）和句群共同构成时，必须认真划分段落的层次，并区分开其中所使用的单句、复句或句群，弄清每个层次以及各语言单位之间的关系，这样才能准确把握整个段落的思想内容。

上述分析方法告诉我们，段落的组合同词语的组合、句子的组合一样，当只有一个组成成分时没有层次性可言，只有将两个以上的组成成分组合在一起时，才能够形成不同的层次。下面来分析吴伯箫的散文《歌声》中的几个段落，看一下段落内部层次的构成情况和分析方法：

①我以无限恋念的心情，想起延安的歌声来了。

②延安唱歌，也有传统，那就是陕北民歌。

③这里就不说我喜欢的那首唱遍世界的歌《东方红》了。那是标志着全国人民对伟大领袖衷心爱戴的歌，又是人民群众自己创作

的歌。谁不喜欢呢？从心里，从灵魂的深处。

上边例①这个段落只由一个单句构成，例②这个段落只由一个复句构成，都只表达一层意思，不能再划分层次；例③这个段落只由一个句群构成，四个句子之间联系紧密，共同表达“我”喜欢《东方红》这首歌这一个中心意思，它同时也是段落的陈述中心，因此也不必再划分层次。

④露天会场。西边是黑黝黝的群山。东边是流水汤汤的延河，隔河是清凉山。南边是隐隐约约的古城和城上的女墙。北边是一条路，沿了延河，蜿蜒过蓝家坪、狄青牢，直通去三边的阳关大道。/合唱开始，大概已经是夜里十一点了。

这个段落，由一个句群和一个单句组成，所以可从分隔号“/”处分为两个层次：第一层是一个句群，描写露天会场四周的环境；第二层是一个单句，交代合唱开始的时间。

⑤“信天游”唱起来高亢、悠远，“蓝花花”唱起来缠绵、哀怨。那多半是歌唱爱情，诉说别离，控诉旧社会剥削压迫的。/过去陕北地广人稀，走路走很远才能碰到一个村子，村子也往往只有几户人家散落在山峁沟畔。下地劳动，或者吆了牲口驮脚，两三个人一伙，同不会说话的牲口嘀嘀冬冬地走着，够寂寞，诉说不得不诉说的心事，于是就唱民歌。歌声拖得很长很长，因此能听得很远很远。人还没看见，已经先听见歌声了；或者人已经转过山头望不见了，歌声还会余音袅袅，不绝如缕。

这个段落从分隔号“/”处划开，由两个句群组成，因而也可分为两个层次：前一个句群为第一层，写“信天游”和“蓝花花”等陕北民歌的特点和内容；后一个句群为第二层，叙述陕北的地理条件和人文环境，说明陕北民歌产生和形成的原因。

三、段落内部各层次之间的结构关系

我们研究段落,不仅要分析它是由哪些语言单位构成的,可以划分为几个层次,还要深入探讨它们是怎样进行排列组合的,各个层次之间存在着怎样的结构关系。只有这样,才能从外部语言形式和内部结构关系两个方面,全面把握一个段落所包含的思想内容。

在段落的内部,各个层次之间都有一定的意义联系,这种意义联系又构成各种不同的结构关系。段落内部各个层次之间的结构关系,主要有并列关系、连接关系、递进关系、总分关系、解说关系、转折关系、因果关系等几种,反映着事物之间不同的逻辑关系。段落内部的结构关系,又会形成组织段落的不同结构形式:其中并列关系形成一种横式结构,其他几种结构关系分别形成各具特点的纵式结构。下面,分别介绍横式结构、纵式结构及其所包含的各种结构关系。

(一)横式结构

横式结构的段落,段落内部的各个层次是在一个平面内横向排列的,相互之间形成一种彼此并列的结构关系。**横式结构的特点是:**各个层次之间在意义上相对独立,互不从属。

横式结构的段落,各个层次所表达的内容,或者是事物的不同组成部分,或者是事物的不同位置、不同侧面,或者是事物的不同属性,或者是问题的不同方面、不同性质、不同结果,或者是观察和叙述的不同角度,等等。这些事物或问题的不同方面,相互之间的关系都是平行并列、互不从属的,用以共同说明某一个事物或某一个问题,表现出一种横式的结构特点。

横式结构的段落,各个层次的次序比较自由,有一定的灵活性。但有时也有先后次序,不能随意变动,比如按照程度轻重、作用大小、时间先后、空间远近等排列时,就不宜变动其次序。

段落里各个层次之间的并列关系，有时用表示次序的数词或其他词语来表示，有时用方位名词或处所名词来表示，也有时用排比或对偶等形式来表示，还有时只靠段落内部各层次和语言单位之间在意义上的直接联系，不使用其他特殊的表示方法。例如：

①此次失败的原因是：(1)一部官兵动摇思家，失掉战斗力；一部官兵不愿往湘南，缺乏积极性。(2)盛暑远征，兵力疲惫。(3)从酃县冒进数百里，和边界失去联系，成了孤军。(4)湘南群众未起来，成了单纯的军事冒险。(5)敌情不明。(6)准备不好，官兵不了解作战的意义。

（毛泽东《井冈山的斗争》）

②为什么我国的石拱桥会有这样光辉的成就呢？首先，在于我国劳动人民的勤劳和智慧。他们制作石料的工艺极其精巧，能把石料切成整块大石碑，又能把石块雕刻成各种形象。在建筑技术上有很多创造，在起重吊装方面更有意想不到的办法。如福建漳州的江东桥，修建于700多年前，有的石梁一块就有200来吨重，究竟是怎样安装上去的，至今还不完全知道。/其次，我国石拱桥的设计施工有优良传统，建成的桥，用料省，结构巧，强度高。/再其次，我国富有建筑用的各种石料，便于就地取材，这也为修建石拱桥提供了有利条件。

（茅以昇《中国石拱桥》）

这两个段落都是横式结构，例①通过使用数词来表示次序，将1928年8月湘赣边界失败的六个原因平行并列地展开；例②前一个句子是段落中心句，采用设问手法提出问题，下面分三个层次进行说明，分别使用“首先”“其次”“再其次”来标明层次，并表示出三个层次之间的并列关系。

③每一个具有共产主义风格的人，都应该像松树一样，不管在怎样恶劣的环境下，都能茁壮地生长，顽强地工作，永不被困难吓

倒，永不屈服于恶劣环境。/每一个具有共产主义风格的人，都应该具有松树那样的崇高品质。人们需要我们做什么，我们就去做什么，只要是为了人民的利益，粉身碎骨，赴汤蹈火，也在所不惜；而且毫无怨言，永远浑身洋溢着革命的乐观主义的精神。

（陶铸《松树的风格》）

这个段落由一个复句和一个句群构成，分为两个层次，并列构成横式结构。其表达方法是：在每个层次的前边，都使用了“每一个具有共产主义风格的人，都应该……”的相同格式，分别倡导和论述了顽强工作、永不屈服的斗争精神，以及甘于奉献、积极乐观的革命精神，使两层意思紧密联系在一起。

④紫禁城的城墙十多米高，有四座城门：南面午门，北面神武门，东西面东华门、西华门。/宫城呈长方形，占地72万平方米，有大小宫殿七十多座、房屋九千多间。/城墙外是五十多米宽的护城河。/城墙的四角上，各有一座玲珑奇巧的角楼。/故宫建筑群规模宏大壮丽，建筑精美，布局统一，集中体现了我国古代建筑艺术的独特风格。

（黄传惕《故宫博物院》）

这一段由五个句子组成，每个句子为一个层次，分别介绍了“城墙”和“四座城门”、“宫城”概况、“城墙外”的护城河、“城墙的四角上”的角楼、整个“故宫建筑群”的规模和建筑风格，平行并列地构成横式结构，并使用了“南、北、东、西、外、上”等方位词，把北京故宫总的建筑情况交代得十分清楚。

⑤我们还可以根据云上的光彩现象，推测天气的情况。/在太阳和月亮的周围，有时会出现一种美丽的七彩光圈，里层是红色的，外层是紫色的。这种光圈叫作晕。日晕和月晕常常产生在卷层云上，卷层云后面的大片高层云和雨层云，是大风雨的征兆。所以有“日晕三更雨，月晕午时风”的说法。说明出现卷层云，并且伴有晕，

天气就会变坏。/另有一种比晕小的彩色光环，叫做“华”。颜色的排列是里紫外红，跟晕刚好相反。日华和月华大多产生在高积云的边缘部分。华环由小变大，天气趋向晴好。华环由大变小，天气可能转为阴雨。/夏天，雨过天晴，太阳对面的云幕上，常会挂上一条彩色的圆弧，这就是虹。人们常说，“东虹轰隆西虹雨。”意思是说，虹在东方，就有雷无雨；虹在西方，将有大雨。/还有一种云彩常出现在清晨或傍晚。太阳照到天空，使云层变成红色，这种云彩叫做“霞”。朝霞在西，表明阴雨天气在向我们进袭；晚霞在东，表示最近几天里天气晴朗。所以有“朝霞不出门，晚霞行千里”的谚语。

（朱泳燚《看云识天气》）

这是一篇通俗科普论文，其中这个段落是教人们如何根据云上的光彩现象来推测天气的。开头的第一个句子是段落中心句，下面分为四个层次（用间隔号“/”划开），分别描写了“晕”“华”“虹”“霞”，具体说明它们各自的特征以及与天气变化的关系，还引用了气象方面的谚语，写得形象、生动而有趣味。这个段落的结构方式是，在段落中心句后边采用横式结构，使各层内容构成并列关系，共同说明段落的中心意思。

（二）纵式结构

纵式结构的段落，段落内部的各个层次是纵向排列的。它们有时在同一条直线上排列，表现出前后连接或逐层递进的结构关系；有时又不在同一条直线上排列，层次之间在意义上出现曲折，表现出总分、解说、转折、因果等种种复杂的结构关系。但总的看来，其排列仍然是纵向的，而不是横向的。**纵式结构的特点是**：各个层次之间在意义上是不能完全独立的，有某种相互从属或依存的结构关系。

下面，我们来分别说明纵式结构的几种不同结构关系。

1. 连接关系

利用连接关系构成的段落，几个层次的意思前后连接，在同一条直线上纵向排列，次序有先有后，一般不能随意改变。

段落内部各个层次及语言单位之间的这种连接关系，或者按照时间顺序的先后排列，或者按照事情经过的先后排列，或者按照逻辑事理的先后排列，或者按照话语次序的先后排列，等等。其组合手段，有时使用“就”“又”“便”“于是”“接着”“然后”等关联词语来表示先后的连接，有时使用时间名词来表示先后，还有时直接把各个层次和语言单位组织在一起，只靠其本身的意义来显示前后连接的结构关系。例如：

①有几回，邻居孩子听得笑声，也赶热闹，围住了孔乙己。/他便给他们茴香豆吃，一人一颗。/孩子吃完豆，仍然不散，眼睛都望着碟子。/孔乙己着了慌，伸开五指将碟子罩住，弯腰下去说道，“不多了，我已经不多了。”直起身又看一看豆，自己摇头说，“不多不多！多乎哉？不多也。”/于是这一群孩子都在笑声里走散了。

（鲁迅《孔乙己》）

这个段落分为五个层次，交替说孩子们和孔乙己，按照事情经过的先后次序构成纵式结构，并使用关联词语“便”“仍然”“又”“于是”等表示层次之间的连接关系。

②因为我们是为人民服务的，所以，我们如果有缺点，就不怕别人批评指出。不管是什么人，谁向我们指出都行。只要你说得对，我们就改正。你说的办法对人民有好处，我们就照你的办。/“精兵简政”这一条意见，就是党外人士李鼎铭先生提出来的；他提得好，对人民有好处，我们就采用了。/只要我们为人民的利益坚持好的，为人民的利益改正错的，我们这个队伍就一定会兴旺起来。

（毛泽东《为人民服务》）

这是毛主席在中央机关追悼张思德会议上的讲话，属于议论文的性质。这个段落共分为三个层次，说理的方法采用纵式结构：第一层是讲道理，第二层是摆事实，第三层是作总结。这种连接关系是无法随意改动的，只靠层次之间在意义上的联系，不使用任何关联词语，仍然前后连接紧密，语意畅通无阻。

纵式结构中的连接关系，有时容易同横式结构的并列关系相混淆，我们要注意将二者区别开来。这主要表现在两个方面：第一，并列关系是在一个平面上横向排列的；而连接关系是在一条直线上纵向排列的。第二，并列关系的组成单位有相对的独立性，相互之间没有从属或依存的关系，因而其排列次序有一定的灵活性；而连接关系的组成单位缺乏独立性，它们各以其同前边的层次相连接为存在条件，因而其排列次序一般不能随意改动。

2. 递进关系

递进关系同连接关系有些类似，段落的各个层次都是在同一条直线上纵向排列的。二者所不同的是：递进关系的各个层次在语意上是层层递进的，而连接关系则只是连接，不一定递进。意义上的层层递进，或表现为范围的由小到大，或表现为数量的由少到多，或表现为程度的由轻到重，或表现为道理的由浅入深，等等。由于这种在意义上的递进关系，各个层次的位置和次序一般是不能随意改变的。

用递进的结构方法安排段落，主要用于议论文，在记叙文中也经常使用。递进关系的段落，各层次之间很少使用关联词语，主要靠语意来表现层层递进的关系。也有时使用“也”“更”“而且”“并且”“甚至”等关联词语，来表示语意上的递进关系。例如：

①今后我们的队伍里，不管死了谁，不管是炊事员，是战士，只要他是做过一些有益的工作的，我们都要给他送葬，开追悼会。这要成为一个制度。/这个方法也要介绍到老百姓那里去。村上的人死了，开个追悼会。用这样的方法，寄托我们的哀思，使整个人民团结起来。

（毛泽东《为人民服务》）

这是这篇文章结尾的一段，可分为两个层次：第一层说今后部队上死了人都要开追悼会，并要成为一个制度；第二层说“这个方法也要介绍到老百姓那里去”，这就比只在部队里实行又进了一步。这种范围由小到大的递进关系，使这个段落形成一种纵式结构。

②与这种孤独相比，杜小康退学后将自己关在红门里面产生的那点儿孤独，简直就算不得是孤独了。/他们能一连十多天遇不到一个人。杜小康只能与父亲说说话。/奇怪的是，他和父亲之间的对话，变得越来越单调，越来越干巴巴的了。除了必要的对话，他们几乎不知道再说些其他什么话，而且，原先看来是必要的对话，现在也可以通过眼神或者干脆连眼神都不必给予，双方就能明白一切。/言语被大量地省略了。这种省略，只能进一步强化似乎满世界都注满了的孤独。

（曹文轩《孤独之旅》）

这是记叙文中用递进关系组织的段落，写失学儿童杜小康跟父亲在芦苇荡里放鸭时的孤独感。这个段落共分四层：第一层说芦苇荡里的孤独比退学后在家的孤独严重得多；第二层说一连十多天遇不到一个人，只能与父亲说说话；第三层又进一步说跟父亲说的话也越来越少了；第四层说言语被大量省略，满世界都注满了孤独。这就通过程度由轻到重而使语意逐层递进，由此构成了段落的纵式结构。

3. 总分关系

用总分关系构成的段落，前后层次之间具有总说和分说的结构关系。所谓总说，是指综合在一起概括地说；所谓分说，是指分别开来作具体的说明。在论述道理、说明事物的文章中，这种结构方法都是比较常用的。

总分关系的结构特点是：一般都由总说和分说两个层次构成，这两个层次虽然是纵向排列的，但又不在同一条直线上。分说的内容(各语言单位)之间是一种并列的横式结构,它们又共同与总说的层次构成总分关系,由此体现为一种曲折的纵式结构。这种结构形式,实际上是对纵式结构与横式结构的综合运用。

根据"总说"出现的位置,总分关系可以分为"总—分"式、"分—总"式、"总—分—总"式三种类型。其中第三种是特殊类型,它只是在前两种形式的基础上,分别在后边或前边再增加一个总说的层次,使之由三个层次构成,而相邻的层次之间仍然是总分关系。下面我们按照这三种类型,分别举例来看一下:

①刘家峧有两个神仙,临近各村无人不晓:一个是前庄上的二诸葛,一个是后庄上的三仙姑。/二诸葛原来叫刘修德,当年做过生意,抬脚动手都要论一论阴阳八卦,看一看黄道黑道。三仙姑是后庄于福的老婆,每月初一十五都要顶着红布摇摇摆摆装扮天神。

(赵树理《小二黑结婚》)

这个段落的结构是"总—分"式。前边的第一层总说刘家峧的"两个神仙"都是谁,后边的第二层分说二诸葛和三仙姑。在结构关系上,第二层内的两个句子之间是并列关系,共同与第一层构成总分关系。

②去年"一二·一"昆明青年学生为了反对内战,遭受屠杀,那算是青年的一代献出了他们最宝贵的生命!现在李先生为了争取民主和平而遭受了反动派的暗杀,我们骄傲一点说,这算是像我这样大年纪的一代,我们的老战友,献出了最宝贵的生命!/这两桩事发生在昆明,这算是昆明无限的光荣!(热烈的鼓掌)

(闻一多《最后一次讲演》)

这个段落的结构形式是"分—总"式。前边的第一层分说去年"一二·一"昆明学生遭受屠杀、现在老一代的李公朴先生被反动派暗杀,后边的第二层总说"这两桩事"是昆明的光荣。在段落内部的具体结构关系上,前边分说的两个复句之间是并列关系,共同与后面的总说构成总分关系。

③毛泽东同志教导我们，要说真话，老老实实，要“不偷，不装，不吹”。/不偷，就是不要把别人的当自己的，书是人家写的，不要“抄袭”。不装，就是老老实实，说老实话，办老实事，做老实人，懂就懂，不懂就不懂，不要“猪鼻子插根葱——装象”。不吹，就是一是一，二是二，不夸大，不吹牛，要实实在在。/毛泽东同志这番话，是总结了我们党的历史教训而说的，语重心长，值得我们铭刻在心。

（《人民日报》特约评论员《伟大转变和重新学习》）

这个段落的结构形式是“总—分—总”式。共分为三个层次：第一层先总说毛主席的教导“三不”，第二层再分说“不偷”“不装”“不吹”的具体含义，第三层又总说毛主席这番话的伟大意义。三个层次之间的具体结构关系是：中间分说的三个复句之间是并列关系，共同与前边的总说构成“总—分”关系，与后边的总说构成“分—总”关系，合起来构成“总—分—总”关系。

4. 解说关系

用解说关系构成的段落，前后层次之间是说明与被说明的结构关系，通常是后面的层次对前面的层次进行解释、说明或补充。在解说关系的段落中，后面作解释说明的层次，在意义上从属于前面被说明的层次。

解说关系这种纵式结构，在议论文和说明文中比较常见，在记叙文中也经常使用。通常在段落的前面（第一层）先提出一个观点，或摆出一种现象，或概括叙述一种情况，作为全段论述、说明或记叙的中心，然后在后面的层次中进行具体的论述、解释或说明，给人以重点突出、条理清晰、详细具体的感觉。

说明文和议论文，在进行解释说明的层次前边，经常使用“例如”“据说”“这就是说”“所谓”等关联词语来表示解说关系，并使前后两个层次紧密结合在一起；而记叙文则一般不使用关联词语，直接将具体的叙述内容排列在前面的概括叙述之后。例如：

①学问的基础是事实和证据。/事实和证据的来源有两种：一种是自己亲眼看见的，一种是听别人传说的。/譬如在国难危急的时候，各地一定有许多口头的消息，说得如何凶险，那便是别人的传说，不一定可靠；要知道实际的情形，只有靠自己亲身视察。/做学问也是这样，最要紧最可靠的材料是自己亲见的事实根据；但这种证据有时候不能亲自看到，便只能靠别人的传说了。

（顾颉刚《怀疑与学问》）

作者是一位历史学家，本文论述的是如何以怀疑精神来做好学问。这个段落分为四个层次，前面第一句是第一层，提出一个重要观点“学问的基础是事实和证据”，后边分三层进行论述说明：第二层说明“事实和证据的来源”；第三层用“譬如”举出例子，说明应该怎样对待“传说”、怎样“亲身视察”；第四层说做学问“最要紧最可靠的材料是自己亲见的事实根据”。通过这样用解说关系排列成纵式结构，把本段开头提出的观点论述得十分清楚。

②离开这里时，主人所赠送的礼物是一小袋暗香盈袖的薰衣草，一种芳香药草。/细窄的叶片呈灰色绒毛状，细长的茎上是灰蓝色的花朵。油脂腺为星形的细发状，用两指搓揉花或叶，会挤出一些油来。/晾干后的薰衣草，会在枯干之前将生命中最后的精气喷发出来，化作了香味。此物可放衣柜或枕头下，有杀虫抗菌、净化空气的药用功能，且弥漫着不灭的念想。

（和谷《归园·香谷行》）

这个段落是作者这篇散文的结尾，分为三个层次，采用的是纵式结构中的解说关系：开头的第一层是一个复句，概括叙述主人送的礼物薰衣草是“一种芳香药草”；接下来的两个层次各为一个句群，从两个角度对薰衣草进行解说——第二层先描写生长中的薰衣草叶片、茎、花朵和油脂腺是什么样子，第三层再说明“晾干后的薰衣草”有什么特点和用途。

5. 转折关系

由转折关系构成的段落，各个层次虽然也是纵向排列的，但并不在同一条直线上，后面层次的意思在前面层次的基础上发生转折，转到同前面的意思相反或相对的方向上去，但仍对前面的层次有依赖关系。

在转折关系的段落里，经常在后面的层次里单独使用关联词语，用“但”“但是”“可”“可是”“虽然”“不料”等表示较重的转折关系，用“然而”“不过”“只是”“幸而”“当然”“其实”等表示较轻的转折关系。例如：

①中国革命在各个阶段都曾得到各国革命力量的援助，这是中国人民永远不会忘记的。/但是中国革命的胜利，从根本上说是中国共产党坚持独立自主、自力更生的原则，依靠中国各族人民自身的力量，经历千辛万苦，战胜许多艰难险阻才取得的。

（《中国共产党中央委员关于建国以来党的若干历史问题的决议》）

这是政论文中用转折关系组织的段落，分为两个层次：第一层先说中国革命曾经得到过世界各国革命力量的援助；第二层又转到相反的意思上去，说中国革命的胜利从根本上说是靠中国共产党和中国人民自身的力量。在后面的句子前头使用“但是”，表示这种较重的转折关系。

②阿Q的耳朵里，本来早听到过革命党这一句话，今年又亲眼见过杀掉革命党。/但他有一种不知从哪里来的意见，以为革命党便是造反，造反便是与他为难，所以一向是“深恶而痛绝之”的。/殊不料这却使百里闻名的举人老爷有这样怕，于是他未免有些“神往”了，况且未庄的一群鸟男女的慌张的神情，也使阿Q更快意。

（鲁迅《阿Q正传》）

这是文艺作品中用转折关系组织的段落。整个段落分为三个层次,在语意上发生了两次转折:第二层的前边用“但”表示转折,说明阿 Q 对革命党一向是“深恶而痛绝之”的;第三层的前头又用“殊不料”表示转折,说明阿 Q 又对革命党有些“神往”了。这两次语意上的转折,都是各自以前一层次的内容为依托的,把阿 Q 对革命党的印象和感觉写得变化莫测,形象而逼真地反映出阿 Q 的矛盾心理和对于革命的模糊认识。

6. 因果关系

用因果关系组织的段落,一般都分为两个层次,两个层次之间是原因与结果的关系。在因果关系的段落中,“因”和“果”两个层次之间是相互依存的。

根据原因和结果所出现的位置,因果关系可分为“因—果”式和“果—因”式两种类型:前者是一般形式,原因在前,结果在后;后者是特殊形式,结果在前,原因在后。原因和结果孰前孰后,主要根据段落的表达重点来确定:表达重点是原因,就把原因放在前边;表达重点是结果,就把结果放在前边。

在由因果关系构成的段落里,经常在后面的层次里使用关联词语来表示因果关系。常用来表示结果的词语有“因此”“所以”“由此看来”“正因为如此”等;常用来表示原因的词语有“因为”“由于”“原因是”“这是因为”等。也有时不使用关联词语,只靠两个层次之间的意义联系来显示因果关系。

下面,我们按照“因—果”式和“果—因”式两种类型,分别举例来看一下:

①全国胜利前夕,毛泽东同志号召全党重新学习。那一次我们学得不坏,进城以后,很快恢复了经济,成功地完成了社会主义改造。这些年来,应当承认学得不好。主要的精力放到政治运动上去了,建设的本领没有学好,建设没有上去,政治也发生了严重的曲

折。现在要搞现代化建设,就更加不懂了。/所以全党必须再重新进行一次学习。

(邓小平《解放思想,实事求是,团结一致向前看》)

这个段落的结构形式是"因—果"式。分为两个层次:前边一层分别说"全国胜利前夕""这些年来"和"现在"的学习情况,说的都是原因;后边一层说的是结果"全党必须再重新进行一次学习",同前边的层次构成因果关系,并使用关联词语"所以"来表示结果。

②但我们被"送来"的东西吓怕了。先有英国的鸦片,德国的废枪炮,后有法国的香粉,美国的电影,日本的印着"完全国货"的各种小东西。于是连清醒的青年们,也对于洋货发生了恐怖。/其实,这正是因为那是"送来"的,而不是"拿来"的缘故。

(鲁迅《拿来主义》)

这个段落的结构形式是"果—因"式。也由两个层次构成:前面的层次说结果——被"送来"的东西吓怕了;后面的层次说原因——这是由于不是自己"拿来"的缘故,并用"这正是因为"来表示这种前果后因的关系。此例与例①所不同的是,为了强调和突出结果,而把结果放在前边、把原因放在后边。

在由因果关系构成的段落里,当不使用关联词语来表示层次之间的因果关系时,一般都是原因在前、结果在后。因为这样排列符合事物的逻辑关系,可以帮助人们通过原因来推断出结果,便于人们准确地理解客观事物。例如:

③20世纪五六十年代我国普遍发生的饥馑给袁隆平留下了刻骨铭心的印象。那时在湖南一所偏僻山村农校——湘西雪峰山麓的安江农校任教的青年袁隆平便下定决心,拼尽毕生精力用农业科技战胜饥饿。/他在1961年发现"天然杂交稻株"的往事,注定要成为世界农业史上的经典事例。

(沈英甲《喜看稻菽千重浪——记首届国家最高科技奖获得者袁隆平)

这个段落是由因果关系结构而成的，可分为两个层次：前一层的两个句子说的是原因；后一层的一个句子说的是结果。不使用关联词语，两层意思自然衔接，读者仍能理解其中的因果关系。

思考与练习二

1. 文章的段落是由哪两级语言单位构成的？它具体包括哪三种情况？

2. 应该怎样划分段落内部的句子和句群？举例说明。

3. 什么是段落的层次？它同文章的层次有什么区别？

4. 段落的层次是怎样形成的？分析段落的基本方法是什么？

5. 在分析段落的结构时，对只由一个句群构成的段落应该如何进行分析？对由不同或多个句子、句群所构成的段落应该如何进行分析？

6. 组织段落有哪两种结构形式？其中各有哪些结构关系？

7. 什么是横式结构？什么是纵式结构？它们各有什么特点？举例说明。

8. 划分出下面两个段落中的句子和句群，说明哪个段落是由句子跟句子构成的，哪个段落是由句子跟句群构成的，并说明为什么。

夜晚，敌人从炮楼的小窗子里，呆望着这阴森黑暗的大苇塘，天空的星星也像浸在水里，而且要滴落下来的样子。到这样的深夜，苇塘里才有水鸟飞动和唱歌的声音，白天它们是紧紧藏到窝里躲避炮火去了。苇子还是那么狠狠地往上钻，目标好像就是天上。

敌人监视着苇塘。他们提防有人给苇塘里的人送来柴米，也提防里面的队伍会跑了出去。我们的队伍还没有退却的意思。可是假如是月明风清的夜晚，人们的眼再尖利一些，就可以看见有一只小船从苇塘里撑出来，在淀里，像一片苇叶，奔着东南去了。半夜以后，小船又飘回来，船舱里装满了柴米油盐，有时还带来一两个从远方赶来的干部。

（孙犁《芦花荡》）

9. 分析下边几个段落，划分出每个段落的层次，指出是横式结构还是纵式结构，并说明各层次之间的结构关系。

①站在罗布泊边缘，会突然感到荒漠是大地裸露的胸膛，大地在这里已脱尽了外衣，露出自己的肌肤筋骨。站在罗布泊边缘，你能看清那一道道肋骨的排列走向，看到沧海桑田的痕迹，你会感到这胸膛里面深藏的痛苦与无奈。

（吴岗《罗布泊，消逝的仙湖》）

②看年轻时候的合影，邓稼先是一个高大挺拔、英气勃勃的青年人。他们后来又有了另一些合影。这时候的邓稼先看起来仿佛是一位老者，白发苍苍，面有病容，高大的个子显得有些吃力，而杨振宁依然精悍，目光炯炯。

（张曼菱《邓稼先与杨振宁：千里共同途》）

③现在的时机很好。在欧洲，希特勒快要被打倒了。世界反法西斯战争的主要的一部分是在西方，那里的战争很快就要胜利了，这是苏联红军努力的结果。现在柏林已经听到红军的炮声，大概在不久就会打下来。在东方，打倒日本帝国主义的战争也接近着胜利的时节。我们的大会是处在反法西斯战争最后胜利的前夜。

（毛泽东《两个中国之命运》）

④杜小康顺手抠了几根白嫩的芦苇根，在嘴里嚼着，望着异乡的天空，心中不免又想起母亲，想起许多油麻地的孩子。但他没有哭。他觉得自己突然地长大了，坚强了。

（曹文轩《孤独之旅》）

⑤苏州园林栽种和修剪树木也着眼在画意。高树与低树俯仰生姿。落叶树与常绿树相间，花时不同的多种花树相间，这就一年四季不感到寂寞。没有修剪得像宝塔那样的松柏，没有阅兵式似的

道旁树：因为依据中国画的审美观点看，这是不足取的。有几个园里有古老的藤萝，盘曲嶙峋的枝干就是一幅好画。开花的时候满眼的珠光宝气，使游览者感到无限的繁华和欢悦，可是没法说出来。

（叶圣陶《苏州园林》）

⑥她记起祖父嘱咐她不要离开原来地方那一句话，便又为自己解释这想头的错误，以为祖父不来，必是进城去或到什么熟人处去，被人拉着喝酒，一时间不能脱身。正因为这也是可能的事，她又不愿在天未断黑以前，同黄狗赶回家去，只好站在那石码头边等候祖父。

（沈从文《边城》）

第三节　组织段落的基本原则

从文章的外部结构上看，一篇文章是由若干个段落构成的，一个段落又是由若干个句子或句群构成的（独句段除外）。可见，段落处于组织句子或句群、构成篇章的中间环节，所以，组织好段落，对于写好一篇文章具有基础性作用。这一点，也正是我们对段落的修辞进行单独探讨的原因之一。

组织段落的主要方法是：根据全文的主题需要和结构安排，首先确定全段要表达的中心意思，然后再将具体的内容分为几个层次，运用相应的语言单位（句子或句群），将每一层意思准确、鲜明、生动地表达出来，并注意各个层次及语言单位之间的衔接和配合。这样，就会由句子、句群而形成层次，再由层次而构成段落，并使每一个段落都成为全篇文章的有机组成部分。

以上所说的，只是组织段落的一般方法。在组织段落中，还应该遵循一些基本的原则，还需要采取一些恰当的修辞方法。对于段落修辞的方法我们将在下一节进行探讨，本节先来探讨组织段落的基本原则。

各种文体在组织段落时，除了诗歌和剧本等特殊文体外，一般都应遵循以下基本原则。

一、正确分段，长短适宜

所谓正确分段，是指划分段落和安排内容要符合段落的单一性和完整性要求。单一性是指每个段落只能说一个中心意思。如果该分段而不分段，把几个意思都挤在一段里说，那就不容易说清楚，而且还可能纠缠在一起，弄得头绪纷乱，这就违背了段落的单一性要求。**完整性是指在一个段落里，要把该说的意思说透彻、说完全。**如果在不该分段的地方分了段，一个意思还没说完又去说其他的内容，就会使段落的中心意思表达得不完整，不能给读者留下清晰而完整的印象，这就不符合段落的完整性要求。因此，我们应该把段落的单一性和完整性统一起来，做到恰当合理地划分段落。

所谓长短适宜，是指段落的长短要适合表达内容的需要，能够发挥这个段落应有的作用。段落的长短，与以下几个因素有密切关系：一是与这个段落要表达的内容多少有关，内容多则长些，内容少则短些；二是与这个段落在文章中的作用有关，一般来说，基本段都要长些，而强调段、过渡段、次序段、话语段等起特殊作用的段落就要短些；三是与写作的文体有关，比如记叙文的段落一般要短一些，而议论文和说明文的段落需要相对长一些；四是与文章本身的长短也有关系，较长的文章段落有时也相对长些，较短的文章段落也自然短些。所以，段落的长短并没有一定的规定，主要是把握表达内容的需要和段落的作用这两条，在此基础上，再适当照顾到整篇结构的匀称，尽量避免段落过长或过短两种情况。

对于应该怎样分段，必须拿出一篇文章来才能看得清楚。下

面,我们来看一下毛主席的这篇文章:

为人民服务

(一九四四年九月八日)

我们的共产党和共产党所领导的八路军、新四军,是革命的队伍。我们这个队伍完全是为着解放人民的,是彻底地为人民的利益工作的。张思德同志就是我们这个队伍中的一个同志。

人总是要死的,但死的意义有不同。中国古时候有个文学家叫做司马迁的说过:“人固有一死,或重于泰山,或轻于鸿毛。”为人民利益而死,就比泰山还重;替法西斯卖力,替剥削人民和压迫人民的人去死,就比鸿毛还轻。张思德同志是为人民利益而死的,他的死是比泰山还要重的。

因为我们是为人民服务的,所以,我们如果有缺点,就不怕别人批评指出。不管是什么人,谁向我们指出都行。只要你说得对,我们就改正。你说的办法对人民有好处,我们就照你的办。“精兵简政”这一条意见,就是党外人士李鼎铭先生提出来的;他提得好,对人民有好处,我们就采用了。只要我们为人民的利益坚持好的,为人民的利益改正错的,我们这个队伍就一定会兴旺起来。

我们都是来自五湖四海,为了一个共同的革命目标,走到一起来了。我们还要和全国大多数人民走这一条路。我们今天已经领导着有九千一百万人口的根据地,但是还不够,还要更大些,才能取得全民族的解放。我们的同志在困难的时候,要看到成绩,要看到光明,要提高我们的勇气。中国人民正在受难,我们有责任解救他们,我们要努力奋斗。要奋斗就会有牺牲,死人的事是经常发生的。但是我们想到人民的利益,想到大多数人民的痛苦,我们为人民而死,就是死得其所。不过,我们应当尽量地减少那些不必要的牺牲。我们的干部要关心每一个战士,一切革命队伍的人都要互相关心,互相爱护,互相帮助。

今后我们的队伍里，不管死了谁，不管是炊事员，是战士，只要他是做过一些有益的工作的，我们都要给他送葬，开追悼会。这要成为一个制度。这个方法也要介绍到老百姓那里去。村上的人死了，开个追悼会。用这样的方法，寄托我们的哀思，使整个人民团结起来。

（《毛泽东选集》第三卷 954—955 页）

这篇文章，是毛主席在中共中央直属机关追悼张思德同志的会议上所作的讲演。全文分为五段：第一段写八路军和新四军是人民的军队，张思德同志就是这个队伍中的一员；第二段引用司马迁的话，指出张思德同志为人民利益而死比泰山还重；第三段说共产党员要以为人民服务为宗旨，勇于“坚持好的”和“改正错的”；第四段说我们要为实现共同的革命目标而努力奋斗、不怕牺牲，同时又要互相关心、互相爱护、尽量减少不必要的牺牲；第五段说今后要给死去的同志开追悼会，并要成为制度、介绍到老百姓那里去。以上这五段内容，都是围绕追悼张思德这一事件展开的，都是为表现“为人民服务”这一主题服务的。段落分得长短适宜、结构匀称，每一段都说清了应该表达的内容，体现了段落的单一性和完整性的统一。

二、层次分明，条理清楚

这一条，既是分段的目的，又是对分段的基本要求。

所谓层次分明，是指在分段时，要使段落内外的层次都表现得比较明显。它包括两个方面：首先是要注意段落外部的联系性，即要从整体着眼，认清这个段落处于全篇的哪一个层次之中，要表达什么内容，在全文结构上起什么作用；然后是注意段落内部的层次性，将全段的中心意思划分为几个层次，再将各个层次的内容依次表达出来。只有这样居高临下地写下来，才能够写得有准头、不混乱，既使段落内部的层次分明，又使每个段落在全文结构中发挥应有的作用。

所谓条理清楚，是指文章和段落的层次必须根据客观事物的内在联系来划分，要使文章的条理符合事物的条理。任何客观事物都是有一定条理的，如事物的发展总要有一定的过程，可以分为几个阶段；事物的构成总要包含着几个组成部分，或者有几种不同的性质和特点；一种事物总是有它的类属，或者属于某一类事物之中的一种，或者还包含着某些更小的类别；一个事件，也往往有原因、有经过、有结果；等等。所有这些，都是客观事物的条理。事物的条理反映在文章里，就是文章的条理。所以，我们写文章时要想做到条理清楚，就必须对所要叙述和说明的客观事物有完整而深刻的认识，这样才能够按照事物本身的条理来记叙、论述或说明。如果对一个事物认识模糊，理不出头绪，就不可能说得清楚明白，文章的条理也必定紊乱不堪。

层次分明、条理清楚，二者是相互依赖、相辅相成的，这是说话和写作的基本要求。因此，不仅在分段时要充分注意这一点，在组织段落和进行表达时也要注意到这一点。例如：

①第一要敬业。/敬字为古圣贤教人做人最简易、直捷的法门，可惜被后来有些人说得太精微，倒变得不适实用了。唯有朱子解得最好，他说："主一无适便是敬。"用现在的话讲，凡做一件事，便忠于一件事，将全副精力集中到这事上头，一点不旁骛，便是敬。/业有什么可敬呢？为什么该敬呢？人类一面为生活而劳动，一面也是为劳动而生活。人类既不是上帝特地制来充当消化面包的机器，自然该各人因自己的地位和才力，认定一件事去做。凡可以名为一件事的，其性质都是可敬。当大总统是一件事，拉黄包车也是一件事。事的名称，从俗人眼里看来，有高下；事的性质，从学理上解剖起来，并没有高下。只要当大总统的人，信得过我可以当大总统才去当，

实实在在把总统当作一件正经事来做;拉黄包车的人,信得过我可以拉黄包车才去拉,实实在在把拉车当作一件正经事来做,便是人生合理的生活。这叫作职业的神圣。凡职业没有不是神圣的,所以凡职业没有不是可敬的。唯其如此,所以我们对于各种职业,没有什么分别拣择。/总之,人生在世,是要天天劳作的。劳作便是功德,不劳作便是罪恶。至于我该做哪一种劳作,全看我的才能如何,境地如何。因自己的才能、境地,做一种劳作做到圆满,便是天地间第一等人。

（梁启超《敬业与乐业》）

梁启超是中国近代维新派代表人物,曾与康有为一起领导了著名的“戊戌变法”。这篇文章是作者的一篇讲演,这个段落专讲“敬业”问题,开头的第一句是全段的论述中心,接下来分为三个层次,按照逻辑事理来层层推进:第一层先讲“敬”字,论述什么是“敬”,并引用南宋理学家朱熹的话进行具体说明;第二层再讲“业”字,论述了业的“可敬”和“该敬”,说明了“职业的神圣”;第三层又将“敬业”二字合起来,从人生的意义上称之为“劳作”,说明“做一种劳作做到圆满,便是天地间第一等人”。这样进行论述和说明,显得层次分明、条理清楚,把道理讲得入情入理、令人信服。

三、衔接紧密,语意贯通

所谓衔接紧密,是指段落内部的层次与层次之间要紧密衔接,各语言单位之间要密切相连,使整个段落构成一个连贯统一的整体。衔接的方法是多种多样的,有时靠各层次之间在意义上的紧密联系,把整个段落自然地衔接在一起;有时使用起关联作用的词语进行衔接;有时在段落里使用过渡句进行衔接;还有时在语言单位之间使用顶真等修辞手法进行衔接;等等。

所谓语意贯通，是指整个段落在语意上必须前后贯通、文气相连，各个层次和语言单位在表达上都要通畅无阻，使全段的中心意思集中而统一。要做到这一点，在组织段落时首先要通盘考虑层次的安排，注意哪层意思应该先说，哪层意思应该后说，而且还要注意哪层意思应该说到什么程度（如繁简、轻重等方面），才能与其他层次的意思相统一，而不至于有所妨碍，等等。

衔接紧密与语意贯通，有时是相互统一的，衔接紧密才会语意贯通。有时二者又是从两个不同的角度来说的：衔接紧密主要偏重于形式方面，是对段落在语言形式上的要求；而语意贯通则偏重于内容方面，是对段落在表达效果上的要求。因此，我们在组织和分析段落时，要把这两个基本要求很好地统一起来。我们来看下边这两个段落：

①看着这种饲养小姑娘营利的制度，我禁不住想起孩子时候看到过的船户养墨鸭捕鱼的事了。/和乌鸦很相像的那种怪样子的墨鸭，整排地停在舷上，它们的脚是用绳子吊住了的，下水捕鱼，起水的时候船户就在它的颈子上轻轻地一挤！吐了再捕，捕了再吐，墨鸭整天地捕鱼，卖鱼得钱的却是养墨鸭的船户。/但是，从我们孩子的眼里看来，船户对墨鸭并没有怎样虐待，而现在，将这种关系转移到人和人的中间，便连这一点儿施与的温情也已经不存在了！

（夏衍《包身工》）

这个段落由前后的两个句子和中间的一个句群组成，分为三个层次：第一层说由包身工的遭遇想到船户养墨鸭捕鱼的事；第二层描写墨鸭为船户捕鱼的经过；第三层用“但是”将语意一转，说封建把头和东洋资本家对包身工的剥削和虐待要远远超过船户对待墨鸭。这三个层次的内容，前边两个层次紧密相连，最后一个层次虽有转折，但因为是将人与动物之间同人与人之间进行对比，所以仍使语意前后贯通,并进一步突出了全文的主题。

②离别的日子,终于不顾人们深重的离情来临了。行李装上了汽车。大车套上了骡马。大炮着好了炮衣。营门上已经换上了人民军的哨兵。战士们最后一次扫净了院子,挑满了水缸,拍一拍身上的尘土,打好了行囊。

(魏巍《依依惜别的深情》)

这个段落写的是中国人民志愿军撤出朝鲜时军营里的一个场面,共由五个单句和一个复句组成,各自说明一种事物:第一个句子说“离别的日子”终于来临了,接下来五个句子分别选取了几个有代表性的场景,都使用短句,结构紧凑,语意相连,语气贯通,勾勒出一幅动人心弦的军营离别图。

四、详略得当,重点突出

所谓详略得当,是指根据作者的写作意图和表现主题的需要,把对表现主题关系直接的典型材料、新颖材料写得详尽些、具体些;把与主题关系不大但又有必要交代的其他材料写得简略些、概括些。重点突出是详略得当的结果,只有详略得当,才能重点突出。

详略得当是材料的使用问题,它与主题需要和结构安排都有密切关系。在确定主题和安排结构时,就已经确定了使用哪些材料、都安排在什么位置、哪些内容需要详写、哪些内容需要略写等。在组织段落时,主要是解决如何详略的问题,要掌握好详略的程度,做到开合有度,疏密相间,与各个层次以及其他段落保持和谐统一,共同为表现主题服务。还要注意过繁和苛简两种倾向,做到详写时能够充分表现主题而又不显得臃肿,略写时也要把该说的都说清楚而又不冲淡主题。

我们来看毛主席《愚公移山》这篇文章中的两个段落：

①我们宣传大会的路线，就是要使全党和全国人民建立起一个信心，即革命一定要胜利。/首先要使先锋队觉悟，下定决心，不怕牺牲，排除万难，去争取胜利。但这还不够，还必须使全国广大人民群众觉悟，甘心情愿和我们一起奋斗，去争取胜利。要使全国人民有这样的信心：中国是中国人民的，不是反动派的。/中国古代有个寓言，叫做“愚公移山”。说的是古代有一位老人，住在华北，名叫北山愚公。他的家门南面有两座大山挡住他家的出路，一座叫做太行山，一座叫做王屋山。愚公下决心率领他的儿子们要用锄头挖去这两座大山。有个老头子名叫智叟的看了发笑，说是你们这样干未免太愚蠢了，你们父子数人要挖掉这样两座大山是完全不可能的。愚公回答说：我死了以后有我的儿子，儿子死了，又有孙子，子子孙孙是没有穷尽的。这两座山虽然很高，却是不会再增高了，挖一点就会少一点，为什么挖不平呢？愚公批驳了智叟的错误思想，毫不动摇，每天挖山不止。这件事感动了上帝，他就派了两个神仙下凡，把两座山背走了。/现在也有两座压在中国人民头上的大山，一座叫做帝国主义，一座叫做封建主义。中国共产党早就下了决心，要挖掉这两座山。我们一定要坚持下去，一定要不断地工作，我们也会感动上帝的。这个上帝不是别人，就是全中国的人民大众。全国人民大众一齐起来和我们一道挖这两座山，有什么挖不平呢？

这篇文章，是毛泽东同志 1945 年 6 月在中国共产党第七次全国代表大会上的闭幕词。这一段论述的是如何帮助全党和全国人民建立胜利的信心，整个段落分为四个层次：前边两个层次是略写，说的是通过宣传大会的路线，使全党和全国人民建立起胜利的信心；后边两个层次是详写，特别是第三个层次，专门引用了古代寓言“愚公移山”的故事，来帮助全党和全国人民树立胜利的信心；第四层又巧妙地把帝国主义、封建主义比喻为压在中国人民头上的两座大山，把中国共产党比作愚公，把全中国的人民大众比作“上帝”，说明共产党一定能够带领全国人民共同挖掉这两座大山，取得革命的最后胜利。这种详略得当、深入浅出的论述和说明，形象生动，入情入理，具有无可辩驳的说服力和强烈的艺术感染力。

②现在中国正在开着两个大会，一个是国民党的第六次代表大会，一个是共产党的第七次代表大会。/两个大会有完全不同的目的：一个要消灭共产党和中国民主势力，把中国引向黑暗；一个要打倒日本帝国主义和它的走狗中国封建势力，建设一个新民主主义的中国，把中国引向光明。这两条路线在互相斗争着。/我们坚决相信，中国人民将要在中国共产党领导之下，在中国共产党第七次大会的路线的领导之下，得到完全的胜利，而国民党的反革命路线必然要失败。

这一段是全篇文章的结尾，分为三个层次，都是略写：先交代中国的“两个大会”，再概括出这两个大会“完全不同的目的”，最后指出共产党必胜、国民党必败。这样简洁凝练、鲜明有力的论述，能够更加坚定全党和全国人民的胜利信心，同时也进一步深化了全文的主题。

通过以上的分析可以看出，段落的组织既与主题有关，又与结构有关，也与材料的剪裁和配置有关，同时在表达上还与语言单位（句子和句群）的使用有关，与语法手段和修辞手法的运用有关。所以，段落的修辞与文章学、修辞学和写作知识等都有密切的关系，我们在探讨段落的组织和修辞方法时，必须综合考虑这些因素，才能够不顾此失彼，从中找出切合实际的带有规律性的东西，用以更好地指导我们的语言实践。

思考与练习三

1. 组织段落的主要方法是什么？组织段落应该遵循哪些基本原则？

2. 什么是正确分段？段落的单一性和完整性各指的是什么？段落的长短都与哪些因素有关？

3. 段落的层次分明包括哪两个方面？事物的条理与文章的条理有什么关系？为什么说层次分明、条理清楚是说话和写作的基本要求？

4. 段落内部各个层次及语言单位之间的衔接都有哪些具体方法？怎样才能使段落的内部语意贯通？在组织段落的过程中，衔接紧密、语意贯通各自侧重于哪个方面？

5. 什么是详略得当？详略得当都与哪些因素有关？应该怎样注意避免过繁或苛简两种倾向？

6. 分析下面这篇文章，说明可分为几个层次，每个层次写的是什么内容，全文的主题是什么；并说明是按照什么进行分段的，哪些段落是详写，哪些段落是略写；指出段落之间是怎样衔接的，开头和结尾这两个段落各起什么作用。

小　橘　灯

冰　心

这是十几年以前的事了。

在一个春节前一天的下午，我到重庆郊外去看一位朋友。她住在那个乡村的乡公所楼上。走上一段阴暗的仄仄的楼梯，进到一间有一张方桌和几张竹凳、墙上装着一架电话的屋子，再进去就是我的朋友的房间，和外间只隔一幅布帘。她不在家，窗前桌上留着一张条子，说是她临时有事出去，叫我等着她。

我在她桌前坐下，随手拿起一张报纸来看，忽然听见外屋板门吱的一声开了，过了一会，又听见有人在挪动那竹凳子。我掀开帘子，看见一个小姑娘，只有八九岁光景，瘦瘦的苍白的脸，冻得发紫的嘴唇，头发很短，穿一身很破旧的衣裤，光脚穿一双草鞋，正在登上竹凳想去摘墙上的听话器，看见我似乎吃了一惊，把手缩了回来。我问她："你要打电话吗？"她一面爬下竹凳，一面点头说："我要××医院，找胡大夫，我妈妈刚才吐了许多血！"我问："你知道××医院的电话号码吗？"她摇了摇头说："我正想问电话局……"我赶紧从机旁的电话本子里找到医院的号码，就又问她："找到了大夫，我请他到谁家去呢？"她说："你只要说王春林家里病了，她就会来的。"

我把电话打通了，她感激地谢了我，回头就走。我拉住她问："你的家远吗？"她指着窗外说："就在山窝那棵大黄果树下面，一下子就走到的。"说着就登、登、登地下楼去了。

我又回到里屋去，把报纸前前后后都看完了，又拿起一本《唐诗三百首》来，看了一半，天色越发阴沉了，我的朋友还不回来。我无聊地站了起来，望着窗外浓雾里迷茫的山景，看到那棵黄果树下面的小屋，忽然想去探望那个小姑娘和她生病的妈妈。我下楼在门口买了几个大红橘子，塞在手提袋里，顺着歪斜不平的石板路，走到那小屋的门口。

我轻轻地扣着门板，刚才那个小姑娘出来开了门。抬头看见我，先愣了一下，后来就微笑了，招手叫我进去。这屋子很小很黑，靠墙的板铺上，她的妈妈闭着眼平躺着，大约是睡着了，被头上有斑斑的血痕，她的脸向里侧着，只看见她脸上的乱发，和脑后的一个大髻。门边一个小炭炉，上面放着一个小砂锅，微微地冒着热气。这小姑娘把炉前的小凳子让我坐了，她自己就蹲在我旁边，不住地打量我。我轻轻地问；"大夫来过了吗？"她说："来过了，给妈妈打了一针……她现在很好。"她又像安慰我似地说："你放心，大夫明早还要来的。"我问："她吃过东西吗？这锅里是什么？"她笑着说："红薯稀饭——我们的年夜饭。”我想起了我带来的橘子，就拿出来放在旁边的小矮桌上。她没有作声，只伸手拿过一个最大的橘子来，用小刀削去上面的一段皮，又用两只手把底下的一大半轻轻地揉捏着。

我低声问：“你家还有什么人？”她说：“现在没有什么人，我爸爸到外面去了……”她没有说下去，只慢慢地从橘皮里掏出一瓤一瓤的橘瓣来，放在她妈妈的枕头边。

炉火的微光，渐渐地暗了下去，外面更黑了。我站起来要走，她拉住我，一面极其敏捷地拿过穿着麻线的大针，把那小橘碗四周相对地穿起，像一个小筐似的，用一根小竹棍挑着，又从窗台上拿了一段短短的洋蜡头，放在里面点起来，递给我说：“天黑了，路滑，这盏小橘灯照你上山吧！”

我欣赏地接过，谢了她，她送我出到门外，我不知道说什么好，她又像安慰我似的：“不久，我爸爸一定会回来的。那时我妈妈就会好了。”她用小手在面前画一个圆圈，最后按到我的手上：“我们大家也都好了！”显然地，这“大家”也包括我在内。

我提着这灵巧的小橘灯，慢慢地在黑暗潮湿的山路上走着。这朦胧的橘红的光，实在照不了多远；但这小姑娘的镇定、勇敢、乐观的精神鼓舞了我，我似乎觉得眼前有无限光明！

我的朋友已经回来了，看见我提着小橘灯，便问我从哪里来。我说：“从……从王春林家来。”她惊异地说：“王春林，那个木匠，你怎么认得他？去年山下医学院里，有几个学生，被当作共产党抓走了，以后王春林也失踪了，据说他常替那些学生送信……”

当夜，我就离开那山村，再也没有听见那小姑娘和她母亲的消息。

但是从那时候起，每逢春节，我就想起那盏小橘灯。十二年过去了，那小姑娘的爸爸一定早回来了。她妈妈也一定好了吧？因为我们“大家”都“好”了！

一九五七年一月十九日

第四节　组织段落的修辞方法

我们这里所说的组织段落的修辞方法，主要是指在段落的结构中起贯穿、组合和衔接等作用的修辞方法。修辞的功能，是增强语言的表达效果的。修辞的方法，既包括消极修辞方式，又包括积极修辞手法，它们不仅对增强句子和句群等语言单位的表达效果具有重要作用，而且对组织段落和结构篇章，增强整个段落乃至整篇文章的表达效果，也同样具有重要作用。下面，我们分别介绍在组织段落中常用的消极修辞方式和积极修辞手法。

一、消极修辞方式在组织段落中的应用

语序和虚词，是汉语的两种主要语法手段，普遍应用于组织各级语言单位。同时，在利用语言单位组织段落和篇章的过程中，语序和虚词又成为两种重要的消极修辞方式。利用语序组织段落，就是通常所说的"意合法"；利用虚词组织段落，就是通常所说的"关联法"。这两种方法，都属于消极修辞方式在段落修辞中的应用。

（一）意合法

所谓意合法，就是根据段落内部各个层次和语言单位之间在意义上的联系，利用语序的消极修辞方式把段落组合在一起。

语序是一个广义的概念，它包括各级语言单位的排列次序：如词中语素的组合次序，短语中词的组合次序，单句中词或短语的组合次序，复句中分句的排列次序，句群中句子的排列次序。语序是汉语的主要语法手段，它能够调整和组合各级语言单位。推及到段落里，因为段落是由句子或句群构成的，它们要按照语意上的联系和一定的逻辑关系进行组合，所以仍然是有一定的排列次序的。这

样，语序就仍可成为组织段落的一种消极修辞方式，能够按照段落的结构和内容的需要，把所使用的语言单位——句子或句群有序组合在一起，构成一个有机的整体。

用“意合法”组成的段落，其突出特点是一般不使用或很少使用关联词语，只靠各个层次或语言单位之间在意义上的内在联系，按照一定的语序把句子或句群直接组合在一起，具有自然流畅的修辞效果。例如：

①一月三十日上午，周恩来同志登上了飞机。/这是一架双引擎的军用飞机，舱内有两排面对面的座位，可坐十三四人。同机的除周恩来同志的随行人员和到重庆八路军办事处工作的同志外，还有叶挺将军的小女儿叶扬眉。/被同志们称为“花一样的小扬眉”，当时才十一岁，长着一对明亮的眼睛，显得聪明机灵，惹人喜爱。这天她格外高兴，因为她是去迎接爸爸出狱的。叶挺将军在“皖南事变”时不幸被俘，在狱中坚贞不屈，英勇斗争了整整五年。小扬眉一想到很快就要同日夜想念的爸爸、妈妈，还有那活泼可爱的小弟弟团聚了，她又是唱又是笑，使整个机舱充满了欢乐和生气。

（《光明日报》记者《一次难忘的航行》）

这是记叙文里用意合法组织的一个段落，共分为三个层次：第一层由一个句子构成，交代周恩来同志乘飞机去重庆的时间（为 1946 年 1 月 30 日）；第二层的两个句子组成一个承接句群，前边的句子介绍飞机，后边的句子介绍坐飞机的人；第三层的四个句子又是一个承接句群，着重描写叶挺将军的小女儿叶扬眉：第一个句子写她的外貌，第二个句子交代她这天“格外高兴”的原因，第三个句子自然引出叶挺将军被俘和在狱中的情况，第四个句子描写小扬眉高兴的样子。这三个层次以及各个句子之间，都没有使用任何关联词语，完全靠语意上的自然衔接，但仍然联系紧密、语意贯通，表达得十分流畅。

②感人的歌声留给人的**记忆**是长远的。无论哪一首激动人心

的歌，最初在哪里听过，哪里的情景就会深深地留在记忆里。环境，天气，人物，色彩，甚至连听歌时的感触，都会烙印在记忆的深处，像在记忆里摄下了声音的影片一样。那影片纯粹是用声音绘制的，声音绘制色彩，声音绘制形象，声音绘制感情。只要在什么时候再听到那种歌声，那声音的影片便一幕幕放映起来。

（吴伯箫《歌声》）

这篇散文专门写延安时期的歌声，这是开头的第一自然段。整个段落由一个解说句群构成，后边的四个句子都是对开头第一句的解释说明，句子之间在语意上紧密相连，完全靠每个句子的内在意义（特别是加点的词语）自然衔接在一起，使整个段落形成一个难以分割的整体。

（二）关联法

所谓关联法，就是通过使用虚词的消极修辞方式，使段落内部的各个层次及语言单位之间紧密地衔接起来，并更加明显地表示出它们之间的意义关系或逻辑关系。

关联法也是一种语法手段。它在复句中经常使用，有时在两个分句中配套使用关联词语，也有时只在一个分句里使用。在句群中，经常在后面的句子里使用关联词语，将其与前面的句子关联在一起。在段落里也是同样，当不同层次和语言单位之间的意义关系不太明显时，往往需要在后面的层次或语言单位里使用关联词语，或使用其他词语或句子进行关联，将后面的层次或语言单位同前面的内容紧密衔接在一起，以更清楚地显示前后层次或语言单位之间的意义关系或逻辑关系。

我们来看下面不同文体中利用关联法组织的段落：

①有些同志不顾战争的需要，单纯地强调政府应施“仁政”，这是错误的观点。因为抗日战争如果不胜利，所谓“仁政”不过是施在日本帝国主义身上，于人民是不相干的。反过来，人民负担虽然一

时有些重，但是战胜了政府和军队的难关，支持了抗日战争，打败了敌人，人民就有好日子过，这个才是革命政府的大仁政。

（毛泽东《抗日时期的经济问题和财政问题》）

这是政论文中用关联法组织的一个段落。全段由一个因果句群组成：前边的第一个句子说结果，后边的两个句子说原因，在前头使用“因为”进行关联，从正反两方面深刻说明了单纯强调施“仁政”的观点是错误的。

②到南京时，有朋友约去游逛，勾留了一日；第二日上午便须渡江到浦口，下午上车北去。/父亲因为事忙，本已说定不送我，叫旅馆里一个熟识的茶房陪我同去。他再三嘱咐茶房，甚是仔细。/但他终于不放心，怕茶房不妥帖；颇踌躇了一会。其实我那年已二十岁，北京已来往过两三次，是没有什么要紧的了。他踌躇了一会，终于决定还是自己送我去。我再三劝他不必去；他只说：“不要紧，他们去不好！”

（朱自清《背影》）

这是散文里用关联法组织的一个段落。全段分为三个层次：第一层交代“我”从南京“北去”的时间；第二层说父亲原打算不送“我”，并用“因为”进行关联和说明原因；第三层前边又用关联词语“但”表示转折，说父亲还是觉得不放心，最终决定“自己送我去”。作者通过后两层语意的变化和转折，把伟大的父爱表现得细致入微、淋漓尽致。

③我是十八日早晨，才知道上午有群众向执政府请愿的事；下午便得到噩耗，说卫队居然开枪，死伤至数百人，而刘和珍君即在遇害者之列。/但我对于这些传说，竟至于颇为怀疑。我向来是不惮以最坏的恶意，来推测中国人的，然而我还不料，也不信竟会下劣凶残到这地步。况且始终微笑着的和蔼的刘和珍君，更何至于无端在府门前喋血呢？

（鲁迅《记念刘和珍君》）

这是杂文里用关联法组织的一个段落。分为两个层次：开头的一个长句子（中间用分号）是第一层，说明“我”听到的事情——北京段祺瑞军政府公然屠杀请愿的爱国群众和青年学生；后边的三个句子为第二层，在语意上有两次转折和一次递进，分别使用关联词语“但”“然而”“况且”表示出来。这些关联词语的使用，不仅准确地表示出语意上的曲折变化，还将各个层次和语言单位紧密联系起来，表现出鲁迅杂文特有的语言风格。

通过以上例子的分析可以看出，关联法也是组织段落的一个重要方法。它既可用来表明层次之间的结构关系，又可用来表明语言单位之间（包括分句、句子和句群之间）的意义关系，使各个层次及语言单位紧密衔接在一起，这对于组织段落和语言表达都具有重要作用。

二、积极修辞手法在组织段落中的应用

积极修辞手法主要体现在各种辞格的使用上。它不仅可以用在语句之中，增强语句的表达效果，还可以应用于段落的修辞和篇章的修辞之中，增强段落和篇章的整体表达效果，特别是对于组织段落和篇章，具有重要的结构和提领作用。经过考察，我们可知，在组织段落中常用的辞格有设问、反复、比喻、衬托、对比、排比、呼告、示现等，下边分别作简要介绍。

（一）利用设问手法组织段落

设问是一种无疑而问的修辞手法，是为了引起读者的注意和思考而有意设立的疑问。设问是一种超出一个句子的修辞方式，因此，在组织句群、段落和篇章里都用得到它。

用设问手法组织段落，是指按照设问的结构形式，将整个段落的内容组织在一起。这种方法经常用于议论文之中，其他记叙文、散文和诗歌中也有应用。例如：

①这种“词汇”和“文法”到底是什么呢？归根说来，它们是从世世代代的劳动人民在长期建筑活动的实践中所累积的经验中提炼出来的，经过千百年的考验，而普遍地受到承认而遵守的规则和惯例。它们是智慧的结晶，是劳动和创造成果的总结。它们不是一人一时的创作，而是整个民族和地方的物质和精神条件下的产物。

（梁思成《中国建筑的特征》）

这个段落是由一问一答的设问形式构成的。先提出问题，再做系统回答，把建筑中的“词汇”和“文法”论述得十分明确。作者在这里借用语言学的概念来说明中国传统建筑的特点，“词汇”指建筑材料或建筑的某一部分，“文法”指建筑的结构和方法。

②什么是意境？我认为，意境就是景与情的结合；写景就是写情。山水画不是地理、自然环境的说明和图解，不用说，它当然要求包括自然地理的准确性，但更重要的还是表现人对自然的思想感情，见景生情，景与情要结合。如果片面追求自然科学的一面，画花、画鸟都会成为死的标本，画风景也缺乏情趣，没有画意，自己就不曾感动，当然更感动不了别人。

（李可染《山水画的意境》）

这个段落总的结构，是采用设问形式构成的：开头第一个句子提出“什么是意境”之问，第二个句子先做总的回答，后面两个句子又从正反两个方面做出具体回答，把山水画的意境问题论述得十分清楚。

③她的琴呢？
那把她奏出过欢乐，
奏出过爱情的琴呢？
莫非就此成了绝响？
她的笔呢？
那支写过檄文，
写过诗歌的笔呢？

战士,不能没有刀枪!

(雷舒雁《小草在歌唱》节选)

这首诗深情地歌颂了“为光明而献身”的优秀共产党员张志新烈士,其中的这一节是运用设问手法组织起来的:前四行和后四行,分别用“她的琴呢?”和“她的笔呢?”这两个问句提领并组织起来,同时又采用反问句和感叹句的形式作出回答,表达了作者对“四人帮”迫害革命志士的强烈愤慨。

(二)利用反复手法组织段落

反复的手法,是有意地不止一次地使用同一个词语或句子,有时甚至是反复使用整节的文字或整个的段落。反复辞格有连续反复和隔离反复两种形式,有时二者还可以结合使用。

反复辞格主要用于抒情。用反复手法组织段落,多用于诗歌之中,在记叙文中也有应用,能够突出强调某种特别的意义,或者表达作者某种强烈的情感。例如:

①大堰河,为了生活,
在她流尽了她的乳液之后,
她就开始用抱过我的两臂劳动了;
她含着笑,洗着我们的衣服,
她含着笑,提着菜篮到村边的结冰的池塘去,
她含着笑,切着冰屑悉索的萝卜,
她含着笑,用手掏着猪吃的麦糟,
她含着笑,扇着炖肉的炉子的火,
她含着笑,背了团箕到广场上去
晒好那些大豆和小麦,
大堰河,为了生活,
在她流尽了她的乳液之后,

她就用抱过我的两臂，劳动了。

（艾青《大堰河——我的保姆》节选）

这一节诗句是由隔离反复的手法结构而成的：在开头和结尾处，反复使用了完全相同的三个句子（只结尾的一句略有变动），突出强调了大堰河曾经是我的保姆这一特殊身份；中间六个句子的开头反复使用了“她含着笑”，描绘出大堰河辛勤劳作和任劳任怨的精神。这种反复手法不仅使整节的诗句结构紧密，而且更加突出地表达了作者对保姆大堰河及劳动人民的深切同情。

②“回来呀！跟咱同患难的人！回来呀！为咱受煎熬的人！回来啊！咱们党的光荣！回来啊！咱们胜利的保证！”老寿嘶声地喊着，回声也以加倍宏大的声音响应起来：

“回来！回来！……党的光荣，胜利的保证……”

（茹志鹃《剪辑错了的故事》）

这是在记叙文中用反复手法组织的段落：上一段使用隔离反复，用四个“回来呀”和“回来啊”组织了全段的内容；下一段又使用连续反复，用两个“回来”构成了话语段，它实际上是从上一段中分列出来的。这是小说第六章中的一个情节，写的是农民党员老寿在梦境中到大山里去寻找甘书记，找不到人而从心底发出的呼喊，表现出 20 世纪 50 年代，人民群众渴望战争年代党的好干部和优良传统再重新回来的强烈愿望，并使用一连串的感叹句，借农民老寿之口来抒发作者的强烈情感，反映和表现十分深刻而严肃的政治主题。

（三）利用比喻手法组织段落

比喻的手法，是利用打比方的方法来描绘或说明事物，是语言形象化的重要手段之一。由于比喻也能够作为文章段落或诗歌章节的开端，并能将每一个段落、章节乃至全篇组织成为一个有机的整体，所以比喻也可以成为篇章结构的修辞手法之一。利用比喻来组织段落，主要有以下两种形式：

第一种，利用一个比喻贯穿到底，将全段的内容组织起来，使比喻成为组织段落的主要结构方法。例如：

①朋友！中国是生育我们的母亲。你们觉得这位母亲可爱吗？我想你们是和我一样的见解，都觉得这位母亲是蛮可爱蛮可爱的。/以言气候，中国处于温带，不十分热，也不十分冷，好像我们母亲的体温，不高不低，最适宜于孩儿们的偎依。/以言国土，中国土地广大，纵横万数千里，好像我们的母亲是一个身体魁大、胸宽背阔的妇人，不像日本姑娘那样苗条瘦小。/中国许多有名的崇山大岭，长江巨河，以及大小湖泊，岂不象征着我们母亲丰满坚实的肥肤上之健美的肉纹和肉窝？/中国土地的生产力是无限的；地底蕴藏着未开发的宝藏也是无限的；废置而未曾利用起来的天然力，更是无限的，这又岂不象征着我们的母亲，保有着无穷的乳汁，无穷的力量，以养育她四万万的孩儿？我想世界上再没有比她养得更多的孩子的母亲吧。/至于说到中国天然风景的美丽，我可以说，不但是雄伟的峨眉，妩媚的西湖，幽雅的雁荡，与夫“秀丽甲天下”的桂林山水，可以傲睨一世，令人称美；其实中国是无地不美，到处皆景，自城市以至乡村，一山一水，一丘一壑，只要稍加修饰和培植，都可以成流连难舍的胜景；这好像我们的母亲，她是一个天资玉质的美人，她的身体的每一部分，都有令人爱慕之美。/中国海岸线之长而且弯曲，照现代艺术家说来，这象征我们母亲富有曲线美吧。/咳！母亲！美丽的母亲，可爱的母亲，只因你受着人家的压榨和剥削，弄成贫穷已极；不但不能买一件新的好看的衣服，把你自己装饰起来；甚至不能买块香皂将你全身洗擦洗擦，以至现出怪难看的一种憔悴褴褛和污秽不洁的形容来！啊！我们的母亲太可怜了，一个天生的丽人，现在却变成叫化的婆子！站在欧洲、美洲各位华贵的太太面前，固然是深愧不如，就是站在那日本小姑

娘面前，也自惭形秽得很呢！

（方志敏《可爱的中国》）

作者的这篇著名散文写于狱中，这个段落一开头，就把中国比喻为“生育我们的母亲”，并用这一比喻贯穿全段，组织了以下七个层次的内容：把气候处于温带比喻为“母亲的体温”；把土地广大比喻为“母亲是一个身体魁大、胸宽背阔的妇人”；把山岭、江河和湖泊比喻为母亲身上的“肉纹和肉窝”；把地底下的矿藏比喻为母亲“无穷的乳汁，无穷的力量”；把天然风景的美丽比喻为母亲“是一个天资玉质的美人”；把中国长而弯曲的海岸线比喻为“我们母亲富有曲线美”；最后又把中国受外来势力的压榨和剥削比喻为使可怜的母亲“变成叫化的婆子”。这一自始至终、丰富多彩的比喻，把中国自然的美好和人为的苦难说得贴切感人、耐人寻味，同时也深沉地表达出革命烈士方志敏对祖国的无比热爱和眷恋之情。

②五、学会“弹钢琴”。弹钢琴要十个指头都动作，不能有的动，有的不动。但是，十个指头同时都按下去，那也不成调子。要产生好的音乐，十个指头的动作要有节奏，要互相配合。/党委要抓紧中心工作，又要围绕中心工作而同时开展其他方面的工作。我们现在管的方面很多，各地、各军、各部门的工作，都要照顾到，不能只注意一部分问题而把别的丢掉。凡是有问题的地方都要点一下，这个方法我们一定要学会。/钢琴有人弹得好，有人弹得不好，这两种人弹出来的调子差别很大。党委的同志必须学好“弹钢琴”。

（毛泽东《党委会的工作方法》）

这个段落以学会“弹钢琴”的比喻提出所要论述的问题，第一层先说怎样才能弹好钢琴，第二层再论述党委应该如何“围绕中心工作而同时开展其他方面的工作”，第三层又回到弹钢琴上来，要求党委的同志必须学好“弹钢琴”。这个比喻，不仅形象地说明了党委要善于抓好全盘工作以及协调一致的工作方法，同时也成为组织整个段落的主要结构形式。

第二种，接连使用几个比喻，表达密切相关的内容，使比喻成为共同的表现方法，由此达到组织段落的作用。例如：

③月光如流水一般，静静地泻在这一片叶子和花上。薄薄的青雾浮起在荷塘里。叶子和花仿佛在牛乳中洗过一样，又像笼着轻纱的梦。虽然是满月，天上却有一层淡淡的云，所以不能朗照；但我以为这恰是到了好处——酣眠固不可少，小睡也别有风味的。月光是隔了树照过来的，高处丛生的灌木，落下参差的斑驳的黑影，峭楞楞如鬼一般；弯弯的杨柳的稀疏的倩影，却又像是画在荷叶上。塘中的月色并不均匀；但光与影有着和谐的旋律，如梵婀玲上奏着的名曲。

（朱自清《荷塘月色》）

朱自清擅用比喻，这是他语言风格清丽细腻的一种重要方法。这个段落描写荷塘的月色和景物，以比喻开头和结尾，中间也接连运用了几处比喻，把月光和物影描写得形象、具体而又别致；同时这种博喻手法的运用，也把整段的内容紧密连接在一起，组成一个和谐统一的整体。

④祖国情呀，
春风一般往这儿吹；
同志爱呀，
河流一般往这儿汇。
党是太阳，
咱是向日葵。

（郭小川《祝酒歌——林区三唱之一》节选）

这一节诗中包含了四个比喻，其中前两个是明喻、后两个是隐喻。这些关系密切的比喻，构成了这节诗所要表达的主要内容，并起到了组织整节诗句的作用。

（四）利用衬托手法组织段落

衬托的手法，是用其他有关事物来陪衬和烘托所要表达的主体事物，使之更加鲜明突出的一种修辞方法。衬托有正面衬托、反面衬托两种基本类型。运用衬托手法组织段落，能够将陪衬事物与主体事物紧密结合在一起，使衬托手法作为相互联系的纽带，因而能够成为组织段落的一种结构形式。例如：

①这是一场暴风雨到来之前的宁静，因为残余的白军逃过河去了，红军还没有进村。一会儿，一轮红日从东山顶上冉冉上升，霞光万道，立即照红了半边天。就在这时候，一面红旗在日边渐渐举起。先见麾头，再见大旗，最后看见一小队人马从山背后登上山顶。红旗在红日边迎风招展，一小队人马衬托在橙红色的天空上，就像剪影，玲珑剔透，分外鲜明。

（杨石《红旗》）

这段话使用的是正面衬托。用从东山顶上冉冉升起的“一轮红日”和照红了半边天的万道“霞光”，来衬托在红日边举起的“一面红旗”和从山背后登上山顶的“一小队人马”，形成了“红旗在红日边迎风招展”的壮观景象。这种衬托手法的应用，成为组织全段内容的结构形式，并使景物描写与叙事融为一体。

②我给那些因为在近旁而极响的爆竹声惊醒，看见豆一般大的黄色的灯火光，接着又听得毕毕剥剥的鞭炮，是四叔家正在“祝福”了；知道已是五更将近时候。我在蒙胧中，又隐约听到远处的爆竹声联绵不断，似乎合成一天音响的浓云，夹着团团飞舞的雪花，拥抱了全市镇。我在这繁响的拥抱中，也懒散而且舒适，从白天以至初夜的疑虑，全给祝福的空气一扫而空了，只觉得天地圣众歆享了牲醴和香烟，都醉醺醺的在空中蹒跚，预备给鲁镇的人们以无限的幸福。

（鲁迅《祝福》）

这是这篇小说结尾的一段，运用的是反面衬托的手法。即通过描绘有钱人家“祝福”的气氛，来反衬祥林嫂的悲惨命运。这种反衬的写法，在看似热烈的气氛中抒发作者冷峻的情感，表达了作者对封建礼教的憎恶和对祥林嫂的深切同情，把主观情感的抒发同客观景物的描写紧密结合在一起，不但使结尾这个段落的结构紧密而自然，而且进一步深化了全文的主题。

（五）利用对比手法组织段落

对比的手法，是把两种相反、相对的事物，或者同一事物相反、相对的两个方面，放在一起进行对照和比较，使所要表达的主要事物或主要方面显得更加鲜明突出的修辞方法。

从构成对比的语言单位看，既包括单句内部词语之间的对比，又包括复句内部分句之间的对比，也包括句群内部句子之间的对比，还包括段落内部句子或句群之间的对比。从结构功能上看，这前两种对比类型只有组织句子的功能，而后两种对比类型才有组织段落的功能。因此，利用对比手法组织段落，主要有以下两种情况：

1. 段落内部句子或句群之间的对比

就是根据段落所表达的中心意思的需要，用对比的手法组织正反两方面的内容，使段落内部的句子或句群之间构成对比，用以突出和强调所要表达的事物或观点。例如：

①我走进延安城里。/从一九三八年起，城里就被日本飞机炸成一片瓦砾了。后来我和同志们每次走过，石块总会把我们脚上的草鞋绳碰破。萤火虫在荒草里时隐时现。/而现在，这里出现了奇迹！真正的延安城原来在这里！我怀疑我是不是突然回到了我刚刚离开的北京的崇外大街？足够走双轨电车的宽阔大街，排列着崭新的三层、四层的楼房，看吧，这是百货公司、医药公司、保险公司，那是面粉厂、新华书店、人民医院……

（贺敬之《重回延安——母亲的怀抱》）

这个段落，前边的单句是过渡句，后边由两个句群构成，并在内容上形成鲜明的对比：前边的句群回忆抗日战争时期延安城里被破坏的景象，后边的句群描写解放以后延安城重建的情况，并抒发作者的强烈感慨。这样，就使整个段落由对比手法结构而成，具体而生动地描写出革命圣地延安的巨大变化。

②我常想：杨柳婀娜多姿，可谓妩媚极了，桃李绚烂多彩，可谓鲜艳极了，但它们只是给人一种外表好看的印象，不能给人以力量。松树却不同，它可能不如杨柳与桃李那么好看，但它却给人以启发，以深思和勇气，尤其是想到它那种崇高的风格的时候，不由人不油然而生敬意。

（陶铸《松树的风格》）

这个段落，前边的“我常想”是提示语，起引出下文的作用。后边的两个句子，形成了鲜明的对比：前边一个复句写“杨柳”和“桃李”给人的感觉，后边一个复句写“松树”给人的感觉，由这两个句子的对比构成一个段落，并更加突出地赞扬了松树的风格。

2. 相邻段落之间的对比

运用对比手法组织段落时，还有时把正反两方面的内容分别组成一个段落，这就形成了相邻两个段落之间的对比。例如：

③在中国传统教育里，最重要的书是“四书”。“四书”之一的《大学》里这样说：一个人教育的出发点是“格物”和“致知”。就是说，从探察物体而得到知识。用这两个词语描写现代学术发展是再恰当也没有的了。现代学术的基础就是实地的探察，就是我们现在所谓的实验。

但是传统的中国教育并不重视真正的格物和致知。这可能是因为传统教育的目的并不是寻求新知识，而是适应一个固定的社会制度。《大学》本身就说，格物致知的目的，是使人能达到诚意、正心、修身、齐家、治国的田地，从而追求儒家的最高理想——平天下。因为这样，格物致知的真正意义便被埋没了。

（丁肇中《应有格物致知精神》）

本文作者丁肇中是美籍华裔物理学家，曾获1976年诺贝尔物理学奖。这篇文章是他1991年10月在北京人民大会堂“情系中华”大会上所作的演讲，主要谈学习自然科学的中国学生应该怎样了解和对待自然科学。这两个段落是文章开头的部分，在内容上形成鲜明的对比：前一段说中国的传统教育里明确提出一个人教育的出发点是“格物”和“致知”，并对这两个术语进行了解释；而第二段又指出中国的传统教育并不真正重视格物和致知，而是将其政治化，这就埋没了格物致知的真正意义。这两段的意思也可以合在一起说，但不如这样分段论述，意义对比更加鲜明突出。

④刚强的水手，勇敢的弄潮儿，看到海面上潮头墙立，波峰涌起，他们迎着险恶的风浪勇往直前。大自然把自己最有生命力的花朵——雄奇的浪花献给他们。

猥琐的懦夫，在海滨上望洋兴叹。海浪拍击海滩，水花溅起，他就畏缩起来。大自然用自己的渣滓——白色的泡沫戏弄他。

（刘再复《奋斗之歌》）

这也是两个段落之间的对比：上一段描写“刚强的水手”的行为，大自然给他们以赞许的回报；下一段描写“猥琐的懦夫”的表现，大自然给他们以蔑视的回报。这种两个段落的对比形式，使对比关系更加鲜明突出，这要比在一个段落内部进行对比有更加强烈而显豁的表达效果。

（六）利用排比手法组织段落

排比的手法，是把三个以上结构相同或相似、意义相关、语气一致的语言单位排列在一起的修辞方法，能够表达更加集中而丰富的思想内容。

因为排比能够把三个以上的单句或复句排列在一起，所以排比具有组织段落的功能。利用排比组织段落，主要有以下三种形式：

1. 利用单句的排比组成段落

就是根据段落中心意思的需要，把所要表达的内容组织成结构相同或相似的单句，并使用相同的词语进行关联，使整个段落构成排比的形式，成为一个表意集中、联系紧密的整体。例如：

①每一个舞姿都充满了力量。每一个舞姿都呼呼作响。每一个舞姿都是光和影的匆匆变换。每一个舞姿都使人战栗在浓烈的艺术享受中，使人叹为观止。

（刘成章《安塞腰鼓》）

这个段落描写黄土高原上的后生们打腰鼓时的舞姿，用四个单句构成排比，从不同角度进行形象而生动的描绘，并由这四个排比句子组成一个段落。

2. 利用复句的排比组成段落

就是根据段落的中心意思，把所要表达的内容组织成为结构相同或相似的复句，再使用相同的词语进行关联，构成复句排比的形式，并由此构成段落，表达更加丰富而复杂的内容。例如：

②黄河安澜是中华儿女的千年企盼。近年来，我走遍黄河上中下游9省区。无论是黄河长江"母亲河"，还是碧波荡漾的青海湖、逶迤磅礴的雅鲁藏布江；无论是南水北调的世纪工程，还是塞罕坝林场的"绿色地图"；无论是云南大象北上南归，还是藏羚羊繁衍迁徙……这些都昭示着，人不负青山，青山定不负人。

（国家主席习近平二〇二二年新年贺词）

这个段落中间，用"无论是……还是……"构成了三个复句的排比，并以此为主体连接起前后的内容，使整个段落形式整齐，语言优美，语意集中。

3. 构成相邻段落的排比

运用排比组织段落时，有时为了强调或扩展所要表达的内容，而特意将排比的语言形式单独分段，这就构成了相邻段落的排比。例如：

③我应当怎样来形容印度卡拉玛姐妹的舞蹈？

假如我是个诗人，我就要写出一首长诗，来描绘她们的变幻多姿的旋舞。

假如我是个画家，我就要用各种彩色，点染出她们的清扬的眉宇和绚丽的服装。

假如我是个作曲家，我就要用音符来传达出她们轻捷的舞步和细响的铃声。

假如我是个雕刻家，我就要在玉石上模拟出她们的充满了活力的苗条灵动的身形。

然而我什么都不是！我只能用我自己贫乏的文字，来描写这惊人的舞蹈艺术。

（冰心《观舞记》）

这是文章开头的几个自然段，表达作者对印度姐妹舞蹈的赞美之情。这几个段落总的看是一个大的设问结构，第一段是提出问题，下边几段都是作出的回答。在这里，中间的四段构成了段落的排比，如果合为一段就是复句的排比，而这样单独分段，更起到了突出和强调的作用，进一步增强了表达效果。

（七）利用呼告手法组织段落

呼告辞格是作者在感情激越之时，突然转换叙述角度，抛开读者而直接同叙述对象进行述说的一种修辞手法。呼告一般只用于文学作品之中，分为呼人、呼物两种形式。

运用呼告手法组织段落,能够充分抒发作者某种强烈的情感,或者表达某种特定的内容,增强文章的感染力,并容易引起读者的共鸣。同时,使用这种修辞手法,还能够使段落内部的结构更加紧密,语意更加鲜明,并能将作者的激越情感表达得更加热烈而真挚。例如:

①焦裕禄同志,你没有辜负党的希望,你出色地完成了党交给你的任务,兰考人民将永远忘不了你。你不愧为毛泽东思想哺育成长起来的好党员,不愧为党的好干部,不愧为人民的好儿子!你是千千万万在严重自然灾害面前,巍然屹立的共产党员和贫下中农革命英雄的代表。你没有死,你将永远活在千万人的心里!

(穆青、冯健、周原《县委书记的榜样——焦裕禄》)

这是这篇通讯的结尾,整个段落用呼告手法结构而成,直呼"焦裕禄同志",并用第二人称"你",直接同作品主人公诉说,不仅使人物的高贵品格得到升华,而且充分表达出作者对焦裕禄同志的热情赞颂和无限敬仰之情。

②母亲延安,你为我们的祖国曾经受了何等的艰难困苦,而终于取得了今日的晴朗的白天和明亮的夜晚!这一切怎能不使人激动呢?!

(贺敬之《重回延安——母亲的怀抱》)

这是这篇散文的结尾。作者在以欣喜和激动的心情,描写了自己重返延安的所见所闻以后,又使用呼告手法(呼物)组织了结尾这个段落,直呼"母亲延安",并用第二人称"你"直接同描写对象进行述说,充分表达了作者的感叹和激动之情,并进一步突出了全文的主题。

(八)利用示现手法组织段落

示现辞格,是通过回忆和想象,把过去的事、将来的事或想象中的场景具体生动地描绘出来的一种修辞手法。示现分为追述示现、预言示现、悬想示现三种类型，都能够把人或事物描绘得活灵活现，如同发生在眼前一样。

示现手法能够引起人的联想，在回忆、想象和具体描写中把所要表达的内容连缀在一起，这便使之具有组织段落的结构功能。示现手法，主要应用于文学作品之中。例如：

①我说道："爸爸，你走吧。"他往车外看了看说："我买几个橘子去。你就在此地，不要走动。"我看那边月台的栅栏外有几个卖东西的等着顾客。走到那边月台，须穿过铁道，须跳下去又爬上去。父亲是一个胖子，走过去自然要费事些。我本来要去的，他不肯，只好让他去。我看见他戴着黑布小帽，穿着黑布大马褂，深青布棉袍，蹒跚地走到铁道边，慢慢探身下去，尚不大难。可是他穿过铁道，要爬上那边月台，就不容易了。他用两手攀着上面，两脚再向上缩；他肥胖的身子向左微倾，显出努力的样子，这时我看见他的背影，我的泪很快地流下来了。我赶紧拭干了泪。怕他看见，也怕别人看见。我再向外看时，他已抱了朱红的橘子往回走了。过铁道时，他先将橘子散放在地上，自己慢慢爬下，再抱起橘子走。到这边时，我赶紧去搀他。他和我走到车上，将橘子一股脑儿放在我的皮大衣上。于是扑扑衣上的泥土，心里很轻松似的。过一会说："我走了，到那边来信！"我望着他走出去。他走了几步，回过头看见我，说："进去吧，里边没人。"等他的背影混入来来往往的人里，再找不着了，我便进来坐下，我的眼泪又来了。

（朱自清《背影》）

朱自清这篇散文写于1925年10月，以表现伟大的父爱而感动了众多读者。这个段落是回忆父亲两年前到南京浦口火车站为他送行和买橘子时的情景，采用追述示现的手法，把父亲的身材、穿着和过铁道、爬月台的动作，以及买回橘子以后的表情、临别时依依不舍的情景和嘱咐的话语等，都形象而具体地描述出来，并写出自己看到父亲的“背影”时和找不着父亲的“背影”时的两次流泪，构成一幅情景交融、感人肺腑的父子离别图。这种具体而真切的描述，不但不会使人感到啰唆多余，反而格外细腻感人，这正是示现手法所特有的修辞效果。同时，也能够在这种较为详尽的表达中，体现出示现辞格组织段落的结构功能。

②到运河工程全部完成时，一条长达一千四百公里，宽四十公尺的高山运河，将要通过白云缭绕的高山，通过大营梁，通过华家岭，把金液般的洮河水，引向干旱的甘肃中部、东部，引向董志塬。那时候，往来如梭的轮船，将要在高耸入云、海拔两千公尺的山巅上自由航行。……那时候，在运河沿线，将会出现一百多个大、中型的水力发电站，它将给工农业生产送来取用不尽的动力；千百个工厂，马达轰响；百万户人家，电灯通明。那时候，满山遍野将是一片万紫千红。森林、草原将要扩大，牛羊数目将要飞速增加。在海拔两千公尺的高山上，大量繁殖鱼鸭的奇迹，也将出现。那时候，整个运河流域，将是一个园林化了的大花园。一个工农业经济欣欣向荣，文化普遍发达的人间天堂，就要出现了。

（李季《在高山运河工地上》）

这是作者为甘肃洮河运河工程而写的一篇新闻特写。这个段落是文章结尾的部分，使用了预言示现的修辞手法，通过满怀激情的合理想象，展望运河工程的未来。段落的开头，首先展现了“到运河工程全部完成时”的情景，然后又连用四个“那时候”，具体描绘了“高山运河”在交通、发电、工农业生产和生态建设等方面给甘肃带来的欣欣向荣景象，写得气势磅礴、动人心弦。这样，也就用预言示现的手法组织了整个段落。

③……我嘀咕来，嘀咕去，仿佛进入了梦乡。我梦见：

大雁飞过我的窗前，盘旋，盘旋。大雁们围在我的书桌前，站成一个半圆，在观看，在议论我写下的草稿。只听得头雁用宽厚的男低音说："呃，——这种情况很熟悉嘛，很熟悉。我们从北方飞到南方，从南方飞到北方，常常碰到，常常碰到！"

大雁们马上用各种声部参加讨论："快——研究研究。""快——研究研究。"

大雁们把我写好的草稿一张一张地衔走了。大雁们排成了人字形，飞远了，飞远了……

（黄宗英《大雁情》）

这是这篇报告文学的结尾，用悬想示现的手法描写了一种梦境。作品塑造了女科学家秦官署（陕西西安植物园助理研究员）的感人形象，因为担心"文化大革命"后知识分子政策还未落实而不能发表，所以借助大雁们观看、讨论"我写下的草稿"的话语和把草稿"衔走了"的情景，表达了作者渴望落实知识分子政策和发挥科学家作用的强烈愿望。也正是采用悬想示现的手法，才组织了结尾这三个段落，使这个结尾如此新颖独特、耐人寻味。

思考与练习四

1. 组织段落的修辞方法应该具有怎样的结构作用？为什么说消极修辞方式和积极修辞手法都能够增强段落的表达效果？

2. 什么是意合法？语序为什么也可以成为组织段落的消极修辞方式？利用意合法组织段落的特点是什么？

3. 什么是关联法？在组织段落中应如何使用关联法？

4. 运用积极修辞手法组织段落时，辞格对于组织段落具有怎样的作用？经常用于组织段落的有哪些辞格？

5. 划分下面两个段落的层次，并说明哪个段落是用意合法组织起来的，哪个段落是用关联法组织起来的。

①吃鲜荔枝蜜，倒是时候。有人也许没听说这稀罕物儿吧？从化的荔枝树多得像一片碧绿的大海，开花时节，那蜜蜂满野嘤嘤嗡嗡，忙得忘记早晚，有时还趁着月色采花酿蜜。荔枝蜜的特点是成色纯，养分多。住在温泉的人多半喜欢吃这种蜜，滋养身体。热心肠的同志送给我两瓶。一开瓶子塞儿，就是那么一股甜香；调上半杯一喝，甜香里带着股清气，很有点鲜荔枝的味儿。喝着这样的好蜜，你会觉得生活都是甜的呢。

(杨朔《荔枝蜜》)

②听人家背地里谈论，孔乙己原来也读过书，但终于没有进学，又不会营生；于是愈过愈穷，弄到将要讨饭了。幸而写得一笔好字，便替人家钞钞书，换一碗饭吃。可惜他又有一样坏脾气，便是好喝懒做。坐不到几天，便连人和书籍纸张笔砚，一齐失踪。如是几次，叫他钞书的人也没有了。孔乙己没有法，便免不了偶然做些偷窃的事。但他在我们店里，品行却比别人都好，就是从不拖欠；虽然间或没有现钱，暂时记在粉板上，但不出一月，定然还清，从粉板上拭去了孔乙己的名字。

(鲁迅《孔乙己》)

6. 指出下面的段落各是用哪种积极修辞手法组织起来的，并说明其有怎样的修辞效果。

①有什么办法使这种仅有书本知识的人变为名副其实的知识分子呢？唯一的办法就是使他们参加到实际工作中去，变为实际工作者，使从事理论工作的人去研究重要的实际问题。这样就可以达到目的。

(毛泽东《整顿党的作风》)

②总理啊，我们的好总理！

你就在这里啊，就在这里，
　　——在这里，在这里，
在这里……
你永远和我们在一起，
　　——在一起，在一起，
在一起……

（柯岩《周总理，你在哪里？》节选）

③雪片呀，
恰似群群仙鹤天外归；
松树林呀，
犹如寿星老儿来赴会。
老寿星啊，
白须、白发、白眼眉。

（郭小川《祝酒歌——林区三唱之一》节选）

④第二天，是个阴湿的日子，灰色的云层，压得挺低，下着蒙蒙的牛毛细雨，石板路上湿滑滑的。朱老忠和江涛踩着满路的泥泞，到模范监狱去。

（梁斌《红旗谱》）

⑤当年这座桥，朽木横河腰；又窄，又小，人走桥上颤摇摇。……如今这座桥，钢骨水泥造，又长，又高，又宽，又牢。……解放牌汽车来回跑。

（《金桥》，1970 年 12 月 26 日《湖北日报》）

⑥一捶起来就发狠了，忘情了，没命了！百十个斜背响鼓的后生，如百十块被强震不断激起的石头，狂舞在你的面前。骤雨一样，是急促的鼓点；旋风一样，是飞扬的流苏；乱蛙一样，是蹦跳的脚步；火花一样，是闪射的瞳仁；斗虎一样，是强健的风姿。黄土高原上，爆出一场多么壮阔、多么豪放、多么火烈的舞蹈哇——安塞腰鼓！

（刘成章《安塞腰鼓》）

⑦雷锋啊，你虽然生活在二十世纪的六十年代，但人们从你身上，也从千千万万革命战士的身上，看见了未来的人类，共产主义的人类。在这些日子，我常常看见你，看见你那褪了色的军衣，看见你那谦逊的微笑，你是以多么崇高的精神，招引着人们前进啊！

（魏巍《路标》）

⑧这个夜晚是很快活的，……和白天一样快活。老汉浅浅地喝了两杯酒，他想喝得有点儿飘飘悠悠的，好做一个甜美的梦，他想梦见俩路口成了一条街，有商店、学校、电影院……还应该有茶馆、酒楼。大街是宽阔的，明亮的，两旁都栽上果树……住在这里的乡亲们，也种田，也种花，有戏看，有电影看，有好玩的地方去玩……

（石定《公路从门前过》）

第七章　谋　篇

本章所讲的“谋篇”，是指篇章的修辞而言的，主要探讨篇章结构的修辞方法。篇章结构是否属于修辞学研究的范围，对此历来有不同的看法。有些人认为篇章结构是文章学（作文法）研究的对象，修辞学不应该涉及，其实这是一种误解。篇章结构应该是文章学和修辞学共同的研究对象，只是二者所研究的角度不同：文章学是从文章写作的角度来研究篇章结构的，而修辞学则是从语言运用的角度来研究篇章结构的。修辞学既然以研究提高语言表达效果的规律为宗旨，就不能只研究词语的修辞和句子的修辞，还必须研究段落的修辞和篇章的修辞。这是因为，篇章的组织也是实现语言表达效果的一个重要过程，是一种带有综合性的修辞现象，选词、炼句方面的修辞只能解决一个个局部的问题，而篇章的修辞才能解决语言运用的整体布局问题。

研究篇章的修辞，要正确把握研究的范围。不能把整个写作过程都作为修辞的过程，特别是不能把主题的确定和题材的选择都作为篇章修辞的内容。对于修辞现象的产生和修辞活动的起止，陈望道先生在《修辞学发凡》中有明确的论述：“所以材料配置定妥之后，配置定妥和语辞定着之间往往还有一个对于语辞力加调整、力求适用的过程；或是随笔冲口一晃就过的，或是填注涂改穷日累月的。这个过程便是我们所谓修辞的过程；这个过程上所有的现象，便是我们所谓修辞的现象。”这就明确指出，修辞活动发生在“材料配置定妥”以后到“语辞定着”之间，这当中的具体写作和修改的过程，才是运用语言对主题和材料进行表达的过程，也才是进行词语、句子和段落、篇章的修辞过程。所以，我们研究篇章的修辞，应该从篇章结构开始着手，主要是探讨篇章结构的基本形式和组织方法，如何使文章的内容得以顺利展开，怎样使语言表达能够通畅无阻，从总体上追求更加准确、鲜明、生动的修辞效果。

基于以上所述，本章所讲的篇章修辞，着力探讨篇章结构的问题，包括篇章结构的作用和基本原则、安排篇章结构的常用方法、篇章结构的有关环节、修辞方式在篇章结构中的应用等内容。由于上一章所讲的段落修辞，是从如何连接句子和句群组成段落的角度进行探讨的，所以本章所讲的篇章修辞，只从如何组织篇章和连缀段落两个角度进行探讨，而对段落内部的修辞问题不再涉及。

第一节　篇章结构的作用和基本原则

一、篇章结构的定义和作用

我国古人早就注意到篇章结构的问题，并对此有十分精彩和具体的论述。南北朝时期著名的修辞理论家刘勰在《文心雕龙》的《附会》篇中开宗明义地说：“何为附会？谓总文理，统首尾，定与夺，合涯际，弥纶一篇，使杂而不越者也。若筑室之须基构，裁衣之待缝缉矣。”这里所说的“附会”即篇章结构，不但具体说明了篇章结构的含义，而且运用形象的比喻说明了篇章结构的重要作用。怎样谋篇布局呢？他接着又说：“凡大体文章，类多枝派，整派者依源，理枝者循干。是以附辞会义，务总纲领，驱万涂于同归，贞百虑于一致。使众理虽繁，而无倒置之乖，群言虽多，而无棼丝之乱；扶阳而出条，顺阴而藏迹，首尾周密，表里一体，此附会之术也。”在这里，作者明确提出了篇章的中心性、条理性、恰切性和照应性等几个原则，并指出了务总纲领、整派理枝、附辞会义、顺而成章的具体方法，论述得精当而扼要。

现代和当代一些作家，也都十分重视篇章结构。鲁迅先生在《致叶紫》中说：“先前那样十步九回头的作文法，是很不对的，这就是在不断的不相信自己——结果一定做不成。以后应该立定格局之后，一直写下去，不管修辞，也不要回头看。”鲁迅这里讲的“立定格局”，就是主张在动笔之前首先要对文章的总体构造有一个好的设计，在行文之中要贯彻到底，不要轻易更改，以防止前功尽弃、半途而废。老舍先生主张，在动笔之前要写详细的提纲。他说：“有了提纲，就胸有成竹，写起来就顺理成章；先麻烦点，后来可省事。”(《怎样练习写稿子》)也有的作者很少写详细的提纲，但也有自己在章法方面的基本设计。当代女作家茹志鹃说：“我在创作上很少写一个详细提纲。要写东西的时候，我就像造房子一样有几根柱子，我拿了几根柱子以后就把它树起来。”(《〈草原上的小路〉的创作及其他》)以上这些，都是著名作家们的经验之谈，也通过写作实践说明了什么是篇章结构，以及篇章结构的重要作用。

说到这里，我们可以给篇章结构下一个比较客观而完整的定义：**篇章结构是指一篇文章总的格局，它是文章内部的组织构造，是作者思路的体现，是对文章材料的组织安排**。这个定义后面的三句话，既是篇章结构的三个具体含义，又是篇章结构的三种不同作用。对文章的结构，文章学称之为“章法”，人们则通常称之为“谋篇”或“布局”。在写作过程中，有了材料和确定了主题以后，还必须对所写的内容进行一番通盘的谋划布局，即围绕主题，考虑文章的整体构造，将全篇内容划分为几个层次，明确每个层次的陈述中心以及层次之间的结构关系，并将所需要的材料按照一定次序分别安排到各个层次和段落中去，这样才能使文章的内容形成一个有机的整体。这个过程，就是篇章结构的产生过程，同时也是进行篇章修辞的过程，其目的是通过安排一种科学合理的结构，为文章的思想内容寻求更加完美的表达形式，同时为语言运用寻求更好的表达效果。

文章学认为，文章是由质料（已经写进文章中的材料）、思想（包括文章的思想观点和写作目的）、表达形式三个要素构成的，而把“结构”列入表达形式之中，这很有道理。**但我们认为，作为修辞学，应该把“结构”作为文章的一个独立要素来研究，应该认为，一篇文章是由主题、材料、结构、表达四要素构成的，**其中主题、材料、表达是外在的要素，结构是内在的要素，而且是文章深层次里一个不可缺少的要素：离开了结构，主题思想就立不起来，文章的材料就会失去依托，语言表达也会无所适从。事实上，每篇文章都有自己的结构，如先写什么、后写什么，这就是结构。

文章的结构同其他要素之间是什么关系呢？构成文章诸要素的组合就好比制造一台机器：想制造这台机器干什么，让它发挥怎样的功能，这就是文章的主题；都有哪几个大的重要部件，还有哪些小的零配件，这就是文章的材料；这些大的部件及小的零配件应该怎样安装，都安装在哪里，怎样结合与固定，这就是文章的结构；给机器加进最好的油、充足的油，能够满足其动力系统和润滑系统的需要，使各种部件的功能都充分发挥出来，这就是运用语言进行表达；最终使这台机器开动起来，而且转动持久，能够充分发挥其整体功能，达到制造这台机器的目的和要求，这就是文章整体的和最佳的表达效果，也就是进行篇章结构修辞所要达到的目的和作用。

二、篇章结构的基本原则

任何事物都有其自身的规律性,篇章结构也是如此。尽管文章的体裁很多,结构特点也不尽相同,但在篇章结构方面仍有一些共同遵守的基本原则。例如应用文与记叙文不同,议论文与说明文也不同,即使是同属于记叙文体,新闻报道同小说、散文等文学作品又不相同。这些文体虽然在篇章结构上各有特点,但同文章结构的总体要求相比,也只是共性与个性的区别而已,而共性存在于个性之中,篇章结构的基本规律,也正是通过各种文体在结构上的不同特点表现出来的。所以,我们有必要了解篇章结构的一些基本原则,这对于指导我们写作,安排好各类文体的篇章结构,具有普遍的指导意义。

在一般情况下,安排文章的结构应遵循以下几项基本原则。

(一)文章的结构要依据客观事物的发展规律及其内部联系来安排

文章是对客观事物的反映,所以文章的结构形式,要符合客观事物的发展规律,文章的层次和条理,也应该与事物的内部联系相一致,这是结构文章的一条重要原则。比如一件事情,总是有原因、经过和结果,一个人的成长或变化,也都要有一个过程,所以写人、记事的记叙文在篇章结构上,就要客观地反映出这个具体的过程。再比如一种社会现象,总是有其内部矛盾和外部联系的,也有一个成因、现状和发展的过程,有时还会表现出某种趋向,所以论说性文章的结构,也要反映出这种内外联系和发展过程,这样的说理才会符合实际、令人信服。

例如,茹志鹃的短篇小说《百合花》,就是以一条新娘子的百合花被子为线索来安排文章结构的:开头写团部的小通讯员往前线包扎所送“我”是序幕;送到包扎所以后帮助“我”借新媳妇的被子是开端;小通讯员离开包扎所的路上为救抬担架的老百姓而牺牲是发展;在包扎所里新媳妇为小通讯员拭身子、补衣服,并亲手将自己新婚时的百合花被子给小通讯员盖在身上是结局。写得情节紧凑,委婉动人。

毛泽东的政论文《中国的红色政权为什么能够存在?》,则是按照事物的发展规律和内在联系来安排结构的:全文共分六个部分,第一部分综合分析国内的政治状况,指出中国存在着军阀割据的特有社会现实;第二部分分析中国红色政权能够在白色政权的包围中发生和存在的原因;第三部分总结湘赣边界割据四月至七月的胜利和八月的失败;第四部分分析湘赣边界工农武装割据的重要意义;第五部分分析了根据地的经济困难;第六部分指出边界党组织应该如何巩固井冈山和九陇两个军事根据地。这样安排文章的结构,符合根据地建设的发展规律和内在联系,使得文章说理充分、观点鲜明、主题突出。

(二)文章的结构要为表现主题服务

篇章结构是文章主题的表现形式,也是表现主题的重要手段。安排文章结构的目的,就是为了更好地表现主题。因此,要按照主题的需要来设计全篇的结构,按照主题的需要来选择和使用材料,按照主题的需要来划分层次和组织段落,使全文的各部分内容紧密围绕一个中心,这样才能形成一个有机的整体。相反,如果离开主题去结构文章,必然会出现离题万里、杂乱无章、前后脱节、材料堆砌等种种毛病。所以,结构为主题服务,是一条根本的原则。

例如,陆蠡的散文《囚绿记》表现作者喜欢绿色的主题,全文共分为五个层次,按照“见绿—爱绿—囚绿—释绿—怀绿”的顺序来安排文章的结构,在意思上层层推进,委婉深沉,很好地表现了全文的主题。

老舍的散文《济南的冬天》,表现作者喜欢济南的山水和气候的主题,就按照冬天济南的几个特点来安排文章的结构,通过“没有风声”和“温晴的天气”、环城的“小山”、山上的“小雪”、山坡上的“小村庄”“不结冰”的河水等几个不同侧面，集中而鲜明地表现了文章的主题。

（三）文章的结构要适应不同文体的特点

由于文章的体裁不一样，反映社会生活的方式就不同，因此结构形式也不尽相同。各种文章体裁都有自己的结构规律和特点，例如散文以写作者对生活的感受为主，因而结构形式比较灵活自由，要求“形散神聚”；小说以塑造典型环境中的典型人物为主，因而要根据表现人物性格的需要和情节发展来谋篇布局；诗歌以凝练的语言和概括的表现手法来反映社会生活和抒发作者的情感，在结构上有较大的跳跃性，需要分行、分节；一般的记叙文要按照原因、经过、结果的顺序来结构文章，而通讯报道则一般分为导语、主体、结尾三个部分（有的还可以没有结尾）；一般的议论文都要有论点、论据、论证三个要素，而说明文则不需要这三个要素，只需按照事物的内部联系加以说明即可。总之，结构文章的方式要根据不同文体的需要，谋篇布局要适应不同文体的特点，这也是篇章结构的一个重要原则。

例如，贺敬之以 1956 年重返延安时的感受为题材，就分别写了一篇散文和一首诗，下面只录两文的开头，来对比一下它们不同的结构方式和特点：

重回延安——母亲的怀抱

闪过去一座山、又一座山……终于，眼前豁然开朗起来。一片毗连的房屋和层层相接的窑洞出现了。一条解冻的小河歌唱着向前流去——这就是和延河汇流的杜甫川！在那金色的夕阳的辉耀中，蓝天下高耸着那十几级的古老的宝塔——这就是宝塔山！

呵，母亲延安！分别了十多年的你的儿子，又扑向你的怀抱中来了。

一片喧闹的锣鼓唢呐声响起来，在五里铺到南关的河滩上，欢迎的人群涌过来了。陕北大秧歌在表演，这雪白的羊肚子毛巾，紫红的腰带，这领唱的伞头，合唱的男女队员……这不是一九四三年的“红火”情景吗？

回　延　安

心口呀莫要这么厉害地跳，
灰尘呀莫把我眼睛挡住了……

手抓黄土我不放，
紧紧儿贴在心窝上。

……几回回梦里回延安，
双手搂定宝塔山。

千声万声呼唤你，
——母亲延安就在这里！

杜甫川唱来柳林铺笑，
红旗飘飘把手招。

白羊肚手巾红腰带，
亲人们迎过延河来。

满心话登时说不出来，
一头扑在亲人怀……

仅就两文的开头来分析，散文对延安的山水房屋和欢迎的场面进行了详尽的描绘，借以表达作者对延安的无比怀念和重返延安时的激动心情，在结构上显得自由灵活；而诗歌只能截取几个细节的动作、梦中的情景和群众欢迎的场面，来表达作者的这种情感，在结构上有很大的跳跃性，其衔接和连贯只能靠读者的想象来完成。

（四）文章的结构既要完整统一，又要富于变化

完整统一，是对文章结构的基本要求。所谓完整，就是指文章的各个部分应有尽有，没有缺失；所谓统一，就是要求文章的各个部分都统一于主题的需要之内，没有节外生枝与不和谐的情况。如何做到文章结构的完整统一呢？作家孙犁同志对这个问题讲得好："结构的问题也不只是写作手法的问题。作者熟悉现实生活，深切感受到了生活的动荡，作者的感情灌注在所写的事件里，作者有概括材料、取舍材料的能力的时候，才会有好的结构。在好的结构里，一切都是统一的、完整的、和谐的，没有漏洞和造作的地方。"（《文艺的学习》，1941）他在这里告诉我们，文章的组织构造和章法程序不仅仅是写作技能方面的问题，它实质上是作者的思维能力和认识水平在写作上的反映，只有作者对所写的人或事物认识深刻、思路清晰，并且具有概括和取舍材料的能力，才会安排出好的文章结构来，才能做到文章结构与思想内容的和谐统一。

文章的结构布局既有一定的章法，又没有固定不变的格局，所以我们在安排文章结构时，还要根据内容和表达的需要，善于进行灵活而适当的变化。清代桐城派（散文流派）的代表人物姚鼐在论述文法时说："文章之事，能运其法者，才也；而极其才者，法也。古人文有一定之法，有无定之法。有定者，所以为严整也；无定者，所以为纵横变化也。二者相济而不相妨。故善用法者，非以窘吾才，乃所以达吾才也。"（《与张阮林》）这就告诉我们，作文之道既有一定之法，又无一定之法。有一定之法，就是要求文章结构要严谨完整；无一定之法，就是指文章没有固定格式，可以纵横变化。这其中，关键是作者要有驾驭文法的才能，能够根据需要以"才"运"法"，这样

才能够充分发挥自己的才能,写出与众不同的文章来。

例如,吴伯箫的《记一辆纺车》,可以说是结构严谨的范例。这是作者在20世纪60年代初写的一篇歌颂延安精神的散文,全文分为五个层次:开头写常常想起自己在延安时使用过的一辆纺车;第二层通过这辆纺车回忆延安时期的大生产运动和"自己动手,丰衣足食"的乐趣;第三层写纺线的技术、姿势、设备革新和竞赛场面;第四层通过纺线来揭示劳动的重要意义;结尾写现在还经常想起那辆纺车的原因,点明颂扬延安精神的主题。这样以一辆纺车为线索来安排文章结构,一环紧扣一环,而且将记叙、抒情和议论紧密结合起来,既注意客观事物的外部联系,又注意事物内部蕴含的思想脉络,随着作者感情琴弦的拨动和弹奏,便使各种事物熠熠生辉,组成了一首延安军民艰苦奋斗的颂歌。

再如,鲁迅的散文《狗·猫·鼠》,可以说是结构纵横变化的范例:这篇散文通过童话故事,表达了作者对被损害、被摧残的弱者的同情以及对残暴、阴险的压迫者的憎恨。文章的结构灵活多变,纵横驰骋,从狗说到猫,从猫说到鼠,从古说到今,从今说到外,让意识自由流动,超越任何时空限制,但却始终离不开自己所要抒发的情感,表现出作者驾驭文章结构的高超能力。

思考与练习一

1. 为什么说篇章结构是文章学和修辞学共同的研究对象?篇章的修辞对于语言运用有什么重要作用?

2. 什么是篇章结构?在写作中应该如何安排篇章结构?安排好篇章结构的目的是什么?

3. 从修辞学上分析,一篇文章是由哪四个要素构成的?其中文章的结构同其他三要素之间是怎样的关系?

4. 在一般情况下,安排文章的结构应该遵循哪些基本原则?

5. 分析下面这篇文章，回答以下几个问题：(1) 文章的主题是什么；(2) 全文可划分为几个层次，每个层次包含哪几个段落，每个层次和段落各写的是什么内容；(3) 作者是按照什么脉络来安排篇章结构的。

我的老师

魏　巍

最使我难忘的，是我的女教师蔡芸芝先生。

她是我的二年级、三年级和四年级前一学期的教师。现在回想起来，她那时大约十八九岁。右嘴角边有榆钱大小一块黑痣。在我记忆里，她是一个温柔和美丽的人。

她从来不打骂我们。仅仅有一次，她的教鞭好像要落下来，我用石板一迎，教鞭轻轻地敲在石板边上，大伙笑了，她也笑了。我用儿童的狡猾的眼光察觉，她爱我们，并没有存心要打的意思。孩子们是多么善于观察这一点呵。

在课外的时候，她教我们跳舞，我现在还记得她把我扮成女孩子表演跳舞的情景。

在假日里，她把我们带到她的家里和女朋友的家里。在她的女朋友的园子里，她还让我们观察蜜蜂，也是在那时候，我认识了蜂王，并且平生第一次吃了蜂蜜。

她爱诗，并且爱用歌唱的音调教我们读诗。直到现在我还记得她读诗的音调，还能背诵她教我们的诗：

圆天盖着大海，
黑水托着孤舟，
远看不见山，
那天边只有云头，
也看不见树，
那水上只有海鸥……

今天想起来,她对我的接近文学和爱好文学,是有着多么有益的影响!

像这样的教师,我们怎么会不喜欢她并且不愿意和她亲近呢?我们见了柴老师像老鼠见了猫似的赶快溜掉,而见了她不由地就围上去。即使她写字的时候,我们也默默地看着她,连她握铅笔的姿势都急于模仿。

有一件小事,我不知道值不值得提它,但回想起来,在那时却占据过我的心灵。我父亲那时候在军阀部队里,好几年没有回来,我跟母亲非常牵挂他,不知道他的死活。我的母亲常常站在一张褪了色的神像面前焚起香来,把两个有象征记号的字条卷着埋在香炉里,然后磕了头,抽出一个来卜问吉凶。我虽不像母亲那样,也略略懂了些事。可是在孩子群中,我的那些小"反对派"们,常常在我的耳边猛喊:"哎哟哟,你爹不回来了哟,他吃了炮子儿啰!"那时的我,真好像父亲死了似的那么悲伤。这时候蔡老师援助了我,批评了我的"反对派"们,还写了一封信劝慰我,说我是"心清如水的学生"。一个老师排除孩子世界里的一件小小的纠纷,是多么平常,可是回想起来,那时候我却觉得是给了我莫大的支持!在一个孩子的眼睛里,他的老师是多么慈爱,多么公平,多么伟大的人啊。

每逢放假的时候,我们就更不愿离开她。我还记得,放假前我默默地站在她的身边,看她收拾这样那样东西的情景,蔡老师!我不知你当时是不是察觉,一个孩子站在那里,对你是多么的依恋!……至于暑假,对于一个喜欢他的老师的孩子来说,又是多么漫长!记得在一个夏季的夜里,席子铺在堂屋,旁边燃着蚊香,我睡熟了。不知道睡了多久,也不知道是夜里的什么时辰,我忽然爬起来,迷迷糊糊地往外走,母亲喊住我:

"你要去干什么?"

"找蔡老师……"我模模糊糊地回答。

“不是放暑假了么?”

哦,我才醒了。看看那块席子,我已经走出六七尺远。母亲把我拉回来,劝说了一会,我才睡熟了。我是多么思念我的蔡老师啊!至今回想起来,我还觉得这是我记忆中的珍宝之一。一个孩子的纯真的心,就是那些在热恋中的人们也难比的呀!……什么时候,我才能再见一见我的蔡老师呢?

第二节　安排篇章结构的常用方法

如何根据主题的需要安排篇章结构,是对一篇文章的总体设计。组织和安排文章的结构,主要是解决划分层次和安排材料两个问题,即考虑把全文分成几个部分、每个部分要表达什么内容、都需要哪些材料,以及哪些材料先写、哪些材料后写、哪些材料详写、哪些材料略写,包括插入的内容和衔接过渡等。这些大的方面都安排妥当以后,就会形成一个文章的总体框架。其效果是动笔之前就成竹在胸,能够居高临下地看到文章的全貌,这样动起笔来才会胸怀全局、井然有序。

要组织好文章的结构,就需要掌握一些基本的结构方法。一般的记叙、描写、议论和抒情等文章,常用的篇章结构方法归纳起来,大概有时间推移法、空间转换法、时空交错法、逻辑联系法、情感贯穿法等几种,下面分别进行简要的说明。

一、时间推移法

篇章结构的时间推移法,就是按照时间推移的顺序,来安排文章的层次和内容。

这种结构方法,也被称为“连贯式”。它多用于记叙性的文章中，其特点是便于交代事情的发生和发展经过，按照时间先后自然地推进故事情节，显得脉络清楚，便于读者掌握和理解。采用时间推移法安排篇章结构，有时中间也可插入其他相关的内容，但总的发展脉络仍然是按照时间先后来排列的。

例如，鲁迅的短篇小说《社戏》，回忆了自己少年时代的农村生活。在重点写去赵庄看戏的故事时，就是按照时间顺序来记叙的：先写从"早上"就叫不到船；再写"下午"别的朋友都去看戏了而"我"却没去成；又写"晚饭之后"十几个少年陪"我"一起驾船到赵庄去看戏的情景；接着写"深夜"返回时下船偷罗汉豆吃，"过了三更"以后才回到平桥村；最后写"第二天下午"同六一公公见面的情景，交代偷豆以后的结果。这样按时间顺序把故事的发展串联起来，生动有趣地描写了到赵庄看戏的一系列具体情节，并由此表现了农民的纯朴和孩子们的美好心灵。

再如，刘白羽的散文《长江三日》，这是一篇游记，写了连续三天的江上游览行程，并分别以"十一月十七日""十一月十八日""十一月十九日"作为文章三个部分的题目，按照每一天的时间顺序一直写下来：第一天从中午"十二时"乘船从重庆出发，写到下午"三时""黄昏""黑夜"；第二天从"天已微明"写起，写到"八点二十分""八点五十分""十点""十一点十五分""中午"；第三天又从"早晨"写起，写到"一轮落日"和"夜间，九时余"到达目的地武汉。这样随着时间的推移，不仅把时间和地点交代得十分清楚，而且展现出不同时间、不同地点长江两岸和三峡的美好奇特风光，并情景交融地抒发了作者的独特感受，给读者带来多方面的艺术享受。

二、空间转换法

篇章结构的空间转换法，就是按照空间位置的变换，来安排文章的层次和内容。

这种结构方法，也被称为"平列式"。它主要运用于记叙文和说明文之中，其特点是以空间位置的变化来标志文章的层次，使对事物的记叙或说明井然有序，条理分明。

例如，鲁迅的散文《从百草园到三味书屋》，就采用了空间转换的结构方法：作品首先描绘了趣味无穷的“百草园”，说明它是孩子们的乐园，里面的一切对于他们都是那么新奇而有趣；接着又写“我”不得不告别这个乐园，而被投进另一个狭小的天地“三味书屋”，描写了在书塾里的读书情况及同学们如何冲破约束来寻求乐趣。通过对这两个典型环境的描写，表现了儿童的美妙天性，揭示了私塾教育对儿童心灵的摧残。

再如，黄传惕的说明文《故宫博物院》，也是按照空间位置的转换来安排文章结构的：文章开头先对故宫作一个总的介绍，然后就从四座城门和城墙、护城河写起，一直写到午门、三大殿（太和殿、中和殿、保和殿）、后三宫（乾清宫、交泰殿、坤宁宫）、御花园、景山，由南向北，每变换一个空间位置，文章也进入一个新的层次，使对故宫的介绍和说明井然有序、层次分明。

三、时空交错法

篇章结构的时空交错法，就是以时间为经、以空间为纬，将两者交织起来安排文章的层次和内容。

这种结构方法，也被称为“纵横交错式”。其特点是既注意时间的连贯性，又照顾空间的平列性，能够把事情的时间和地点都交代得十分清楚，便于读者掌握事情的来龙去脉。时空交错地安排文章的结构，适合于记叙比较复杂的事件，或者报道在复杂环境下成长起来的人物。

例如，《中国青年报》记者于 1960 年 2 月采写的通讯《为了六十一个阶级兄弟》，就是采用这种结构形式的范例。全文以寻找和运送特效药品来抢救六十一个中毒民工为中心事件，把发生在同一时间、不同地点的事情，十分巧妙地穿织起来，充分表现了我国在社会主义条件下人民之间深厚的无产阶级感情，以及团结协作、无私奉献的共产主义精神。

再如，柯岩的报告文学《船长》，也采用了时空交错的结构方法。全篇由“汉堡港的变奏”“从南市来的孩子”“吐血的水手”“是日本人吧！”“蓝色的梦”“伦敦港的友谊”“邓小平式的船长”“海员风度”“船长的苦恼”九个部分组成，除第一部分是采用倒叙的方法开头外，其他部分都基本上按照时间的顺序，从贝汉廷小时候读书写起，直到当水手、当船长，把发生在国内外各个地方的故事纵横交织在一起，塑造了一个扬名世界、精明强干、为国争光的优秀船长形象，歌颂了我国人民为四化事业献身的主人翁精神。

四、逻辑联系法

篇章结构的逻辑联系法，就是按照事物内部的逻辑关系，来安排文章的层次和内容。

这种结构方法，多用于议论文和说明文，记叙类的文章有时也采用这种结构形式。其特点是能够充分揭示事物内部的联系，增强文章的逻辑性和说服力。采用这种结构方式，对于议论文来说，有利于揭示事理之间的逻辑联系；对于说明文来说，有利于突出被说明事物的特点；对于记叙文来说，有利于表现人或事物的不同侧面和发展阶段。

议论文，如毛泽东的《反对自由主义》，就是采取逻辑联系法来结构全文的：首先指出我们党内存在着自由主义倾向，然后列举自由主义的各种表现，接着依次分析自由主义的危害、来源、思想方法和性质，最后号召共产党员用马克思主义的积极精神克服消极的自由主义。这些层次和段落的内容，都是由事物内部的逻辑关系紧密联系在一起的，这种安排结构的方法，也是由事物内部的逻辑联系所决定的。尽管全文的内容较多，甚至对自由主义的表现详细列举了十一种,但仍然显得结构紧密,并无松散之感。

说明文,如叶圣陶的《苏州园林》,首先说苏州各个园林的共同点是“务必使游览者无论站在哪个点上,眼前总是一幅完美的图画”,然后再从几个不同侧面进行说明:在建筑结构上“不讲究对称”;假山、池沼和其他景物“配合着布置”;栽种和修剪树木“着眼于画意”;花墙和廊子讲究“层次”;每一个角落“都注意图画美”;门和窗有“雕镂琢磨功夫”和“图案美”;梁、柱子和栏杆等“极少使用彩绘”和注意“与草木的绿色配合”。这里所说的每一项,都是苏州园林的一个组成部分,都与苏州园林的整体美感存在着部分与整体的逻辑关系。正是这种内在的逻辑关系,将全文的各部分内容紧密联系在一起,组成了文章结构的总体框架。

记叙文,如魏巍的报告文学《谁是最可爱的人》,作者从所采访了解的大量材料中,精心选取了三个典型事例:第一个故事写打得最惨烈的松骨峰阻击战,表现志愿军战士英勇顽强、不怕牺牲的革命英雄主义精神;第二个故事写马玉祥在烈火中奋不顾身地抢救朝鲜儿童的事迹,表现志愿军战士对朝鲜人民的深厚感情和高度的国际主义精神;第三个故事写战士们在防空洞里吃一口炒面就一口雪的艰苦生活,表现志愿军战士的爱国主义和革命乐观主义精神。这就从三个不同侧面,表现出志愿军战士的高贵品格,有力地说明了他们是“最可爱的人”这一文章主题。正是这三个故事、三种精神之间的内在逻辑关系,构成了这篇文章的总体结构。

五、情感贯穿法

篇章结构的情感贯穿法,就是根据作者思想感情的发展变化,或者根据作品中人物的思想认识过程,来安排文章的层次和内容,用思想情感的脉络来组织篇章。

这是一种比较特殊的结构方法,其特点是有利于抒发和表达作者的思想情感，也便于表现作品中人物的思想认识发展过程。这种结构方法，一般在散文中应用得多一些，在记叙文中也有应用。

例如，杨朔的抒情散文《荔枝蜜》，就是按照作者情感变化的脉络来组织全篇的：作品的开头，先写“我”因小时候被蜜蜂蜇了一下而“总不大喜欢”蜜蜂；再写到广东从化温泉喝了鲜荔枝蜜后“动了情”，想去看看蜜蜂；又写去养蜂场参观，听老梁介绍蜜蜂以后受到感动，转而赞扬蜜蜂对人类的无私奉献精神；然后由物及人，觉得在水田里辛勤劳动的农民也像蜜蜂一样“酿造着生活的蜜”；最后“梦见自己变成一只小蜜蜂”。这样以作者情感发展的线索来安排文章结构，不仅使赞扬蜜蜂精神的主题思想不断得到深化，同时也使作者的思想感情不断得到升华，收到了极佳的艺术效果。

再如，茹志鹃的短篇小说《剪辑错了的故事》，以“大跃进”时期农民老寿同公社党委甘书记的矛盾冲突为主线，反映当时党的组织和领导干部大搞“浮夸风”和“共产风”、严重损害农民利益和党群干群关系这一深刻而重大的主题。作品以在战争年代入党的老党员老寿的思想变化和意识流动为线索来安排文章的结构，全文共分为七个部分，叙述现实中的事情与回忆战争年代的故事、描写梦境中的情景交替出现，通过对人物心理活动的深入描写，来充分表达作者的思想观点，既使故事的情节纵横变化，又使文章的结构开合自如，收到了新颖独特的艺术效果。

思考与练习二

1. 为什么说安排篇章结构就是对一篇文章的总体设计？安排篇章结构主要是解决哪两个问题？

2. 如何形成文章结构的总体框架？这样做对写作有什么好处？

3. 安排篇章结构常用的有哪几种方法？它们各自的特点和用途是什么？举例说明。

4. 分析下面这篇文章的篇章结构，看看文章分为几个层次，说明是怎样把现实中的秋景、欧阳修笔下的秋景同作者的感受紧密联系起来的，采用的是哪种结构方法。

秋 色 赋

峻 青

时序刚刚过了秋分，就觉得突然增加了一些凉意。早晨到海边去散步，仿佛觉得那蔚蓝的大海，比前更加蓝了一些；天，也比前更加高远了一些。

回头向古陌岭上望去，哦，秋色更浓了。多么可爱的秋色啊！我真不明白，为什么欧阳修作《秋声赋》时，把秋天描写得那么肃杀可怕，凄凉阴沉？在我看来，花木灿烂的春天固然可爱，然而，瓜果遍地的秋色却更加使人欣喜。

秋天，比春天更富有欣欣向荣的景象。

秋天，比春天更富有灿烂绚丽的色彩。

你瞧，西面山洼里那一片柿树，红得是多么好看。简直像一片火似的，红得耀眼。古今多少诗人画家都称道枫叶的颜色，然而，比起柿树来，那枫叶却不知要逊色多少呢。

还有苹果，那驰名中外的红香蕉苹果，也是那么红，那么鲜艳，那么逗人喜爱；大金帅苹果则金光闪闪，闪烁着一片黄橙橙的颜色；山楂树上缀满了一颗颗红玛瑙似的红果；葡萄呢，就更加绚丽多彩，那种叫“水晶”的，长得长长的，绿绿的，晶莹透明，真像是用水晶和玉石雕刻出来似的；而那种叫做红玫瑰的，则紫中带亮，圆润可爱，活像一串串紫色的珍珠。……

哦！好一派迷人的秋色啊！

我喜欢这绚丽灿烂的秋色，因为它表示着成熟、昌盛和繁荣，也意味着愉快、欢乐和富强。

啊,多么使人心醉的绚丽灿烂的秋色,多么令人兴奋的欣欣向荣的景象啊！在这里,我们根本看不到欧阳修所描写的那种“其色惨淡,烟霏云敛……其意萧条,山川寂寥”的凄凉景色,更看不到那种“渥然丹者为槁木,黟然黑者为星星”的悲秋情绪。看到的只是万紫千红的丰收景色和奋发蓬勃的繁荣气象。因为在这里,秋天不是人生易老的象征,而是繁荣昌盛的标志。

写到这里,我忽然明白了为什么欧阳修把秋天描写得那么肃杀悲伤,因为他写的不只是时令上的秋天,而且是那个时代,那个社会在作者思想上的反映。我可以大胆地说,如果欧阳修生活在今天的话,那他的《秋声赋》一定会是另外一种内容,另外一种色泽。

我爱秋天。

我爱我们这个时代的秋天。

我愿这大好秋色永驻人间。

第三节　篇章结构的有关环节

上两节,介绍了篇章结构的基本原则和常用方法,目的是在安排文章的结构时有一个总的遵循。但是,光掌握这些内容还很不够,动起笔来时还会遇到很多问题,如怎样开头,怎样结尾,哪些内容应该详写,哪些内容应该略写,怎样叙述才能更加吸引人,在叙述主体事物的过程中怎样插入其他一些相关的内容,以及文章的各个层次和段落之间如何衔接、过渡和照应,等等。这些问题,都是与篇章结构有关的重要环节,都需要认真加以解决。下面,我们对这几方面的内容分别进行简要的介绍。

一、开头和结尾

开头和结尾，都是文章的重要组成部分。它们在文章中处于特殊的位置，所以也各有其重要的作用，其写法也是不一样的。下面我们单独进行介绍。

（一）文章的开头

文章的开头是定调子的地方，是全文的第一步，它和全文的内容、体裁、风格等密切相关，因此，写开头时必须从全文着眼。**好的文章开头，应该发挥两个重要作用：**一是启领全文，畅通文路；二是吸引读者，引人入胜。

不同的文体，对文章的开头有不同的要求。其共同要求是切合题旨，语言精要。文章开头的写法多种多样，归纳起来大体有相互对应的两种类型：

1. 开门见山式的开头

就是在开头直接揭示文章的主题，或者直接接触文章的主要内容，或者直接点出文章所要写的主要事件或主要人物，给人以开宗明义、直截了当的感觉。例如：

①**新华社香港 1997 年 7 月 1 日电**　在香港飘扬了 150 多年的英国米字旗最后一次在这里降落后，接载查尔斯王子和离任港督彭定康回国的英国皇家游轮“不列颠尼亚”号驶离维多利亚港湾——这是英国撤离香港的最后时刻。

（周婷、杨兴《别了，“不列颠尼亚”》）

这是这篇新闻报道的开头一段，抓住典型材料，直接说出结果：在英国国旗从香港降落以后，来参加交接仪式的查尔斯王子和离任港督立即离开香港。开门见山，紧扣题目。

②我家的后面有一个很大的园，相传叫作百草园。现在是早已并屋子一起卖给朱文公的子孙了，连那最末次的相见也已经隔了七

八年，其中似乎确凿只有一些野草；但那时却是我的乐园。

（鲁迅《从百草园到三味书屋》）

这篇散文，开头就进入正题，说明百草园是我儿时的乐园，为下面详细描写百草园作了铺垫。

③在北京的中心，有一座城中之城，这就是紫禁城。现在人们叫它故宫，也叫故宫博物院。这是明清两代的皇宫，是我国现存的最大最完整的古代宫殿建筑群，有五百多年历史了。

（黄传惕《故宫博物院》）

这是一篇说明文，一开头就紧扣题目，总说故宫，为全文定下基调，然后再对故宫的各个组成部分作详细的说明。

2. 委婉入题式的开头。

就是文章的开头不直接切入正题，而是从侧面或其他方面写起，然后再引出文章所写的主要内容，给读者一种新奇委婉、兴趣盎然的感觉。例如：

④东京也无非是这样。上野的樱花烂熳的时节，望去确也像绯红的轻云，但花下也缺不了成群结队的"清国留学生"的速成班，头顶上盘着大辫子，顶得学生制帽的顶上高高耸起，形成一座富士山。也有解散辫子，盘得平的，除下帽来，油光可鉴，宛如小姑娘的发髻一般，还要将脖子扭几扭。实在标致极了。

（鲁迅《藤野先生》）

这是一篇回忆录性质的散文，反映了作者在日本仙台留学期间的生活片段，以敬仰的心情描述了一位日本老师的高尚人格。作品一开头，通过描写日本东京"樱花烂熳"的景象和"清国留学生"的大辫子而进入全文，情趣盎然，引人入胜。

⑤燕子去了，有再来的时候；杨柳枯了，有再青的时候；桃花谢了，有再开的时候。但是，聪明的，你告诉我，我们的日子为什么一去不复返呢？——是有人偷了他们罢：那是谁？又藏在何处呢？是

他们自己逃走了罢:现在又到了哪里呢?

(朱自清《匆匆》)

这篇散文抒发了作者对于时光匆匆、一去不返的感慨,表达了一种珍惜时光、从现在做起的积极态度。但作者在文章的开头并不明说此意,而是用燕子、杨柳、桃花作喻,用设问和拟人的方法提出问题,引人深思,这样引出全文显得新奇而独特。

⑥石拱桥的桥洞成弧形,就像虹。古代神话里说,雨后彩虹是"人间天上的桥",通过彩虹就能上天。我国的诗人爱把拱桥比作虹,说拱桥是"卧虹""飞虹",把水上拱桥形容为"长虹卧波"。

(茅以昇《中国石拱桥》)

这是一篇介绍石拱桥的说明文。文章的开头就运用形象的比喻,并引入古代的神话传说和诗人的话语,形象而生动地说明了石拱桥的典型特征,并由此引出下边的具体介绍。这种开头方法不枯燥无味,容易引起读者的兴趣。

(二)文章的结尾

结尾在文章中的地位也很重要。俗话说:"编筐编篓,全在收口""描龙画凤,难在点睛"。这两句话能够形象地说明文章结尾的重要性。结尾是文章的一个有机组成部分,是文章内容发展的必然结果。因此,安排文章的结尾,也要从文章的整体出发,要和全篇整体构思,统一考虑,而不是另外、随意加上一个尾巴。

好的文章结尾,也应该能够发挥两个作用:一是收束全文,卒章显志;二是加深印象,引人深思。其中前者是从文章写作的角度来要求的,后者是从读者阅读的角度来考虑的。

不同的文体、不同的内容,对文章的结尾有不同的要求,因而没有一成不变的方法。一般的记叙文、议论文、说明文和抒情性的文章,结尾的写法是多种多样的,归纳起来也大体有相互对应的两种类型:

1. 篇末点题、卒章显志式的结尾

就是在文章的结尾处“画龙点睛”，进一步点明或深化主题。其方法是：或者总结全文，得出结论；或者回应前文，点明题旨；或者对比衬托，突出主题；或者进行议论，加深主旨；或者提出希望，引起共鸣；等等。例如：

①我生平最受用的有两句话：一是“责任心”，二是“趣味”。我自己常常力求这两句话之实现与调和，常常把这两句话向我的朋友强聒不舍。今天所讲，敬业即是责任心，乐业即是趣味。我深信人类合理的生活总该如此，我盼望诸君和我一同受用！

（梁启超《敬业与乐业》）

本文是作者1922年8月14日在上海中华职业学校的演讲，这是文章结尾的一段，采用的是总结全文、点明题旨的结尾。作者在深入具体地阐述了“业之必要”和如何“敬业”、如何“乐业”之后，又在文章的结尾，总结出自己平生最受用和推崇的两句话“责任心”和“趣味”，并将二者同“敬业”和“乐业”挂起钩来，进一步点明题旨，突出了文章的主题。

②具有这种风格的人是越来越多了。这样的人越多，我们的革命和建设也就会越快。我希望每个人都能像松树一样具有坚强的意志和崇高的品质；我希望每一个人都成为具有共产主义风格的人。

（陶铸《松树的风格》）

这是一个回应前文、点明题旨的结尾。作者在这篇散文里，热情赞颂了松树的顽强生命力，以及它为人类的自我牺牲精神和“要求于人的甚少，给予人的甚多”的崇高品格，并由松树的风格联想到共产主义风格，对具有共产主义风格的人在革命战争年代和社会主义建设时期所做出的贡献予以高度赞扬。在文章结尾处，又进一步总结全文、点明题旨，希望每个人都能“像松树一样具有坚强的意志和崇高的品质”,“都成为具有共产主义风格的人”。

③黑夜,寂静得像死一般的黑夜,但是,黎明的到来,是无法抗拒的。索洛警告美国人当心枕木下的尸首,我也想警告某一些人,当心呻吟着的那些锭子上的冤魂!

(夏衍《包身工》)

作者的这篇报告文学,揭露了20世纪30年代上海日本纱厂对“包身工”进行残酷剥削的罪行。这些包身工都是农村来的女孩子,都是签了三年的“包身契”而被带工老板骗进厂内的,他们受到封建把头与东洋资本家的双重剥削,没有人身自由,过着非人的生活而从事着超强度的劳动,有不少人没有干到三年就被折磨致死。所以,作者在文章的结尾,用饱含深情而又形象化的议论,预示黑夜必将过去、黎明定会到来,并警告中外剥削者们“当心呻吟着的那些锭子上的冤魂”,进一步深化了全文的主题。

2. 含蓄深邃、耐人寻味式的结尾

就是在文章的结尾处不把话说尽,也不明确地把要表达的意思说出来,而是故意含而不露,留下思考和回味的余地,以引起读者的深思,给人一种余味无穷的艺术享受。其方法很多:或者语意含蓄,余音绕梁;或者饱含哲理,发人深省;或者精辟警策,耐人寻味;或者形象描写,引人联想;或者展示未来,鼓舞人心;等等。例如:

④外面,暴风从夜的黄河上呼啸着、翻腾着飞过。透过窗子,好像也能闻到春天的充满生命的气息。北方的春天派狂风为春天扫路来了。

我的朋友呢,还坐在那里,眼里凝结着睡意。

春风啊,你几时才能吹进这个办公室呢?

(刘宾雁《在桥梁工地上》)

作者的这篇成名之作发表于《人民文学》一九五六年四月号,并在以后获得全国优秀报告文学奖。作品写的是在黄河上游某地一个桥梁工地上,三分队队长兼主管工程师曾刚同桥梁工程队队长罗立正等人之间的保守与反保守的矛盾斗争,并开始尖锐地提出了反对官僚主义这一重大主题。这三个段落是全文的结尾,这之前的内容说的是在 1955 年 10 月毛主席发出反对右倾保守、加快建设速度的指示,并在全国逐步形成了建设社会主义劳动高潮以后,罗立正对自己的保守思想和官僚主义作风仍然不思悔改,因此作者特意写了这个语意含蓄、耐人寻味的结尾,在形象描写的基础上提出问题、引人深思——春潮已经滚滚而来,而“我的朋友”仍然无动于衷,由此表达了作者深沉的担忧和企盼。

⑤我在朦胧中,眼前展开一片海边碧绿的沙地来,上面深蓝的天空中挂着一轮金黄的圆月。我想:希望是本无所谓有,无所谓无的。这正如地上的路;其实地上本没有路,走的人多了,也便成了路。

(鲁迅《故乡》)

这篇小说以“我”回故乡搬家为线索,描绘了 20 世纪 20 年代农村的破败萧条景象。但小说的结尾,“我”仍然从对以闰土为代表的农民的深沉担忧中解脱出来,通过想象中的景物给人以光明和美好的感觉,表现出一种对新生活的向往和信心。特别是最后两个讲述“希望”和“路”的句子,充满哲理,发人深省,能够在困难之中给人以信心和力量。

⑥所谓革命高潮快要到来的“快要”二字作何解释,这点是许多同志的共同的问题。马克思主义者不是算命先生,未来的发展和变化,只应该也只能说出个大的方向,不应该也不可能机械地规定时日。但我所说的中国革命高潮快要到来,决不是如有些人所谓“有到来之可能”那样完全没有行动意义的、可望而不可即的一种空的东西。它是站在海岸遥望海中已经看得见桅杆尖头了的一只航船,它是立于高山之巅远看东方已见光芒四射喷薄欲出的一轮朝日,它

是躁动于母腹中的快要成熟了的一个婴儿。

(毛泽东《星星之火,可以燎原》)

这是毛主席 1930 年 1 月 5 日写的一篇通信,是为批判当时党内的悲观思想而写的。这篇文章深入分析了半殖民地半封建社会存在的各种矛盾,说明暂时强大的反动势力无法扑灭革命的烈火,“星星之火,可以燎原”。这段话是文章的结尾,针对党内许多同志共同关心的问题,对革命高潮快要到来的“快要”两字进行解释,并连用了三个形象生动的比喻,语言优美,耐人寻味,给人以真切的希望和无穷的力量。

二、详写和略写

详写和略写,也是结构文章的一个重要环节。文章内容的详略处理得当,能够使文章的重点突出,中心明确;同时还能够使结构安排疏密相间,错落有致。相反,如果详略处理不当,眉毛胡子一把抓,就会造成主次不分,淹没中心,结构松散,杂乱无章。所以,我们在安排文章结构时,还要处理好材料的详写和略写的关系。

那么,应该怎样处理详写和略写的问题呢?根据哪些因素来确定详略呢?这主要有以下三个方面:

一是根据主题的需要确定详略。一篇文章的结构安排,什么地方该详写,什么地方该略写,应主要根据表现和突出主题的需要。一般说来,与表现主题最直接、最有力的典型材料、新颖材料、中心事件、主要人物或中心议题等要详写;其他与表现主题有关的间接材料、背景材料和只需简要交代的材料要略写;而对那些与主题无关的材料和一般性、陈旧性材料,则应坚决舍弃。

二是根据文体的特点确定详略。由于文体的特点不同,在安排篇章结构时对详略的处理也有所不同。例如议论文重在说理,论述和说理的部分应该详写,结论的部分应该写得简明概括,而对所引用的事实材料则不宜过多渲染和细致描绘；记叙性的文章一般都以记人或记事为主，因此对于人和事的部分要详写，而抒情或议论的地方要略写；其他文艺作品如小说、散文和诗歌等都各有特点，安排结构时也必须根据这些文体的特点来处理详略。

三是根据阅读对象确定详略。写文章要看对象，因此有时还要根据读者的情况来确定材料处理的详略。一般地说，在不影响表现主题的前提下，对于读者熟知的事情或道理要略写，而对于读者不熟悉的事情或道理则要写得详细一些。这是因为，人们已经熟悉了的事物，不用多说也都能明白；而人们不熟悉的事物或生僻的道理，不说得详细些人们就不容易理解。

当然，以上三条只是基本的原则，在具体运用中，不管是详写还是略写，都要把握好尺度。详写时要防止啰唆重复，做到恰到好处、开合有度；略写时也要防止苛简，该交代的必须交代清楚，做到言简意明、言之有物。

例如，史铁生的散文《秋天的怀念》，是怀念已经去世的母亲的。全文仅 800 多字，分为 7 个自然段，其中对“我”因双腿瘫痪“变得暴怒无常”以后母亲怎样安慰和照顾、同“我”商量要推“我”到北海看菊花、母亲临终时的情景和最后说的一句话“我那个有病的儿子和我那个还未成年的女儿……”这 3 个段落写得详细，用以突出母亲对儿女永远的爱护和牵挂；而对母亲的肝病日益加重和被拉到医院的 3 个段落则写得简略，甚至只有一两句话。文章结尾一段，写又一年秋天“妹妹推我去北海看了菊花”，完成母亲的遗愿而结束全文。这篇文章虽短，却剪裁得当、重点突出，写得情深意重、十分感人。

再如，鲁迅的《祝福》中对祥林嫂的故事写得详尽，而对其他内容写得简略；《故乡》中对关于闰土的故事写得详尽，而其他内容则写得简略；毛泽东的《反对自由主义》，对自由主义的十一种表现写得详细，甚至把每种表现的具体行为都列举出来，而对自由主义的危害、来源和性质等都只作简明扼要的分析。这些作品中详写的材料，都是对表现文章主题最为直接和典型的材料，所以需要详细地叙述和说明；而略写的内容虽与主题有关但又不需要展开，如果详写反而会冲淡主题。

三、倒叙和插叙

叙述的方法有顺叙、倒叙、插叙三种形式。其中顺叙是一般的常用的方法，而倒叙和插叙是两种特殊的方法，与安排篇章结构有很大的关系，所以需要在这里特别加以说明。

所谓倒叙，就是不按照事情发生经过的顺序进行叙述，而是把后发生的事提到前面说，或者把事情的结果提到前面说，然后再返回来从头说起。倒叙的好处是可以避免平铺直叙的毛病，增加文章的波澜，并能够更好地吸引读者。

所谓插叙，就是在叙述主要事件的过程中，根据需要临时插入其他有关事件或有关情况，然后再转到原来的叙述上来。插叙的好处是：能够给主要事件增加一些背景材料或补充内容，使读者对主要事件有更充分的了解，有利于丰富文章的内容，从多侧面、多角度表现和突出文章的主题；同时运用插叙能够使文章的结构富于变化，增加文章的波澜，进一步引起读者的兴趣。

例如，理由的报告文学《扬眉剑出鞘》，就是成功地利用倒叙和插叙的范例：文章的开头运用倒叙的写法，一上来就写 1978 年 3 月 26 日晚，我国女子花剑运动员栾菊杰在西班牙第二十九届青年击剑锦标赛决赛中受伤，被送到马德里医院治疗的情景，并详细地描写了她的伤势，给读者留下了一个悬念，吸引读者继续读下去；接着又笔锋一转运用插叙，整整插入了四个段落，交代了国际剑联成立以来世界击剑运动和我国 20 世纪 50 年代中期引进击剑项目以后的发展历史，以及 1977 年年初栾菊杰第一次出国比赛——去奥地利参加第二十八届世界青年击剑锦标赛时的情况；然后才转回来，接着写“今年三月”这次西班牙世界青年击剑锦标赛的经过。在写到决赛前夕时，又运用插叙插入了整整九个段落，介绍了栾菊杰的家庭情况以及她从小就练剑并拿过全国第一的成绩，还介绍了她1977年参加奥地利比赛归来后的刻苦训练情况和成长进步；然后又重新回到了本次决赛的现场，写她带伤坚持比赛战胜了苏联选手扎加列娃，但终因左臂疼痛和器材故障连输了两场；在这紧要关头又运用插叙插入了两个段落，让栾菊杰回忆起这次离开北京来参加比赛时的情景，使她坚定了必胜的信心；然后又回到决赛现场，写她凭着非凡的毅力和勇气，战胜了法国运动员特安盖和德国运动员比肖夫，荣获第二十九届世界青年击剑锦标赛亚军，在马德里体育宫升起了国际剑坛上第一面五星红旗，这就是整个事件的最后结局。至此，又写了各国运动员对栾菊杰的慰问和钦佩，此后才出现了文章开头的那一幕。

这篇文章倒叙的方法是较为常见的，而大胆、巧妙地运用插叙却是一个突出的特点，插叙的内容之多，与主体事件接榫处的衔接和过渡之好，都是令人称奇的。这种插叙的方法，不仅为主体事件插入了大量的背景材料，对人们了解事件的发展和人物的成长过程有很大帮助，而且使文章的内容显得充实而丰富，同时也使故事情节的发展起伏跌宕，给人一种回肠荡气的感觉。最终，该文章有这样的表达效果，除了语言运用的因素外，与作者组织篇章和驾驭材料的高超能力是分不开的。

四、衔接、过渡和照应

在上一章段落的修辞中已经讲过，文章是由一个一个的段落构成的，每个段落都表示一个单一而完整的意思。在组成一篇文章时，就需要把相关的段落连缀起来，这就要用到衔接的方法；有的段落在意义转换时还需要进行铺垫，否则就与上一段的意思衔接不上，这就要用到过渡的方法；有时候文章的前后内容或者开头结尾之间需要互相关照呼应，使结构更加周密严谨，这就要用到照应的方法。这三种方法，在篇章结构中都是不可缺少的，下边我们对其分别进行介绍。

（一）衔接

所谓衔接，是指文章段落之间在意义上的连接方法，它是使相关的段落构成一个有机整体的重要修辞方法。

在组织段落的修辞方法中，我们已经介绍了意合法和关联法。这是两种重要的消极修辞方式，其中意合法是利用语序将语言单位组合在一起的，而关联法则是使用虚词将语言单位组合在一起的。因此，这两种消极修辞方式，不仅可以用来衔接段落内部的句子或句群，还可以用来衔接篇章内部的相关段落，成为段落修辞和篇章修辞中的两种主要衔接方法。

所以，段落之间的衔接，也主要采用关联法和意合法：在段落之间（通常在下一个段落的前边）使用关联词语进行衔接，使前后段落的内容紧密联系在一起，这就是关联法；不使用关联词语，只靠段落之间在意义上的直接联系而自然衔接在一起，这就是意合法。例如：

①我在十八日早晨，才知道上午有群众向执政府请愿的事；下午便得到噩耗，说卫队居然开枪，死伤至数百人，而刘和珍君即在遇害者之列。但我对于这些传说，竟至于颇为怀疑。我向来是不惮以最坏的恶意，来推测中国人的，然而我还不料，也不信竟会下劣凶残到这地步。况且始终微笑着的和蔼的刘和珍君，更何至于无端在府门前喋血呢？

然而即日证明是事实了，作证的便是她自己的尸骸。还有一具，是杨德群君的。而且又证明着这不但是杀害，简直是虐杀，因为身体上还有棍棒的伤痕。

但段政府就有令，说她们是“暴徒”！

但接着就有流言，说她们是受人利用的。

惨象，已使我目不忍视了；流言，尤使我耳不忍闻。我还有什么话可说呢？我懂得衰亡民族之所以默无声息的缘由了。沉默呵，沉默呵！不在沉默中爆发，就在沉默中灭亡。

（鲁迅《记念刘和珍君》）

这是鲁迅这篇文章的第四部分，共由五个自然段组成，其中前边的四个段落，就是用关联法连接在一起的：在第二、三、四段的前边，分别使用关联词语“然而”“但”“但”，表示与上一段的语意转折关系，并同上一段内容紧密衔接在一起。作者通过这种语意上的连续转折，把段祺瑞军政府的“下劣凶残”和反动文人的造谣中伤表现得十分突出，并在最后一段进行了总结和升华。

②井冈山五百里林海里，最使人难忘的是毛竹。

从远处看，郁郁苍苍，重重叠叠，望不到头。到近处看，有的修直挺拔，好似当年山头的岗哨；有的密密麻麻，好似埋伏在深坳里的奇兵；有的看来出世还不久，却也亭亭玉立，别有一番神采。

“井冈山的竹子，是革命的竹子！”井冈山人爱这么自豪地说。

有道是：天下竹子数不清，井冈山竹子头一名。

（袁鹰《井冈翠竹》）

这篇散文，通过歌颂井冈山的竹子对革命的贡献来歌颂井冈山人民。这是文章开头的四个自然段，总地描写了井冈山毛竹的规模和神采，并用井冈山人的话语和作者的评语，说明了井冈山竹子的特殊性，为全篇内容的展开奠定了基调。各个自然段之间没有使用任何关联词语，完全靠内在意义上的直接联系而自然衔接在一起，这就是连缀段落的所谓“意合法”。

(二)过渡

所谓过渡,是指上下文之间在意义转换时的铺垫方法,是使后面的内容与前面的内容接榫合缝的重要修辞手段。

在通常情况下,有以下几种情况需要过渡:一是在场面转换处,一般需要过渡;二是在内容变换时,一般需要过渡;三是在插叙部分的前后,一般需要过渡;四是在由议论转为叙述时,一般需要过渡。

过渡的方法有两种:一是使用过渡句,二是使用过渡段。在一个段落的前面使用一个句子,引出这个段落的内容,并同上一个段落衔接起来,这样的句子是过渡句;在两个段落之间专门增加一个段落,起承上启下的过渡作用,这样的段落是过渡段。例如:

①荷塘的四面,远远近近,高高低低都是树,而杨柳最多。这些树将一片荷塘重重围住;只在小路一旁,漏着几段空隙,像是特为月光留下的。树色一例是阴阴的,乍看像一团烟雾;但杨柳的丰姿,便在烟雾里也辨得出。树梢上隐隐约约的是一带远山,只有些大意罢了。树缝里也漏着一两点路灯光,没精打采的,是渴睡人的眼。这时候最热闹的,要数树上的蝉声与水里的蛙声;但热闹是它们的,我什么也没有。

忽然想起采莲的事情来了。采莲是江南的旧俗,似乎很早就有,而六朝时为盛;从诗歌里可以约略知道。采莲的是少年的女子,她们是荡着小船,唱着艳歌去的。采莲人不用说很多,还有看采莲的人。那是一个热闹的季节,也是一个风流的季节。……

(朱自清《荷塘月色》)

这两个段落(因篇幅所限,下面的段落后边有删节,下同),上一段描写月下荷塘周围的树木、远山、蝉声与蛙声等,下一段转入写江南采莲的事情,前边用了一个过渡句“忽然想起采莲的事情来了”,转换得很自然。如果没有这个过渡句,上下两段的内容就衔接不上。这是在场面转换处的过渡。

②一九一七年，上海中华书局刊印一部以文言文译述为主的《欧美名家短篇小说丛刻》，共收二十多个著名外国作家的短篇。其中一篇是高尔基的《叛徒的母亲》，迄今所知，这是我国最早选译的高尔基的一个短篇小说。鲁迅对这部《丛刻》的评价很高，誉为“昏夜之微光，鸡群之鸣鹤”。

金字书脊，浅绿色封面，精装本厚厚一大册，包括五十篇欧美短篇小说的译作。译者周瘦鹃，时年二十二岁。漫长的笔耕生涯中，一个重要的开端。数十年来，他曾是多种有影响的报纸副刊和杂志的编辑，同他的朋友在长期文学活动中，别树一帜，自成一派。

他更为人称道的成就则是园艺。

园艺中的盆栽和盆植，尤其是盆景，是艺术创作中的另一类奇葩。它同样具有感人的艺术魅力，给人们的生活中带来自然景色的美，使心灵有所陶冶，生命增添色彩。

（何为《园林城中一个小庭园》）

这是作品第二部分开头的四个自然段，介绍我国现代著名翻译家、文学家和园艺家周瘦鹃。前边两段介绍他的译著《欧美名家短篇小说丛刻》以及他在文学活动中的贡献，第三段是一个过渡段，承接前面讲文学方面的成就，过渡到第四段讲园艺方面的成就。如果没有这个过渡段，前后两部分的内容就无法衔接。这是在内容变换时的过渡。

③冬季日短，又是雪天，夜色早已笼罩了全市镇。人们都在灯下匆忙，但窗外很寂静。雪花落在积得厚厚的雪褥上面，听去似乎瑟瑟有声，使人更加感得沉寂。我独坐在发出黄光的菜油灯下，想，这百无聊赖的祥林嫂，被人们弃在尘芥堆中的，看得厌倦了的陈旧的玩物，先前还将形骸露在尘芥里，从活得有趣的人们看来，恐怕要怪讶她何以还要存在，现在总算被无常打扫得干干净净了。魂灵的有无，我不知道；然而在现世，则无聊生者不生，即使厌见者不见，为

人为已，也还都不错。我静听着窗外似乎瑟瑟作响的雪花声，一面想，反而渐渐的舒畅起来。

然而先前所见所闻的她的半生事迹的断片，至此也联成一片了。

她不是鲁镇人。有一年的冬初，四叔家里要换女工，做中人的卫老婆子带她进来了，……

（鲁迅《祝福》）

上边的前两个自然段，是小说第一部分的末尾，其中下边加点的一段是过渡段。上一段写“我”在四叔家听到祥林嫂死了的消息以后的感慨，下边就用这个过渡段转到文章的第二部分——从头至尾介绍祥林嫂的悲惨遭遇。这是在插叙之前使用的过渡段。

④朋友，当你听到这段英雄事迹的时候，你的感想如何呢？你不觉得我们的战士是可爱的吗？你不以我们的祖国有着这样的英雄而自豪吗？

我们的战士，对敌人这样狠，而对朝鲜人民却是那样地爱，充满国际主义的深厚热情。

在汉江北岸，我遇到一个青年战士，他今年才21岁，名叫马玉祥，是黑龙江青冈县人。……

（魏巍《谁是最可爱的人》）

这里的第二段，是由议论转为叙述时的过渡段。前一段是作者对上一个故事——松骨峰阻击战所发的感慨，连续使用三个疑问句来说明志愿军战士是最可爱的人；接着使用一个过渡段，由对敌人的“狠”转向对朝鲜人民的“爱”，讲述下一个故事——志愿军战士马玉祥在烈火中抢救朝鲜儿童的感人事迹。这个过渡段，使这两个故事所表现的两种崇高精神紧密联系在一起。

（三）照应

所谓照应，是指文章前后内容之间或内容与题目之间的关照和呼应，是密切文章结构的一种重要修辞方法。

照应的修辞效果：通过运用照应的修辞手法，可以使文章的内容前后呼应，还可以使文章的内容同题目相互照应，起到进一步彰显题旨和点明主题的作用；能够加强文章内部的意义联系，使文章的结构更加紧密；内容上的前后照应还会显得笔触细腻，有利于推动故事情节的发展。

篇章结构中的照应，主要有以下三种形式：

1. 首尾照应

所谓首尾照应，就是文章的开头与结尾相互照应。其方法是：通过在开头和结尾使用相同或相近的语句，表达首尾一致的意思，进一步加深文章的主旨；或者使文章的结尾同开头的内容相连接，显得独具匠心、巧妙自然。例如：

①1972 年 4 月 28 日，汽车将一个 19 岁的孩子拉进西大校内，这孩子和他的那只破绿皮箱就被搁置在了陌生的地方。

……

1975 年 9 月，他毕业了。离开校门时，他依旧提着那只破绿皮箱，又走向了另一个陌生的地方。

（贾平凹《我的大学》）

这是此篇散文的开头和结尾，用进大学校园的时间开头，引出“他”大学生活中那些新颖而奇特的故事，再用毕业离开的时间结尾，使全文的内容过渡自然，并使首尾照应得天衣无缝。同时又在开头和结尾处，紧紧抓住伴随“他”的典型事物——“那只破绿皮箱”，和始终如一的独特感受——从一个“陌生的地方”走向“另一个陌生的地方”，使首尾照应显得更加紧密，而且进一步增加了文章的情趣和魅力，给人留下无尽的遐想。

2. 前后照应

所谓前后照应，是指文章前后内容之间的照应。其方法是：在前面的内容中就有意留下伏笔，在后面适当的地方，再关顾到前边已经提到的内容,接着进行逐步深入的叙述或描写。这种方法有利于故事情节的展开,同时又显得笔触细腻,能够更充分地表现文章的主题。例如:

②我手里已捧满了被子,就一努嘴,叫通讯员来拿。没想到他竟扬起脸,装作没看见。我只好开口叫他,他这才绷了脸,垂着眼皮,上去接过被子,慌慌张张地转身就走。不想他一步还没走出去,就听见“嘶”的一声,衣服挂住了门钩,在肩膀处,挂下一片布来,口子撕得不小。那媳妇一面笑着,一面赶忙找针拿线,要给他缝上。通讯员却高低不肯,挟了被子就走。

……

前面的枪声,已响得稀落了。感觉上似乎天快亮了,其实还只是半夜。外边月亮很明,也比平日悬得高。前面又下来一个重伤员。屋里铺位都满了,我就把这位重伤员安排在屋檐下的那块门板上。……只见新媳妇端着水站在床前,短促地“啊”了一声。我急拨开他们上前一看,我看见了一张十分年轻稚气的圆脸,原来棕红的脸色,现已变得灰黄。他安详地合着眼,军装的肩头上漏着那个大洞,一片布还挂在那里。

……我猛然醒悟地跳起身,磕磕绊绊地跑去找医生,等我和医生拿了针药赶来,新媳妇正侧着身子坐在他旁边。

她低着头,正一针一针地在缝他衣肩上那个破洞。医生听了听通讯员的心脏,默默地站起身说:“不用打针了”。我过去一摸,果然手都冰冷了。新媳妇却像什么也没看见,什么也没听到,依然拿着针,细细地、密密地缝着那个破洞。我实在看不下去了,低声地说:“不要缝了。”

她却对我异样地瞟了一眼,低下头,还是一针针地缝。……

（茹志鹃《百合花》）

这几个段落,是作品中写新媳妇为死去的小通讯员缝衣服的感人情节。在前边的一段写小通讯员帮助“我”借被子时就留下了伏笔。在小通讯员返回团部的途中为救抬担架的老百姓而身负重伤被抬到包扎所以后，新媳妇和“我”又发现了他“军装的肩头上漏着那个大洞”，再先后三次描写新媳妇为已经牺牲的小通讯员缝补军装上那个破洞的情景，写得气氛凝重、细腻感人，充分表现了战争年代军民之间鱼水情深的主题。这样用前后照应的方法来安排结构和推进情节，取得了非常好的艺术效果。

3. 文题照应

所谓文题照应，是指文章内容同文章题目的相互照应。文题照应有三种方法：一是开篇点题，即在文章的开头就照应和点明题目；二是篇末点题，即在文章的结尾照应和点明题目；三是文中扣题，即在篇中的不同位置，先后几次点明题旨、扣住文章的题目。例如：

③人民英雄纪念碑落成了。我怀着万分崇敬的心情，瞻仰了这座巍峨、雄伟、庄严的纪念碑。

（周定舫《人民英雄永垂不朽——瞻仰首都人民英雄纪念碑》）

④毛主席站在黄河身旁，望着它的壮丽远景，笑了。

（臧克家《毛主席向着黄河笑》）

⑤中国一向是所谓“闭关主义”，自己不去，别人也不许来。自从给枪炮打破了大门之后，又碰了一串钉子，到现在，成了什么都是“送去主义”了。……

但我们没有人根据了“礼尚往来”的仪节，说道：拿来！

……

我在这里也并不想对于“送去”再说什么，否则太不“摩登”了。我只想鼓吹我们再吝啬一点，“送去”之外，还得“拿来”，是为“拿来主义”。

但我们被“送来”的东西吓怕了。先有英国的鸦片，德国的废枪炮，后有法国的香粉，美国的电影，日本的印着“完全国货”的各种小东西。于是连清醒的青年们，也对于洋货发生了恐怖。其实，这正是因为那是“送来”的，而不是“拿来”的缘故。

所以我们要运用脑髓，放出眼光，自己来拿！

……

（鲁迅《拿来主义》）

以上三例，都是文题照应的例子。其中例③是全文的开头，属于开篇点题；例④是全文的结尾，属于篇末点题；例⑤中加点的段落或句子，都是文中扣题，在篇中的不同位置，先后几次点明题旨，鲜明有力地突出了继承历史文化遗产的正确态度应该是“拿来主义”这一主题思想，并使文章的结构更加严谨周密。

思考与练习三

1. 在安排篇章结构时应该注意哪些有关的环节？

2. 好的文章开头应该发挥哪两个重要作用？各类文章开头的共同要求是什么？

3. 文章开头的写法有哪两种类型？举例说明。

4. 为什么说文章的结尾要同全篇一起构思？好的文章结尾应能发挥哪两个作用？

5. 文章的结尾有哪两种类型？举例说明。

6. 为什么说详写和略写也是结构文章的一个重要环节？应该根据哪些因素来确定详略？

7. 详写和略写主要由什么来决定？在一般情况下，哪些材料应该详写？哪些材料应该略写？应该把握怎样的尺度？

8. 什么叫倒叙？什么叫插叙？倒叙与插叙各有什么好处？举例说明。

9. 什么叫衔接？段落之间的衔接主要有哪两种方法？举例说明。

10. 什么叫过渡？通常在哪些情况下需要过渡？有哪两种过渡方法？举例说明。

11. 什么叫照应？照应有哪几种形式？各自的具体方法和修辞效果是什么？举例说明。

12. 下面是莫怀戚的散文《散步》(2024 版语文七年级上册)，认真阅读分析，回答以下几个问题：(1)开头和结尾各属于哪种形式？各有什么特点？(2)哪些段落是详写、哪些段落是略写，说说为什么。(3)本文是怎样采用倒叙方法的？哪个段落是插叙，是怎样插叙的？所插叙的内容与文章主题有什么关系？(4)文章中各段的内容是怎样衔接、过渡和照应的？具体采用了哪些方法？

散　步

莫怀戚

我们在田野上散步：我，我的母亲，我的妻子和儿子。

母亲本不愿出来的；她老了，身体不好，走远一点儿就觉得累。我说，正因为如此，才应该多走走。母亲信服地点点头，便去拿外套。她现在很听我的话，就像我小时候很听她的话一样。

天气很好。今年的春天来得太迟，太迟了，有一些老人挺不住，在清明将到的时候去世了。但是春天总算来了。我的母亲又熬过了一个严冬。

这南方的初春的田野！大块儿小块儿的新绿随意地铺着，有的浓，有的淡；树枝上的嫩芽儿也密了；田里的冬水也咕咕地起着水泡儿……这一切都使人想着一样东西——生命。

我和母亲走在前面，我的妻子和儿子走在后面。小家伙突然叫起来："前面也是妈妈和儿子，后面也是妈妈和儿子！"我们都笑了。

后来发生了分歧：我的母亲要走大路，大路平顺；我的儿子要走小路，小路有意思……不过，一切都取决于我。我的母亲老了，她早已习惯听从她强壮的儿子；我的儿子还小，他还习惯听从他高大的父亲；妻子呢，在外面，她总是听我的。一霎时，我感到了责任的重大，就像领袖人物在严重关头时那样。我想找一个两全的办法，找不出；我想拆散一家人，分成两路，各得其所，终不愿意。我决定委屈儿子了，因为我伴同他的时日还长，我伴同母亲的时日已短。我说："走大路。"

但是母亲摸摸孙儿的小脑瓜，变了主意："还是走小路吧！"她的眼睛顺小路望过去：那里有金色的菜花、两行整齐的桑树，尽头一口水波粼粼的鱼塘。"我走不过去的地方，你就背着我。"母亲说。

这样，我们就在阳光下，向着那菜花、桑树和鱼塘走去了。到了一处，我蹲下来，背起了我的母亲，妻子也蹲下来，背起了我们的儿子。我的母亲虽然高大，然而很瘦，自然不算重；儿子虽然很胖，毕竟幼小，自然也很轻。但我和妻子都是慢慢地，稳稳地，走得很仔细，好像我背上的同她背上的加起来，就是整个世界。

第四节　修辞方式在篇章结构中的应用

修辞方式在篇章结构中的功能和作用，主要包括两个方面：一是能够组织整篇文章，二是能够连缀相关段落。

修辞方式在篇章结构中的应用，仍可分为消极修辞方式、积极修辞手法两大类，并具有不同的特点和作用：

篇章结构中的消极修辞方式，是从词语和句子所表示的意义及其相互之间的联系上来结构文章的，即通过使用特定的词语或句子，来彰显文章的结构层次，展开和深化主题，其作用是使文章结构和语言表达更加通畅、紧凑、和谐。在篇章结构中常用的消极修辞方式主要有两种：一种是**词语联系法**，多用于连缀几个相关的段落；另一种是**句子归纳法**，主要用以组成全篇文章的结构框架。

篇章结构中的积极修辞手法，是以使用某种辞格作为组织篇章或连缀段落的主要结构方法或结构形式，其作用是使所表达的内容更加深刻而集中，同时也使语言表达更加形象、鲜明、生动。在篇章结构中使用积极修辞手法，可以称之为**辞格结构法**。

下面，我们对在篇章结构中常用的三种具体修辞方法——词语联系法、句子归纳法、辞格结构法，单独进行介绍。

一、词语联系法

所谓词语联系法，是指依靠关键性词语所表示的意义来连缀相关段落的修辞方法。

这里所说的"关键性词语"，主要是指实词而言的，因为实词都能表示词汇意义。所谓"关键性"，是指这个词语在特定的语言环境中，能够对段落之间的衔接和组织起到一种核心和关联的作用，能够靠这个词语的意义把相关的几个段落联系在一起。

词语联系法主要用于连缀段落，一般没有组织篇章的功能。使用词语联系法，常见的主要有以下几种形式：

（一）用名词连缀段落

名词经常可以作为话题和叙述对象，因此具有凸显题旨和连缀段落的作用。例如：

①小二黑，是二诸葛的二小子，有一次反"扫荡"打死过两个敌人，曾得到特等射手的奖励。说到他的漂亮，那不只在刘家峧有名，每年正月扮故事，不论去到哪一村，妇女们的眼睛都跟着他转。

小二黑没有上过学，只是跟着他爹识了几个字。当他六岁时候，他爹就教他识字。……

小二黑跟小芹相好已经二三年了。那时候他才十六七，原不过在冬天夜长时候，跟着些闲人到三仙姑那里凑热闹，后来跟小芹混熟了，好像是一天不见面也不能行。……

（赵树理《小二黑结婚》）

这是小说第五部分一开始的三个自然段，是专门介绍男主人公小二黑的。因此每段都以“小二黑”开头，以这个名词统领每一个段落，同时又把三段的内容紧密联系在一起。

（二）用动词连缀段落

动词是表示人的动作或行为的，有时还可以带宾语，因此在叙述人的动作或行为时，也可以起到连缀段落的作用。例如：

②这在一般庸人看来是求之不得的幸福呵！可是，他却哭了。这个从来没哭过的汉子，他哭了。

他哭了，不是因为邻居的眼色，这个从南市来的孩子从小就见惯了各种各样冷漠和怀疑的眼色。

他哭了，不是因为路人的歧视，这个在各国港口为中国争取到荣誉的海员，有的是对付歧视的办法。

他哭了，不是因为亲人们——妻子儿女，特别是哥哥，那个一心一意支持他走上这条路的哥哥的质问。虽然他们疑虑的视线在他心上织起了灰色的和有罪的雾似的迷网……

但，他不是为这些哭的。他哭，是为了他的梦，他的蓝色的梦。

（柯岩《船长》）

这是作品第五部分“蓝色的梦”中的五个自然段，每段都反复使用了动词“哭”，起到了统领和联系各个段落的作用，生动而深刻地表达了船长贝汉廷在“文化大革命”中因经常出国而受到隔离审查、“蓝色的梦”不能实现的痛苦心情，表现出他对祖国远洋事业的无比热爱。

（三）用形容词连缀段落

形容词是表示人或事物的性质、状态的。在描写同一事物或同类事物的性质或状态时，反复使用一个起关键和核心作用的形容词，不仅可以组成一个段落，还可以连缀相关的段落，能够利用这个形容词所表示的特有意义，将各语言单位和相关段落紧密联系在一起。例如：

③队部里最常用的字眼是"正常"。每周计划会议上各科室主任回顾七天工作时，嘴里说的是"正常"；调度电话里，给局里的汇报上，写的也是"正常"。

所谓"正常"，就是一切该传达、该布置、该讨论、该计算的都作过了。但是在作过这一切以后，下面存在什么困难，有什么问题，群众有什么要求或建议，就都不在话下了。

罗队长只承认局里来的决定、指示、规章、制度。一切来自群众的思想、意见、办法等等，哪怕是实现一个指示所必需的，也不加理睬。倘使一个建议或方案超乎计划、规定的范围之外，罗队长自己还没来得及想到，就带着紧张与厌烦混杂在一起的情绪去看待。如果它们不慎触犯了队里的秩序，可能破坏队里的"正常"状态或违背五年前制订的哪一条规章；或者——这是特别重要的，如果它们正好不是局里目前所提倡的，甚至可能是违背"领导意图"的，就大惊失色地目为异端，说是"冒险"。

（刘宾雁《在桥梁工地上》）

这是文章第三章中的三个自然段，通过使用形容词"正常"而紧密联系在一起：第一段用三个"正常"组织了一个段落；第二段对桥梁工程队队部里经常使用的"正常"一词的含义和弊端，进行具体的解释说明；第三段又进一步说明罗队长（罗立正）所控制着的"正常"状态是多么牢不可破，决不允许任何人违背"领导意图"和有"冒险"行为。这就通过"正常"这一形容词把三个段落联系起来，充分表现了桥梁队领导的右倾保守、怕犯错误而不惜造成人力物力损失浪费的严重官僚主义作风。

（四）用拟声词连缀段落

拟声词是摹写人或事物所发出的各种声音的，在口语和文学作品中经常使用，能够给人一种身临其境之感。在特定的语言环境中，反复使用或重叠使用某一个拟声词，也可以起到显示事物之间联系的作用，因而也能够连缀相关的段落。例如：

④百十个腰鼓发出的沉重响声，碰撞在四野长着酸枣树的山崖上，山崖蓦然变成牛皮鼓面了，只听见隆隆，隆隆，隆隆。

百十个腰鼓发出的沉重响声，碰撞在遗落了一切冗杂的观众的心上，观众的心也蓦然变成牛皮鼓面了，也是隆隆，隆隆，隆隆。

隆隆隆隆的豪壮的抒情，隆隆隆隆的严峻的思索，隆隆隆隆的犁尖翻起的杂着草根的土浪，隆隆隆隆的阵痛的发生和排解……

（刘成章《安塞腰鼓》）

在这篇散文中，作者满怀激情地描绘和赞美了西北汉子的安塞腰鼓。这三个段落，细腻而生动地描写腰鼓的声音，分别用“隆隆，隆隆，隆隆”和“隆隆隆隆”两组拟声词，来描写鼓声的不同节奏和快慢断续，并通过它们把这三个段落紧密联系在一起。

（五）用数量短语连缀段落

在现代汉语里，数词和量词经常配合使用，组成数量短语，主要功能是修饰名词做定语，还有时可以替代名词充当主语。因此，在特定的语言条件下，也具有连缀相关段落的作用。例如：

⑤老王有两个鸟友，也是酒友，都是老街坊，原先在一个院里住。这二位现在都够万元户。

一个是佟秀轩，是裱字画的。……

另一个是白薯大爷。他姓白，卖烤白薯。……

（汪曾祺《安乐居》）

这三个段落之间的关系是总分关系：前面一段是总说，后面两段是分说。其中的数量短语“两个”“二位”“一个”“另一个”（偏正式数量短语），表现了彼此的总分关系，从而把三个段落紧密衔接在一起，也同样起到了连缀段落的作用。

二、句子归纳法

所谓句子归纳法，是指用句子（或短语）总结归纳段落所表达的中心意思，形成段落中心句来统帅和组织段落，再由几个这样的段落来构成全篇的修辞方法。

一篇较长的文章，通常都由几个意义段组成，每个意义段之内又包含着若干个自然段；一篇较短的文章，有时一个自然段同时也是一个意义段。句子归纳法可以形成段落中心句，它不仅可以把整个段落的内容组织在一起，成为组织段落的重要方法，同时也可成为段落之间相互联系的重要媒介。因此，利用段落中心句之间的逻辑关系，既可以将几个这样的自然段联系在一起而构成一个意义段，又能够将几个这样的意义段联系在一起而构成全篇。

这种结构方法，主要适用于议论文和说明文，有的散文、游记等也采取这种结构形式。其优点是：能够将文章的各个层次标示得十分清楚，使文章的结构紧密，意义明确而集中，便于读者掌握和理解。正因为如此，句子归纳法这种消极修辞方式，能够成为组织篇章的一种重要方法。

例如，蔡元培《就任北京大学校长之演说》，这是作者写于 1917 年的一篇半文半白的就职演说，全文仅有 1300 余字，分为五个自然段。除了开头和结尾以外，中间的三个自然段为一个意义段，对学生提出了三项要求：“一曰抱定宗旨”；“二曰砥砺德行”；“三曰敬爱师友”。每段都以这个段落中心句开头，下面述说具体内容，这样组织篇章和段落，使得全文结构紧凑，层次清楚，内容充实，表达顺畅，增强了语言表达的整体效果。

再如，毛岸青、邵华的抒情散文《我们爱韶山的红杜鹃》，开头说在“敬爱的父亲逝世后的第一个春天，我们回到了老家湖南”，“乡亲们怀着深情厚谊，送给我们一棵带着韶山泥土的红杜鹃”。接着就以红杜鹃为题，使用段落中心句组织了四个意义段：第一个是“我们爱韶山的红杜鹃，韶山的杜鹃像烈火，‘星星之火，可以燎原’”，歌颂了毛主席一生的伟大革命实践；第二个是“我们爱韶山的红杜鹃，韶山的杜鹃像朝霞”，回忆被当地人民称为“霞姑”的妈妈杨开慧的革命事迹；第三个是“我们爱韶山的红杜鹃，韶山的杜鹃像鲜血，千千万万烈士的鲜血洒遍祖国的河山”，缅怀毛主席一家六位亲人为革命事业献出宝贵生命的丰功伟绩；第四个是“我们爱韶山的红杜鹃，韶山的杜鹃遍地开放”，展望祖国实现四个现代化的光辉前景。这四个具有象征意义的段落中心句，构成了全篇结构的整体框架，把众多的人物和事迹组织在一起，写得有条有理，生动感人。

再如，碧野的散文《天山景物记》，这是一篇比较长的游记，开头的两个自然段综合叙述和描写天山的地理位置和特有风貌，接着分四个部分详细介绍描写天山的景物，每个部分都是一个意义段，其中又包含着几个自然段。第一个意义段的题目是“雪峰、溪流、森林”；第二个意义段的题目是“迷人的夏季牧场”；第三个意义段的题目是“野马、蘑菇圈、旱獭、雪莲”；第四个意义段的题目是“天然湖与果子沟”。通过给意义段冠以这种并列式或偏正式的名词短语题目，既统领了每一个意义段，又把全篇所要描写的众多景物有序地组织在一起，构成了一幅色彩斑斓、秀美灵动的天山景物图。能够形成这种表达效果，除了语言运用方面的形象、生动等因素外，篇章结构的修辞方法也起到了重要作用。

三、辞格结构法

所谓辞格结构法，是指利用某种辞格来组织篇章或连缀段落，使之成为一种基本的结构形式或结构方法。

通过考察，我们可知，具有组织篇章和连缀段落作用的辞格，大体有象征、衬托、比喻、比拟、夸张、呼告、示现、对比、双关、反复、顶真、排比等十余种。这些辞格，既可以用来组织篇章，又可以用来连缀段落，都是在篇章结构中经常使用的积极修辞手法。同时，从表达效果上看，采用积极修辞手法组织篇章或连缀段落，比使用消极修辞方式更能够收到形象、鲜明、生动的效果，因而成为很多作家和名篇所追求的目标。

对于以上所说的各种辞格，我们都已在第五章中做过专门介绍，这里不再赘述。运用某种辞格来组织篇章，多见于篇幅比较短小的诗歌之中；利用某种辞格来连缀段落，在记叙文、议论文和散文中都经常使用。下面，我们对各种辞格在篇章结构中的应用情况，分别作简要说明。

（一）象征辞格在篇章结构中的应用

象征是通过具体事物的象征意义，来寄托某种思想情感的修辞手法，分为整体象征、局部象征两种形式。整体象征能够以象征意义为线索来组织全篇的结构，使象征成为全篇文章的主要结构形式或结构方法；局部象征只用于文章的某个部分或某一段落，只具有组织段落或连缀相关段落的功能。例如：

①大雪压青松，青松挺且直。
　要知松高洁，待到雪化时。

（陈毅《冬夜杂咏·青松》）

这首诗的结构方法，运用的是整体象征：用象征手法组织全诗，通过塑造青松傲霜雪、抗严寒、坚贞不屈的艺术形象，象征中国共产党人和中国人民面对国际上的反华逆流坚决斗争、永不屈服的英雄气概。

②卫生员让人抬了一口棺材来，动手揭掉他身上的被子，要把他放进棺材去。新媳妇这时脸发白，劈手夺过被子，狠狠地瞪了他们一眼。自己动手把半条被子平展展地铺在棺材底，半条盖在他身上。卫生员为难地说："被子……是借老百姓的。"

"是我的——"她气汹汹地嚷了半句，就扭过脸去。在月光下，我看见她眼里晶莹发亮，我也看见那条枣红底色上洒满白色百合花的被子，这象征纯洁与感情的花，盖上了这位平常的、拖毛竹的青年人的脸。

（茹志鹃《百合花》）

这里运用的是局部象征：在文章的结尾使用象征手法，通过描写新媳妇亲手将自己新婚时的百合花被子，盖在为救抬担架的老百姓而牺牲的小通讯员身上，用百合花象征高尚纯洁的感情，充分表现了战争年代军民之间的鱼水深情，同时也用象征手法组织和连缀了这两个段落。

（二）衬托辞格在篇章结构中的应用

由于衬托能够用其他有关事物来陪衬和烘托主体事物，并将二者紧密结合在一起，就使衬托手法既可以组织篇章，又能够连缀段落。例如：

①千山鸟飞绝，
万径人踪灭。
孤舟蓑笠翁，
独钓寒江雪。

（柳宗元《江雪》）

柳宗元这首诗作于其永州司马任上，他因参与王叔文集团革新活动，由礼部员外郎贬为永州司马。这首诗以衬托手法结构全诗，用前边两句的“静”来衬托后边两句的“动”，形成反面衬托，通过茫茫雪中独钓寒江的老翁，来寄托诗人高怀绝世的人格风貌。

②街上行人熙熙攘攘，爹爹和大哥也夹在人群里边。小海骑在狮子背上指着东升的太阳，高声喊着：

“爹，大哥，你们看，天晴了呵！”

冬天的阳光从天上洒下来，它铺满了山区，铺满了老鸦窝，也照在欧阳海的身上。

雪开始融化了。屋檐下，树下滴滴答答地掉着雪水。亮晶晶的水呵，正鼓着小泡往地里流去。

门前的松树伸直了腰，挺立在阳光下，它碧绿，娇翠，它正在往上长哩！……

（金敬迈《欧阳海之歌》）

上边这几段写的是1949年冬的一天，共产党和解放军来到湖南桂阳山区欧阳海的家乡，赶走了地主恶霸和土匪，并从烈火中把欧阳海和乡亲们救出来以后的情景。这里用衬托手法组织和连缀了五个自然段，通过旭日东升、天气晴朗、冬天的阳光、融化的雪水、门前的小松树等自然景物的描写，来衬托欧阳海和乡亲们获得翻身解放以后的欢快心情。此处运用的是正面衬托。

（三）比喻辞格在篇章结构中的应用

因为比喻是通过打比方的方法来描绘事物和抒发情感的，所以在设喻和描述过程中，可以将相关内容的段落连缀在一起。此外，还可利用比喻手法来结构全篇，使比喻成为整篇文章的结构形式或结构方法。例如：

①譬如罢，我们之中的一个穷青年，因为祖上的阴功（姑且让我这么说说罢），得了一所大宅子，且不问他是骗来的，抢来的，或合法继承的，或是做了女婿换来的。那么，怎么办呢？我想，首先是不管三七二十一，“拿来”！但是，如果反对这宅子的旧主人，怕给他的东

西染污了，徘徊不敢走进门，是孱头；勃然大怒，放一把火烧光，算是保存自己的清白，则是昏蛋。不过因为原是羡慕这宅子的旧主人的，而这回接受一切，欣欣然的蹩进卧室，大吸剩下的鸦片，那当然更是废物。“拿来主义”者是全不这样的。

他占有，挑选。看见鱼翅，并不就抛在路上以显其“平民化”，只要有养料，也和朋友们像萝卜白菜一样的吃掉，只不用它来宴大宾；看见鸦片，也不当众摔在毛厕里，以见其彻底革命，只送到药房里去，以供治病之用，却不弄“出售存膏，售完即止”的玄虚。只有烟枪和烟灯，虽然形式和印度，波斯，阿剌伯的烟具都不同，确可以算是一种国粹，倘使背着周游世界，一定会有人看，但我想，除了送一点进博物馆之外，其余的是大可以毁掉的了。还有一群姨太太，也大以请他们各自走散为是，要不然，“拿来主义”怕未免有些危机。

总之，我们要或拿来。我们要或使用，或存放，或毁灭。那么，主人是新主人，宅子也就会成为新宅子。然而首先要这人沉着，勇猛，有辨别，不自私。没有拿来的，人不能自成为新人，没有拿来的，文艺不能自成为新文艺。

（鲁迅《拿来主义》）

鲁迅这篇杂文写于1934年6月4日，针对当时国民党政府在巴黎举办中国古典艺术展览、在欧洲各国举办中国美术展览、为几位大师在莫斯科举办中国书画展览会、还准备送梅兰芳到苏联去催生“象征主义”等文艺现象，批判什么都是“送去主义”，主张应该实行“拿来主义”。这是文章结尾的三个段落，提出对于外国文化遗产应该批判地接受，其正确态度是占有、挑选和创新。这里用“一个穷青年”“得了一所大宅子”来设喻，并用这个比喻组织和连缀了三个段落：第一段分析占有这所大宅子以后可能采取的三种错误态度；第二段说明占有以后应该采取的正确态度；最后一段（文章结尾）总结出这个比喻的完整结论，点明全文的主题。可见，比喻辞格的运用，在这里起到了结构篇章和连缀段落的重要作用。

②冬天的池沼，
寂寞得像老人的心——
饱历了人世辛酸的心；
冬天的池沼，
枯干得像老人的眼——
被劳苦磨失了光辉的眼；
冬天的池沼，
荒芜得像老人的发——
像霜草般稀疏而又灰白的发；
冬天的池沼，
阴郁得像一个悲哀的老人——
佝偻在阴郁的天幕下的老人。

（艾青《冬天的池沼》）

艾青的这首诗，使用比喻手法结构全诗，把冬天的池沼比喻为老人，并在内容上分层设喻：把池沼的寂寞比作"老人的心"，把池沼的枯干比作"老人的眼"，把池沼的荒芜比作"老人的发"，把池沼的阴郁比作老人的"悲哀"，这种博喻的方法，不仅使全诗的结构十分严谨，而且更加形象生动地刻画了冬天的池沼冷清、荒凉和悲怆的景象。

（四）比拟辞格在篇章结构中的应用

比拟分为拟人和拟物两种类型，在篇章结构中经常用到的是拟人。为了增强语言的抒情性和形象性，可以把某种事物当作人来描写，赋予其人的语言、动作或行为，借以表达作者的强烈情感。利用拟人的修辞手法，既可以组织篇章，又可以连缀段落。例如：

①嫩绿的芽儿，
　和青年说：

"发展你自己!"

淡白的花儿,
和青年说:
"贡献你自己!"

深红的果儿,
和青年说:
"牺牲你自己!"

(冰心《繁星·一〇》)

这是作者"五四"时期写的一首新诗,全篇采用拟人手法结构而成,使三节形成了整齐划一的结构形式,表现层层递进的思想内容,足见作者构思的精巧奇特。

②轻风吹起,满山遍野的树木都顺风摇摆起舞,向老汉招手致意,好像在问候他近来身体可好,并祝福他健康长寿。

老人看着这一片片山林,眼里潮潮的,忍不住挥着手对它们说:"不要贪玩,好好长吧。我闲了就来看你们。"

(张宇《境界》)

这两个段落都采用拟人手法写成,上一段让树木具有人的动作和情感,下一段又让老人对着山林和树木说话,由此将这两个段落紧密地联系在一起,形象生动地表现出老人对这"一片片山林"的深厚感情。

(五)夸张辞格在篇章结构中的应用

夸张辞格,是故意对事物进行夸大、缩小或超前描写的一种修辞手法,用于表达作者某种异乎寻常的感觉。接连运用相互联系的夸张手法,可以把相关的段落组织在一起;构思得精巧,还可以用夸张手法结构全篇。例如:

①一口气赶到“老闸捕房”的门前，我想参拜我们的伙伴的血迹，我想用舌头舔尽所有的血迹，咽入肚里。但是，没有了，一点儿没有了！已给仇人的水机冲得光光，已给腐心的人们践得光光，更给恶魔的乱箭似的急雨洗得光光！

不要紧，我想。血总是曾经淌在这地方的，总有渗入这块土的吧。那就行了。这块土是血的土，血是我们的伙伴的血，还不够是一课严重的功课么？血灌溉着，血温润着，行见血的花开在这里，血的果结在这里。

我注视这块土，全神地注视着，其余什么都不见了，仿佛已把整个儿躯体融化在里头。

（叶圣陶《五月卅一日急雨中》）

作者这篇散文写于 1925 年 5 月 31 日，“老闸捕房”是当时设在上海南京路附近的英国巡捕房，头一天英帝国主义者在这里制造了震惊中外的“五卅惨案”，英国巡捕对在租界内示威游行的群众开枪，当场打死十余人、重伤几十人、捕去一百多人。这三个段落，由对作者激愤心情的夸张描写组织而成，并联系紧密，表达了作者对外国侵略者的满腔愤怒和对死难者的无限怀念之情。

②铁镢头，二斤半，
一挖挖到水晶殿。
龙王见了直打颤，
就作揖，就许愿：
“缴水，缴水，我照办。”

（《红旗歌谣·一挖挖到水晶殿》）

这是一首民歌，以夸张的手法结构全诗，构思新颖奇特，既赞扬了劳动人民改天换地的英雄气概和伟大力量，又表现出民歌清新自然的语言风格。

（六）呼告辞格在篇章结构中的应用

呼告辞格是撇开读听者，直接同叙述对象述说的一种修辞手法，用于表达作者的激越情感。呼告手法是用第二人称“你”（或“您”），尽情地同叙述对象述说自己的心里话，显得含蓄深沉而又淋漓尽致。利用呼告手法，既可以组织一个段落（见上一章），又可以将两个以上的段落连缀在一起，还可以结构全篇的内容，使之成为篇章的组织形式。例如：

①我的一滴泪，也止不住滴在这千行泪雨中。呵，亲爱的、可敬的朝鲜人民！在纷飞的战火中，你是那样刚强！敌人把你的城镇变成了废墟，你没有哭；敌人把你的家园烧成了灰，你没有哭；敌人杀死了你的亲人，你没有哭；敌人把你绑在大树上，烧你，烤你，你没有哭；你真是一把拉不断的硬弓，一座烧不毁的金刚！可是今天，当你的战友——中国战士们要离开你的时候，你却倾洒了这样多的眼泪！仿佛要把你们每个人一生一世的眼泪，都倾洒在今天！你是多么刚强而又多情多义的人民！

请收起眼泪吧，亲爱的、可敬的人民！你的眼泪是这样倾流不止，已经洒湿了你们的国土。我知道，你是为中国战士的鲜血而痛惜，为中国战士的一点点工作而感怀。你今天的泪，是对中国战士的最崇高的评价，是给予中国战士的无上的光荣！我知道，这泪雨中的每一滴，都不是普通的眼泪，一颗一颗，都是万金难买的友谊的珍珠！

（魏巍《依依惜别的深情》）

作者的这篇报告文学，原载于1958年11月14日《人民日报》，满怀深情地描写了中国人民志愿军撤出朝鲜时的许多感人情节和动人场面。上边这两个段落，是作者目睹朝鲜人民在泪雨中为志愿军战士送行的感人场面以后所抒发的感慨，使用呼告手法组织起来并紧密联系在一起，进一步深化了全文的主题。

②留你留不得，
藏你藏不住。
今宵送你进火炉，
永别了，
契诃夫！

夹鼻眼镜山羊胡，
你在笑，我在哭。
灰飞烟灭光明尽，
永别了，
契诃夫！

（流沙河《故园六咏·焚书》）

作者这首诗，反映了我国 20 世纪 50 年代末期文艺界批判修正主义文艺思想的现实情况，不允许保留苏联作家的作品，只有忍痛烧掉。全诗由呼告手法结构而成，两节诗句都是直接同被焚之书的作者肖像进行倾诉，深沉地表达自己焚书时悲痛与不舍的心情，语言看似滑稽可笑，却表现了十分冷峻的思想内容。

（七）示现辞格在篇章结构中的应用

示现辞格，能够把过去的事、未来的事以及想象中的事都描绘得栩栩如生，跟已经发生在眼前一样。因此，在这种想象和描写中，既可以将几个相关的段落连缀在一起，又可以通过精巧的构思，用示现手法来结构全篇的内容。例如：

①黄河，一个领导全中国人民大翻身的巨人，走近了你的身旁。他笑着向你打招呼，他也要你彻底翻一个身。在他的笑容里，我们看到了一个美丽动人的黄河远景：

规模相当于第聂伯河水电站的一个水电站，巍然屹立在三门峡上，这里的电门一开，无数工厂的机器立刻轰响了起来，数以亿计的电灯，一齐放出了亮光。

拦河坝，拦腰把黄河拦住，成为一个又一个人造湖。它的绿波，映在旭日和晚照里，会使人想起“澄江静如练”这美丽的诗句所表现的境界来。黄河两岸，树木成林，绿草如茵，秋天来到的时候，一望无边的黄土地上，火似的沉甸甸的高粱的红穗在风里摇晃。

成队的汽车在柳荫大道上疾驰而过；汽笛叫了，满载客人和货物的轮船正行走在河面上……

毛主席站在黄河身旁，望着它的壮丽远景，笑了。

（臧克家《毛主席向着黄河笑》）

作者的这篇散文，写于1952年毛主席视察黄河以后，这是文章结尾的五个自然段。通过采用预言示现的手法，描绘了治理黄河的壮丽远景，并使这五段的内容紧密联系在一起。

②我失骄杨君失柳，
杨柳轻飏直上重霄九。
问讯吴刚何所有，
吴刚捧出桂花酒。

寂寞嫦娥舒广袖，
万里长空且为忠魂舞。
忽报人间曾伏虎，
泪飞顿作倾盆雨。

（毛泽东《蝶恋花·答李淑一》）

毛主席的这首词，通篇运用悬想示现的手法结构而成（上阕的前两句兼用双关），通过满怀深情的想象，描写杨开慧、柳直荀二位烈士的忠魂在天上受到了吴刚和嫦娥的热情接待，以及他们听到人间革命胜利消息后的激动心情，表达了毛主席对两位烈士的深切怀念，具有强烈的艺术感染力。

（八）对比辞格在篇章结构中的应用

对比辞格能够把两个相反、相对的事物，或者同一事物相反、相对的两个方面，放在一起进行对照和比较，使要表达的主要事物或主要方面更加鲜明突出。当这种对照和比较超出一个句子或句群时，对比就具有组织段落的功能（见上一章）；当这种对照和比较超出一个段落时，对比就具有连缀段落的功能，甚至可以用对比手法来组织全篇。例如：

①奥本海默和邓稼先分别是美国和中国原子弹设计的领导人，各是本国的功臣，可是他们的性格和为人却截然不同——甚至可以说他们走向了两个相反的极端。

奥本海默是一个拔尖的人物，锋芒毕露。他二十几岁的时候在德国哥廷根镇做玻恩的研究生。玻恩在他晚年所写的自传中说，研究生奥本海默常常在别人作学术报告时（包括玻恩作学术报告时）打断报告，走上讲台拿起粉笔说："这可以用底下的办法做得更好……"我认识奥本海默时他已四十多岁了，已经是妇孺皆知的人物了，打断别人的报告，使演讲者难堪的事仍然时有发生，不过比起以前要少一些。佩服他、仰慕他的人很多，不喜欢他的人也不少。

邓稼先则是一个最不要引人注目的人物。和他谈话几分钟，就看出他是忠厚平实的人。他真诚坦白，从不骄人。他没有小心眼儿，一生喜欢"纯"字所代表的品格。在我所认识的知识分子当中，包括中国人和外国人，他是最有中国农民的朴实气质的人。

我想邓稼先的气质和品格是他所以能成功地领导各阶层许许多多工作者，为中华民族作了历史性贡献的原因：人们知道他没有私心，人们绝对相信他。

（杨振宁《邓稼先》）

作者杨振宁是美籍华人物理学家，与邓稼先同窗数载、有着五十年的友谊，与美国物理学家奥本海默曾经在一个研究所一起工作十七年,对他们二人都很了解,所以能将他们二人的性格和为人进行对比,用以突出邓稼先的气质和品格。这里用对比手法组织和连缀了四个段落,结构紧凑而自然。

②屋子里拢着炉火,
老爷吩咐开窗买水果,
说"天气不冷火太热,
别任它烤坏了我。"
屋子外躺着一个叫化子,
咬紧了牙齿对着北风喊"要死"!
可怜屋外与屋里,
相隔只有一层薄纸!

(刘半农《相隔一层纸》)

这是刘半农在"五四"之前写的一首新诗,使用白话文,发表于1918年《新青年》第4卷第1号上。这首诗共有八个句子,前四句写"屋子里"的"老爷",接下来的两句写"屋子外"的"叫化子",使二者形成了鲜明的对比,最后两句在对比基础上总结全文,深刻揭露了旧中国贫富不均的黑暗现实。这样,就使对比的修辞手法成为组织全诗的结构形式。

(九)双关辞格在篇章结构中的应用

双关辞格,是故意让一个词语或句子能够表示两种意义,让字面上的意思暗含所要表达的真意,使表意更加含蓄深沉的一种修辞手法。双关有谐音双关、语意双关两种形式,都可产生意在言外的表达效果。利用双关手法,有时可连缀相关的段落,有时能够组织全篇的内容。例如:

①我原来想事情可以平安过去的,现在眼看她被抓走了,我能眼看着让别人替我去牺牲?我得去!凭我这身板,赤手空拳也干个够本!我刚打算往下跳,只见她扭回头来,两眼直盯着被惊呆了的

孩子，拉长了声音说："孩子，好好地听妈妈的话啊！"

这是我听到她最后的一句话。

这句话使我想到刚才发生情况时她说的话，我用力抑制住了冲动。但是这句话也只有我明白，"听妈妈的话"，妈妈，就是党啊！

（王愿坚《党费》）

第一段后面加点的句子是双关语，这是地下党员黄新同志在敌人面前对她的孩子说的一句话，暗中嘱咐躲在阁楼上的红军侦察员，一定要听党组织的话，不能暴露，要把她和村里党员们交的党费（一箩筐咸菜和一块银圆）带到山里去。接下来的第二段是过渡段，第三段是解说这句双关语的含义，这样就用双关辞格组织和连接了三个段落。

②姓陶不见桃结果，
姓李不见李花开，
姓罗不见锣鼓响，
三个蠢才哪里来？

（歌剧《刘三姐》）

这段唱词用双关手法结构而成，运用的是谐音双关：分别用"陶、李、罗"三姓与"桃、李、锣"三物相谐，并在就姓联物的基础上指物借意，嘲笑三个为财主卖命的奴才，充分表现出刘三姐的聪明机智和善于对歌的才能。从结构上看，前边三句各是一个双关语，最后一句又用"三个蠢才"作结，使整段唱词紧密相连、浑然一体。

（十）反复辞格在篇章结构中的应用

反复辞格，是有意反复使用某个词语或句子，用于突出和强调写说者某种特别的意思，或表达某种特殊的情感。反复辞格有连续反复、隔离反复两种形式，其中隔离反复在篇章结构中具有重要作用，既可以用来连缀段落，又能够用来组织篇章。例如：

①那就是白杨树，西北极普通的一种树，然而实在是不平凡的

一种树!

那是力争上游的一种树,笔直的干,笔直的枝。它的干通常是丈把高,像加过人工似的,一丈以内绝无旁枝。它所有的丫枝一律向上,而且紧紧靠拢,也像加过人工似的,成为一束,绝不旁逸斜出;它的宽大的叶子也是片片向上,几乎没有斜生的,更不用说倒垂了;它的皮光滑而有银色的晕圈,微微泛出淡青色。这是虽在北方风雪的压迫下却保持着倔强挺立的一种树!哪怕只有碗那样粗细,它却努力向上发展,高到丈许,两丈,参天耸立,不折不挠,对抗着西北风。

这就是白杨树,西北极普通的一种树,然而决不是平凡的树!

它没有婆娑的姿态,没有屈曲盘旋的虬枝。也许你要说它不美。如果美是专指"婆娑"或"旁逸斜出"之类而言,那么,白杨树算不得树中的好女子。但是它伟岸,正直,朴质,严肃,也不缺乏温和,更不用提它的坚强不屈与挺拔,它是树中的伟丈夫!当你在积雪初融的高原上走过,看见平坦的大地上傲然挺立这么一株或一排白杨树,难道你就觉得它只是树?难道你就不想到它的朴质,严肃,坚强不屈,至少也象征了北方的农民?难道你竟一点也不联想到,在敌后的广大土地上,到处有坚强不屈,就像这白杨树一样傲然挺立的守卫他们家乡的哨兵?难道你又不更远一点想到,这样枝枝叶叶靠紧团结,力求上进的白杨树,宛然象征了今天在华北平原纵横决荡,用血写出新中国历史的那种精神和意志?

白杨不是平凡的树。它在西北极普遍,不被人重视,就跟北方的农民相似;它有极强的生命力,磨折不了,压迫不倒,也跟北方的农民相似。我赞美白杨树,就因为它不但象征了北方的农民,尤其象征了今天我们民族解放斗争中所不可缺的朴质、坚强、力求上进的精神。

(茅盾《白杨礼赞》)

茅盾这篇著名的散文写于 1941 年，当时正是抗日战争的相持阶段，作者通过赞美西北高原上的白杨树，热情歌颂了北方农民的质朴、坚强和华北抗日军民的顽强斗争精神。这里的第一段和第三段，都反复使用了同一个复句（第三段略有变化），分别引出第二段对白杨树的描写、第四段对北方的农民和华北抗日军民的联想；最后一段前边的句子也是由第一段和第三段变化而来的，所以仍然是反复手法的继续运用，进一步阐明白杨树这一象征体的象征意义，突出了全文的主题。这样，就在这篇文章的主体部分，运用反复辞格组织和连缀了五个段落。

②小时候
乡愁是一枚小小的邮票
我在这头
母亲在那头

长大后
乡愁是一张窄窄的船票
我在这头
新娘在那头

后来啊
乡愁是一方矮矮的坟墓
我在外头
母亲在里头

而现在
乡愁是一湾浅浅的海峡

我在这头
大陆在那头

（余光中《乡愁》）

作者生于江苏南京，后移居台湾，是著名诗人、散文家。这首诗写于1972年1月21日，选取邮票、船票、坟墓、海峡等意象来表达“乡愁”，运用反复辞格（隔离反复）结构而成，在各节诗句里反复使用“乡愁是”和“在这头”“在那头”（只第三节略有变化），使全诗句式齐整，并形成一种回环往复的节奏，具有一唱三叹、动人心魄的艺术魅力。

（十一）顶真辞格在篇章结构中的应用

顶真是一种首尾蝉联、上递下接的修辞手法，具有语音和谐、语意相接的修辞效果。顶真的基本方法是，下一句或下一段的开头，顶着上一句或上一段的结尾，使用相同的词语或句子，使前后句子之间或段落之间首尾蝉联。因此，运用顶真特别是宽式顶真，不但可以组织和连缀段落，还可发挥其组织篇章的结构功能。例如：

①外国朋友在赞扬之中，时时带出“意外”这个词汇。

意外么？这是情理中的意外，还将出现更多这样的“意外”。一年呵，在历史的长河中只是短暂的一瞬，祖国焕发了健壮的容颜。在党中央领导下，八亿人民扬眉吐气，毫光四射。作为体育战线一名普通战士的栾菊杰，她的剑脱鞘而出，凝聚着祖国的灿烂霞光！

我们为霞光而歌唱！

霞光绚丽的祖国，张开温暖的臂膀，拥抱了胜利归来的英雄儿女。国家体委发出了体育战线学习栾菊杰同志的决定。姑娘的家乡江苏省和南京市给予她凯旋式的欢迎。

（理由《扬眉剑出鞘》）

这是这篇报告文学结尾处的四个段落，是利用宽式顶真（允许在用于顶真的词语之间有其他词语间隔）手法组织和连缀起来的：通过上下段落之间前后连接的两处“意外”和三处“霞光”，把这几个段落的内容紧密联系在一起，生动地描写了栾菊杰夺得第二十九届世界青年击剑锦标赛亚军后在国内外引起的强烈反响，并反映出我国改革开放以后各条战线的新变化。

②此身常想向天游，无奈双脚被地留。
踊跃奔驰离不得，九州万国共一球。

九州万国共一球，东方自在西方囚。
安得一夜似电变，人间净化塑琼州？

人间净化塑琼州，万方亿兆喜心头。
应知人定胜天定，看我中华跃上游。

看我中华跃上游，革故鼎新事事侔（móu）。
共产主义飞天外，万国岂必共一球？

万国岂必共一球，太阳之外太阳稠，
谁能给我新世界？宇宙红光照上头。

宇宙红光照上头，理想现实两相投。
不要空言不事事，不要近视无远谋。

（陈毅《示儿女》（一））

陈毅元帅的这首诗，是使用顶真手法结构全诗的范例：下一节的开头与上一节的末尾都使用同一个句子，使各节之间首尾蝉联，并使全诗形成一个统一的整体，这也是本诗一个突出的艺术特色。

从表达效果上看，在语音上具有连绵不断的语感，使全诗的语音更加和谐；在语意上也具有紧密相连、层层推进的特点，充分表达了作者坚定的共产主义信念和对于青年一代的殷切期望。

（十二）排比辞格在篇章结构中的应用

由于排比可以把三个以上结构相同或相似、语气一致的句子排列在一起，表达更加丰富而集中的思想内容，所以排比手法具有组织段落的功能（见上一章）。此外，使用复句排比或段落排比，还可以将几个相关的段落连缀在一起。利用排比构成全篇的作品较为罕见，但在诗歌里也能见到。例如：

①一百年以前，甲午战争和八国联军时代，恐怕是中华民族五千年历史上最黑暗最悲惨的时代，只举1898年为例：

德国强占山东胶州湾，“租借”99年。

俄国强占辽宁旅顺大连，“租借”25年。

法国强占广东广州湾，“租借”99年。

英国强占山东威海卫与香港新界，前者“租借”25年，后者“租借”99年。

那是中华民族任人宰割的时代，是有亡国灭种的危险的时代。

（杨振宁《邓稼先》）

本文是美籍华人物理学家杨振宁为我国原子弹、氢弹和新型核武器研制重要领导人邓稼先所写的纪念文章，发表于1993年8月21日《人民日报》。这是文章第一部分开头的几个自然段，中间的四段结构相同或相似，使用“强占”和“租借”等共同词语进行关联，形成段落的排比，并与前、后两段紧密连接在一起，由此组织和连缀了6个段落，语言形式整齐，语意凝练集中，简洁鲜明地描述出中华民族一百年以前那个屈辱的年代，深沉而强烈地表达了作者的爱国情怀。

②一台台机床隆隆响，
一个个好像上战场，
一双双手儿忙又忙，
一箩箩产品闪金光，
一滴滴汗珠往下淌，
一张张脸儿放红光，
一面面红旗挂满墙，
一道道红线奔天堂，
一颗颗心儿把歌唱，
一声声歌颂共产党。

（《红旗歌谣·一双双手儿忙又忙》）

这是一首用排比手法结构全篇的民歌，连续用数词“一”与不同的量词重叠构成排比句式，将全诗的内容组织在一起，一气呵成，形成了一种连续而欢快的节奏，表现了工人阶级积极向上的精神风貌。

思考与练习四

1. 修辞方式在篇章结构中的功能和作用包括哪两个方面？

2. 篇章结构中的修辞方式分为哪两大类？它们各具有怎样的不同特点和作用？

3. 篇章结构中的消极修辞方式主要有哪两种？它们的功能和作用各是什么？

4. 什么叫词语联系法？利用词语联系法连缀段落常见的有哪几种形式？举例说明。

5. 什么叫句子归纳法？利用句子归纳法组织篇章有什么优点？举例说明。

6. 什么叫辞格结构法？常用于组织篇章和连缀段落的辞格有

哪些？利用辞格来组织篇章和连缀段落有什么不同的表达效果？

7. 阅读和分析下面这篇文章，指出全篇是用哪种消极修辞方式结构而成的；说明文章的主题是什么，对主题是从哪几个方面进行论述的；找出论证主题的段落中心句，并说明它们之间的逻辑关系。

奋力谱写新时代改革开放新篇章

本刊编辑部

党的十八大以来，以习近平同志为核心的党中央高举改革开放伟大旗帜，以改革不停顿、开放不止步的信心和决心，推动党和国家事业取得历史性成就、发生历史性变革。我们庆祝改革开放40周年，就是要以习近平新时代中国特色社会主义思想为指导，深刻总结改革开放光辉历程和宝贵经验，继续高举改革开放伟大旗帜，把握完善和发展中国特色社会主义制度、推进国家治理体系和治理能力现代化的总目标，不断把新时代改革开放继续推向前进。

以战略思维引领改革开放。改革开放之后，我们党对我国社会主义现代化建设作出战略安排，提出“三步走”战略目标。进入新时代，在解决人民温饱问题、人民生活总体上达到小康水平这两个目标提前实现的基础上，党的十九大对新时代推进我国社会主义现代化建设作出新的顶层设计，提出分两步走在本世纪中叶建成社会主义现代化强国的战略安排，丰富了党的第二个百年奋斗目标的内涵，发展了我国现代化建设的战略思想，完整规划了全面建成社会主义现代化强国的时间表和路线图，从战略和全局上赋予新时代改革开放新境界。

以主要矛盾统筹改革开放。党的十九大报告强调，“我国社会主要矛盾的变化是关系全局的历史性变化，对党和国家工作提出了许多新要求”。正是从这样的战略高度，我们党以社会主要矛盾的历史性变化统筹改革开放，将改革开放这场新的伟大革命的对象由“落后的社会生产”转变为“不平衡不充分的发展”，将改革开放的价值目标由“物质文化需要”转到“美好生活需要”，统筹推进“五位一体”总体布局、协调推进“四个全面”战略布局，不断满足人民在物质文化生活，在民主、法治、公平、正义、安全、环境等方面日益增长的需要。以主要矛盾统筹改革开放的鲜明特征，体现了习近平新时代中国特色社会主义思想中“坚持以人民为中心”的根本价值论。

以问题导向谋划改革开放。增强问题意识，强化问题导向，是习近平总书记治国理政的重要思想方法和工作方法，也是新时代全面深化改革的鲜明特征。当代中国正处于爬坡过坎的紧要关口，进入发展关键期、改革攻坚期、矛盾凸显期，许多问题相互交织、叠加呈现。全面深化改革，要解决的都是牵动性强的深层次问题，都是一些难啃的硬骨头。因此新时代的改革始终贯穿着鲜明的问题意识和问题导向，围绕化解矛盾、解决问题进行开拓性、创造性工作，扭住深层次矛盾和重点难点问题持续发力、精准发力，保证改革顺利推进和各项改革任务落实。

新征程上改革大有作为。站在40年的时间节点上展望未来，只要我们坚持以习近平新时代中国特色社会主义思想为指导，高举改革开放伟大旗帜，以改革激发新动力，以开放打开新局面，就一定能书写更加精彩的中国故事，一定能实现中华民族伟大复兴的中国梦！

（《时事报告》2018年第12期）

8. 分析下面这两首诗歌，指出是由哪种辞格结构而成的，并说明其修辞作用。

①姑娘选种麦田里，

沉甸甸的麦穗打脸皮。
手理头发怨自己，
为啥长得这样低。

（河南民歌）

②发酵了五十年
蒸馏了五十年
勾兑了五十年
窖藏了五十年

不止是红高粱
也不止是杂粮五谷
不止是圣泉水
也不止是汗水血水冰茬子水
不止是清香酱香浓香
也不止是杂陈的五味

我们自己酿造
加上无奈加上苦涩
我们自己酿造
加上奋斗加上拼搏
我们自己酿造
加上幸福加上欢乐

不轻易地送人
因为谁喝了也得呛一个跟头
不轻易地抛售

因为年份太陈分量太重太重

五十年的酿造
五十年的滋味
五十年的回甘
五十年的后劲

清新明目
舒肝利胆
滋阳补阴
尤以增强记忆拒绝遗忘为最

就着岁月
和着泪水
醉也不醉
不醉也醉

（宋英达《半个世纪的回眸·我的这一壶老酒》）

9. 下面是金敬迈的长篇小说《欧阳海之歌》结尾处的几个段落，指出是由哪种积极修辞手法组织和连缀起来的，并说明对于突出小说主题和塑造人物形象具有怎样的作用。

远处，一声汽笛长鸣，欧阳海用生命换来的那辆客车，正发出高昂、轻快的排气声，奔驰在祖国辽阔的原野上。车声隆隆，滚滚向前。

车轮在转动，列车在前进；风在呼啸，水在奔腾，高山峻岭，长空大海在齐声赞颂着毛主席的好战士、我们永生的爱民模范、一等功臣欧阳海！

就在这个时候，一缕阳光照在凤凰村的山头上。那棵笔直的青松在阳光下挺立着。大雨刚刚洗遍了它的全身，它显得更为翠绿、挺拔……

青松下，无数颗松果已经破土出芽，一排排茁壮的小松苗正在阳光下成长。

青松呵！它像一座英雄的纪念碑立在山头、立在人们心上，千秋万代，永不凋谢。

（注：此处所说的“凤凰村”，是欧阳海的家乡——湖南桂阳山区的一个小山村“老鸦窝”，解放以后改名为“凤凰村”。）

第八章　语　体

一种语言从运用的范围和表达特点上，可以分为不同的语体。汉语在长期使用中，也形成了各种不同的语体。语体是语言运用的具体表达体式，它不但存在于书面语之中，也同时存在于口语之中。掌握和正确使用适当的语体，对于交际和写作都具有基础性作用。不讲究语体，就不会正确而恰当地运用语言，就不能根据交际的需要完美地表达自己的思想感情。

语体是修辞学系统中更高层次的内容，它带有整体性和全局性，在一定程度上制约着语言材料的选用，制约着修辞方式的选择，也制约着表现怎样的语言风格。所以，我们要提高运用语言的能力，就需要学习和研究语体。

第一节　语体综述

在这一节里，我们首先需要了解关于语体的基本理论知识，包括语体的概念、形成过程、构成因素以及语体的分类、作用、特点等内容。

一、什么是语体

在语法学里，经常会遇到“语言”这个概念；在修辞学里，又经常会遇到“语体”这个概念。那么,什么是语体呢？它和语言是什么关系呢？

所谓语体,是指语言在具体运用中所形成的各种特有的语言表达体式。

语言是人类最重要的交际工具,语体则是语言的一种社会功能变体。随着人们交际范围的不断扩大,语言的使用领域也在不断扩大,并逐渐向专业化、精准化的方向发展。语言在特定的领域或场合使用,用于表达特定的内容,就必然会选用特有的语言材料,采用特有的修辞方式,并表现出不同的风格特点,这就会形成一种特有的语言表达体式。语言在具体运用中所形成的各种不同的表达体式,就是修辞学中所说的语体。例如,语言在人们的口头运用中要形成口头语体,在书面运用中要形成书面语体,而且在不同的书面语言中应用,又会形成不同的书面语体。所以,语体并不是独立的语言,它只是语言的一种社会功能变体,是民族语言在具体运用中的产物。一种语言在具体运用中,总会因为不同的交际需要和不同的表达特点,而形成多种不同的语体。

我们来比较下面两个例子：

①抗日战争结束后,蒋介石政府依赖美国帝国主义的援助,拒绝我们党和全国人民关于实现和平民主的正义要求,悍然发动全面内战。党在全国各解放区人民的全力支持下,在国民党统治区学生运动、工人运动和各阶层人民斗争的有力配合下,在各民主党派和无党派民主人士的积极合作下,领导人民解放军进行了三年多的解放战争,经过辽沈、平津、淮海三大战役和渡江作战,消灭了蒋介石的八百万军队,推翻了国民党反动政府,建立了伟大的中华人民共和国。从此,中国人民站起来了。

(《中国共产党中央委员会关于建国以来党的若干历史问题的决议》)

②我招呼说："老人家，没出海打鱼么？"

老泰山望了望我笑着说："嗐，同志，天不好，队里不让咱出海，叫咱歇着。"

我说："像你这样年纪，多歇歇也是应该的。"

老泰山听了说："人家都不歇，为什么我就应该多歇着？我一不瘫，二不瞎，叫我坐着吃闲饭，等于骂我。好吧，不让咱出海，咱服从；留在家里，这双手可得服从我。我就织鱼网，磨鱼钩，照顾照顾生产队里的果木树，再不就推着小车出来走走，帮人磨磨刀，钻钻磨眼儿，反正能做多少活就做多少活，总得尽我的一份力气。"

（杨朔《雪浪花》）

稍加比较就可看出，这两段话所使用的语言表达体式明显不同：例①是党的十一届六中全会作出的决议，使用的是书面语体，完全使用书面语词，表意准确细腻，多用长句，句式结构完整，语言的格调庄重严肃；而例②是一篇散文，这几个段落记述的是"我"（作者）同老泰山的对话，使用的是口头语体，多用口语词（字下加点的），多用叹词和语气词（字下加圈的），句式简短，亲切自然，语言风格生动活泼。

二、语体是怎样形成的

语体是语言在具体运用中，根据人们的不同交际需要而形成的。由于交际的内容、目的、对象和场合等不同，全民语言在使用中总会形成各种不同的语体。例如两个人进行对话，一般都使用口语词，而且由于交际对象就在眼前，双方都可借助于对方的话语条件，省略语句中不必要的成分，因而使句式比较简短，表意简洁明了，这种特有的表达体式就形成了口头语体（对话体）；再比如使用书面语进行写作，因为是单方面写给别人看的，这就要把意思说得准确清楚,因而句子的结构比较完整,句式也相对要长一些,同时多使用书面语词,表意庄重而细腻,这种特有的表达体式就形成了书面语体。此外,书面语体在具体使用中,由于写作的内容和文体不同,所选用的语言材料和修辞方式也不同,还会形成各种不同的书面语言表达体式,如公文语体、政论语体、科技语体、文艺语体等。总之,人们经常根据交际目的、对象的不同,有规律地选择特定的词语、句式、语音形式和修辞方式,这就会使全民语言形成各种不同的语言表达体式——语体。

由此可见,语体是在社会发展和语言运用的历史中形成的,人类社会交际的多方面需要,是语体形成和存在的社会基础,而语言材料在功能上的差异,则是语体形成和存在的物质基础。各种语体的客观存在,为人们的特定交际活动提供了语用框架。同时,语体又是语言发展到一定阶段的产物,它是随着社会交际领域的不断扩大而发展变化的,语体的发展变化标志着语言发达的程度。

三、构成语体的诸因素

要深刻地认识语体,只了解它是怎样形成的,难免肤浅,还必须深入地考察语体的构成因素。大略看来,语体的构成起码有内在的和外在的两种因素。

构成语体的内在因素是交际需要。“交际需要”是一个综合性概念,它具体包括交际的任务(内容)、交际的目的、交际的对象(包括对象的特点)、交际的条件、交际的场合(方式)等。这些因素是组织使用语言的内在根据,这大体相当于陈望道先生所说的“题旨和情境”,它是修辞的标准和依据;或者相当于张弓先生所说“内容决定形式,形式内容统一”的修辞要件。总之,交际的需要,对于选用语言材料和修辞方式,对于各种语体的形成,都起着决定作用。

构成语体的外在因素,是一定的语体在语言表达上所表现出来

的外在特点。这主要有三个方面：一是选用语言材料（词、语、句和语音形式等）上的特点；二是运用修辞方式上的特点；三是语言在整体上表现出来的风格特点。这些语体的外在因素，是一个由语言表达特点而形成的体系，是一定语体语言特点的综合。语体的外在因素，是构成一定语体的外部特征，它大体相当于运用修辞方式调整或适用语辞的过程和结果，亦即属于修辞要件中的“形式”范畴。

构成语体的内在因素和外在因素，是一个辩证的统一体。一方面，语体的内在因素决定着语体的外在因素，即内容决定形式；另一方面，语体的外在因素又必须与语体的内在因素相适应，即形式内容统一。经过这种内在因素与外在因素相互适应和统一的过程，语言才能够形成一种特有的表达体式。语体的外在因素的各个方面，如选择的语言材料、采用的修辞方式和语言的风格特点等，这些都是能够从语言的外部形式上明显体现出来的；相比之下，语体的内在因素却是潜在的、深层的，但也不是游离于语言之外的，它不但是贯穿于整段或整篇语辞之中的主旨，体现出交际任务（内容）和交际目的的主观需要，而且能够体现出交际对象、交际条件和交际场合等客观要求，使语言形式与运用语言的主客观情况相统一。例如：

①**第五条**　中华人民共和国实行依法治国，建设社会主义法治国家。

国家维护社会主义法制的统一和尊严。

一切法律、行政法规和地方性法规都不得同宪法相抵触。

一切国家机关和武装力量、各政党和各社会团体、各企业事业组织都必须遵守宪法和法律。一切违反宪法和法律的行为，必须予以追究。

任何组织或者个人都不得有超越宪法和法律的特权。

（《中华人民共和国宪法》2018 年第五次修订）

此例是公文语体中的法规体。这种语体的内在因素是具有法律的严肃性,由此决定所使用语体的外在因素(语言特点):完全使用书面语词和法律术语,采用消极修辞方式,语句结构完整,表意准确,表现出庄严郑重的语言风格。

②远远的街灯明了,
好像闪着无数的明星。
天上的明星现了,
好像点着无数的街灯。

我想那缥渺的空中,
定然有美丽的街市。
街市上陈列的一些物品,
定然是世上没有的珍奇。

你看,那浅浅的天河,
定然是不甚宽广。
那隔河的牛郎织女,
定能够骑着牛儿来往。

我想他们此刻,
定然在天街闲游。
不信,请看那朵流星,
那怕是他们提着灯笼在走。

(郭沫若《天上的街市》)

这是著名诗人郭沫若在1921年写的一首新诗,属于文艺语体中的韵文体。构成这种韵文体的外在因素(语言特点):第一是押韵,每节的二、四两句押一个韵(加三角的为韵脚字),使语言具有一种音乐美;第二是语言形式比较整齐,每一节的四个句子长短基本一致;第三是使用白话文的书面语词、通用词和口语词,显得朴实自然、通俗易懂;第四是主要运用比喻、示现等积极修辞手法,通过神话传说中的情节和新奇富丽的想象,给读者展示出一幅“天上的街市”的美好图景;第五是在全诗的语言风格上,表现出一种淡雅自然的风格特色。以上这些,都是语言表达上的外在因素,而其内在因素则是诗中蕴含的作者对理想社会的追求和对新生活的向往,以及对待生活的乐观态度,正是这些内在因素决定着语言运用的方法、特点和风格,内外两种因素相统一,才构成了这首诗所使用的语言表达体式——韵文体。

四、语体的分类

对语体进行分类,是为了从总体上了解现代汉语中都有哪些语体,并分类掌握各自的特点,以便更好地学习和运用各类语体,提高运用语言的能力和水平。

张弓先生所著的《现代汉语修辞学》,首次确立了语体的知识体系。他根据构成语体基础的因素,首先把语体分为口头语体、书面语体两大类,然后将书面语体区分为文艺语体、科学语体、政论语体、公文语体四个类别,并再将科学语体分为专门科学语体、通俗科学语体两类,将政论语体分为评论、杂文两类。以后我国语言学界对语体的分类,都基本上按照这个体系,只有个别名称的变化,或者对于口头语体和部分书面语体的再分类,如将科学语体称为“科技语体”,将文艺语体划分为散文体、韵文体、戏剧体,将口头语体划分为谈话语体、演说语体(讲演语体)、讨论语体等。这些具体的分类,都使现代汉语的语体系统更加完善。但也有不恰当分类的情况,特别是将语体同文体混淆起来,如说“政论语体包括社论、时评、宣言、短评、文艺评论等”，这后边几项只是文体的名称，而不应视为政论语体的分语体。

我们认为，要对语体进行科学而恰当的分类，首先要明确语体的分类标准。语体是对语言在**表达体式**上的分类，因此，语体的分类标准应**主要依据语言表达方面的特点**，着眼于语言运用的表达体式和风格特色，以增强语言的应用功能。而对于各种语体的应用范围和所适用的文体，只能作为分类的参考，而不能作为分类的依据，更不能把语体同文体混淆起来。

基于以上的认识，按照张弓先生创立的语体系统并吸收后来的研究成果，本书对现代汉语的语体试做如下分类：

现代汉语语体分类简表

第一个层次	第二个层次	第三个层次
口头语体	独白语体	—
	对话语体	
书面语体	公文语体	法规体
		事务体
	政论语体	论证体
		评论体
		鼓动体
	科技语体	专门科技体
		通俗科技体
	文艺语体	散文体
		韵文体
		戏剧体

这样分类有两点进步：一是根据交际方式的不同，将口头语体分为独白语体、对话语体两种类型，使之相互对应，并与书面语体的四种类型共同构成一个层次，使基本语体类型趋于完整和统一；二是对四种书面语体都划分了分语体，特别是弥补了以前对公文语体和政论语体少有分类的不足，使现代汉语的语体系统更加完善。

对于以上各种语体的定义、特点及应用范围等，我们将在下面两节分别介绍。这里需要专门说一下应该注意的两点区别：

第一，要把"语体"同"文体"区别开来。

语体与文体之间，既有联系、又有区别。**二者的联系是：**语言运用于不同的文体之中而形成不同的语体，而不同语体的特点又通过相应的文体表现出来。**二者的区别是：**"语体"与"文体"是两个不同的概念，语体是语言表达的体式，属于修辞学的范畴；文体是文章的体裁，属于文章学的范畴。所以我们在学习和研究语体时，决不能把语体同文体混为一谈。例如鲁迅的《拿来主义》，文体是杂文，语体是政论语体（评论体）；贺敬之的《回延安》，文体是诗歌，语体是文艺语体（韵文体）。

第二，要把"语体"同"语言形式"区别开来。

"语体"和"语言形式"，也是两个不同的概念。语体是对语言在表达体式上所划分出来的类别，分为口头语体、书面语体两大类型；而语言形式是对语言的传达媒介所作的分类，分为口语、书面语两种形式：以口头（语音）作为传达媒介的语言叫作口语，以书面（文字）作为传达媒介的语言叫作书面语。所以，我们决不能把语体同语言形式等同起来，不能认为说在口头上的语言都是口头语体，也不能认为写在书面上的语言都是书面语体。实际上，任何一种语言形式（口语或书面语）都可以使用两种语体（口头语体或书面语体）来表达；任何一种语体，也都有口语或书面语两种表达形式。也就是说，口头讲话也可以使用书面语体，书面写作也可以使用口头语体。例如毛主席的《为人民服务》是口头演讲，使用的却是书面语体(政论语体)，语言显得庄重而严肃；老舍的《养花》是一篇散文，使用的却是口头语体(独白语体)，语言显得亲切而自然。

思考与练习一

1. 为什么说语体在修辞学系统中带有整体性和全局性？掌握和正确使用语体对于交际和写作具有什么重要作用？

2. 什么叫语体？为什么说语体并不是独立的语言，而只是语言的一种社会功能变体？

3. 语体是怎样形成的？语体形成和存在的社会基础、物质基础各是什么？为什么说语体的发展变化标志着语言发达的程度？

4. 构成语体的内在因素、外在因素各是什么？它们各包括哪些具体内容？

5. 语体的内在因素与外在因素之间是怎样的辩证关系？举例说明。

6. 为什么要对语体进行分类？语体的分类标准应主要依据什么？

7. 本书的语体分类体系是什么？这样分类有哪两点进步？

8. 语体同文体之间有什么联系和区别？举例说明。

9. 语言可分为哪两种形式？这是根据什么所作的分类？为什么说不能将语体同语言形式等同起来？

10. 指出下面的段落各使用的是什么语体，并说明构成这种语体的内在因素和外在因素各是什么。

①他换了新车。从一换车那天，他就打听明白了，像他赁的那辆——弓子软，铜活地道，雨布大帘，双灯，细脖大铜喇叭——值一百出头，若是漆工与铜活含糊一点儿呢，一百元便可以打住。大概的说吧，他只要有一百块钱，就能弄一辆车。猛然一想，一天要是能

剩一角的话，一百元就是一千天，一千天！把一千天堆到一块，他几乎算不过来这该有多么远。但是，他下了决心，一千天，一万天也好，他得买车！第一步他应当，他想好了，去拉包车。遇上交际多、饭局多的主儿，平均一月有上十来个饭局，他就可以白落两三块的车份儿钱。加上他每月再省出个块儿八角的，也许是三头五块的，一年就能剩起五六十块！这样，他的希望就近便多了。他不抽烟，不喝酒，不赌钱，没有任何嗜好，没有家庭的累赘，只要他自己肯咬牙，事儿就没有个不成。他对自己起下了誓，一年半的工夫，他——祥子——非打成自己的车不可！是现打的，不要旧车见过新的。

（老舍《骆驼祥子》）

②中国特色社会主义进入新时代，意味着近代以来久经磨难的中华民族迎来了从站起来、富起来到强起来的伟大飞跃，迎来了实现中华民族伟大复兴的光明前景；意味着科学社会主义在二十一世纪的中国焕发出强大生机活力，在世界上高高举起了中国特色社会主义伟大旗帜；意味着中国特色社会主义道路、理论、制度、文化不断发展，拓展了发展中国家走向现代化的途径，给世界上那些既希望加快发展又希望保持自身独立性的国家和民族提供了全新选择，为解决人类问题贡献了中国智慧和中国方案。

这个新时代，是承前启后、继往开来、在新的历史条件下继续夺取中国特色社会主义伟大胜利的时代，是决胜全面建成小康社会、进而全面建设社会主义现代化强国的时代，是全国各族人民团结奋斗、不断创造美好生活、逐步实现全体人民共同富裕的时代，是全体中华儿女勠力同心、奋力实现中华民族伟大复兴中国梦的时代，是我国日益走近世界舞台中央、不断为人类作出更大贡献的时代。

（习近平《在中国共产党第十九次全国代表大会上的报告》）

第二节　口头语体

上一节已经讲过,语言有口语、书面语两种形式,因此人们在运用语言时,也就形成了口头语体、书面语体两大基本类型。我们先来说口头语体,下一节再介绍书面语体。

什么是口头语体呢？口头语体为人们的日常生活服务,使用的范围很广,因而可以给口头语体下这样一个宽泛的定义:**人们在日常应用口语中所形成的语言表达体式叫作口头语体**。口头语体的典型形式是“面谈”,它是由人们面对面进行交际的口语形式所形成的,因而口头语体又被称为“谈话体”。使用口头语体当面进行交际,除了语言本身以外,还可以借助于面部表情和各种手势、动作等辅助手段表情达意,这是口头语体独有的优势。

从产生的时间看,口头语体产生得很早,在人类的语言产生以后,随着人们交际范围的扩大和交际水平的提高,口头语体就逐渐形成了;**从语言形态上看,**口头语体是语言的自然形态,面对面交际需要随机、快速地组织语句,语言酝酿的过程和时间比较短,所以口头语体具有生动性和灵活性的特点,并带有强烈的生活气息;**从对其他语体的作用上看,**口头语体在汉语语体的发展中起主导作用,是书面语体得以产生和发展的基础,并对各种类型的书面语体都有着显著的影响。

从语言表达上来看,口头语体主要有以下三个特点:

第一,在用词上,多采用生动活泼、通俗易懂的口语词,表现出平易、朴素、自然的语言风格。此外,还多用方言土语、俗语、谚语、惯用语、歇后语等,并在对话中较多地使用语气词和叹词,用以增强语言的生活气息和感情色彩。

第二,在句式上,口头语体多用短句,容易一下让人听明白,很少使用结构复杂的长句子。其中对话语体多用独词句、省略句和变式句,使表意简洁明了。因此,句式简短、灵活自如、语序多变是口头语体的主要特征。

第三,在修辞方式上,对消极修辞方式和积极修辞手法都具有广泛的适应性,特别是可以根据需要灵活选用各种辞格,使语言更加形象、生动、活泼。

根据交际方式的不同,口头语体还可分为独白语体、对话语体两种类型。

一、独白语体

在口头语体中,单向运用语言的表达体式叫作独白语体。

在利用口头语体进行交际和写作中,单方面运用语言的时候也比较多。比如说话人单独发表演讲,单独向别人介绍某种事物或叙述事情经过,单方面向别人表达自己的某种情感,作品中作者的叙述性语言和抒情性语言,作品中所描写的人物心理活动等,这些单向运用的语言,凡是主要采用口头语体的,都属于独白语体。

独白语体的特点:它是口头语体中一种单向运用语言的表达体式,一般没有可借助的语言条件,因而需要考虑把意思说得清楚而严密,句子的结构比较完整,多用主谓句、完全句,表意比较周详。例如:

①唉!世界上最不平的事,就是我们二万万女同胞了。从小生下来,遇着好老子,还说得过;遇着脾气杂冒、不讲情理的,满嘴连说:"晦气,又是一个没用的。"恨不得拿起来摔死。总抱着"将来是别人家的人"这句话,冷一眼、白一眼的看待;没到几岁,也不问好

歹，就把一双雪白粉嫩的天足脚，用白布缠着，连睡觉的时候，也不许放松一点，到了后来肉也烂尽了，骨也折断了，不过讨亲戚、朋友、邻居们一声“某人家姑娘脚小”罢了。这还不说，到了择亲的时光，只凭着两个不要脸媒人的话，只要男家有钱有势，不问身家清白，男人的性情好坏、学问高低，就不知不觉应了。到了过门的时候，用一顶红红绿绿的花轿，坐在里面，连气也不能出。到了那边，要是遇着男人虽不怎么样，却还安分，这就算前生有福今生受了。遇着不好的，总不是说“前生作了孽”，就是说“运气不好”。要是说一二句抱怨的话，或是劝了男人几句，反了腔，就打骂俱下；别人听见还要说：“不贤慧，不晓得妇道呢！”诸位听听，这不是有冤没处诉么？还有一桩不公的事：男子死了，女子就要带三年孝，不许二嫁。女子死了，男子只带几根蓝辫线，有嫌难看的，连带也不带；人死还没三天，就出去偷鸡摸狗；七还未尽，新娘子早已进门了。上天生人，男女原没有分别。试问天下没有女人，就生出这些人来么？为什么这样不公道呢？

（秋瑾《敬告中国二万万女同胞》）

这是一篇讲演稿，为作者1904年10月所写，热情鼓励妇女同胞们向封建势力作勇敢的抗争。为了让广大妇女听众都能听得明白，运用白话文写作，使用的是口头语体，并充分体现出其中的独白语体的特点：语言平易，句式完整，并多用短句，多用口语词，显得实在、亲切而有说服力。秋瑾是中国近代女作家、民主革命志士，曾赴日本留学，先后加入光复会和同盟会，1905年年底回国后参与创办中国公学，并为创办《中国女报》而奔走，宣传妇女解放、主张民主革命。因组织光复军反清被奸人告密，1907年7月15日在绍兴慷慨就义，年仅32岁。

②一枝花说：“长脖子，说办就办，在老蒯那里，你老王说话比我

好使，人们不都说你和老蒯有一刷子吗？就由你出马和老蒯嘎达去吧，要是老蒯两口子不出来挡横，这事情就算妥了。”一枝花说着说着就把王长脖子的老底抖搂出来了。

（孙万林《山水依依》）

这是在小说中，使用口头语体中的独白语体，其中前面记录的是一个北方农村妇女所说的话，后面一个长句子是作者的叙述性语言。这里所说的故事情节是，妻子一枝花（原名金枝）让她丈夫王长脖子（原名王怀）出面，去和介绍人（老蒯，女方的亲婶子）商量为她侄子抢亲的事。这个段落，充分体现出口头语体中独白语体的特征：句子结构完整，表义比较严密，较多地使用口语词（“好使”“两口子”“抖搂”）、方言词（“嘎达”“挡横”）和习惯语（“有一刷子”），再加上“一枝花”与“王长脖子”两个外号的使用，使语言具有浓厚的乡土气息，并具有特殊的表现力。

二、对话语体

在口头语体中，双向运用语言的表达体式叫作对话语体。

对话语体的典型形式是两个人对话。往往都使用口头语体，显得亲切自然；有共同的话题，面对面地交流，有问有答，语句简洁，这就形成了一种双向运用语言的表达体式——对话语体，它同单向运用语言的独白语体截然不同。此外，作品中所描写的人物对话，也多使用口头语体中的对话语体，同现实中的两个人对话一样，一问一答，句式简短，语义明了。

对话语体有着鲜明特点。由于对话语体是一种双向运用语言的表达体式，双方都能借助对方的话语条件，最大限度地省略自己话语中的不必要成分，这使对话语体具有如下明显特征：一是句式简短、灵活多变，多用省略句、独词句或变式句，使问答内容直截了当，语义简洁明了；二是多用口语词和方言词等，具有亲切、朴实、自然的语言风格；三是较多地使用叹词和语气词，来增加语言的感情色彩。

我们来看下面两个例子（字下加点的是口语词和方言词，字下加圈的是叹词和语气词）：

①刚刚吃过馒头，小晚来了。艾艾拉住小晚的手，第一句话就是："罗汉钱丢了！"

"丢就丢了吧！"

"气得我连饭也吃不下去！"

"那也值得生个气？我看那都算不了什么！在着能抵什么用？听说你爹你妈跟东院里五奶奶去给你找主儿去了。是不是？"

"咱哪里知道那老不死的为什么那么爱管闲事？"

"咱们这算吹了吧？"

"吹不了！"

"要是人家说成了呢？"

"成不了！"

"为什么？"

"我不干！"

"由得了你？"

"试试看！"

正说着，外边有人进来，两个人赶快停住。

（赵树理《登记》）

这里写的是一对青年男女的对话，双方紧扣话题，一问一答，多用口语词和语气词，大部分都是短句，而且多用省略句，不仅没有影响表义的准确性，而且使对话显得更加紧凑、语势连贯，体现出对话语体句式简洁、表义直接的特点。如果此时再使用主谓句、完全句，把双方共知的信息和不必要的成分再重复一遍，反而显得啰唆和累赘。

②他这才对我笑笑，拉我坐下，说了一句：

"干脆说吧，我早就想请你帮个忙哩！"

"那还用说？一定帮忙嘛！你说吧！"

"我跟金凤早就好啰！俺俩早就说合定了的哩！"

"那怎么不公开？"

"笨人嘛！臊的不行，谁也知不道怎么说，也知不道对给谁们说！"

"这会子你们怎么老不说话了呀？"

"嘿……说得才多哩！"

拴柱一把抱住我的脖子，笑开了。……

（康濯《我的两家房东》）

这里写的是作者原来的房东拴柱同"我"的对话，有两个突出特点：一是较多使用口语词和当地的方言土语（字下加点的），增加了对话的生活情趣和乡土气息；二是较多使用语气词和叹词（字下加圈的），能够充分表现出说话人的神情和语气。这些都充分体现出对话语体的突出特征。

思考与练习二

1. 什么叫口头语体？口头语体是怎样形成的？它有什么特殊的优势？

2. 为什么说口头语体是语言的自然形态？口头语体在汉语语体的发展中有什么重要作用？

3. 口头语体在语言表达上主要有哪些特点?

4. 口头语体中的独白语体和对话语体是根据什么划分的?它们各自有什么特点?举例说明。

5. 指出下面两例各使用的是哪种口头语体,并说明为什么。

①二脱产从来没像现在这样熊过。他翻过来调过去地想,越想越窝囊。即将过门的儿媳妇让人家拐跑了,跑得无影无踪,要人没人,要钱没钱;自己的姑娘也被人家甩了。这个拐走自己儿媳妇的竟是自己的闺女女婿。忙活了这么多年,最后却落得竹篮打水一场空,闹死心了。

现在的二脱产是火车下道——一点辙都没有了。没办法,他又把一枝花两口子和易八卦请到家,给自己支招儿。

(孙万林《山水依依》)

②我立刻对这位同乡越加亲热起来。我又问:

"你多大了?"

"十九。"

"参加革命几年了?"

"一年。"

"你怎么参加革命的?"我问到这里自己觉得这不像是谈话,倒有些像审讯。不过我还是禁不住地要问。

"大军北撤时我自己跟来的。"

"家里还有什么人呢?"

"娘,爹,弟弟妹妹,还有一个姑姑也住在我家里。"

"你还没娶媳妇吧?"

"……"他飞红了脸,更加忸怩起来,两只手不停地数摸着皮腰带上的扣眼。半晌他才低下了头,憨憨地笑了一下,摇了摇头。

(茹志鹃《百合花》)

第三节　书面语体

书面语体的应用范围很广，涉及的文体也比较多，而且在书面语体之内又包含着两个层次的具体分类。为了能够涵盖各种书面语体，我们也给书面语体下这样一个比较宽泛的定义：**人们在应用书面语中所形成的语言表达体式叫作书面语体。**

书面语体的典型形式是通过书面形式进行交际，即写说者把自己的话语写成文章给别人看，因此有的学者又把书面语体称为“文章体”。

从产生的时间和过程看，书面语体产生得比较晚，它是在口头语体的基础上，特别是在有了文字以后，随着书面语言的广泛应用和各种文体的产生和发展，才得以最后形成的；**从语言形态上看，**口头语体是语言的自然形态，而书面语体则是语言的加工形态，由于书面语都是事先写下来让别人看的，酝酿语言的过程和时间都比较长，有加工和修改的机会，所以使书面语体具有严密性和规范性的特点；**从对民族语言和语体发展的作用上看，**书面语体是在口头语体的基础上发展而来的，同时又对口头语体有很大的帮助，其书面形式的传播不断把新的语言成分输入到整个语言体系包括口头语体之中，使口头语体更加精练准确、丰富多彩。因此可以说，书面语体和口头语体是相互作用、相互促进的，二者的发展又共同促进了语言的发展。

书面语体同口头语体相比，具有以下几个明显特征：

第一，在用词上，多采用庄重、细腻、文雅的书面语词，并较多地使用通用词（在书面语和口语中都通用的词）和专门术语，此外还使用一些古语词和外来词，使书面语体表现出庄重细腻的语言风格。

第二,在句式上,句子的结构比较完整,多用主谓句、完全句,很少使用省略句、变式句;特别是政论语体和科技语体,经常使用结构复杂的长句子,句子中的修饰限制成分多、并列成分多,以满足于周密、精确的论证需要。

第三,在修辞方式上,不同的书面语体对各种修辞方式有一定的选择性。比如公文语体和科技语体主要采用消极修辞方式,以增强语言的严密性和准确性;而文艺语体较多地采用积极修辞手法,以增强语言的生动性和形象性;政论语体则消极修辞方式与积极修辞手法并用,其中的评论体和鼓动体已逐渐向文艺语体靠拢。

根据应用范围和语言表达的特点,书面语体分为公文语体、政论语体、科技语体、文艺语体四种类型,而且又各自有相应的分语体。这些不同类型的书面语体及其分语体,除了具备书面语体的共同特征外,还都有着自己的显著特点,形成了某种特有的语体规范,在选用语言材料和修辞方式等方面都有着不同的要求。下面,我们来分述各种书面语体及其下位类型。

一、公文语体

讨论公文语体之前,首先应了解什么是公文。**公务文书是法定机关与组织按照特定的体式、经过一定处理程序制成的书面文字材料,作为发布政策法令、传达工作意图、联系公务与记载工作活动的一种工具。**公务文书又叫"公务文件",简称为"公文"或"文件"。通用公文的名称(简称为"文种")由国家统一规定,现在执行的是由中共中央办公厅、国务院办公厅印发的自 2012 年 7 月 1 日起施行的《党政机关公文处理工作条例》,所规定的公文种类有十五种:(一)决议;(二)决定;(三)命令(令);(四)公报;(五)公告;(六)通告;(七)意见;(八)通知;(九)通报;(十)报告;(十一)请示;(十二)批复;(十三)议案;(十四)函;(十五)纪要。并规定了各种公文的用途，以及公文格式、行文规则、拟制要求等内容。

以上所说的"公文"，只是一个狭义的概念，它是专指国家机关的通用公文而言的。而公文语体中所说的"公文"，一般都认为是一个广义的概念，它不仅包括国家的通用公文，还包括社会团体、企事业单位和人民群众之间所使用的各类应用文书，如计划、总结、简报、条例、章程、规定、办法、制度、守则、公约、合同、协议书、须知、启示、条据、申请书等，以上这些都属于公务文书的范围，它们所使用的语言表达体式都属于公文语体，这已是目前我国语言学界的共识。

明确了公文语体的应用范围，也就容易理解什么是公文语体了。**国家公文及其他应用文书所使用的语言表达体式叫作公文语体**。公文语体，是适应国家机关、社会团体、企事业单位和人民群众之间处理政务、业务、事务的需要而形成的，带有一定的专业应用性质，因此公文语体又被称为"应用语体"。

公文语体的基本要求：第一是准确性。公文内容的表达必须十分准确，特别是对所涉及的对象、范围等要做周延的概括，不能有遗漏、有歧义，语意要清楚明白，不能模棱两可，人名、地名、数字、引文等都要准确无误。第二是简洁性。公文的篇幅力求简短，因而内容要简明扼要，语言要简练畅达，叙事说理都要简洁精练，排除多余信息，不用陈言赘语。第三是平实性。公文要用本色的语言说话，要直述不曲，语言平易，朴实无华，严肃得体。

公文语体在语言运用上的特点：

第一，讲究用词的正规性。公文经常使用一些专用词语，如"特""望""请""均""鉴于""遵照""现将""特此""予以""如下""妥否""收悉"等，带有庄重而严肃的色彩。此外，公文主要使用书面语词、很少使用口语词，更不使用方言词和习惯语等，但会根据需要适当吸收一些古语词和外来词，并较多地使用政治、经济和文化术语，书面语色彩比较浓厚。

第二，强调句式的完整性和功能性。公文语言讲究句法结构的完整性，表义周密而谨严，多用完全句，少用省略句，长句与短句结合使用；句子类型多使用陈述句、祈使句，重在陈述事实、说明情况和提出要求，所以一般不用疑问句、感叹句。

第三，注意修辞方式的选择性。各类公文，主要采用消极修辞方式，除了偶尔使用对偶、排比、层递等语言加工性辞格外，一般很少使用其他积极修辞手法。

第四，具有简洁、平实、庄重的语言风格。各种公文都有固定的格式，对文件的标题、开头、正文、结尾等都有明确的规定和要求。起草公文除了要做到文种正确、格式规范外，对语言文字的要求是：内容简洁，主题突出，观点鲜明，结构严谨，表述准确，文字精练。

公文的种类很多，与国家机关、社会组织和人民群众之间的联系也非常广泛。根据公文的不同用途、内容和语言特点，公文语体又可分为法规体、事务体两种类型。

（一）法规体

所谓法规体，是指国家的法律法规和机关单位的规章制度等所使用的语言表达体式。

法规体适用于国家的各种法律文本、法律文书，国家公文中的决议、决定、命令等文种，以及条例、章程、规定、办法、制度、守则、公约等文体。这些都是向社会公众或一定对象公开颁布的，并要求共同遵守和贯彻执行，具有普遍的约束力。在语言运用上，较多地使用法律术语和行业用语，普遍要求的内容多用无主句和祈使句，并使用肯定和强调的口气，使法规体具有严密性、规定性和强制性的特点。例如：

①**第二百四十三条**　为了公共利益的需要，依照法律规定的权限和程序可以征收集体所有的土地和组织、个人的房屋以及其他不

动产。

征收集体所有的土地，应当依法及时足额支付土地补偿费、安置补助费以及农村村民住宅、其他地上附着物和青苗等的补偿费用，并安排被征地农民的社会保障费用，保障被征地农民的生活，维护被征地农民的合法权益。

征收组织、个人的房屋以及其他不动产，应当依法给予征收补偿，维护被征收人的合法权益；征收个人住宅的，还应当保障被征收人的居住条件。

任何组织或者个人不得贪污、挪用、私分、截留、拖欠征收补偿费等费用。

（《中华人民共和国民法典》）

这是一部国家的法律，此条款的内容和结构都非常严谨，第一款规定可以依法征收的财产项目，二、三两款分别规定了征收补偿事项，最后一款又专门规定了不得贪污、挪用、私分、截留、拖欠征收补偿费，充分体现出法规体的严密性、规定性、强制性特点。从选用语言材料上看，文中加点的词语都是法律术语或行业用语，句式结构完整，语言简洁平实，表现出法规体庄严刚劲的语言风格。

②**第一条**　为了营造有利于未成年人身心健康的网络环境，保护未成年人合法权益，根据《中华人民共和国未成年人保护法》《中华人民共和国网络安全法》《中华人民共和国个人信息保护法》等法律，制定本条例。

第二条　未成年人网络保护工作应当坚持中国共产党的领导，坚持以社会主义核心价值观为引领，坚持最有利于未成年人的原则，适应未成年人身心健康发展和网络空间的规律和特点，实行社会共治。

第三条　国家网信部门负责统筹协调未成年人网络保护工作，并依据职责做好未成年人网络保护工作。

国家新闻出版、电影部门和国务院教育、电信、公安、民政、文化和旅游、卫生健康、市场监督管理、广播电视等有关部门依据各自职责做好未成年人网络保护工作。

县级以上地方人民政府及其有关部门依据各自职责做好未成年人网络保护工作。

第四条 共产主义青年团、妇女联合会、工会、残疾人联合会、关心下一代工作委员会、青年联合会、学生联合会、少年先锋队以及其他人民团体、有关社会组织、基层群众性自治组织，协助有关部门做好未成年人网络保护工作，维护未成年人合法权益。

第五条 学校、家庭应当教育引导未成年人参加有益身心健康的活动，科学、文明、安全、合理使用网络，预防和干预未成年人沉迷网络。

第六条 网络产品和服务提供者、个人信息处理者、智能终端产品制造者和销售者应当遵守法律、行政法规和国家有关规定，尊重社会公德，遵守商业道德，诚实信用，履行未成年人网络保护义务，承担社会责任。

（《未成年人网络保护条例》,2024 年 1 月 1 日起施行）

这是一部由国务院颁布的行政法规，所涉及的内容和范围十分严谨周密，对于有关部门、人民团体、社会组织和学校、家庭、个人，都具有普遍的约束力。在语言运用上，使用规范的公文语体，并使用大量的法律术语、政治术语和行业用语（文中加点的词语），祈使语气比较强烈，表现出法规体的严密性、规定性和强制性特点，具有庄重严肃的语言风格。

（二）事务体

所谓事务体，是指机关单位和个人之间用于联系和处理有关事务的文件所使用的语言表达体式。

事务体是根据公共事务交往的需要而产生的，主要用于国家机关、社会团体、企事业单位以及个人之间联系和处理公共事务的各种文件之中。包括部分国家通用公文，如报告、请示、批复、函、纪要、公报、公告、通告、通知、通报、意见和议案等，还包括在机关单位和个人之间广泛使用的计划、总结、合同、协议书、须知、启示、条据和申请书等文体。这些同法规体所对应的各种文体相比，强制性和约束力相对减弱，表现出事务语体的事务性、告知性和指导性特点。

事务体在语言运用上的特点：只选用一般的书面语词和通用词，也较多地使用业务术语和行业用语，还偶尔使用亲切自然的口语词；多用陈述句，句子结构完整而谨严；主要采用消极修辞方式，具有简明、准确、平实的语言风格。例如：

①（二十七）统筹内蒙古东西部地区发展。加快构建沿黄河、沿交通干线经济带，合理布局生产力，着力提升能源、新型化工、装备制造等产业水平，增强区域实力和竞争力。推进呼和浩特、包头、鄂尔多斯一体化发展，辐射带动内蒙古西部地区率先发展。加大内蒙古东部地区开发开放力度，进一步融入东北及环渤海经济区（圈），主动承接辐射带动和产业转移。优化兴安、赤峰、锡林郭勒等地区的水煤资源配置，有序发展煤电、煤化工、有色金属加工、装备制造、农畜产品深加工等产业。支持革命老区、少数民族聚居区、边境地区、贫困地区加快发展，对集中连片特殊困难地区实施扶贫攻坚。在加大对东部地区支持力度的同时，建立自治区内部对口帮扶机制，引导西部地区在资金、技术、人才、管理等方面加强对东部地区的帮扶。

（《国务院关于进一步促进内蒙古经济社会又好又快发展的意见》，国发〔2011〕21 号）

这是国务院文件，是发给各省、自治区、直辖市人民政府和国务院各部委、各直属机构的。文种叫“意见”，说明其只具有工作的指导性，还不具备国务院颁布的法规那种强制性；在语言上使用了大量的经济术语(文中加点的词语),只是提出一般性的发展建议和意见,表达的口气也比较平缓。所以只能将类似这样的国家公文归入事务体之内,而不能归入法规体之内。

②三、会议内容

1. 自治区口岸办领导总结分析前三季度全区口岸运行管理情况,部署第四季度重点工作任务。

2. 自治区各联检部门领导总结分析我区口岸通关改革落实情况、部署下一步重点推进工作事项、讲解改进口岸通关工作的政策和措施。

3. 听取基层口岸管理部门、联检单位前三季度工作运行情况汇报,以及第四季度工作安排、推进工作措施。

4. 自治区口岸办各处室(中心)对接、落实相关工作。

5. 研究讨论规范和改进口岸数据、信息报送办法。

(《内蒙古自治区人民政府口岸办公室关于召开全区口岸工作座谈会的通知》,内政口岸〔2015〕150 号)

这是一个会议通知,告知所属各盟市口岸管理部门和海关、出入境检验检疫等有关部门参加会议的内容,以便做好准备和按时参加会议(引文中将其他内容略去)。这类文体语言平实,内容详尽而明确,体现出事物体的告知性特点。

③第五条　房屋权利状况承诺

1. 出卖人对该商品房享有合法权利;

2. 该商品房没有出售给除本合同买受人以外的其他人;

3. 该商品房没有司法查封或其他限制转让的情况。

如该商品房权利状况与上述情况不符,导致不能完成本合同登记备案或房屋所有权转移登记的,买受人有权解除合同。买受人解除合同的,应当书面通知出卖人,出卖人应当自解除合同通知送达之日起15 日内退还买受人已付全部房款(含已付贷款部分),并自买受人付款之日起,按照中国人民银行公布的同期贷款基准利率%(不低于中国人民银行公布的同期贷款基准利率)计算给付利息。给买受人造成损失的,由出卖人支付【已付房价款一倍】【买受人全部损失】的赔偿金。

(《商品房买卖合同(预售)》,中华人民共和国住房和城乡建设部、国家工商行政管理总局2014年4月制定)

这是由国家统一制定的商品房买卖合同,是房地产开发企业同买房人(公民个人或单位)就购房具体事宜所签订的书面契约,双方共同遵守执行。订立合同要符合国家的法律法规和相关政策,所以重要的合同文本都由国家统一制定,其他合同或协议书等由当事人共同协商制定。在语言运用方面,选用有关的法律术语和行业用语(如上例中加点的词语),句式完整,表意准确,简明扼要。由于合同都是就某一特定事宜而专门订立的,所以其语言表达体式具有典型的事务性特征。

二、政论语体

政论文所使用的语言表达体式叫作政论语体。政论语体的社会功能和突出特点是宣传鼓动性,因此有的又称之为"宣传鼓动语体"。

政论文广泛讨论现实社会生活问题,涉及政治、经济、文化、思想等各个方面和各行各业。政论文的文体,包括专业论文、社论、时评、宣言、短评、声明、杂文、小品文、评论、杂谈、演说、报告等。这些文体所使用的语言表达体式,就形成了我们所说的政论语体。

政论语体的主要特征:

一是强烈的战斗性。写说者大都立场鲜明,热情洋溢,坚决捍卫自己的信念和主张,反对敌人的阴谋或错误观点,团结和教育群众为实现共同的任务而奋斗,语言坚定有力,富于宣传和鼓动作用。

二是严密的逻辑性。优秀的政论文,一般都有鲜明的论点、充足的论据和系统的论证过程,通过谨严的逻辑推理,使听众和读者信服。

三是说理的形象性和生动性。政论语体的语言特征,兼有科学语言和文艺语言两种表达手法,除了进行科学的论证以外,有时还需要进行鲜明生动的文艺描绘,以激发读者和听众的情感,增强说理的形象性和生动性,获得最佳的宣传鼓动效果。

政论语体在运用语言材料和修辞方式上,具有以下特点:

第一,在用词上具有广泛性。由于政论内容所涉及的领域很多,所以在词语运用上也相当广泛。既大量使用政治词汇,又广泛使用各行各业的专业词语,还较多地使用口语词、古语词、成语、俗语、谚语等,反映社会新生事物的新词语也被不断吸收进来。从词语的表达作用上看,不仅有丰富多彩的政治语言,而且有精密准确的科学语言,还有形象生动的文学语言。所以,政论语体在使用词语上几乎不受什么限制。

第二,在句式上具有多样性。由于周密论证的需要,既大量运用复句和多重复句,又多用结构比较复杂的长句;同时为了灵活生动地表情达意,也适当运用单句和短句。从句类上看,多用陈述句和祈使句,也经常使用反诘疑问句;从句型上看,主要运用主谓句、完全句,也适当使用无主句、省略句。总之,句式的选用完全服从表意的需要,也几乎不受什么限制。

第三,在修辞方式上具有广泛的适应性。由于政论语体既接近于科技语体,又接近于文艺语体,所以在修辞方式上具有广泛的适应性。不仅可以采用意合法、关联法、词语联系法、句子归纳法等各种消极修辞方式,还可以选用适当的积极修辞手法。例如比喻、比拟、借代可以用于形象的描绘;设问、反问、反复可以提出问题、表示强调和引人注意;对偶、排比可以增加语言的气势,并使语言的形式整齐;层递可以使语意层层推进;顶真可以使论述的问题一环紧扣一环;对比可以进一步突出主要事物或事物的主要方面;反语可以用于揭露和讽刺;引用可以为自己的观点提供有力的佐证,增强语言的说服力;等等。这些辞格的恰当运用,都能够进一步增强政论文语言的形象性和生动性。

政论语体的应用范围很广,所对应的文体也很多。按照其应用范围和语言表达上的特点,可以将政论语体分为论证体、评论体、鼓动体三种类型。

(一)论证体

所谓论证体,是指规范的政治、经济、文化、社会发展和思想意识等方面的论文所使用的语言表达体式。

论证体的突出特点是逻辑性和严密性,有鲜明的论点、充分的论据和严密的论证过程,以系统阐述事物的客观规律为目的。

论证体在语言运用上表现出如下特点:一是在用词上,主要使用书面语词和通用词,并较多地使用各领域的专门术语;二是在句式上,较多地使用长句,包括复句和结构比较复杂的单句,以满足周密论证的需要;三是在修辞方式上,以使用消极修辞方式为主,很少采用积极修辞手法。以上这些语言表达上的特点,使论证体形成一种谨严周密的语言风格。例如:

①物质文明与精神文明,是人类认识世界、改造世界全部成果的总括和结晶。改革开放之初,我们党创造性地提出了社会主义精神文明建设的战略任务,确定了“两手抓、两手都要硬”的战略方针。面对新形势新任务,习近平同志指出,要以辩证的、全面的、平衡的观点正确处理物质文明和精神文明的关系,只有物质文明建设和精神文明建设都搞好,国家物质力量和精神力量都增强,全国各族人民物质生活和精神生活都改善,中国特色社会主义事业才能顺利向前推进。我们要进一步深化对推动“两个文明”协调发展极端重要

性的认识，不断增强新形势下"两手抓、两手都要硬"的政治自觉、思想自觉、实践自觉。

（黄坤明《推动物质文明和精神文明协调发展》，选自《人民日报》2015 年 11 月 12 日第 7 版）

这是一篇政治论文。上面只是第一部分开头的一个自然段，说明加强物质文明建设和精神文明建设对于推进中国特色社会主义事业的重要意义，并引用邓小平同志"两手抓、两手都要硬"的观点和习近平同志的讲话精神，来提高人们的认识和增强说服力。这里虽然还看不到全文的内容和论证过程，仅从这一个段落中，也能够看出论证体在语言运用上的特点。

②第三次工业革命也被称作新工业革命。美国著名未来学家杰里米·里夫金所著《第三次工业革命：新经济模式如何改变世界》一书中称互联网与新能源的结合，将会产生新一轮工业革命，使全球技术要素和市场要素配置方式发生革命性变化。第一次工业革命是从 19 世纪开始的，是以蒸汽机和煤的使用为基础动力。第二次工业革命是从 20 世纪开始的，是以电气化为基础，以石油、天然气为主导动力的革命。第二次工业革命延续了 100 多年，应该说第二次工业革命使人类经济社会发展产生了一个飞跃，在物质上取得了很多新的进步。但是第二次工业革命延续了这么长时间，也对人类生存环境造成了许多的危害，比如资源短缺、环境破坏、空气污染等，这就是第二次工业革命造成的直接结果。第二次工业革命的初期，资本主义国家疯狂地掠夺世界资源来发展它的经济。第二次工业革命期间，发达国家十亿人口利用全球的资源发展起来了。现在新型工业化的国家已经迅速崛起，新型工业化的国家人口总量是 30 亿人，按照过去的模式发展，资源会出现严重的短缺，而且空气污染和环境破坏也非常严重。假如全世界 70 亿人都照着这个模式去发展，地球就走向了毁灭的边缘。所以在"两难"的情况下，世界必须要找

到一种新的出路，这种新的出路就是马上要到来的第三次工业革命，也就是以绿色科技为先导，以绿色能源使用为主要标志的革命。在这种转型过程中，社会生产结构一定会发生重大变化，人们的生活方式也会产生重大的变化。

（刘燕华《第三次工业革命与创新模式转型》）

这是一篇工业经济论文，作者是国务院参事、科技部原副部长。这是文章第一部分的第一自然段，简要介绍世界上的三次工业革命、特别是马上要到来的第三次工业革命。使用了一些经济术语和环保术语（文中加点的词语和句子），句式的结构完整而严谨，完全采用消极修辞方式，并使用了引用辞格，阐述说明得清楚明白，表现出经济论文运用语言的准确平实风格。

③（四）中国文化中的传统美德：仁义礼智信

中华传统文化内容丰富，博大精深，沉淀出“仁义礼智信”等美德传统。

仁：可说是道德善行的总称，其核心指人与人之间相互亲爱、互相友善。它强调仁慈、厚道、同情、泛爱；强调秉公无私、兼爱天下的精神；倡导行仁爱、施仁政、流行仁道；这种仁爱发于人伦血亲，泛至他人，最终达及“以天地万物为一体”的境界。

义：作为传统美德中重要的道德准则和行为规范，基本含义指“应该”“适宜”之意，《中庸》讲“义者，宜也”。“义”强调按照道德规则做正确合宜的事。当前社会所倡导的爱国主义精神、志愿者精神、奉献精神等，就体现了为他人、社会、国家利益做奉献的道德精神。正是在仁义文化熏陶下，我国历史上才不断涌现出一个个舍生取义、精忠报国的仁人义士。

礼：中国素称“礼仪之邦”。在长期的历史发展中，礼作为中国社会的道德规范和生活准则，对中华民族精神和社会秩序起到了重要作用。礼和今天之礼不同，包含礼制、礼法等典章制度，也有伦理准则规范及相应的礼规礼让精神之义。《论语》强调:“礼之用,和为贵”,意思是通过礼敬、礼让、礼貌而形成和睦有序的社会风气。

智:古人把“智”界定为“是非之心”,将智看成一种分辨是非的判断能力。孟子将智与仁、义、礼相提并论,作为君子“四德”之一。中国智慧是理性精神与才智能力的结晶,在漫长的五千年文明史上,曾对社会进步和发展作出了重要贡献。在今天,更需要我们汲取中华传统智慧的资源,发扬求知进取和创新精神。

信:古代“信”“诚”,两意相同。许慎《说文》言:“诚,信也”,“信,诚也”。“信”的内涵,在个人层面,信是立身之本,不讲信用,就不是君子而是小人了。“信”还是治国根基,国“无信不立”。当年学生子贡问政。子曰:“足食,足兵,民信之矣。”子贡曰:“必不得已而去,于斯三者何先?”曰:“去兵。”子贡曰:“必不得已而去,于斯二者何先?”曰:“去食。自古皆有死,民无信不立。”在孔子看来,得百姓信任,得民心,是治国之最中要义。

（葛晨虹《中国传统文化的现代传承与发展》）

这是一篇专业的文化论文,作者是中国人民大学哲学院教授。这是这篇文章第二部分“中国传统文化的核心要义”中的最后一项内容,详细阐述了中国传统美德中的仁、义、礼、智、信的含义,并引用了《中庸》《论语》和孟子、孔子的言论以及东汉许慎《说文解字》上的文字释义;完全使用科学语言和论证的表达方式,并使用了大量的文化术语(字下加点的词语),说明和释义准确而完整;长句与短句结合使用,使语言表达简洁而精要,同时又含有很多并列成分和修饰成分,表现出论证语体的特点与风格。

（二）评论体

所谓评论体,是指直接评论社会生活的文章所使用的语言表达体式。

这类社会评论文章的题材十分广泛,包括对政治、经济、文化以及社会生活现象的评论，也包括思想杂谈、艺术鉴赏、文艺批评等，还包括对国际形势和世界事务的评论。评论语体所涉及的文体也很广泛，包括社论、时评、宣言、短评（述评）、声明、杂文、小品文、评论、杂谈等。这些文体与社会生活联系紧密，主要功能是评论社会现实，弘扬真善美，鞭挞假恶丑。因此，评论语体的突出特点是针对性和战斗性，即直接针对社会生活问题进行评论，发表自己的见解，坚持正确的主张和原则，反对和批评错误的言论或行为。

同论证体相比，评论体的语言表达具有如下特点：一是语言材料的选用比较广泛，既可以使用书面语词，又可以使用口语词，还可以使用俗语、惯用语、成语和文言词等；二是修辞方式更加灵活多样，除了采用消极修辞方式外，还适当地采用比喻、比拟、层递、排比、对偶等积极修辞手法，来增强语言的形象性和战斗力；三是句式长短适宜，整散结合，语言形式更加生动活泼。以上这些语言表达上的特点，使评论体表现出尖锐犀利的语言风格。例如：

①2015 年 11 月 7 日，是值得中国人永远铭记的日子。这一天，两岸领导人习近平与马英九在新加坡会面，踏出了自 1949 年以来两岸高层政治互动往来的历史性一步，开创了两岸领导人直接对话沟通的先河，在两岸关系发展史上写下了具有里程碑意义的重要一页。

两岸同胞是打断骨头连着筋的同胞兄弟，是血浓于水的一家人。穿越 66 年峥嵘岁月，两岸领导人的手紧紧相握，瞬间顿成永恒。会面中，两岸领导人就进一步推进两岸关系和平发展坦诚深入交换了意见，达成了积极共识。这一在历史关键节点的重要会面，必将深刻影响两岸关系的长远发展，不仅使两岸同胞对两岸关系光明前景更加充满信心，也向国际社会表明，两岸中国人完全有能力、有智慧解决好自己的问题，并共同为世界和地区和平稳定、发展繁荣作出更大贡献。

（新华社北京11月7日电《把握历史契机，共创两岸未来——写在两岸领导人首次会面之际》）

这是新华社记者写的一篇时事述评，专门对两岸领导人习近平与马英九在新加坡会面这一重大历史事件发表评论。这是文章开头的两个自然段，第一段揭示两岸领导人首次会面的历史意义，第二段写两岸领导人首次会面的谈话内容和深远影响，文中加点的词语都是前所未有的。评论中完全使用书面语词和政治、外交词汇，并使用了"打断骨头连着筋"和"血浓于水"等形象性词语，来表现两岸同胞之间的骨肉亲情，表现出一种郑重热诚的语言风格。

②如果把我们国家比作中华号列车，党的领导就是火车头。我们党要带领13亿多人民全面建成小康社会，必须适应、把握、引领经济发展新常态，创新领导经济发展的观念、体制、方式方法，提高把握方向、谋划全局、提出战略、制定政策、推进改革的能力，指引发展航船破浪前行。

（人民日报评论员《坚持党的领导发挥中国制度优势——九论夺取全面建成小康社会决胜阶段的伟大胜利》，选自《内蒙古日报》2015年11月8日第3版）

这是一篇政治评论，说明新形势下我们党应该如何提高领导改革发展的能力和水平。语言运用的特点是既准确周密，又形象生动。这段话的开头和结尾运用了两处比喻，形象地说明了坚持党的领导在国家发展和改革中的重要作用；在句子中使用并列成分，"适应、把握、引领"是并列的谓语动词，"观念、体制、方式方法"是并列的宾语中心，"把握方向、谋划全局、提出战略、制定政策、推进改革"这五个动宾短语是并列的多层定语。这些并列成分，准确地揭示出在经济社会发展和改革开放中如何加强党的领导的深刻内涵和具体内容。

③“青春不是人生的一段时期，而是心灵的一种状态”。年龄上的青春是留不住的，心态上的年轻却是能够永远保持的。无论做人还是做事，方式可以沉稳持重，但心态决不能染上秋霜、沾上暮气，否则必定一事无成。只有保持年轻心态，葆守青春状态，才能自信若胸有成竹，勃发如沐浴春风。那些在关键时候顶得上、靠得住的干部，必然是心态阳光、敢于担当的干部。那些不计毁誉、坚持改革的干部，也定是朝气蓬勃、锐意进取的干部。年轻心态犹如生命深处的一股清泉，流淌出的不只是无穷的激情，更有坚忍不拔的意志，刚猛勇毅的魄力。

（朱海豹《年轻心态是生命的清泉》，选自《人民日报》2015 年 11 月 11 日第 4 版《人民论坛》）

这是一篇思想杂谈，针对保持年轻心态的问题纵横议论，语言形式生动活泼：这段话引用了一句耐人寻味的名言开头，选用了大量的书面语词、成语和口语词（字下加点的词语），并使用了比拟、对偶、比喻、拈连辞格（字下加波浪线的句子），把保持年轻心态的重要性说得形象生动、令人信服。

④有舍有得，意为做了付出就应该有收获。从市场经济层面看，有投资就应该有回报；从和谐社会层面看，做了好事就应该受褒奖。这只是就一般情况来说的，而市场经济是竞争经济，不确定、不可测因素又较多，有舍不得、有舍少得的事情，像投资的“打水漂”“堵窟窿”一类，也重复发生，所以才需要人们进行科学论证和科学决策。而和谐社会是动态的、不断克服不和谐因素的过程，社会的复杂性、多变性又难料，做好事无慰籍、做义举不领情的现象，像“英雄流血又流泪”“救人者成被告”一类，也并不鲜见，所以才需要社会努力弘扬正气和扫除邪气。

（陈俊宏《“舍得”的哲学》，选自《人民日报》2009 年 4 月 8 日《人民论坛》）

这是一篇杂文。全篇说的是“舍”与“得”的辩证关系，本段则联系反面的社会现象说明“舍而不得”的另一个侧面。使用词语灵活多样，文中加点的词语既有书面语词、又有惯用语，还使用了一些经济术语、政治术语和法律术语；句式长短适中，整散结合；消极修辞方式与积极修辞手法并用，特别是巧妙地使用了仿词和对偶辞格，其中“有舍不得、有舍少得”是仿照“有舍有得”而来的，“英雄流血又流泪”是仿照“英雄流血不流泪”而来的，诙谐而鲜明地讽刺了这种不正常的社会现象。

（三）鼓动体

所谓鼓动体，是指具有强烈宣传鼓动作用的文章所使用的语言表达体式。

鼓动体主要用于鼓动性比较强的讲话、演说、报告和解说词、主持词等文体之中，有些评论性文章也使用鼓动体。

鼓动体的突出特点是具有强烈的鼓动性和感召力。这类文体的主要功能在于宣传和强调自己的立场观点，追求如何感染、打动读者和听众，使对方尽快作出反应或引起共鸣。所以，要求语言带有强烈的情感和激动人心的力量，选用富有鼓动性和感染力的词语，并较多地使用排比、对偶、设问、反问、比喻、比拟等积极修辞手法，以增强语言的气势和形象性、生动性，并带有强烈的感情色彩，由此产生一种特殊的感染力和号召力。例如：

①这几天，大家晓得，在昆明出现了历史上最卑劣最无耻的事情！李先生究竟犯了什么罪，竟遭此毒手？他只不过用笔写写文章，用嘴说说话，而他所写的，所说的，都无非是一个没有失掉良心的中国人的话！大家都有一枝笔，有一张嘴，有什么理由拿出来讲啊！有事实拿出来说啊！（闻先生声音激动了）为什么要打要杀，而且又不敢光明正大地来打来杀，而偷偷摸摸地来暗杀！（鼓掌）这成什么话？（鼓掌）

今天，这里有没有特务？你站出来！是好汉的站出来！你出来讲！凭什么要杀死李先生？（厉声，热烈的鼓掌）杀死了人，又不敢承认，还要诬蔑人，说什么“桃色事件”，说什么共产党杀共产党，无耻啊！无耻啊！（热烈的鼓掌）这是某集团的无耻，恰是李先生的光荣！李先生在昆明被暗杀，是李先生留给昆明的光荣！也是昆明人的光荣！（鼓掌）

（闻一多《最后一次讲演》）

这是闻一多先生 1946 年 7 月 15 日在李公朴先生追悼会上的讲演，通篇使用的都是鼓动语体。文章开头这两个自然段，多用短句，便于表达作者愤怒而激昂的情感；大量使用感叹句和反问句，并接连使用反复辞格（字下加点处），来揭露和质问反动派的暗杀阴谋和卑劣无耻，并高度赞扬了民主战士李公朴的革命精神。这种语言表达上的特点，引起了在场听众的强烈共鸣，具有一种压倒邪恶、震撼人心的强大气势，充分体现出鼓动语体的强烈感召力。

②卢沟桥敌军的炮火，是缠紧了东北四省的毒蛇，又向华北张开血口。由华北而华中，而华南，京沪苏杭继成焦土，武汉湘粤迭受轰炸。我们几十年来千辛万苦所经营与建设者惨被破坏。我们的父老弟兄姊妹横遭屠戮奸劫，连无知的小儿女，也成千论万的死在暴敌的刺刀下。日本军人以海陆空最新式的杀人利器，配备着最残暴的心理与行为，狂暴代替了理性，奸杀变成了光荣，想要灭尽我民族，造成人类历史最可怖可耻的一页。/除非我们全无血性，除非我们承认这野兽应在世上横行，我们便无法不舍命杀上前去。为争取民族的自由，为保持人类的正义，我们抗战；这是以民族自卫的热血，去驱击惨无人道的恶魔；打倒了这恶魔，才能达到人类和平相处的境地。

（《中华全国文艺界抗敌协会宣言》，载 1938 年 4 月 1 日《文艺月刊·战时特刊》第 9 期）

这是在卢沟桥事变后我国文艺界发表的一份抗敌宣言，全文的语言使用了政论语体中的评论体，在这一段里又使用了鼓动体。前半部分以文学语言描绘中华民族的危急和日本侵略者的暴行，采用了比喻、层递和对偶手法，语言形象、生动、有力；后半部分号召和鼓舞全民抗战，把日本侵略者比喻为“野兽”和“恶魔”，使用情感强烈、气势激越的语句，具有极强的宣传鼓动作用，充分抒发了文艺工作者热爱祖国的激情。

③诸位代表先生们，我们有一个共同的感觉，这就是我们的工作将写在人类的历史上，它将表明：占人类总数四分之一的中国人从此站立起来了。中国人从来就是一个伟大的勇敢的勤劳的民族，只是在近代是落伍了。这种落伍，完全是被外国帝国主义和本国反动政府所压迫和剥削的结果。一百多年以来，我们的先人以不屈不挠的斗争反对内外压迫者，从来没有停止过，其中包括伟大的中国革命先行者孙中山先生所领导的辛亥革命在内。我们的先人指示我们，叫我们完成他们的遗志。我们现在是这样做了。我们团结起来，以人民解放战争和人民大革命打倒了内外压迫者，宣布中华人民共和国的成立了。我们的民族将从此列入爱好和平自由的世界各民族的大家庭，以勇敢而勤劳的姿态工作着，创造自己的文明和幸福，同时也促进世界的和平和自由。我们的民族将再也不是一个被人侮辱的民族了，我们已经站起来了。我们的革命已经获得全世界广大人民的同情和欢呼，我们的朋友遍于全世界。

（毛泽东《中国人民站起来了》）

1949 年 9 月 21 日，中国人民政治协商会议第一届全体会议在北京召开，这是毛泽东主席在会议上所致的开幕词。这次会议是在中国人民解放战争已经基本取得胜利、中华人民共和国即将成立的背景下召开的，毛主席这篇著名的讲话，向全世界庄严宣告：“中国人民站起来了”。其中这段话结合中国近代以来的历史，回顾了中国共产党领导中国人民推翻"三座大山"的革命进程,阐述了中国革命取得胜利的历史意义,描绘出中华民族振兴的壮丽蓝图,充满了中国人民当家作主的豪情,语言生动,感情真挚,具有极强的鼓动性和说服力。

三、科技语体

科学技术类文章所使用的语言表达体式叫作科技语体。

科技语体,是适应科学技术的发展、研究和普及的需要而产生的。科技语体一般都是在某一科学技术领域内使用的,它面对这一领域的专家和特有人员,有一套专门的科技术语和符号、图表、公式等,构成了科技语言的特有表达体式。

科技语体的特点是科学性和专业性。科技语体的科学性,是指这种语言所表现和反映的内容是一门科学,是该学科或技术领域所特有的知识体系,它总结了其中有关事物的发展变化规律,这种规律性都是客观存在的,是不以人的意志为转移的,因而具有严密的科学性;科技语体的专业性,是指科技语体所反映的这种科学或技术,是在某一专门领域使用的,因而反映它的语言也往往是专用的,而不是其他一般的语言,所以只有这一领域的专家或业内人员才能阅读它、理解它,而其他人员一般很难看懂,这就是交际对象的不同所造成的。

科技语体所对应的文体有科技专著、学术论文、科学报告、科技教材、实验报告、技术标准、科技读书笔记、科普读物等。根据这些文体的交际对象和交际目的的不同,科技语体又可分为专门科技体、通俗科技体两种类型。上面所说的科普读物是面对一般群众和读者的,属于通俗科技体;其他几种文体都是面对本领域和行业内的专家及特有人员的,属于专门科技体。

专门科技体和通俗科技体,在选用语言材料和修辞方式等方面有着明显的差别,下边分别进行介绍。

(一)专门科技体

专门的科学技术专著或论文等所使用的语言表达体式叫作专门科技体。

专门科技体在语言运用上,具有以下明显的特点:

第一,表达的精确性。由于科技语体所表现内容的客观性和科学性,要求语言表达具有精确性,多运用含义精确、固定而单一的词语和专门术语,科学地准确地描述客观事物的内在联系和客观规律,避免造成概念的混乱和论证的模糊。

第二,句式的单一性。所谓单一,是指句式严整而少变化。论述的逻辑性要求句子具有完整性,多用主谓句、完全句、常式句,少用省略句、变式句。大量使用带有逻辑性限制成分的长句子,大量使用表示精密复杂思维关系的复句,特别是多重复句,以满足论证的周密性和严密性的需要。

第三,使用词语的专业性。科技专著和论文等除了使用规范的书面语词以外,还大量运用专门术语,并结合使用符号、图表、公式等特殊的表达形式,使专门科技体的语言具有很强的专业性,让外行人很难看懂,甚至识其字而不解其意。

第四,修辞方式的选择性。专门科技体的语言都是记叙性的和说明性的,排斥主观感情色彩,也不追求语言的艺术化。因此在修辞方式上,主要采用消极修辞方式,很少使用积极修辞手法。在辞格选用上有很大的局限性,只偶尔使用对比、设问、反复、引用、比喻等辞格,而绝不使用含蓄隐讳类辞格。以上这些修辞方式上的特点,就使专门科技体具有精确严谨的语言风格。例如:

①本文指出对于超导交叉膜隧道结、跨越结的隧道电流除引起结区温升外,同时在结区产生不均匀的自场。这将使结区超导膜进入中间态。用这个物理模型不仅可以解释超导Pb膜的不可逆非平

衡电压曲线的滞回以及实验上出现的阈值电流 I_{t_3} 的存在，而且还可以得出通常的隧道 $I—V$ 曲线中出现滞回的奇异现象。

（张裕恒等《超导交叉膜隧道结的电流——电压滞回》）

这是一篇物理学论文，大量使用专业术语和字母符号，这对外行人来说是很难看懂的。但在内行人看来却恰好构成论文的专业性和科学性，如果去掉这些术语和符号，就失去了科技语体的作用和特有风格。

②据此，我们可以初步绘制出文艺作品魅力生成的动力系统图。图示如下：

文艺作品的信息　　历史的积淀
↓　　↓
心理的组织作用→审美感知图式
↓
美感效应→魅力

从这个图可以看出，艺术魅力乃是文艺作品的美的信息对读者的刺激与读者的审美心理结构中历史的积淀和心理组织作用所形成的合力。如果我们把艺术魅力的产生比喻成一次进军，那末，主力部队就是作品的刺激，它的侧翼则是历史的积淀和心理组织作用，它们共同完成了一次人类心灵的复杂战争。

（林兴宅《艺术魅力的动态考察》）

这是一篇文艺理论论文，专业性也比较强，但由于其与人们阅读欣赏文艺作品的经验积累有关，所以外行人还基本能看得懂。这段话里也使用了一些文学和美学术语（文中加点的词语），又使用了一个示意图，把文艺作品的魅力产生过程和各因素之间的关系形象、直观地表示出来，既使所论述说明的内容深刻而全面，又省去了大量的笔墨，这些都体现出科技语体的专业性特点。同时，这段话的末尾又运用了一个形象的比喻，可以加深读者对艺术魅力这一术语的理解。

(二)通俗科技体

通俗的科普读物所使用的语言表达体式叫作通俗科技体。

通俗科技体已接近于文艺语体,因此在语言运用上具有与专门科技体所不同的特点:

第一,注意表达的形象性和生动性。通俗的科普读物是给人民群众中的普通读者看的,以达到普及科学知识、为工农业生产服务的目的。因此,追求语言的形象生动,以增强广大读者的阅读兴趣,对于专业知识和专门术语,尽量作出一些活泼生动的解说,并较多地使用比喻、拟人等积极修辞手法。

第二,句式的多样性。通俗科技体中的句式灵活多样,长句与短句并用,整句与散句并用,还有时运用一些口语句式,使语言形式生动活泼,并富有感情色彩。在句式选用上几乎不受什么限制,可以根据表达内容的需要,灵活自如地使用各种句式。

第三,使用词语的通俗性。通俗科技体追求语言的通俗易懂,要求尽量少用专门术语和符号、公式等,较多使用一般的书面语词和口语词,使所表达的内容深入浅出、便于理解。

第四,修辞方式的灵活性。由于通俗科技体的语言已经向文艺语言靠拢,所以在修辞方式上具有广泛的适应性,既可以使用消极修辞方式来组织篇章和语句,又可以使用积极修辞手法来增强语言的生动性、形象性和趣味性,使通俗科技体表现出明快活泼的语言风格。

例如:

①几千年来,劳动人民注意了草木荣枯、候鸟去来等自然现象同气候的关系,据以安排农事。杏花开了,就好像大自然在传语要赶快耕地;桃花开了,又好像在暗示要赶快种谷子。布谷鸟开始唱

歌，劳动人民懂得它在唱什么：“阿公阿婆，割麦插禾。”这样看来，花香鸟语，草长莺飞，都是大自然的语言。

（竺可桢《大自然的语言》）

这篇科普文章介绍的是物候学知识，写得通俗易懂、饶有兴味。这一段中就用了两处比喻、一处拟人（文中加波浪线的部分），使语言形象生动；同时又运用了两处四字语对偶（文中加直线的地方），使语句形式整齐、简洁、美观；句式长短结合，富于变化，表现出一种明快活泼的语言风格。

②那最轻盈、站得最高的云，叫卷云。这种云很薄，阳光可以透过云层照到地面，房屋和树木的光与影依然很清晰。卷云丝丝缕缕地漂浮着，有时像一片白色的羽毛，有时像一块洁白的绫纱。如果卷云成群成行地排列在空中，好像微风吹过水面引起的鳞波，这就成了卷积云。卷云和卷积云都很高，那里水分少，它们一般不会带来雨雪。还有一种像棉花团似的白云，叫积云。它们常在两千米左右的天空，一朵朵分散着，映着灿烂的阳光，云块四周散发出金黄的光辉。积云都在上午出现，午后最多，傍晚渐渐消散。在晴天，我们还会偶见一种高积云。高积云是成群的扁球状的云块，排列很匀称，云块间露出碧蓝的天幕，远远望去，就像草原上雪白的羊群。卷云、卷积云、积云和高积云，都是很美丽的。

（朱泳燚《看云识天气》）

这篇科普文章介绍的是气象观测知识。在这一段中，虽然也使用了“卷云”“卷积云”“积云”“高积云”等专业术语，但对每个术语都作出了通俗生动的解说，并运用了一处拟人和五处比喻（字下加波浪线的语句），将每种云的状态和人们对它的感觉描绘得形象而逼真，把气象观测知识讲得通俗易懂、形象生动，充分体现出通俗科技体的语言特点。

四、文艺语体

各种文艺作品所使用的语言表达体式叫作文艺语体。因为文艺语言一般都是在文学艺术领域内使用的,所以文艺语体又被称为文学语体或艺术语体。

我们这里所说的文艺作品是一个狭义的概念,是只指语言艺术——文学作品而言的,不包括其他非语言艺术。文艺语体相对应的文学体裁,包括小说、散文、报告文学、特写、游记、诗歌、曲艺、戏剧等。文艺语体同其他书面语体相比,具有以下几个明显特征:

第一,语言的形象性,是文艺语体区别于其他语体的本质特征。文艺源于生活又高于生活,主要通过塑造各种不同的人物形象(包括与人物有关的典型环境)来反映社会生活,给人以教育和启迪。文艺创作主要运用形象思维的方法,需要形象地再现生活,因而它的特征是描绘性的,而不是记述性的。如果说其他语体都是对生活实践的科学反映,主要诉诸人们的理智,那么文艺语体则是对生活实践的形象反映,主要诉诸人们的情感,这就是文艺语体同其他语体的本质区别。

第二,语言材料的丰富性,是文艺语体区别于其他语体的突出特征。文艺语体是书面语体中最自由灵活、最接近口语的一种语体,同时,口头语体和其他书面语体中的不同语言成分,都可以应用于文艺语体之中。因此,文艺语体在语言材料的选用上几乎不受什么限制,书面语词、口语词、古语词、方言词、外来词等都可以使用,还可以使用成语、俗语、谚语、惯用语、歇后语等,即使是各种专门术语,也往往作为一种修辞手法而被采用,并常以比喻义、转义的形式出现。文艺语体所运用的词汇是极其广泛的,这一点是其他书面语体无法与之相比的。

第三,修辞方式的多样性,是文艺语体区别于其他语体的显著特征。公文语体、政论语体、科技语体对修辞方式都有一定的选择性,而文艺语体在修辞方式上几乎不受什么限制,各种消极修辞方式和积极修辞手法都能运用,因而可以从语言的声音、意义、结构等各方面追求语言的形象化和艺术化。在句式的选用上也是灵活多样的,各种句型(主谓句与其他句型、常式句与变式句、完全句与省略句)、各种句类(陈述句、祈使句、疑问句、感叹句)以及单句与复句、长句与短句、整句与散句、紧句与松句、口语句式与书面语句式、文言句式与欧化句式等,都可以根据表情达意的需要灵活使用,不受任何限制,使文艺语体的语言更加生动活泼。

根据文艺语体在各种文学体裁中不同的运用要求和特点,又可以将文艺语体分为散文体、韵文体、戏剧体三种类型。它们除了具有文艺语体的共同特征外,还有着自身独有的特点,下面分别进行简要的介绍。

(一)散文体

不要求押韵的文艺作品所使用的语言表达体式,叫作散文体。

散文体以小说为代表,还包括散文、报告文学、特写和游记等。

散文体的突出特点是讲究语言的多样化和美感性:语言的多样化,是指在选用语言材料和修辞方式上比较自由,语言形式灵活多样,句式参差错落,讲求句子的连贯流畅,注重叙述和描绘,表达方法不拘一格,在艺术语言的再创造上有更加广阔的空间;语言的美感性,是指散文体的语言并不是一般的书面语言,而是经过艺术加工和提炼的文学语言,它准确凝练,新鲜活泼,生动形象,音调和谐,能够给人带来一种美的享受。例如:

①这么一想,我好想已经找到了事似的。我敢在院中走了,一个春天的月牙在天上挂着。我看出它的美来。天是暗蓝的,没有一

点云。那个月牙清亮而温柔,把一些软光儿轻轻送到柳枝上。院中有点小风,带着南边的花香,把柳条的影子吹到墙角有光的地方来,又吹到无光的地方去;光不强,影儿不重,风微微的吹,都是温柔,什么都有点睡意,可又要轻软的活动着。月牙下边,柳梢上面,有一对星好像微笑的仙女的眼,逗着那歪歪的月牙和那轻摆的柳枝。墙那边有棵什么树,开满了白花,月的微光把这团雪照成一半儿白亮,一半儿略带点灰影,显出难以想到的纯净。这个月牙是希望的开始,我心里说。

(老舍《月牙儿》)

作者这篇小说以第一人称“我”,记叙和描写了旧社会城里一个穷人家的女孩儿被迫沦为暗娼的悲惨遭遇。其中这段优美的文字,对天、云、月牙、月光、小风、柳影、星星、白花等都描绘得非常细腻形象,同时又巧妙地运用了比喻、拟人、借代辞格(文中加波浪线的地方),写得情景交融,不仅真切地表现出“我”在想好生活出路以后对周围景物的美好感受,同时也给读者在对主人公命运的担忧中带来一丝愉悦和安慰。

②曲曲折折的荷塘上面,弥望的是田田的叶子。叶子出水很高,像亭亭的舞女的裙。层层的叶子中间,零星地点缀着些白花,有袅娜地开着的,有羞涩地打着朵儿的;正如一粒粒的明珠,又如碧天里的星星,又如刚出浴的美人。微风过处,送来缕缕清香,仿佛远处高楼上渺茫的歌声似的。这时候叶子与花也有一丝的颤动,像闪电般,霎时传过荷塘的那边去了。叶子本是肩并肩密密地挨着,这便宛然有了一道凝碧的波痕。叶子底下是脉脉的流水,遮住了,不能见一些颜色;而叶子却更见风致了。

(朱自清《荷塘月色》)

这是朱自清散文中一段优美的文字,不仅细腻地描绘了荷塘上的"叶子""白花""微风""清香"和"流水",而且运用了几处形象、别致的比喻和拟人辞格(字下加波浪线处),静中有动,能够在读者的视觉、嗅觉和听觉上,艺术地再现出一个个美好的形象。

(二)韵文体

要求押韵的文艺作品所使用的语言表达体式叫作韵文体。

韵文体以诗歌(诗、词、曲)为代表,还包括曲艺和歌词等。曲艺是指弹词、大鼓、快板儿等说唱艺术。歌词也是一个独立的文体,谱上曲以后才可以唱,如王莘的著名歌词《歌唱祖国》等。

韵文体的主要特征是押韵。但如果从韵律整体上来考察,除了押韵以外,还包括平仄、对仗、节奏等几项因素。这些内容都已在前边第四章和第五章中作过介绍,这里不再赘述,只以诗歌为例,说一下韵文体的特点和发展变化情况。

诗歌这一传统的文学体裁,也是随着时代而发展变化的。《诗经》是我国古代第一部诗歌总集,大抵是西周初年至春秋中叶的作品。在句式上以四言为主,也有杂言体,并已开始注意到押韵。如《伐檀》中的第一节(字下加△的为押韵,下同):

①坎坎伐檀兮,置之河之干兮。河水清且涟猗。不稼不穑,胡取禾三百廛兮?不狩不猎,胡瞻尔庭有县貆兮?彼君子兮,不素餐兮!

古体诗经过汉魏六朝直至唐代,五言和七言形式已发展成熟,五言古诗简称五古,七言古诗简称七古。押韵更有规律,一般都是隔句押韵,有时也可以逐句押韵。但是全诗的字数、句数多少不限,其他方面也没有过多的讲究。例如:

②结庐在人境,而无车马喧。
问君何能尔?心远地自偏。
采菊东篱下,悠然见南山。

山气日夕佳，飞鸟相与还。

此中有真意，欲辨已忘言。

（陶渊明《饮酒》其五）

初唐时期出现了一种新兴诗体——格律诗，王力先生称之为今体诗，有的也称近体诗（都是与古体诗相对而言的），使诗歌艺术发展到了顶峰。不仅讲究押韵，还讲究平仄和对仗，而且在全诗的字数、句数等方面都有严格的规定，与古体诗截然不同。例如：

③空山新雨后，天气晚来秋。㊥平平仄仄，㊀仄仄平平。

明月松间照，清泉石上流。㊀仄平平仄，平平仄仄平。

竹喧归浣女，莲动下渔舟。㊥平平仄仄，㊀仄仄平平。

随意春芳歇，王孙自可留。㊀仄平平仄，平平仄仄平。

（王维《山居秋暝》）

这是一首五言律诗，右边是其平仄格式，字外加圈表示可平可仄，△表示韵脚，加点的字为古入声字（仄声）。律诗和绝句限押平水韵，且多押平声韵，这四个韵脚字在同一个韵部；每一联的出句与对句，每个字的声调都是平仄相对的；中间的两联——颔联的三四两句、颈联的五六两句，都是分别对仗的。因此，这种格律诗在语言形式和韵律上都达到了很高的艺术水平，写作难度也比较大。

到了现代，自五四运动以后，诗歌又逐渐回归自然，完全是一种全新的形式。句式根据表达内容的需要自由多变，押韵的形式更加自由灵活，对声调的平仄等也没有严格要求。例如：

④一个浪，一个浪

无休止地扑过来

每一个浪都在它脚下

被打成碎沫、散开……

它的脸上和身上
像刀砍过的一样
但它依然站在那里
含着微笑,看着海洋……

（艾青《礁石》）

现代诗歌比较工整的,除了押韵以外,还十分注意节奏。例如:

⑤断头／今日／意／如何?
创业／艰难／百／战多。
此去／泉台／招／旧部,
旌旗／十万／斩／阎罗。

（陈毅《梅岭三章·一》）

作者的这首诗,写于1936年冬被敌人围困的梅山草丛之中,表现了诗人决心与反动派血战到底的英雄气概和视死如归的革命精神。不但押韵,而且节奏感十分鲜明,四行诗句都是二二一二式的四音步格式,增加了诗的韵律美。

（三）戏剧体

戏剧所使用的语言表达体式叫作戏剧体。

戏剧包括话剧、歌剧、地方戏等。其使用的剧本也是一种文学体裁,一般称之为戏剧文学,主要用于舞台演出,也可以供人们阅读。剧本上的语言可统称为戏剧语言,其中包括剧中人物的语言、作者的语言（介绍舞台布景和说明演出要求等）两个部分。而一般所说的戏剧语言都是狭义的,只指演员在舞台上的语言,包括道白（含对白、独白、旁白）和唱词两个部分。其中道白要符合散文体的要求，唱词要符合韵文体的要求，所以戏剧体带有文艺语体的综合性。

戏剧体的语言同其他语体相比，有以下几个明显特点：

第一，讲究人物语言的个性化。剧中人物的语言要具有鲜明突出的性格特征，做到"说一人肖一人"（李渔语）、"闻其声知其人"（老舍语），以显示和塑造个性鲜明的舞台形象。

第二，语言要富有动作性。剧中人物的唱词和道白，要求既能表现人物的心理活动，又能引起外部的形体动作，同时还能够刺激和引导对方，使对方产生相应的语言或动作，这样才能使演员在舞台上有戏可作，达到推进情节、刻画人物和塑造舞台形象的目的。

第三，戏剧语言具有明朗和含蓄两种风格。戏剧是在舞台上表演给观众看的、听的，所以台词必须写得语意明朗、声音响亮，让人容易听得清、看得懂，防止艰深和晦涩；同时又要做到语言含蓄而饶有兴味，要耐人寻味、引人联想，使观众能够通过演员的台词而想象到其中所包含的深层意思（即所谓"潜台词"）。

我们来看下面两个例子，仔细体会戏剧体的语言特点：

选段例 1：

（外扮监斩官上，云）下官监斩官是也。今日处决犯人，着做公的把住巷口，休放往来人闲走。（净扮公人，鼓三通，锣三下科。刽子磨旗、提刀，押正旦带枷上。刽子云）行动些，行动些，监斩官去法场上多时了。（正旦唱）

【正宫】【端正好】没来由犯王法，不提防遭刑宪，叫声屈动地惊天。顷刻间游魂先赴森罗殿，怎不将天地也生埋怨。

【滚绣球】有日月朝暮悬，有鬼神掌着生死权。天地也！只合把清浊分辨，可怎生糊突了盗跖、颜渊？为善的受贫穷更命短，造恶的享富贵又寿延。天地也！做得个怕硬欺软，却原来也这般顺水推船！地也，你不分好歹何为地？天也，你错勘贤愚枉做天！哎，只落得两泪涟涟。

（刽子云）快行动些，误了时辰也。（正旦唱）

【倘秀才】则被这枷纽的我左侧右偏，人拥的我前合后偃。我窦娥向哥哥行有句言。（刽子云）你有甚么话说？（正旦唱）前街里去心怀恨，后街里去死无冤，休推辞路远。

（刽子云）你如今到法场上面，有甚么亲眷要见的，可教他过来，见你一面也好。（正旦唱）

【叨叨令】可怜我孤身只影无亲眷，则落的吞声忍气空嗟怨。（刽子云）难道你爷娘家也没的？（正旦云）止有个爹爹，十三年前上朝取应去了，至今杳无音信。（唱）早已是十年多不睹爹爹面。（刽子云）你适才要我往后街里去，是甚么主意？（正旦唱）怕则怕前街里被我婆婆见。（刽子云）你的性命也顾不得，怕他见怎的？（正旦云）俺婆婆若见我披枷带锁赴法场餐刀去呵，（唱）枉将他气杀也么哥，枉将他气杀也么哥。告哥哥，临危好与人行方便。

……

（节选自关汉卿《窦娥冤》第三折）

这是元杂剧中的一个选段，开头加点的“外”“净”“正旦”都是角色的名称（“外”是“外末”的简称，扮演老年男子；“净”一般扮演性情恶劣、举动粗野的人物；“正旦”是元杂剧中的女主角）；这一折第一首唱词前边的“正宫”是宫调名称，后面的“端正好”“滚绣球”“倘秀才”“叨叨令”等是曲牌名，每一折戏由同一宫调的若干曲牌连成一套曲子。

这个选段里，既有作者的语言（写在括号里面的），又有剧中人物的语言（写在括号外面的）。既有道白，又有唱词。在人物的道白中，既有独白（开头监斩官说的话），又有对白，其中“云”是用道白来发问或作答,“唱”则是用唱词来发问或作答。从这一段里可以看出,人物的道白都使用口语词,与现实生活中的人们说话基本一样,显得朴素自然;其中的四段唱词则写得凝练优美、声情并茂、铿锵有力,不但押韵,还注意平仄和节奏的配合,完全体现了韵文体的特点。

选段例2:

鲁大海　哦,好,好,(切齿)你的手段我早就领教过,只要你能弄钱,你什么都做得出来。你叫警察杀了矿上许多工人,你还——

周朴园　你胡说!

鲁侍萍　(至大海前)别说了,走吧。

鲁大海　哼,你的来历我都知道,你从前在哈尔滨包修江桥,故意叫江堤出险,——

周朴园　(厉声)下去!

仆人们　(拉大海)走!走!

鲁大海　(对仆人)你们这些混账东西,放开我。我要说,你故意淹死了两千二百个小工,每一个小工的性命你扣三百块钱!姓周的,你发的是绝子绝孙的昧心财!你现在还——

周　萍　(忍不住气,走到大海面前,重重地打他两个嘴巴)你这种混账东西!

大海立刻要还手,但是被周宅的仆人们拉住。

周　萍　打他!

鲁大海　(向周萍高声)你,你!(正要骂,仆人一起打大海。大海头流血。侍萍哭喊着护大海)

周朴园　(厉声)不要打人!

仆人们住手，仍拉住大海。

鲁大海　（挣扎）放开我，你们这一群强盗！

周　萍　（向仆人们）把他拉下去！

鲁侍萍　（大哭起来）哦，这真是一群强盗！（走至周萍面前，抽咽）你是萍，——凭，——凭什么打我的儿子？

周　萍　你是谁？

鲁侍萍　我是你的——你打的这个人的妈。

鲁大海　妈，别理这东西，您小心吃了他们的亏。

鲁侍萍　（呆呆地看着周萍的脸，忽而又大哭起来）大海，走吧，我们走吧。（抱着大海受伤的头哭）

大海为仆人们拥下，侍萍亦下。

（节选自曹禺《雷雨》第二幕）

上边的一段是现代话剧，没有唱词，全靠人物对话、独白或动作来表现人物和推进剧情。因此，语言的动作性显得更强些，如上边写在台词前后括号里的，或写在台词下面的，都是作者的语言——对演员表演时的动作和表情要求，都要配合所说的话表演出来。演员的台词也都富有动作性，所使用的语言简洁明快，同时又符合当时每个人的心理特征：作为工人代表的鲁大海对剥削者周朴园的无情揭露；周朴园因刚刚从鲁侍萍那得知鲁大海也是他自己的亲生儿子，虽然非常生气但仍厉声喝住仆人不让再打他；鲁侍萍在周萍的面前，两次欲说出"你是萍儿"和"我是你的妈妈"而又临时改了口。对人物这些微妙复杂的感情，都能通过戏剧语言和动作表达出来，并给观众留下想象和回味的余地，这充分表现出戏剧体语言明朗而又含蓄的特点。

以上，介绍了语体的基本知识，以及各类语体（包括分语体）的特点和应用范围(所对应的文体)。最后再综合地讲两个问题,作为本章的小结。

第一,关于语体对修辞方式的制约性。

各种语体,对语言材料和修辞方式的选择利用都有所不同,这是由其表现的内容所决定的。一方面,要表现什么内容决定着使用什么语体;另一方面,使用什么语体又决定着选用哪些语言材料和采用什么修辞方式。只有使语言形式同所表现的内容相统一,才能取得更好的修辞效果。所以,我国著名修辞学家张弓先生将"内容决定形式,形式内容统一"①列为"修辞的要件"。

语体对修辞方式的制约性,表现在以下两个方面:

一方面,各种语体对修辞方式的运用具有一定的选择性。各种语体,除了要选择与之相适应的语言材料(词、语、句和语音形式等)外,还要选择与之相适应的修辞方式,这样才能使语言的表达形式同表达内容相适应。因此修辞方式同语言材料一样,都是构成某种特定语体的重要因素。例如公文语体、科技语体的语言讲究准确、简洁,因而主要选用书面语词和专门术语,主要采用消极修辞方式,很少使用积极修辞手法;而文艺语体的语言讲究形象、生动,因此多使用生动活泼的口语词,并多用比喻、比拟、夸张等形象化的修辞手法。

另一方面,各种修辞方式对不同语体也有着一定的适应性。一般说来,消极修辞方式在口头语体和各种书面语体中都普遍适用,特别是在公文语体、政论语体和科技语体中占主导地位;积极修辞方式在口头语体和文艺语体中有着广泛的适应性,而在其他语体中只是有选择地使用。这种修辞方式的不同适应性,都是由各种语体

①张弓:《现代汉语修辞学》,天津人民出版社,1963,第12页。

的表达内容和语言特点所决定的。

我们讲语体对修辞方式的制约性，其意义在于说明把语体列入修辞学研究对象的必要性，这种普遍的语言现象也正好说明了语体在修辞活动中的重要作用。正如周迟明在《汉语修辞学的体系问题》一文中指出的，风格和语体在汉语修辞学中“应该占主要的地位，而语体应该占更主要的地位，或者可以说是处于主导的地位”。他还进一步论述说：“我觉得有些语言学家认为‘修辞学的主要任务是研究语体’的看法是很合理的。我们之所以要研究语体，我觉得不仅仅‘因为说话时必须选择哪些修辞手段，同语体关系很大’，更重要的还是因为语言中的各种修辞现象集中地、具体地表现在语体上面。”正因为语言学界的很多专家学者都注意到了这个问题，汉语的语体研究才会不断取得新的成果。

第二，关于语体的独立性和包容性。

各种语体都能够表现出各自的特点，并且都能应用于不同的文体、表达不同的内容、具有不同的社会功能，这是语体的独立性；同时，各种语体在应用中又不是截然分开的，而是相互包容的，往往是在主要使用一种语体的同时，还要根据表达内容的需要间或使用其他语体的语言成分，这就是语体的包容性。

例如文艺语体的本质特征是语言的形象性，这是它区别于其他语体的独立性所在；但它同时又包含了口头语体和其他书面语体的不同语言成分，如口语成分、科学语言、政论语言、公文语言等，它们都共处于文艺语体之中而又有着特殊的功能，对表现人物性格和客观环境等起到重要作用，这就体现出文艺语体的包容性。所以我们可以说，文艺语体兼具其他语体的语言特点，用张弓先生的话说，“文艺语体很明显地兼包各种语体”（《现代汉语修辞学》第292页）。同样，科技语体中的通俗科技体也兼具文艺语体的语言成分，如使用形象化手法;公文语体的语言,有时也使用政论语体和科技语体的语言成分;政论语体则兼具科学、文艺两类语体的特点,如毛主席的政论文中就有极生动的描绘和各种积极修辞手法的运用,还有对词汇、成语、句法的种种创造性运用,并有着协调的韵律和节奏,使其政论文既有理论深度又表现出文艺语言的风格。

综上所述,我们在学习、使用和研究现代汉语的语体时,且不可把各个语体孤立起来看,也不能把它们绝对化,而要坚持辩证的观点和灵活的态度,从总体和主调上把握各类语体的特点,同时又要注意到该语体同其他语体的联系,以及所用到的其他语体的语言成分,这样才能在把握主要语体的同时,又注意到其他语体的交互作用,真正掌握各类语体的特点和应用方法。

思考与练习三

1. 什么叫书面语体?书面语体是怎样产生的?书面语体与口头语体的关系是什么?

2. 书面语体同口头语体相比,具有哪些明显特征?

3. 书面语体分为哪四种类型?它们又各包括哪些分语体?各自应用于哪些文体?请归纳整理出一个明细表来。

4. 什么叫公文语体?公文语体的基本要求是什么?公文语体在语言运用上有哪些特点?

5. 什么叫政论语体?政论语体的主要特征是什么?政论语体在运用语言材料和修辞方式上有哪些特点?

6. 什么叫科技语体?什么是科技语体的科学性和专业性?专门科技体和通俗科技体在语言运用上有什么不同的特点?

7. 什么叫文艺语体?文艺语体的明显特征是什么?

8. 文艺语体中的散文体、韵文体在语言上各有什么特征?狭义的戏剧语言指的是什么？戏剧体的语言有哪些明显特点？

9. 简述语体对修辞方式的制约性。

10. 以一篇文章或一个段落为例，说明语体的独立性和包容性。

11. 分析下面段落的语言表达特点，指出各是哪种书面语体、属于其中的哪种分语体，并说明为什么。

①经过长期的重压和胶结，那些碎石和泥沙重新形成了岩石。

根据计算，大约 3 000 到 10 000 年的时间，可以形成 1 米厚的岩石。岩石在最初生成的时候，像书页一样平卧着，一层层地叠在一起，最早形成的“躺”在最下面。因为水面是平的，如果湖底也是水平的，那么从水中分离出来的沉淀物就也是水平地分布着的。

（陶世龙《时间的脚印》）

②所谓新民主主义的文化，就是人民大众反帝反封建的文化；在今日，就是抗日统一战线的文化。这种文化，只能由无产阶级的文化思想即共产主义思想去领导，任何别的阶级的文化思想都是不能领导了的。所谓新民主主义的文化，一句话，就是无产阶级领导的人民大众的反帝反封建的文化。

（毛泽东《新民主主义论》）

③煤中的有机硫是一大片含硫有机官能团的总称，确切的基团形式还不完全清楚，但可作一些推测。和硫原子相连的有机结构形式对于硫的反映速度有决定性影响。煤中最重要的二价硫基因有噻吩、芳香硫化物、环状硫化物、脂肪族硫化物、芳基硫醇和脂肪族硫醇等六种。

（闻望《流化床煤气化过程中气相硫化物发生的数学模型》）

④不逢北国之秋，已将近十年了。在南方每年到了秋天，总要想起陶然亭的芦花，钓鱼台的柳影，西山的虫唱，玉泉的夜月，潭柘寺的钟声。在北平即使不出门去吧，就是在皇城人海之中，租人家一椽破屋来住着，早晨起来，泡一碗浓茶，向院子一坐，你也能看得

到很高很高的碧绿的天色，听得到青天下驯鸽的飞声。从槐树叶底，朝东细数着一丝一丝漏下来的日光，或在破壁腰中，静对着像喇叭似的牵牛花（朝荣）的蓝朵，自然而然地也能够感觉到十分的秋意。说到了牵牛花，我以为以蓝色或白色者为佳，紫黑色次之，淡红者最下。最好，还要在牵牛花底，教长着几根疏疏落落的尖细且长的秋草，使作陪衬。

（郁达夫《故都的秋》）

第九章　风　格

修辞学里所讲的“风格”,主要是指语言风格而言的。对于语言风格,可以有广狭两义的理解。广义的语言风格,是对语言风格从各个角度所做的分类,它包括语言风格的各个方面:一种民族语言所表现出来的总体风格特色,叫作语言的民族风格;语言在某一个历史时代所表现出来的风格特色,叫作语言的时代风格;语言在某一个地域所表现出来的风格特色,叫作语言的地域风格;语言在某一个文学流派所表现出来的风格特色,叫作语言的流派风格;某一个人运用语言所表现出来的风格特色,叫作语言的个人风格;语言在某一种语体中所表现出来的风格特色,叫作语言的语体风格;语言本身在语言材料和表现方法上所形成的风格特色,叫作语言的表现风格;等等。而狭义的语言风格,一般是只指语言的表现风格而言的,即专门探讨语言本身所表现出来的风格特色,不包括其他。我们这一章所讨论的“风格”,说的就是语言的表现风格。

语体和风格都带有综合性的特点,但二者对语言材料、修辞方式、表现方法的作用和目的是不同的:**语体对语言材料、修辞方式和表现方法具有制约作用,目的是形成各种不同的语言表达体式,以适应不同交际目的和交际方式的需要;而风格则对语言材料、修辞方式和表现方法具有引导作用,目的是形成各种不同的语言风格,以追求更加完美的表达效果。**所以,语言风格涉及修辞的各个方面，既涉及词语修辞、句子修辞和语音修辞，又涉及辞格运用和篇章结构修辞，还涉及特殊表现方法（标点、图形、表格、符号、公式等）的利用。本章介绍语言风格的基本知识，主要探讨语言风格的概念和特点、语言风格的构成要素和形成过程、语言风格的类型等几项内容。

第一节　语言风格及其特点

语言风格是语言的最高层面。语言风格的形成，是语言运用成熟的标志。所以，我们要学习和研究语言的修辞，就必须了解和探讨语言风格问题。张万有先生主编的《文学语言审美论析》曾明确论述说："在整个语言体系中，如果把语音、语义看作第一平面，词汇、语法看作第二平面，修辞看作第三平面，那么语言风格就是更高一层的第四平面。"宋振华、王今铮在《语言学概论》中，也以建筑物为喻来说明语言要素、语言修辞和语言风格之间的关系："如果把语言的词汇比作建筑材料，语法比作结构间架，修辞比作各种技艺加工或美术设计，那么语言风格就是建筑的总的格调。"以上这些精辟论述，都形象而深刻地说明了语言风格在整个语言体系中的地位和作用，同时也指出了学习和研究语言风格的重要性。

一、什么是语言风格

在古代汉语中，"风"有作风、风度的意思，"格"有格式、标准的意思。在现代汉语里，"风格"一词的本义是指人的气度或作风，后来，风格又被用来指文学作品、绘画、音乐、舞蹈、书法等的特点，甚至扩大到用来指球技、武术、棋艺等的不同特点。"风格"一词尽管运用范围比较宽泛，但其基本涵义却是始终一致的，都是指从整体着眼把握人或事物的总体特点。将“风格”一词运用于语言,就有了“语言风格”这个概念,它也是指语言表达上所具有的各种特点的总和。

我国对语言风格的研究有着悠久的历史。早在魏晋南北朝时期,曹丕在《典论·论文》中,就从风格着眼,把文体做了大类归纳:“奏议宜雅,书论宜理,铭诔尚实,诗赋欲丽。”强调文体不同、风格各异的特征,首开我国古代文体论与风格论的先声。其后陆机的《文赋》,又在曹丕文体论和风格论的基础上有了新的发展,他把文体分为十类(诗、赋、碑、诔、铭、箴、颂、论、奏、说),并且分述了各自的风格特点:“诗缘情而绮靡,赋体物而浏亮。碑披文以相质,诔缠绵而凄怆。铭博约而温润,箴顿挫而清壮。颂优游以彬蔚,论精微而朗畅。奏平彻以闲雅,说炜烨而谲诳。”到了古代汉语修辞学的开创者刘勰这里,又较前辈有了新的突破,其文学理论和修辞理论巨著《文心雕龙》,不但深入研究了不同文体的特点及其语言风格,还在《体性》篇中从理论上归纳出文章的八种语言风格——典雅、远奥、精约、繁缛、显附、壮丽、新奇、轻靡,并进一步把它们分成四组,即“雅与奇反,奥与显殊,繁与约舛,壮与轻乖”,一一做了正反的对照比较,自此初创了作家语言风格的理论系统。此后的人们再研究和论述语言风格,大都是对刘勰语言风格论的继承和发展,也大都采取按对应关系进行分类和比照说明的方法,因为这样会显得特点鲜明突出,便于掌握和运用。

对语言风格问题追根溯源,是因为它对于我们现在学习和研究语言风格会有很大的帮助。那么,到底什么是语言风格呢?过去的修辞学著作和教材,直接给“语言风格”下定义的不是很多,而且也不尽统一。综合各家之长,我们对语言风格试作如下定义:**语言风格是指在语言表达上由独具个性的表达手段体系所形成的整体风貌和格调。**

通俗地说,语言风格就是指语言表达上所具有的各种特点的总和,它是由语音、词汇、语法等语言材料,以及辞格、篇章结构等表现方法所组成的表达手段体系,并由此形成语言的总体风貌和格调。语言风格归根结底还属于语言形式的范畴,它是由表达的思想内容所决定并与语言形式相统一的。由于语言风格是由运用不同的语言材料和表现方法所构成的,所以语言材料和表现方法是构成语言风格的物质基础。

全民语言总是丰富多彩的,所以人们在运用语言时,总是存在着选择不同语言材料和不同表现方法的可能性。即使是两个作家都写同一题材、都使用相同的文体,由于对生活的感受不同,所选用的语言材料和表现方法也会不同,语言也必然会呈现出种种不同的特点,这些由整个表达手段体系所形成的各种特点综合起来,就会构成一种特有的语言风格。例如朱自清和俞平伯都是现代著名诗人和散文家,二人泛舟同游秦淮河以后,各写了一篇题目相同的散文《桨声灯影里的秦淮河》,却表现出两种不同的语言风格:

①秦淮河的水是碧阴阴的;看起来厚而不腻,或者是六朝金粉所凝么?我们初上船的时候,天色还未断黑,那漾漾的柔波是这样的恬静,委婉,使我们一面有水阔天空之想,一面又憧憬着纸醉金迷之境了。等到灯火明时,阴阴的变为沉沉了:黯淡的水光,像梦一般;那偶然闪烁着的光芒,就是梦的眼睛了。

(朱自清《桨声灯影里的秦淮河》)

②又早是夕阳西下,河上妆成一抹胭脂的薄媚,是被青溪的姊妹们所熏染的吗?还是匀得她们脸上的残脂呢?寂寂的河水,随双桨打它,终是没言语。密匝匝的绮恨逐老去的年华,已都如蜜饧似的融在流波的心窝里,连呜咽也将嫌它多事,更哪里论到哀嘶。心头,婉转的凄怀;口内,徘徊的低唱,留在夜夜的秦淮河上。

(俞平伯《桨声灯影里的秦淮河》)

比较这两个段落可以看出,朱自清擅长写景,写秦淮河水主要是通过摹色、摹状，并辅之以生动别致的比喻，表现出一种清新俊逸的语言风格；而俞平伯则长于抒情，在对秦淮河水的描写中，寄托了对处在社会底层的歌女们的深切同情，虽然也使用了形象化的描写和拟人、比喻、对偶等修辞手法，但仍然表现出一种深沉凝重的语言风格。

二、语言风格的特点

语言风格作为语言运用的最高层次，具有综合性、相关性、典范性三个明显特点。

(一) 语言风格具有综合性

语言风格既然是由整个表达手段体系所形成的，就必然具有综合性的特点，它是把与题旨和情境相适应的语言材料要素和表现方法要素融合在一起而形成的。因此，一种风格的形成，只能是各种相应的表达手段综合运用的结果，而某种单一的手段不能形成语言风格，风格功能不相适应的语言材料和表现方法的杂糅，也同样不能形成语言风格。

所以，我们在分析语言风格时，必须从全局出发，从整体上把握语言风格的各种构成要素。不仅要进行语言材料的分析，包括语音上的特点、选用词语上的特点和句式上的特点等，还要进行表现方法的分析，包括组织篇章或段落的结构特点、修辞格的运用和其他特殊的表现方法等，这样才能从各种特点中综合出整体的语言风格来。例如：

①时间是一九五七年，故事发生在头道沟自然村。这个小山沟里住着四十多户人家，依山傍沟筑屋而居，东傍头道沟，西靠二道岭，南望二甲山，北通羊肠子河。村里北半截住的是杂姓人家，南半截住的以金姓为主。

(孙万林《山水依依》)

②老通宝坐在“塘路”边的一块石头上，长旱烟管斜摆在他身边。“清明”节后的太阳已经很有力量，老通宝背脊上热烘烘地，像背着一盆火。“塘路”上拉纤的快班船上的绍兴人只穿了一件蓝布单衫，敞开了大襟，弯着身子拉，拉，拉，额角上黄豆大的汗粒落到地下。

（茅盾《春蚕》）

这是这两篇小说的开头，仅从这两个段落看，就呈现出两种不同的风格：孙万林通过使用北方农村鲜活的群众口语和通俗晓畅的叙述，表现出朴实平易的语言风格；而茅盾则通过细致形象的描写和运用比喻、反复的修辞手法，表现出华丽细腻的语言风格。

（二）语言风格具有相关性

语言风格的相关性，是指两种以上的风格具有共同的表达手段，或形成同一个表达手段体系，或在一种风格的基础上辅之以其他风格要素，使相近和相关的语言风格同时存在、相辅相成。

世界上的任何事物都不是孤立的，都是同其他有关的事物相联系而存在的。语言风格也是这样，除了相互对立的两种语言风格（如平实和华丽、庄重和诙谐等）一般不在一篇文章或作品中同时出现外，其他语言风格如简洁和明朗、华丽和繁丰、含蓄和婉约等，它们有时在使用语言材料和表现方法上比较接近，因而在语言运用中经常相互配合而同时表现出来：有时是以一种风格为主，其他风格特点作为陪衬；还有时是两种以上的风格都表现得比较鲜明。例如：

③老王的儿子是个石匠，脑袋还没石头顺溜呢，没见过这么死巴的人。他可是好石匠，不说屈心话。小王娶了媳妇，比他小着十岁，长得像搁陈了的窝窝头，一脑袋黄毛，永远不乐，一挨揍就哭，还是不短挨揍。老王还有个女儿，大概也有十四五岁了，又贼又坏。他们四口住两间房。

（老舍《柳家大院》）

老舍的小说语言特色十分鲜明，而且经常表现出多种多样的风格。这一段介绍老王的儿子、儿媳、女儿三个人物，分别以寥寥数语勾勒出各自的外貌和性格特征，表现出简洁的风格；多用口语词（下面加点的词），完全使用短句，表现出平实的风格；并辅之以别致风趣的对比和比喻（下面加波浪线的句子），表现出诙谐的情调。这三种风格特色，简洁和平实是并行的，诙谐是辅助的，三者之间既相互联系，又相辅相成。

（三）语言风格具有典范性

语言风格是修辞的最高境界，是语言运用成熟的标志。因此，语言风格一旦形成，就具有典范性。语言风格的典范性主要表现在以下两个方面：

一是对于写说者运用语言具有自觉规范作用。当写说者形成一定的语言风格后，就会自觉地按照其要求来组织语言，选择使用能够与自己的语言风格相适应的语言材料和表现方法，用以表达特定的内容和情感。所以，语言风格具有相对的稳定性，它总会在写说者运用语言的过程中反复地表现出来，从而对于写说者运用语言起到规范的作用。

二是对于读听者学习语言具有典型示范作用。我们经常可以发现，有的人讲话别人都喜欢听，有的人写的文章或作品别人都喜欢看，这除了思想内容的因素外，还与运用语言的风格特点有很大关系。语言风格的典范性，在我国文学发展和历代作家身上表现得十分突出，他们在大量优秀作品中所表现出来的语言风格，都给广大读者留下鲜明而深刻的印象，影响了一代又一代人。例如，《诗经》国风中的赋、比、兴表现手法和朴素优美的语言风格，是我国文学现实主义的直接源头；屈原的《离骚》等楚辞中所采用的驰骋想象、夸张铺陈、“寄情于物”的表现手法和精练华美的语言风格，是我国文学浪漫主义的直接源头，它们都对后世作家和文学发展，有着巨大而深远的影响。再如唐代诗歌中李白的清新自然风格，杜甫的沉郁悲凉风格，白居易的通俗平易风格等，都对后代许多杰出诗人有着深刻的影响。在现代的作家中，鲁迅杂文的尖锐犀利风格，郭沫若诗歌的热烈奔放风格，冰心散文的清丽典雅风格，赵树理小说的质朴平易风格，夏衍戏剧的自然素淡风格，等等，都是我国文学艺术大花园里的一朵朵奇葩，对于现代汉语的运用和发展起到了典型示范作用。

思考与练习一

1. 对语言风格都可以从哪些角度进行分类？一般所说的语言风格（狭义的语言风格）指的是什么？

2. 语体和风格在修辞学体系中都带有综合性，但是二者对于语言材料、修辞方式、表现方法的作用和目的有什么不同？

3. 为什么说语言风格是语言的最高层面？学习和研究语言风格有什么重要意义？

4. 我国古代对语言风格的研究有哪些突出成果？这对于我们研究现代汉语的语言风格会有哪些帮助？

5. 什么叫语言风格？构成语言风格的表达手段体系都包括哪些方面？

6. 为什么说语言风格具有综合性、相关性和典范性？举例说明。

7. 分析下边两个段落，指出具有怎样不同的语言风格，并说明在选用语言材料和表现方法上各有什么特点。

①在他面前那条“官河”内，水是绿油油的，来往的船也不多，镜子一样的水面这里那里起了几道皱纹或是小小的涡漩，那时候，倒映在水里的泥岸和岸边成排的桑树，都晃乱成灰暗的一片。可是不会很长久的，渐渐儿那些树影又在水面上显现，一弯一曲地蠕动，像

是醉汉，再过一会儿，终于站定了，依然是很清晰的倒影。那拳头模样的丫枝顶都已经簇生着小手指儿那么大的嫩绿叶。这密密层层的桑树，沿着那“官河”一直望去，好像没有尽头。田里现在还只有干裂的泥块，这一带，现在是桑树的势力！在老通宝背后，也是大片的桑林，矮矮的，静穆的，在热烘烘的太阳光下，似乎那“桑拳”上的嫩绿叶过一秒钟就会大一些。

（茅盾《春蚕》）

②不过，别看一丈青大娘能镇八方，她可管不了何满子。何家世代单传，辈辈一棵苗，何满子的爷爷就是老生儿，他父亲也是在一丈青大娘将近四十岁时才落生的；偏是何满子不同凡响，是他母亲头一胎生下来的贵子。一丈青大娘一听见孙子呱呱坠地的啼声，喜泪如雨，又烧香又上供，又拜佛又许愿。洗三那天，亲手杀了一只羊和三只鸡，摆了个小宴；满月那天，更杀了一口猪和六只鸭，大宴乡亲。她又跑遍沿河几个村落，挨门挨户乞讨零碎布头儿，给何满子缝了一件五光十色的百家衣；百日那天，给何满子穿上，抱出来见客，博得一片彩声。到一周岁生日，还打造了一个分量不小的包铜镀金的长命锁，金光闪闪，差一点儿把何满子勒断了气。

（刘绍棠《蒲柳人家》）

第二节　语言风格的构成要素和形成过程

语言风格虽然不是神秘莫测、高不可攀的，但也不是一朝一夕不经过努力就可以形成的。要想学好、用好语言，达到语言运用的更高境界，就必须对语言风格有一个深刻而全面的认识。这除了要掌握语言风格的概念和特点外，还必须弄清语言风格的构成要素及其相互关系，明白语言风格是怎样形成的，这对于分析和学习别人的语言风格，以及逐步形成自己的语言风格，都具有基础性作用。

一、语言风格的构成要素

语言风格的构成要素是多方面的，综合起来主要有以下四种：一是题旨和情境要素；二是语言材料要素；三是表现方法要素；四是写说者个人要素。它们相互作用，有机结合，共同构成一定的语言风格。

（一）题旨和情境要素

修辞学所说的题旨和情境，是两个不同的概念，它们经常联系在一起，成为修辞的依据和标准。语言是人们进行交际的工具，从交际的角度看，题旨包括交际目的和交际内容，具体是指写说者所要表达的思想和情感；情境包括交际对象和交际环境，具体是指读听者的情况、交际形式、交际场合，以及所使用的文体和语体的要求、具体的语言环境等。

题旨和情境要素，在语言风格的形成过程中具有至关重要的作用。它虽然不是直接构成语言风格的物质基础，但对于语言材料和表现方法这两种物质因素起着决定作用，它在整个语言表达体系中具有内在的凝聚力，任何语言材料和表现方法都必须与题旨和情境相适应。所以，我们在分析一篇作品的语言风格时，绝不能忽视处于深层次的题旨和情境要素，而要把它放在首位，以此为出发点来分析语言材料和表现方法，这样才能把内在因素和外在因素结合起来，准确地判定作品所表现出来的语言风格。

为了能够看清题旨和情境要素对语言材料和表现方法的决定作用，我们来比较下面的两段诗句：

①青沉沉的大海，波涛汹涌着，潮向东方！

光芒万丈地，将要出现了哟——新生的太阳！

天海中的云岛都已笑得来火一样地鲜明！
我恨不得，把我眼前的障碍一概铲平！

出现了哟！出现了哟！耿晶晶地白灼的圆光！
从我两眸中有无限道的金丝向着太阳飞放！
……

（郭沫若《太阳礼赞》节选）

②太阳啊——神速的金乌——太阳！
让我骑着你每日绕行地球一周
也便能天天望见一次家乡！
……
太阳啊，这不像我的山川，太阳！
这里的风云另带一般颜色，
这里的鸟儿唱的调子格外凄凉。

（闻一多《太阳吟》节选）

这两首诗都是吟咏太阳的，但由于作者所处的环境和感慨（题旨和情境）不同，选用的语言材料和表现方法也不同，因而表现出两种截然不同的风格：郭沫若这首诗写于 1921 年，当时他正在日本留学，受到俄国十月革命和中国五四运动的影响，诗人充满了火热的激情，因而对着“新生的太阳”放歌，表现出热烈奔放的语言风格；闻一多这首诗写于他 1922 年赴美国留学的时候，在异国他乡面对帝国主义的民族歧视，向着太阳诉说对祖国的无比怀念，因而表现出沉郁悲凉的语言风格。

（二）语言材料要素

语言材料要素，是指语言系统内部的语音、词汇、语法手段中所包含的一些风格要素。语音、词汇和语法（主要是句式的组织），都是能够构成一定语言风格的物质因素，都可以作为修辞的对象并使语言表现出某些特点，因而都能够成为语言风格的主要构成要素。语言材料是风格的荷载者，任何语言风格都要通过运用不同的语言材料表现出来。语言材料要素具体包括以下几项内容：

1. 语音风格要素

语音是语言的物质外壳，是一种表达语义的客观物质材料。汉语同其他语言相比，在语音上有着自己的突出特点：一是元音（气流震动声带、在声道内不受阻碍而发出的音）占优势，发音响亮，清晰悦耳；二是每一个音节都有声调，发音时有高低升降、曲直长短的变化。这就使汉字在连续读起来时，声调抑扬顿挫，语音优美动听。汉语语音上的这种特点，可以成为语言风格的重要表达手段。

此外，押韵、平仄、节奏以及双声、叠韵、叠音、轻声、儿化等的运用，都可以使语言形成不同的风格特色。下面，分别加以说明。

（1）押韵的选择。古人和现代作家，都注意到诗歌韵脚字的选用，通过押韵来表达特有的情感和造成不同的风格色彩。通常情况下，都以含开口度大的元音韵母押韵，来表达雄壮激昂的情感格调，如 a、ai、an、ang 等；而以含开口度小的元音韵母押韵，来表达沉郁、悲哀和缠绵的情感格调，如 i、u、iu 等。

我们来比较下面的两首诗，看其选择押韵的不同，对形成不同的语言格调和气氛所起的作用：

①朝辞白帝彩云间，
千里江陵一日还。
两岸猿声啼不住，
轻舟已过万重山。

（李白《早发白帝城》）

②薄雾浓云愁永昼，瑞脑消金兽。佳节又重阳，玉枕纱厨，半夜

凉初透。

东篱把酒黄昏后，有暗香盈袖。莫道不消魂，帘卷西风，人比黄花瘦。

（李清照《醉花阴》）

例①是李白的一首七言绝句，作于乾元二年(759)，他因参与李璘(唐肃宗弟，封永王)幕府而获罪，自浔阳狱中长流夜郎，行至白帝城遇大赦放归，恢复了自由，当时诗人乘舟自白帝城顺江而下，当日即达江陵。作者在这首诗里，选押平声删部韵(平水韵)，韵脚字"间、还、山"的韵母"an"发音响亮，与表达作者的欢快心情相适应，使全诗表现出一种轻快明朗的格调。

例②是宋代词人李清照的早期作品，写重阳节独居赏菊饮酒的情景，抒发孤独伤别、思念丈夫的愁苦心情。这是一首小令，共52字，选押去声宥部韵(平水韵)，韵脚字"昼""兽""透"和"后""袖""瘦"，声音低抑短促，易于造成一种悲切沉郁的气氛。

(2)平仄的配合。平声和仄声，是汉字声调的两大类型：在古代汉语中，平声字为平声，上、去、入三声均为仄声；在现代汉语普通话中，一般阴平、阳平为平声，上声、去声为仄声。平声的特点是上扬的，所占的时值较长些；而仄声的特点是下降的，所占的时值较短些。

汉语声调的这些特点，就为人们在运用语言时，注意声调的配合、追求铿锵悦耳的语音效果创造了条件。同时，声调的平仄，对于语言所表达的情感和风格特色也具有重要作用。一般说来，平声语调平缓洪亮，宜于表现柔婉缠绵或悠扬凄清之情，具有明朗清丽的风格特色；仄声语调曲折爽脆，宜于抒发宏阔激昂或幽咽沉郁的情怀，具有悲壮豪迈的风格特色。

我们来看岳飞的一首著名词作《满江红》，字下加点的为转入阴

平和阳平的古入声字,加“△”处为韵脚字(下同),以“—”代表平声,以“|”代表仄声,主要看其平仄配合和语音效果:

③怒发冲冠,凭栏处,潇潇雨歇。抬望眼、仰天长啸,壮怀

| | — — ——| ——| | —| | |——| |—

激烈。三十功名尘与土,八千里路云和月。莫等闲、白了少年头,

| | —|———| | |—| |——| | |— | | |——

空悲切。　　靖康耻,犹未雪。臣子恨,何时灭。驾长车踏破,

——|　　|—| —| | —| | ——| |——| |

贺兰山缺。壮志饥餐胡虏肉,笑谈渴饮匈奴血。待从头、收拾旧

|——| | |———| | |—| |——| |—— —| |

山河,朝天阙。

—— ——|

这是一首悲壮豪迈的战歌,反映了民族英雄岳飞勇赴国难、气吞山河的豪情壮志。朗诵这首词时,就会明显地感到声调的平仄变化,抑扬有致,再加上与押入声韵的配合(韵脚字“歇、烈、月、切、雪、灭、缺、血、阙”都是古入声字,此外“十、八、白、拾”也是古入声字,因而属于仄声),使这首词形成了悲壮豪迈的语言风格。

(3)节奏的控制。节奏的急缓,跟语句(诗句)长短、语序安排有直接关系,因而也常被作为语言风格手段加以利用。例如:

④昨夜里/临到了/黎明时分,

　我看见她/最后的/一封信来。

　那信里/夹着/许多的/空行,

　我读后/感觉着/异常/惊怪。

　她说道:/“哥哥哟,/你在……

啊，/其实呀，/我也是在……
我所以/总不肯/说出/口来，
是因为/我深怕/使你/悲哀。

到如今/你既是/那么烦恼，
哥哥哟，/我不妨/直率地/对你相告：
我今后/是已经/矢志/独身，
这是我/对你的/唯一的/酬报……"

啊，/可惜我/还不曾/把信看完，
意外的欢娱/惊启了/我的梦眼，
我醒来/向我的/四周/看时，
一个/破了的花瓶/倒在/墓前。

（郭沫若《瓶》第四十二首）

《瓶》是郭沫若先生的一部爱情诗集，作于1925年2、3月间，发表于1926年4月16日上海《创造月刊》第1卷第2期。这部诗集共有四十二首诗（不包括前边的一首《献诗》），完全是"我"写给一位同游西湖的姑娘的，表达了一种深沉、忧伤而又无法实现的爱。在这最后一首诗里，写的是"她"给"我"的最终答复，使"我"的爱情理想彻底破灭。这首诗在运用节奏表达情感而形成特有的风格色彩方面十分突出：在感情强烈的地方使用叹词、语气词，或使用称呼语、插入语，来增加语音停顿；在表情达意的重点之处（如每节后面的两句），则增加语音顿歇，放慢节奏，以充分抒发浓郁而复杂的情感。这些节奏手段，都有助于表达缠绵凄婉的格调和气氛。

（4）双声、叠韵、叠音和轻声、儿化等的运用。双声和叠韵，是古代汉语中保留下来的联绵词的两种形式：双声指的是两个音节的声母相同，如“伶俐、尴尬”之类；叠韵指的是两个音节的韵母相同，如“窈窕、烂漫”之类。所谓联绵词，都是指两个音节连缀成义、不能拆开来讲的词。非联绵词（合成词）也有双声和叠韵的形式，如“语言、宽阔”之类也可看作双声词；“严寒、强壮”之类也可看作叠韵词。双声和叠韵是汉语独有的现象，具有特殊的修辞效果，不仅声音和谐悦耳，还具有描绘和渲染的作用。例如：

⑤这里溪流缓慢，萦绕着每一个山脚，在轻轻荡漾着的溪流两岸，满是高过马头的野花，红、黄、蓝、白、紫，五彩缤纷，像织不完的织锦那么绵延，像天边的彩霞那么耀眼，像高空的长虹那么绚烂。

（碧野《天山景物记》）

这段文字描写山间的溪流和两岸的野花，接连使用了叠韵词“缓慢、荡漾、缤纷、绵延、天边、绚烂”（其中“天边”是方位短语，也采用了叠韵的形式）和双声词“耀眼”，不仅使语音和谐悦耳，而且具有一种形象描绘的色彩，使语言表现出华丽优美的风格。

叠音也属于一种语音修辞，因古代汉语以单音词为主，所以被称为“重言”或“复字”。现代汉语里，一些单音节的形容词或量词常常重叠使用，有些双音节的形容词或拟声词也可以重叠使用。叠音的修辞效果是：具有较强的描绘色彩，并能够增强语言的音乐性。恰当巧妙地使用叠音，可以使写景状物更加生动形象，使感情表达更加浓郁感人，并能够使语言表现出特有的风格特色。例如：

⑥惊蛰一过，春寒加剧。先是料料峭峭，继而雨季开始，时而淋淋漓漓，时而淅淅沥沥，天潮潮地湿湿，即连在梦里，也似乎把伞撑着。

（余光中《听听那冷雨》）

这是著名诗人、散文家余光中在 1974 年春分之夜写的一篇散文。此为文章开头的两个句子，就有五处利用了叠音手法：写春寒用了“料料峭峭”（形容词“料峭”的叠音），写雨态用了“淋淋漓漓”（形容词“淋漓”的叠音），写雨声用了“淅淅沥沥”（拟声词“淅沥”的叠音），写天用了“潮潮”（单音节形容词“潮”叠用），写地又用了“湿湿”（单音节形容词“湿”叠用）。对这些形容词和拟声词的叠音用法，更加形象而细腻地描写出春雨之“冷”，抒发了作者二十五年来身处台湾的凄楚情怀。

轻声和儿化，是现代汉语普通话语音中的两种特殊现象。其主要作用是能够区别意义和词性，如“头”（tóu，脑袋）和“头儿”（tóur，为首的人）；“大意”（dàyì，名词）和“大意”（dà · yi，形容词）。此外，轻声具有调整语言声调轻重的作用，儿化能够表示细小、亲切、喜爱等感情色彩，所以它们对于形成特有的语言格调都具有一定的作用。例如：

⑦苦了小顺儿和妞子。这本是可以买几个模子，磕泥饽饽的好时候，用黄土泥磕好了泥人儿，泥饼儿，都放在小凳上，而后再从墙根采来叶儿还卷着的香草，摆在泥人儿的面前，就可以唱了呀：“泥泥饽饽，泥泥人儿耶，老头儿喝酒，不让人儿耶！”这该是多么得意的事呀！可是，妈妈不给钱买模子，而当挖到了香草以后，唱着“香香蒿子，辣辣罐儿耶”的时候，父亲也总是不高兴地说：“别嚷！别嚷！”

（老舍《四世同堂》第二部《偷生》）

老舍的这部小说是用北京话写的，北京话里的轻声和儿化都比较多，具有鲜明的地方色彩。普通话以北京语音为标准音，所以轻声和儿化也比较多。这段话里下边加点的字都要读轻声，加线的字都要读儿化音。这短短百余字中，就用了 28 个轻声字和 9 个儿化音，轻声和儿化的配合使用，使人读起来声调宛转有味儿，完全与儿童的心理状态相契合，使语言表现出一种轻松、安逸、亲切、活泼的格调和气氛。

2. 词语风格要素

现代汉语词汇中，包含着口语词、书面语词、古语词、方言词、外来词和社会习惯语等，它们除了能够表示理性意义外，有些还带有一定的感情色彩和语体色彩，因而都可以成为语言风格的构成要素。

口语词来源于群众口语，由俗语、俚语、具有地方色彩的词语和日常会话用语等组成，带有浓厚的生活气息。选用口语词，能够表现出朴实自然、亲切活泼的风格特色。例如：

①炊事员们都去参加作业了，留下炊事班长李成孝，在坑道看管着挑筐。他独自坐在扁担上死等，等得腻腻歪歪好不耐烦，左一锅烟右一锅烟地抽呵抽呵！烟是抽饱了，可肚子里头咕咕地叫唤不停。连队还只吃了早上那顿饭，现在十几个小时水米没沾牙，他们的肚子可受得住？他乜斜着眼睛望望西照的日头，自说自唠着："这还有个天日没有？"说罢，翘翻过鞋底儿，叭叭磕打着小铜烟袋锅儿，又吱啦吱啦地吹鼓着竹管腔里的油子，使劲儿甩悠甩悠，……

（郑直《激战无名川》）

书面语词来源于大量的历史文献、文学作品和其他规范的书面语中，由比较典雅的词、成语、专门术语、文言词和外来词等构成，具有文雅、郑重的色彩。选用书面语词，能够表现出庄重、细腻的语言风格。例如：

②缓慢的脚步声由甬道传进来。正中的门呀地开了，陈白露走进来，捻开中间的灯，室内豁然明亮。她穿着极讲究的晚礼服；颜色淡雅，多褶的裙裾拖在地面如一片云彩。她发际插一朵红花，乌黑的鬈髻垂在耳际。她的眼睛明媚动人，举动伶俐而机警，一种嘲讽

的笑总挂在嘴角上。但是她的神色时常露出倦怠和厌烦：这种生活的倦怠是她那种漂泊人特有的性质。她爱生活，她又厌恶生活。她认定自己所习惯的种种生活方式，是最残酷的桎梏，使她即使怎样羡慕着自由，也难以逃出自己的环境的罗网。

（曹禺《日出》）

古语词是指现代汉语中少用而多见于古代文献的词。它来源于古典文学和文言作品，其中有的文言词仍被现代汉语吸收和利用。它可以用来表示讽刺意义（如“土皇帝”“小朝廷”“钦差大臣”“当官做老爷”等），而更多的是用来表示庄重、严肃的风格色彩。例如，轩辕黄帝是中华民族的人文初祖，清明公祭轩辕黄帝是中华儿女溯源、寻根、凝心、铸魂的传统盛典，祭祀典礼被列入第一批国家级非物质文化遗产名录。出于这种特殊的题旨和情境需要，清明公祭祭文就特意选用多个古语词，来表现异常庄重、严肃的语言格调和气氛：

③岁次癸卯，节届清明。桥山巍巍，沮水溶溶。春风骀荡，万物孳萌。谨具鲜花雅乐之仪，致祭轩辕黄帝之陵。辞曰：

仰我初祖，生而神灵。长而敦敏，业峻功崇。播殖百谷，舟车始乘。堂室栋宇，是建是营。衣冠爰作，万方仪型。咸池张乐，修德立诚。缔构华夏，肇启文明。泽被后世，宣惠无穷。

（《癸卯（2023）年清明公祭轩辕黄帝文》节选）

方言词是指流行在方言地区而没有在普通话里普遍通行的词。普通话以北方话为基础，但也仅仅是把北方话中最通行的词吸收进来，还有一些方言词没有被吸收进来，对其他地区的方言词更是如此。对于方言词的使用主要有两种情况：一是有些表示特殊意义的方言词，在普通话里没有适当的词语来代替，这就需要使用方言词；二是有一些表示人或事物的地方性特征的词，虽然在普通话里也可找到类似的词语来表达，但是不如方言词表达得那样形象生动、切合实际，这时也需要使用方言词。因此，根据表达的需要适当地使用方言词，也可以增加语言的地方色彩，并成为语言风格的构成要素之一。例如：

④他不甚注意他的模样。他爱自己的脸正如同他爱自己的身体，都那么结实硬棒；他把脸仿佛算在四肢之内，只要硬棒就好。是的，到城里以后，他还能头朝下，倒着立半天。这样立着，他觉得，他就很像一棵树，上下没有一个地方不挺脱的。

（老舍《骆驼祥子》）

这篇小说是老舍的代表作，是用北京话写的。这段话中就使用了“模样”“结实”“硬棒”“挺脱”四个方言词，来描写祥子的身体强壮，具有特殊的表现力，并表现出语言的地方色彩和民族风格。现在，“模样”和“结实”已经被吸收到普通话词汇中来，“硬棒”和“挺脱”仍作为方言词使用。

3. 语法风格要素

语法也是语言的一个组成部分，在语法要素中同样存在着一些具有语言风格色彩的成分。语法手段与语言风格的关系，主要表现在组织和使用不同的句式上面。句式的长短，结构的整散，语序的变化等，都会使语言表现出不同的格调和气氛。例如：

①鲁迅是中国文化革命的主将，他不但是伟大的文学家，而且是伟大的思想家和伟大的革命家。鲁迅的骨头是最硬的，他没有丝毫的奴颜和媚骨，这是殖民地半殖民地人民最可宝贵的性格。鲁迅是在文化战线上，代表全民族的大多数，向着敌人冲锋陷阵的最正确、最勇敢、最坚决、最忠实、最热忱的空前的民族英雄。鲁迅的方向，就是中华民族新文化的方向。

（毛泽东《新民主主义论》）

②雨是最寻常的，一下就是三两天。可别恼。看，像牛毛，像花针，像细丝，密密地斜织着，人家屋顶上全笼着一层薄烟。树叶子却绿得发亮，小草也青得逼你的眼。傍晚时候，上灯了，一点点黄晕的光，烘托出一片安静而和平的夜。乡下去，小路上，石桥边，有撑起伞慢慢走着的人；还有地里工作的农夫，披着蓑，戴着笠的。他们的草屋，稀稀疏疏的，在雨里静默着。

（朱自清《春》）

上边的两例，使用不同的句式，明显表现出两种不同的风格特色：例①是一篇政治论文，这是毛主席在论述中国文化革命的历史特点时，引用鲁迅为例并予以高度评价的一段话，多用长句，多用并列成分和长定语（文中加点的部分），表现出证论文周密细腻的语言风格；例②是一篇散文，多用短句，节奏舒缓，表现出一种恬静自然的格调和气氛。

③“路上黑，打了灯笼去吧。”

自从远离乡井，为了生活在外面孤单地挣扎之后，像这样慈母口中吩咐的话也很久听不到了。每每想起小时候在村里上灯学，要挑了灯笼走去挑了灯笼走回的事，便深深感到怅惘。母亲给留着的消夜食品便都是在亲手接过了灯笼去后递给自己的。为自己特别预备的那支小的纱灯，样子也还清清楚楚记在心里。虽然人已经是站在青春尾梢上的人，母亲的头发也全白了。

（吴伯箫《灯笼》）

吴伯箫散文的语言风格文雅细腻。这里回忆小时候晚上提着灯笼上学的情景，表达慈母之爱和怅惘之情，除了上一段使用示现辞格外，下一段都是通过语法手段来表现的：

第一是句式的使用和调整。第一句的开头使用了两个句首状语句，第二句中插入了一个较长的复杂定语，第三句使用了一个长单句,第四句前边的分句加了多层定语,这样,就把具体时间和有关细节都交代得十分清楚。

第二是调整变化句子的语序。第二段后边的两个句子本来是一个转折句群,其正常语序是:“虽然”句在前,“为自己”句在后(前加“但是”)。可是作者倒过来说,把“虽然”句放在后面,这就更加突出了当时自己和母亲的年龄,对整段的内容起到了补充说明的作用,使怀念和怅惘之情表达得格外真挚感人。

(三)表现方法要素

表现方法是写作和修辞方面的一个综合概念。**所谓表现方法,就是指写说者向读听者表达自己思想感情的具体方法。**从写作的过程看,表现方法应该包括主题的确定、材料的选择、结构的安排、语言的运用等各个方面。而单从修辞的角度看,表现方法主要包括结构的安排、语言的运用两个方面,当然也同样离不开主题和材料,它们属于题旨和情境要素,是修辞的依据和标准。按照陈望道先生的“语辞形成的三阶段”理论(收集材料、剪裁配置、写说发表),如果专门从语言风格的角度来探讨表现方法,特别是已经把题旨和情境、语言材料作为语言风格的两个专门构成要素以后,表现方法要素就主要包括积极修辞手法(辞格)的运用、篇章结构的方法和特点、其他特殊的表达手段等几个方面。

1. 积极修辞手法的运用,是构成语言风格的重要表现方法

传统辞格的运用,是一种积极的修辞手法和表达技巧,因而能够成为表现一定语言风格的重要手段。不同辞格的运用,往往有助于形成某种特定的语言格调和气氛。例如:比喻可以增加语言的形象色彩,拟人可以造成生动活泼的情趣,夸张可以渲染气氛,反语能够造成讽刺的效果,借代可以造成诙谐幽默的情味,反问可以增强语言的感情色彩,排比和对偶都有助于形成一种激壮的气势,顶真

与回环都具有首尾蝉联、循环往复的语音效果，等等。凡此种种都说明，运用某种辞格所特有的表达效果，往往对形成某种语言格调和气氛具有重要作用，因而可以成为语言风格的重要表现方法之一。请看下面两个例子：

①在口粮紧张的情况下，他不相信用粮食奖励养猪是积极的办法，因为大部分社员想方设法养猪的目的已是为了取得奖励粮来弥补口粮，小耳朵盼大耳朵的粮食吃，养猪事业是不会有多大发展的。

（高晓声《"漏斗户"主》）

这段话里使用了借代辞格，用"小耳朵"指代人，用"大耳朵"指代猪，使人与猪在耳朵大小上发生了联系，表现出一种幽默风趣的风格特点。

②一九四三年的海莱山区，颤栗在凛冽的寒冬里。

风卷着雪花，狂暴地扫荡着山野、村庄，摇撼着古树的躯干，撞开了人家的门窗，把破屋子上的茅草，大把大把的撕下来向空中扬去，把冷森森的雪花，撒进人家的屋子里，并且在光秃秃的树梢上，怪声地怒吼着、咆哮着，仿佛世界上的一切，都是它的驯顺的奴隶，它可以任意的蹂躏他们，毁灭他们。

（峻青《党员登记表》）

上边这两个段落里，加点的词语或句子都是比拟（拟人或拟物）辞格的运用。赋予暴风雪以人的动作行为或野兽的叫声，形象而生动地描写出暴风雪的肆虐无情，同时又渲染出一种震撼人心的气氛，使这段景物描写表现出刚健、细腻的风格特色。

2. 篇章结构的不同方法，也能表现出不同的语言风格特色

篇章结构，即组织篇章或段落的结构方法。采用什么样的结构方法把一个段落或一篇文章组织起来，有时也会影响到语言表达的

特点,与形成一定的语言风格特色有密切的关系。正因为如此,我们才有必要把章法结构看成是语言风格的一个构成要素,同时也是语言风格的表现方法之一。例如:

③同志们请想一想,实事求是,一切从实际出发,理论和实践相结合,这是不是毛泽东思想的根本观点呢?这种根本观点有没有过时,会不会过时呢?如果反对实事求是,反对从实际出发,反对理论和实践相结合,那还说得上什么马克思列宁主义、毛泽东思想呢?那会把我们引导到什么地方去呢?很明显,那只能引导到唯心主义和形而上学,只能引导到工作的损失和革命的失败。

(邓小平《在全军政治工作会议上的讲话》)

这个段落是用设问的结构方法组织起来的:前边的两个问句提出相关的两个问题,后边又从反面进行假设,用一个反问句、一个疑问句、一个陈述句作出回答。这样,就从理论到实际层层推进,不仅使段落的结构严谨,而且使语言表现出简洁明朗、尖锐犀利的风格特色。

不仅篇章结构的方法可以表现出不同的语言风格特色,而且语言表达结构形式的变化,也有助于形成一定的语言风格。这在诗歌中体现得最为明显,我们来看下边的几节诗句:

④可记得?我们曾经有过一个伟大的发现:
住在青纱帐里,高粱秸比甘蔗还要香甜;
可记得?我们曾有过一个大胆的判断:
无论上海或北京,都不如这高粱地更叫人留恋。

可记得?我们曾有过一种有趣的梦幻:
革命胜利后,我们一道捋着白须、游遍江南;
可记得?我们曾经有过一点渺小的心愿:

到了社会主义时代，狠狠心每天抽它三支香烟。

可记得？我们曾经有过一个坚定地信念：
即使死了化为粪土，也能叫高粱长得杆粗粒圆；
可记得？我们曾经有过一次细致的计算：
只要青纱帐不倒，共产主义肯定要在下一代实现。

可记得？在分别时，我们定过这样的方案：
将来，哪里有严重的困难，我们就在哪里见面；
可记得？在胜利时，我们发过这样的誓言：
往后，生活不管甜苦，永远也不忘记昨天和明天。

（郭小川《甘蔗林——青纱帐》节选）

郭小川是现代著名诗人，这首诗的突出特点是，在语言结构上采用他所创造的“新辞赋体”。这类诗体在形式上，每行诗句都比较长，一般都由两个以上的句子或分句组成；每一节由两行或四行构成，每行的字数要求大致相等；节与节之间，音节数大体相当，外观上基本对称；在表现方法上，铺陈、排比、对偶、反复等兼用，使诗歌的视野宽广、容量丰富、思想深邃、激情澎湃，表现出繁丰、豪放的语言风格。这种“新辞赋体”的语言结构形式，使诗歌在语言表达的节奏上雍容不迫，并造成一种特有的整齐匀称和铿锵有力的韵致，散发出强烈的民族风格的气息。

3. 运用图形、表格、符号、公式等特殊表达手段，也有助于形成某种特有的风格特色

图形、表格、符号和公式等，都属于特殊的表达手段，用来代替语言的叙述和说明，可以使表达效果更加简洁而明确，同时又能够增加语言的科学色彩。这种表现方法在科技语体中经常使用，在其他语体中也偶尔应用。例如：

⑤EPNPV 对家蚕的感染试验结果见下表：

试验动物		处理项目	接病毒量 PIB 亿/mel	生活习性观察		
名称	数量			单重(克)结茧率(%)	化蛹率(%)	平均单雌产卵数(粒)
家蚕	50	口服	1、5、10	100	100	135
	15	CK	清水	100	100	138

从结果看出，饲喂过EPNPV 的家蚕，同对照组一样能正常发育、化蛹、羽化、产卵，以至下一代幼虫孵化生长。可见EPNPV 对家蚕并不感染。

（任大胜等《茶毛虫核型多角体病毒的安全性研究》）

这是一篇科技语体的专业论文，除了使用大量的专门术语外，还使用了表格、字母等加以说明，使语言表现出简洁、明朗的风格特色，并具有专业性和科学性的色彩。这种表达效果，是使用一般的词语和表现方法所无法达到的。

（四）写说者个人要素

写说者个人要素，是指写说者个人的思想、经历、学识和运用语言的能力。其中个人的思想和经历，决定着要写什么题材、要表现怎样的主题；个人的学识和运用语言的能力，决定着如何剪裁和配置材料、如何安排文章和作品的结构、选用什么语言材料、运用什么表现方法，以及最终表现出怎样的语言风格。所以我们可以认为，写说者个人要素对形成一定的语言风格具有主观制导作用。

语言风格既然是语言表达的总体特点，它的表现在创作的各个环节就无所不在，如题材的选择、主题的强调、结构的安排、材料的配置、语言的运用等各个方面，都会程度不同地包含着语言风格要素。写说者个人要素对语言风格的主观制导作用，在作家及其作品中表现得十分突出，这主要表现在以下方面：作家总是以自己的亲身经历或最熟悉的人或事物作为创作的题材；在作品中总是表现自己感受最强烈和认识最深刻的主题；在创作中总是使用自己最擅长的文体和最习用的语体；总是按照自己的创作意图来剪裁配置材料和安排作品的结构；总是选择自己认为与题旨和情境相适应的语言材料和表现方法；等等。以上诸点，都足以影响构成语言风格的其他各种要素，并最终在作品中表现出自己独特的语言风格。

例如我国现代著名作家老舍（原名舒庆春，字舍予），1899 年出生在北京城内一个破落的旗人之家，父亲是清朝守卫皇城的卫兵，1900 年在八国联军进北京时阵亡，靠母亲给人缝缝洗洗将他们姊妹兄弟五个养大。老舍七岁开始读私塾，后入小学、中学，因家庭困难退学后又考入免费的北京师范学校。老舍由于出身贫苦，自幼就和挣扎在黑暗社会最底层的拉车、修房、剃头、卖唱、教书等各行各业的劳动者相交往，熟悉市民阶层特别是城市贫民的生活，因此，以他们为题材创作出《老张的哲学》《赵子曰》《离婚》《骆驼祥子》《月牙儿》《断魂枪》《四世同堂》（近百万字，分为《惶惑》《偷生》《饥荒》三部）等多部长篇小说和短篇小说，赞扬劳动人民的美好品质，控诉揭露剥削者和侵略者的罪恶。特别是其代表作、著名长篇小说《骆驼祥子》享有盛誉，先后被译成二十多种文字走向国外。在语言运用方面，老舍堪称语言艺术大师，他非常熟悉北方劳动人民的口语，尤其擅长北京话，他的作品中的语言多是以北京话为基础加工锤炼而成的，再加上巧妙的艺术构思和表现方法，使老舍的语言表现出既朴实平易、又简洁明快的风格特色，并富有浓郁的地方色彩和生活气息。我们来看《骆驼祥子》中的一个段落：

北平的洋车夫有许多派：年轻力壮，腿脚灵利的，讲究赁漂亮的车，拉“整天儿”，爱什么时候出车与收车都有自由；拉出车来，在固定的“车口”或宅门一放，专等坐快车的主儿；弄好了，也许一下子弄个一块两块的；碰巧了，也许白耗一天，连“车份儿”也没着落，但也不在乎。这一派哥儿们的希望大概有两个：或是拉包车；或是自己买上辆车，有了自己的车，再去拉包月或散座就没多大关系了，反正车是自己的。

这一段话，是介绍北平的洋车夫里年轻力壮的一派是怎样拉车的。多使用口语词和行业语，还使用了北京话里的方言词和儿化音，经过作者的加工和提炼，完全成为艺术化的文学语言，表现出朴实明朗的风格特色，并充满浓厚的地方色彩和生活气息。

二、语言风格的形成过程

以上，介绍了语言风格的四种构成要素——题旨和情境要素、语言材料要素、表现方法要素、写说者个人要素。那么，各种语言风格要素之间是什么关系呢？这些风格要素又是怎样相互作用而构成整体语言风格的呢？

语言风格的四种构成要素之间的关系，主要表现在以下几个方面：

第一，写说者个人要素是语言风格形成的主观因素，题旨和情境要素、语言材料要素、表现方法要素是语言风格形成的客观因素；写说者个人要素对其他三种要素具有主观制导作用，各种主客观因素相统一，才能形成一定的语言风格。

第二，在题旨和情境要素、语言材料要素、表现方法要素这三种客观因素中，题旨和情境要素对语言风格具有内在制约作用，选择什么语言材料和表现方法，必须与题旨和情境相适应。从这个角度说，题旨和情境要素是处于深层次的，它对于语言材料要素和表现方法要素具有决定作用。

第三，语言材料要素和表现方法要素是语言风格的外在表现形式,是构成一定语言风格的物质基础,语言风格主要通过所选用的语言材料和表现方法而显示出来,因此,这两个要素是我们分析和把握语言风格的根本依据。

第四,在语言材料和表现方法这两种物质要素中,语言材料又是表现方法的物质承载者,不管是哪种表现方法,都要通过使用一定的语言材料来实现,超语言系统的特殊表现方法(如结构方法,图形、字母、公式等特殊表达手段),有时也要借助于一定的语言文字加以说明。

弄清语言风格的构成要素及相互关系后,再来探讨语言风格的形成过程就比较容易了。在语言风格形成的过程中,各种构成要素相互联系、相互作用,使风格的形成呈现出一个复杂而能动的过程。为了表达方便起见,我们用下面这个示意图来加以说明:

语言风格构成要素及形成过程示意图

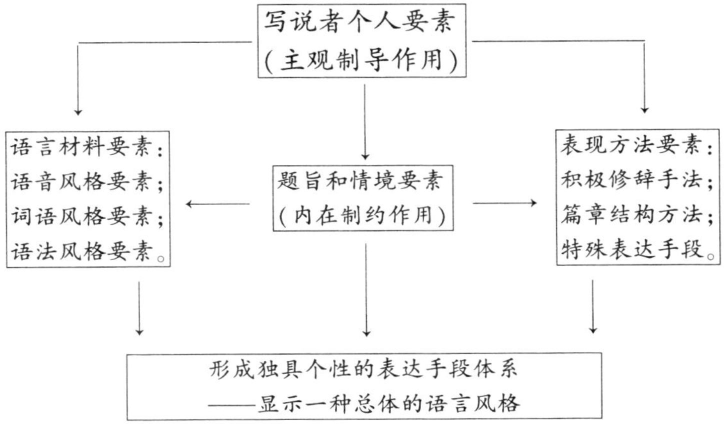

语言运用要形成一种风格,是适应特定的交际需要,对上述各种风格要素分别选择、使用和有机结合的结果;任何一种风格的形成,也只能是各种相应的语言表达手段综合运用的结果。语言风

格的形成过程,是一个主观因素与客观因素、内在因素与外在因素、制导因素与风格要素之间相互作用、和谐统一的过程,这个过程是极其复杂和能动多变的。我们上边对此分别进行分析和说明,这只是为了说述的方便。实际上,各种风格要素在运用中常常是相互结合、不可分割的。所以,我们只有对这些风格要素的相互关系和相互作用辩证地看、能动地看、综合地看,才能掌握语言风格形成的规律和方法,科学地分析优秀作家、优秀作品的语言风格,不断提高自己运用语言的能力和水平,并逐步培养和形成自己的语言风格。

思考与练习二

1. 语言风格的构成要素可分为哪四种?每种要素中都包含哪些具体内容?请整理出一个详细的表格来。

2. 语言风格的四种构成要素之间是怎样的关系?

3. 语言风格的四种构成要素是怎样相互作用而构成语言风格的?

4. 指出下边这两个段落表现出怎样的语言风格,并分析其各种构成要素。

毛委员和朱军长下山去了,红军下山去了,井冈山的毛竹,同井冈山人民一样,坚贞不屈。血雨腥风里,毛竹青了又黄,黄了又青,不向残暴低头,不向敌人弯腰。竹叶烧了,还有竹枝;竹枝断了,还有竹鞭;竹鞭砍了,还有深埋在地下的竹根。“野火烧不尽,春风吹又生。”一到春天,漫山遍野,向大地显露着无限生机的,依然是那一望无际的翠竹!

毛竹年年长,为的是向敌人示威:井冈山是压不倒、烧不光的。毛竹年年绿,为的是等待亲人,等待当年用竹筒盛水蒸饭、用竹钉竹枪打白匪的红军,等待自己的英雄子弟。朝也等,暮也等,等了漫长的二十年。二十年过去了,毛竹依旧是那么青翠,那么稠密,井冈山终于换了人间!

（袁鹰《井冈翠竹》）

第三节　语言风格类型

民族语言越是丰富多彩,选择不同语言材料和表现方法的可能性就越大,语言的具体风格类型也就越多。汉语是世界上最丰富多彩的语言,古代汉语中的语言风格就是多种多样的,现代汉语更加发达,到底有多少种语言风格,谁都无法说清。正如林裕文先生在《词汇、语法、修辞》一书中所说的:"如果企图给语言内部的风格计算出一个精确的数目来,那是不可能的;将来的人也还能在使用这种语言时创造出更多的风格。"那么,我们应该如何把握语言的具体风格类型呢?我国传统修辞学历来的做法,都是从对应的两端上来把握,即把有对应关系的两种语言风格作为一组来分析讨论,找到这样的几组或多组,用以大致地涵盖常用的语言风格类型。这样做的好处是相互对比、特点鲜明、便于掌握,对其他一些相邻或相关的语言风格类型,也可以联系起来进行分析。

因此,我们也按照传统的做法,从几个不同的角度,归纳出以下五组十种风格类型:

从表达的繁简上,分为简洁与繁丰;

从语意的隐显上,分为明朗与含蓄;

从色彩的浓淡上,分为平实与华丽;

从气势的刚柔上,分为豪放与婉约;

从情调的庄谐上,分为庄重与诙谐。

下面对这些具体的风格类型，分别做简要分析。

一、简洁与繁丰

简洁与繁丰，是两种相互对应的语言风格，这是从语言表达的繁简上区分出来的。同样的表达内容，根据题旨和情境的需要，既可以表达得详尽、细致，也可以表达得简洁、精当，前者就构成了繁丰风格，后者则构成了简洁风格。

简洁，又称为“简约”或“洗练”，就是辞少而意多，以精约的笔墨表达丰富的内容，做到言简意赅，简明扼要，干净利落，以少胜多。

简洁的风格，自古以来一直极受推崇。清代刘大櫆在《论文偶记》中说：“文贵简。凡文笔老则简，意真则简，辞切则简，理当则简，味淡则简，气蕴则简，品贵则简，神远而含藏不尽则简，故简为文章尽境。”古人论简的很多，唯有刘大櫆此说最为明确，不仅论述了“文贵简”的妙处，还说明了若干达到“简”的途径和方法。从这些论述中可以看出，要真正做到简洁也不是容易的事，因为简洁并非简单，看似简单的语句，须得精心提炼，才能表达更加丰富的思想内容。

简洁风格适用于各种语体。不管是口头语体还是书面语体，简洁明了都是语言表达的基本要求。特别是公文语体更加要求简洁，政论语体和文艺语体，也经常表现出简洁的风格。例如：

① **中国人民解放军总部关于重行颁布**

三大纪律八项注意的训令

（一九四七年十月十日）

一、本军三大纪律八项注意，实行多年，其内容各地各军略有出入。现在统一规定，重行颁布。望即以此为准，深入教育，严格执行。至于其他应当注意事项，各地各军最高首长，可根据具体情况，规定若干项目，以命令施行之。

二、三大纪律如下：

（一）一切行动听指挥；（二）不拿群众一针一线；（三）一切缴获要归公。

三、八项注意如下：

（一）说话和气；（二）买卖公平；（三）借东西要还；（四）损坏东西要陪；（五）不打人骂人；（六）不损坏庄稼；（七）不调戏妇女；（八）不虐待俘虏。

（《毛泽东选集》第四卷 1185 页）

这是一项命令，全文不到二百字（不含题目），不多用一句话、一个字，表现出公文语体的简洁风格。

②我冒了严寒，回到相隔二千余里，别了二十余年的故乡去。

时候既然是深冬；渐近故乡时，天气又阴晦了，冷风吹进船舱中，呜呜的响，从篷隙向外一望，苍黄的天底下，远近横着几个萧索的荒村，没有一些活气。我的心禁不住悲凉起来了。

（鲁迅《故乡》）

这是文章开头的两个自然段，仅三个句子，不足百字，却包含了几个方面的丰厚内容：一是交代了故乡之远和离别时间之长；二是点明了“我”回故乡的季节；三是描绘了故乡的自然景象；四是衬托出旧中国农村经济凋敝的特点；五是表达出“我”回到故乡以后的“悲凉”心情。把这几层意思都用这三个句子、近百字表达出来，真是精心提炼、言简意深。

繁丰，又叫“繁富”或“细致”，就是不惜笔墨，极力铺陈，刻意衍说，反复进行铺叙和描写，把内容表达得详尽周密，将情感抒发得淋漓尽致。

有时候，作者为了表达自己某种强烈的情思，或者为了强调所要表达的内容，或者为了发挥更加鲜明突出的衬托作用，往往需要进行极力描绘、层层铺垫以至反复申述、反复咏叹，这时候就会使语言表现出一种繁丰的风格。繁丰并非啰唆和重复，它是精雕细刻的结果，它既能使语言表达得全面、周到、细致，又不显得臃肿、琐碎和多余。

繁丰的风格主要适用于文艺语体，在小说、散文、诗歌中都广泛应用。例如：

③他那双脚，走遍昆嵛山区；踏过东海岸的沙滩；跨过无数次胶济铁路；而曲折迂回在烟青、烟威公路的趟数，比一个孩子出出进进走过自己家门口的回数还要多。整个胶东半岛都有他和他的战士的脚印。他们走过的桥，真比普通人走过的路还要长！

这是条什么样的路呢？

是抗日的路，是战争的路。是目睹村庄在焚烧，人民在屠刀下死亡，孩子在硝烟里哭叫，女人在蹂躏下呼救，而冲杀复仇的路。是踏着战友的血迹，从烈士的坟墓旁向前走的路。是用枪打、刀杀、枪托子打、双手掐……敌人的尸骨堆成山，而又用刺刀挑开，继续向前走的路。是在布满荆棘乱石的崇山峻岭里开拓出来的一条平坦的道路！

（冯德英《苦菜花》）

④两个神奇的字：祖国！这么美丽的两个字，就是这两个字在激励我的心灵。现在我正是身在国外，因此我对她的感受更深。就是这两个光辉的字，庄严的字，贴心的字，最可贵，最可爱的字呵，祖国，我的祖国！

（徐迟《祖国》）

⑤我不认识这条小溪，
　但我认识这年轻的大地，
　这欢乐的如花的大地。

河里的石子是香的，
河边的野草是香的，
河面上淡绿的雾是香的。
它滋润的每朵花是香的，
它孕育的每粒稻米是香的，
它浇灌的每只柑橘是香的。
如果小鸟喝了它的水，
唱出的歌是香的，
如果小鱼撒欢跳起，
荡起的风是香的，
如果有一片云从上面飘过，
它轻柔的影子也是香的。

（李瑛《香溪》）

以上三例，分别是繁丰风格在小说、散文、诗歌中的表现。其中例③极力铺叙和描写东海区司令员于得海所走过的路，用以表现他身经百战和无比坚强的革命意志；例④对“祖国”这两个字的无穷魅力反复申说和咏叹，与作者身处国外的情境相适应，充分表达了对祖国无限怀念和热爱的情感；例⑤围绕题目中的一个“香”字展开了纵横往复的联想，铺陈、描写同假设性的比喻、拟人等修辞手法结合使用，说与这条小溪有关的一切都“是香的”，使全诗的主题不断得到升华，尽情抒发了作者热爱祖国美好河山的激情。

简洁与繁丰，是两种相对的语言风格，但二者并不相斥，而是相通的。自古以来多有繁简之争。其实繁简本身并无优劣高下之分，而是各有千秋，简洁的好处是凝练精粹，繁丰的好处是详尽细腻，到底繁好还是简好，都要根据题旨和情境的需要而定。需要指出的是，简洁的反面是苛简和贫乏，繁丰的反面是啰唆和冗赘，对此都应予以注意和避免。

二、明朗与含蓄

明朗与含蓄,是两种相互对应的语言风格,这是从语意的隐显特点上区分出来的。同样一个意思,既可以直接、爽快地表达出来,也可以曲折、隐讳地表达出来,前者就构成了明朗风格,后者就构成了含蓄风格。

明朗,又叫"明快",就是有话直说,毫不隐讳,言明意显,给人以明白爽快的感觉。

东汉王充在《论衡·自纪》中说:"口则务在明言,笔则务在露文。高士之文雅,言无不可晓,指无不可睹。观读之者,晓然若盲之开目,聆然若聋之通耳。"这就是王充著名的"明言"和"露文"主张,不但对语言明朗提出明确要求,而且形象地说明了语言明朗的修辞效果。在一般情况下,语言表达都要明朗,这是起码的要求。因此,明朗风格适用于各种语体,例如:

①如果说乔光朴在自己的厂内还从来没有打过大败仗,这回出去搞外交,却是大败而归。他没有料到他的新里程上还有这么多的"雪山草地",他不知道他的宏伟计划和现实之间还隔着一条组织混乱和作风腐败的鸿沟。厂内的"仇敌"他不在乎,可是厂外的"战友"不跟他合作却使他束手无策。他要求协作厂及早提供大的转子锻件,而且越多越好,但人家不受他指挥,不买他的账。要燃料也好,要材料也好,他不懂得这都是求人的事,协作的背后必须有心照不宣的互通有无,在计划的后面还得有暗地的交易。他这次出去总算长了一条见识:现在当一个厂长重要的不是懂不懂金属学、材料力学,而是看他是不是精通"关系学"。乔光朴恰恰这门学问成绩最差。他一向认为会处关系的人,大都成就不大。他这次出差的成

果，恰好为自己的理论得了反证。

（蒋子龙《乔厂长上任记》）

作者的这篇小说，反映的是20世纪70年代末我国工业体制改革刚刚起步时的情况。这段话以重型电机厂厂长乔光朴的亲身经历和体会，来揭露和批评党内不正之风和腐败现象对经济体制改革的影响和制约，语意鲜明，不藏不瞒，直截了当，表现出一种明朗的风格。

②毛主席讲，要抓革命，促生产，促工作，促战备。听说现在有的同志只敢抓革命，不敢抓生产，说什么"抓革命保险，抓生产危险"。这是大错特错的。目前生产的形势怎么样？农业还比较好一点，但是，粮食产量按全国人口平均每人只有六百零九斤，储备粮也不多，农民的收入就那么一点。工业方面，那就确实值得引起严重注意。现有的生产能力没有发挥出来。去年一年，工业生产情况是不好的。今年是第四个五年计划的最后一年，生产再搞不好，势必影响第五个五年计划的实行。我们必须预见到这种形势，认真抓这个问题。

（邓小平《全党讲大局，把国民经济搞上去》）

这篇文章是邓小平同志1975年3月5日在省、直辖市、自治区党委主管工业的书记会议上的讲话，他当时任国务院副总理，在周恩来总理病重期间主持国务院工作。这个段落是开头的第二自然段，在引用了毛主席"文化大革命"后期提出的"一抓三促"指示基础上，明确指出"只敢抓革命，不敢抓生产"的行为和认识都"是大错特错的"，并实事求是地分析了我国当时的农业和工业生产形势，说明生产再搞不上去的严重后果，观点鲜明，毫不隐讳，表现出作者讲话的明朗风格。

含蓄，就是有话不直接说明白，或者不完全说出来，而是委婉曲折地表达出来，使语辞显得深沉、厚重、有味儿，能够引起对方的揣摩和思考，给人一种言有尽而意无穷的感觉。

含蓄的风格，也历来倍受推崇，文贵含蓄而忌浅露，一直为我国古今文坛大师和文艺评论家所津津乐道。沈祥龙在《论词随笔》中说：“词须含蓄，含蓄无穷，词之要诀。含蓄者意不浅露，语不穷尽，句中有余味，篇中有余意，其妙不外寄言而已。”这既说出了含蓄的妙处，又告诉了含蓄的方法。可见，含蓄的特点就是含而不露，意在言外，令人回味无穷。含蓄的风格主要表现在文艺语体之中，用以追求特殊的表达效果。例如：

③冲天炮一个接一个地蹿上了半空，还夹着一挂一挂的小鞭炮，噼噼啪啪地响个不停。

“爷爷！爷爷！”孙儿摇着老寿，兴高采烈地报告说：“咱大队炼出钢来啦！用坩埚炼出来的。快去看呀！”

老寿努力睁大蒙眬的眼睛，茫然地说道：“炼钢？谁炼钢？那，那老甘呢？仗不打啦？……”

“你说啥呀！爷爷。我说咱大队自己炼出钢来啦！有了钢，咱就可以造拖拉机了。”

“哦！拖拉机，……”老寿想起很早很早以前，老甘是说过耕地不用牛的。“拖拉机，那敢情好！可是……”可是老寿又觉得自己种了一辈子庄稼，如今又要去炼钢，又要造拖拉机，他更加迷惘起来。全白了的长眉下面，眼睛又蒙眬地合了起来。慢慢地，从他那合起的眼睛里，迸出了两颗浑浊的泪水。他还想在梦幻中去找回那威武雄壮的故事来，但现在连这也隐遁了。他依然是一块背时的石头，被人搬到了路边的一块绊脚的石头。

（茹志鹃《剪辑错了的故事》）

这篇小说，反映了我国20世纪50年代末期“左”倾错误对党群关系、干群关系的严重破坏这一重大主题。这是结尾部分的几个自然段,作者对“大跃进”和“浮夸风”的批判态度并未明白道出,完全蕴含在农民老寿朦胧的话语、理不清的思绪和伤心的泪水之中,而这里边的意思,都要靠读者自己来体味和思考,这就是含蓄的艺术魅力。

④我想从她的信中寻出一个字,
不是“喜欢”,也不是“乐意”:
啊,这个字! 这个字!
这是天地万物的开始!

这个字不待仓圣的造就,
也不用在字书里去寻求,
这个字要如树上的梅花,
自由的开出她的心头。

这个字是苏生我的灵符,
也会是射死我的弓弩,
我假如寻出了这个字时,
我会成为个第二的耶稣。

(郭沫若《瓶》第三十四首)

郭沫若的诗歌以热烈奔放著称,但这部爱情诗集却是细致缠绵之作。这首诗通篇只写一个“爱”字,但这个字却始终没有出现,完全利用其他词语、巧妙的比喻和神话传说等表达出来,充分体现出含而不露的特点,在含蓄中蕴藉着热烈。

需要指出的是,明快和含蓄都要用得适当。明快易流于直白浅露,含蓄易流于晦涩难懂,要注意克服这两种弊端。

三、平实与华丽

平实与华丽,是两种相互对应的语言风格,这是从语言色彩的浓淡上区分出来的。不管是叙述、描写,还是议论、抒情,既可以选用平常的词语,用平易朴实的语言表达出来;也可以选择华丽的辞藻,或采用特殊的修辞手法,浓墨重彩地表达出来。这样,前者就构成了平实风格,后者就构成了华丽风格。

平实,即平易、朴实,就是使用朴素无华的语言,真切平易地叙述事实、铺陈景物、表达情感或解析事理,给人一种朴实自然的感觉。所以,平实又叫"平淡"或"平易"等。

平实的特点是"少用辞藻,务求清真"(陈望道《修辞学发凡》)。多选用平常、朴实的词语,并经过加工和锤炼,于天然中取妙语,在平实中求精细,以达到"清水出芙蓉,天然去雕饰"(李白《赠江夏韦太守良宰》)的境界。平实的风格适用于各种语体,对于叙述、描写、抒情、议论各种表达方法都具有广泛的适应性。在语言风格和表现方法上,平实与简洁、明朗等都有着密切的关系。例如:

①三仙姑下神,足足有三十年了。那时三仙姑才十五岁,刚刚嫁给于福,是前后庄上第一个俊俏媳妇。于福是个老实后生,不多说一句话,只会在地里死受。于福的娘早死了,只有个爹,父子两个一上了地,家里只留下新媳妇一个人。村里的年青人们感觉着新媳妇太孤单,就慢慢自动的来跟新媳妇作伴,不几天就集合了一大群,每天嘻嘻哈哈,十分哄伙。于福他爹看见不像个样子,有一天发了脾气,大骂一顿,虽然把外人挡住了,新媳妇却跟他闹起来。新媳妇哭了一天一夜,头也不梳,脸也不洗,饭也不吃,躺在炕上,谁也叫不起来,父子两个没了办法。邻家有个老婆替她请了一个神婆子,在她家下了一回神,说是三仙姑跟上她了,她也哼哼唧唧自称吾神长吾神短,从此以后每月初一十五就下起神来,别人也给她烧起香来

求财问病，三仙姑的香案便从此设起来了。

（赵树理《小二黑结婚》）

赵树理的语言风格以平实著称。这个段落叙述“三仙姑下神”的历史由来，完全使用群众常用的口语词，多用短句子，叙述得生动活泼、朴实自然。虽然没有使用任何华丽的辞藻，也没有使用比喻、夸张等特殊的修辞手法，但仍然把故事讲得饶有兴味，给读者留下鲜明深刻的印象。

②得到母亲去世的消息，我很悲痛。我爱我母亲，特别是她勤劳一生，很多事情是值得我永远回忆的。

……

母亲现在离我而去了，我将永不能再见她一面了，这个哀痛是无法补救的。母亲是一个平凡的人，她只是中国千百万劳动人民中的一员，但是，正是这千百万人创造了和创造着中国的历史。我用什么方法来报答母亲的深恩呢？我将继续尽忠于我们的民族和人民，尽忠于我们的民族和人民的希望——中国共产党，使和母亲同样生活着的人能够过快乐的生活。这是我能做到的，一定能做到的。

愿母亲在地下安息！

（朱德《回忆我的母亲》）

朱德同志的这篇文章原载于 1944 年 4 月 5 日延安《解放日报》，是专为纪念他的母亲而写的。这是文章的开头和结尾，中间回忆母亲的一生和自己的生活经历。开头的一段和结尾的两段，主要表达方法是记叙和抒情，完全使用平常的书面语词，并没有使用其他华美的词语和积极修辞手法，仍能把自己对母亲的怀念之情表达得真挚感人，表现出一种平实的语言风格。

③政治纪律是党最根本、最重要的纪律，遵守党的政治纪律是遵守党的全部纪律的基础。全党特别是高级干部必须严格遵守党

的政治纪律和政治规矩。党员不准散布违背党的理论和路线方针政策的言论，不准公开发表违背党中央决定的言论，不准泄露党和国家秘密，不准参与非法组织和非法活动，不准制造、传播政治谣言及丑化党和国家形象的言论。党员不准搞封建迷信，不准信仰宗教，不准参与邪教，不准纵容和支持宗教极端势力、民族分裂势力、暴力恐怖势力及其活动。

（《关于新形势下党内政治生活的若干准则》，2016 年 10 月 27 日中国共产党第十八届中央委员会第六次全体会议通过）

公文语体的风格都是平实的，不讲究语言的形象性，也很少使用华丽的辞藻。这个段落首先强调党的政治纪律的重要性，要求全党必须严格遵守；然后提出了党员九个“不准”，将党的政治纪律准确而完整地表述出来，体现出公文语言的平实性特点。

华丽，即华美、瑰丽，就是语言的辞藻富丽，文辞优美，色彩浓艳，文气袭人。所以，华丽又叫“绚烂”或“藻丽”。

华丽的特点是“尽用辞藻，力求富丽”（陈望道《修辞学发凡》）。多选用形容词、色彩词和拟声词等，多使用形容词之类的修饰语，多使用比喻、比拟、夸张等积极修辞手法，以期形成华美、瑰丽的语言形式，追求生动、形象、细腻的表达效果。华丽的风格主要适用于文艺语体，如小说、散文和诗歌等。政论语体为了增强宣传鼓动作用，通俗科技体为了引起读者的兴趣，有时也会表现出华丽的风格特色。例如：

④旭日的金光，射散了笼罩在江面的轻烟样的晓雾；两岸的山峰，现在也露出本来的青绿色。东风奏着柔媚的调子。黄浊的江水在山峡的紧束中澌澌地奔流而下，时时现出一个一个的小漩涡。

隐约地有呜呜的声音，像是巨兽的怒吼，从上游的山壁后传来。几分钟后，这模糊的音响突然扩展为雄赳赳的长鸣，在两峰的峭壁间折成了轰隆隆的回声。一条浅绿色的轮船很威严地冲开了残存的雾气，轻快地驶下来，立刻江面上饱涨着重浊的轮机的闹音。

（茅盾《虹》）

茅盾的语言风格以华丽、细腻著称。这两段写旭日下的巫峡景象，有静有动。多用形容词、色彩词、拟声词，精心选用名词和动词的修饰语，并使用比喻和拟人的修辞手法，以细腻的笔触把巫峡的风光描绘得壮丽而动人，使人有身临其境之感。

⑤富春江就是这样一条江流，一条以雅著称的江流，一条以幽笼盖的江流，一条融入闲情记忆和历史烽烟的江流。

从《诗经》《楚辞》，或唐诗、宋词中排叠而出，或小说或新诗或散文一般，富春江如同一个摘月佩明珠的明眸女孩儿踩着节拍上场了：不是飞燕、合德、盈盈、玉环，也不是香兰、栀子、蔷薇、牡丹，她只能是发现于山野深林的顶级美人西施。她依树傍水，配载着一路繁花如锦的春夏和一脉幽深如梦的秋冬，轻移莲步，款摆裙角，说轻柔，谈激越，论脱俗，写宁静，莞尔，回眸，顿悟，低首，绞眉，凝思，清唱，深邃处袅袅，细雨间蒙蒙……这正是富春江的无尽魅力。

（傅秀宏《富春江之美》）

这两个段落描写富春江之美，语言华丽，文辞优美，多种辞格并用：上面一段运用了排比，集中概括出富春江的三个特点；下面一段首先说富春江不断被写入从古至今的文学作品之中，然后就比喻与拟人兼用（字下加波浪线的句子），当中还包含了三处对偶（下边加直线的句子），把富春江比作“一个摘月佩明珠的明眸女孩儿”，接下来又用四个美女和四种名花同她相比较（“不是”“也不是”都是反喻），再说她更像西施（“只能是”是正喻），最后再用这个女孩儿的若干动作（字下加点的词语），把富春江的千姿百态和无尽魅力，形象生动地展现在读者面前。

⑥新民主主义的政治、新民主主义的经济和新民主主义的文化相结合，这就是新民主主义共和国，这就是名副其实的中华民国，这

就是我们要造成的新中国。

新中国站在每个人民的面前，我们应该迎接它。

新中国航船的桅顶已经冒出地平线了，我们应该拍掌欢迎它。

举起你的双手吧，新中国是我们的。

（毛泽东《新民主主义论》）

这是毛主席这篇政论文的结尾。全文在充分论述了新民主主义革命的有关问题后，又在文章结尾处为我们展现了将要建立的新中国的光明前景，采用了排比、拟人和比喻的修辞手法，极富形象性和鼓动力，在政论语体中表现出华丽的风格特色。

应该指出的是，平实不等于平淡无味，华丽也不等于堆砌辞藻。平实是语言经过锤炼之后的产物，绝不是随随便便地信手拈来；华丽来自浓烈的情感和奇幻的构思，情感和构思的不寻常才会使落笔也不寻常。所以，要真正达到平实和华丽，都对写说者运用语言的水平有很高的要求。初学写作的人，往往轻视平实风格，简单地认为平实容易华丽难，或者认为华丽就是多使用漂亮的词语，其实这都是没有掌握其中的要领所至。

四、豪放与婉约

豪放与婉约，是两种相互对应的语言风格，这是从语言气势的刚柔上区分出来的。写说者无论是进行叙述、描写，还是议论、抒情，在运用语言时都会表现出不同的气势。这种气势是语言的内在因素，是写说者的思想感情与所选用的语言材料和表现方法相结合而形成的。语言的气势刚健有力、豪迈奔放，就能表现出一种豪放的风格；语言的气势柔和委婉、恬静优美，就能表现出一种婉约的风格。

豪放与婉约，具有明显不同的特点：豪放的特点是充满阳刚之气，豪气袭人，粗旷热烈；婉约的特点是富有阴柔之美，柔情似水，细致入微。从取材和表现方法上看，豪放一般都是大处着笔，画面宏阔，于浩瀚之处显豪情；而婉约大都是小处落墨，精雕细刻，于细微之处见精神。

豪放和婉约这两种语言风格，主要适用于文艺语体，特别是多见于以抒情为主的诗歌和散文之中。小说虽然以记叙为主，同样能够表现出豪放或婉约的风格特色。为了便于比较这两种风格，我们采取对比举例和说明的方法。先来看两位当代诗人以 2020 年发生新冠疫情为题材而写的两首词（均见于 2020 年 4 月 9 日《红山晚报》“柳丝丝”副刊）：

①长江望断，满目摄苍凉。龟蛇冻，琴台冷，楚天霜，火城凉。九省通衢地，玉猪去，金鼠至，万家寂，千街静，少春光。民患新疴，医染无名疾，祸乱人慌。看水深浪隐，疫疠弄刀枪。春日临窗，闹灾殃。

袭人狐魅，趁除夕，携孽障，逞凶狂！喷毒液，扬飞沫，致民殇。国遭殃，华夏风雷动，群情愤，斗豺狼。中南海，擂战鼓，响铿锵。八面银鹰飞落，神兵降、救死扶伤。看雾霾扫尽，朗日映天光，黄鹤高翔。

（鲍喜章《六州歌头·黄鹤歌哭》）

词牌《六州歌头》，双调 143 字，上下阕各八平韵。因原为鼓吹曲，故音调悲壮，句短节促，宜于表现豪迈的风格。作者的这首词，上阕描写新冠疫情于鼠年除夕在武汉暴发的苍凉景象，下阕在进一步描写其猖獗和危害的基础上，展现神州大地共同抗击新冠疫情、打好武汉和湖北保卫战、阻击战的动人场面，并在结尾处预示了“抗疫”斗争必将取得最后胜利的美好图景。全词皆大处着笔，画面宏阔，词情豪迈，节奏铿锵，给人以强烈的振奋和无穷的力量。

②三楚春殇，呜咽江汉，悸动红山。赞白衣天使，闻灾赴难；红

心铁旅，蹈火攻艰。爱侣辞郎，娇儿别母，北骋华中灭疫寒。奶香酒、伴鲜花哈达，共敬群贤。

草原儿女情煎。守武汉、北南誓并肩。送岐黄扁鹊，齐收疠瘴；茱萸柳叶，共翦瘟源。今日辞行，明朝迎返，共盼征人早凯旋。精自护，望全员归里，补享春天。（注：柳叶指柳叶刀）

（董文海《沁园春·送白衣战士援鄂出征》）

词牌《沁园春》，双调 114 字，上阕四平韵，下阕五平韵。这个词牌本宜抒壮阔豪迈情怀，苏、辛豪放派最喜用之，毛主席也有著名的《沁园春·长沙》和《沁园春·雪》。但作者这首词却写出了别样风格，于凛然慷慨之中见缠绵细腻：上阕描写白衣天使逆行出征的感人场景，寄予作者的赞美之情；下阕想象赤峰医疗队员在武汉的工作情景，表达作者的美好祝愿和深沉关爱。全诗善于小处落墨，精雕细刻，于细微之处见精神，由此表现出婉约的风格特色。

我们再来比较下面两首当代的诗歌：

③目标远，
大步追。
雪上走，
就像云里飞；
人在山，
就像鱼在水。

重活儿，
甜滋味。
锯大树，
就像割麦穗；
扛木头，

就像举酒杯。

一声呼，
千声回；
林荫道上，
机器如乐队；
森林铁路上，
火车似滚雷。

一声令下，
万树来归：
冰雪滑道上，
木材如流水；
贮木场上，
枕木似山堆。

且饮酒，
莫停杯！
七杯酒，
豪情与大雪齐飞；
十杯酒，
红心和朝日同辉！

（郭小川《祝酒歌》节选）

④荒原有谁来！
点点斑斑，小路起青苔。
金风派遣落叶，
飘到窗前，纷纷如催债。

失学的娇女牧鹅归，
苦命的乖儿摘野菜。
檐下坐贤妻，
一针针为我补破鞋。
秋花红艳无心赏，
贫贱夫妻百事哀。

（流沙河《故园六咏·吾家》）

当代诗人郭小川的诗歌语言风格是豪放的，堪称当代诗人豪放派的代表。例③这首诗写于1963年，是一首歌颂林业工人的颂歌，其中这几节以简短的句式、火热的激情和一泻千里的气势，描绘了工人们的冲天干劲和东北林区的热烈场面，并以祝酒歌的形式，进一步渲染了“豪情与大雪齐飞”“红心和朝日同辉”的豪迈气氛。

当代诗人流沙河曾在“反右派”“修正主义文艺思想大批判”和“文化大革命”中沉冤22年，直至打倒“四人帮”以后才平反昭雪、重返文坛。这首《故园六咏》当是他这一时期的“地下创作”，直至1980年才在《诗刊》第9期上发表，并获得中青年诗人优秀新诗奖。其中的这首《吾家》，以细腻的笔触和凄楚的情怀，描绘了自己流落荒原的冷清与穷困，以及妻子儿女都受到牵累的生活场景，把自己内心的感慨写得细致微妙、深沉委婉，表现出一种婉约的风格。

最后我们再来看两篇小说的语言，是怎样表现出豪放风格和婉约风格的：

⑤大贵，那个宽鼻骨梁、厚嘴唇的小伙子，两腿一蹦三尺高，呱哒的落在地上，喊：“反对割头税，反对土豪劣绅冯老兰！”在太阳的照耀下，人们张开大嘴一齐呐喊，如同大河里滚滚的翻花：“一定要和冯老兰算老账……一定要和冯老兰算老账……”一阵阵喊声，传到远方。

张嘉庆带着朱老忠、严志和、伍老拔、大贵他们，紧紧随护着江涛和贾湘农，气势雄壮，准备着战斗。他们的枪尖上闪着光亮，想喝敌人的血，刀锋上明丢溜溜，想吃敌人的肉。

江涛按照贾湘农的意图，指挥游行的队伍。做买卖的停止了生意，万人空巷，看着这雄壮的队伍在大街上走过。一群群农民迈着有力的步伐，学生们唱着国际歌，站满了一条街。排头到了税局子，排尾还没离开爆竹市。江涛呼呼哧哧，跑到排头上，严萍在后头紧跟着。他把哨子一吹，人们呜噜的挤了门子，砸了窗户，闯进税局子。吓得冯老兰的脸上变了色，跳过墙头逃跑了。冯贵堂也跳过墙，撒腿就跑，丢了鞋子、掉了帽子，……

（梁斌《红旗谱》）

⑥老寿坐在窝棚前的地上，抱着膝盖，摇晃着身子，嘴里喃喃着什么，像傻了一样。刚才甘书记已经说了，现在革命深入了，要不是看着他是个老同志，早把他当绊脚石搬掉了。社员们见老寿这模样，含着眼泪劝他，哄他，拉着架着地把他弄回家去。可是过了不一会儿，老寿又摇摇晃晃地走回来，重又坐在窝棚前的地上，抱着膝盖，摇晃着身子，眼睁睁地看着那汽灯抬来了，锯子斧子搬来了，锣鼓家伙敲起来了，社员们举起斧子，梨树倒下来了，那用纸包裹着的青梨，也跟着横在了地上。老寿身子摇得更厉害了，嘴里叨叨得也更响了，他唤着："老甘哪！你来呀！咱那老甘哪，你怎么不见啦！……"他唤着，同时用手小心地把包梨的纸扒拉开来，原先像鸡蛋大的青梨，已足足大了一圈，颜色也转淡了一些。

（茹志鹃《剪辑错了的故事》）

梁斌的长篇小说《红旗谱》是党领导的农民革命运动的壮丽史诗，描写了晋中平原锁井镇两家农民三代人和一家地主两代人的尖锐矛盾和斗争，塑造了朱老忠、江涛等几代革命农民的英雄形象。上边这几段描写的是反割头税运动中捣毁税局子时的壮烈场面，画面宏阔，气势雄浑，语言刚劲有力，令人感到痛快淋漓，表现出豪迈的风格。

而茹志鹃的这篇小说，表现的是“大跃进”年代给农民带来的伤害这一特殊主题，主要采用委婉的表现方法。这个段落写的是公社甘书记为搞“以粮为纲”强行砍掉党员老寿管理的梨园，描绘老寿那种不舍而又无奈的神态和心情，写得缠绵悱恻、细致入微，使语言表现出婉约的风格。

通过上面这些例子可以看出，写说者运用语言确实有一个气势问题。正如唐代韩愈所说：“气，水也；言，浮物也。水大而物之浮者大小毕浮。气之于言犹是也，气盛则言之短长与声之高下皆宜。”（《答李翊书》）这里把气势与语言的关系，比作水与浮物的关系，说明气势能够驾驭语言，不同的气势会使语言呈现出不同的特点，这正是能够从语言的气势上区别出不同风格的原因所在。

需要指出的是，豪放的反面是空洞，婉约的反面是琐碎。语言风格要以表达深厚的思想情感为基础，不管是追求豪放还是追求婉约，都要善于以情驭物，以情感人，避免陷入空洞和琐碎。

五、庄重与诙谐

庄重与诙谐，是两种相互对应的语言风格，这是从语言情调的庄谐上来区分的。语言的情调，是指语言在表达时所特有的神情和格调，它是语言的表情因素，就像人们在说话时带有某种神色和表情一样。语言的情调，是由所选用词语的感情色彩和语体色彩而形成的。有些词语带有庄严、郑重或严肃的色彩，能够构成庄重的语言风格；有些词语带有幽默、诙谐或滑稽的色彩，可以构成诙谐的语言风格。

庄重，即庄严、郑重，就是用庄重典雅的词语和规范的句式，来表达庄严郑重或严肃认真的思想内容，令人肃然起敬。

表现庄重的风格特色，多使用书面语词，有时还使用古语词或文言句式,来增加语言的庄重典雅色彩。庄重风格可以应用于各种语体。特别是公文语体,一定要表现出庄重的风格;多数政论语体和科技语体,其语言风格也都是庄重的;文艺语体的小说、散文和报告文学等,也有时会表现出庄重的风格。例如:

①我们中华民族是伟大的民族,占世界人口近四分之一,享有悠久的历史和优秀的文化,对世界文明和人类发展的卓越贡献,举世公认。台湾自古就是中国不可分割的一部分。中华民族是具有强大的生命力和凝聚力的。尽管历史上有过多少次外族入侵和内部纷争,都不曾使我们的民族陷于长久分裂。近三十年台湾同祖国的分离,是人为的,是违反我们民族的利益和愿望的,决不能再这样下去了。每一个中国人,不论是生活在台湾的还是生活在大陆上的,都对中华民族的生存、发展和繁荣负有不容推诿的责任。统一祖国这样一个关系全民族前途的重大任务,现在摆在我们大家的面前,谁也不能回避,谁也不应回避。如果我们还不尽快结束目前这种分裂局面,早日实现祖国的统一,我们何以告慰于列祖列宗?何以自解于子孙后代?人同此心,心同此理,凡属黄帝子孙,谁愿成为民族的千古罪人?

(《中华人民共和国全国人民代表大会常务委员会告台湾同胞书》)

这是1979年元旦全国人大常委会向台湾同胞发表的公告,此为第三自然段,回顾中华民族的悠久历史和后来造成的两岸分裂局面,呼吁台湾同胞与大陆人民一道,共同负起历史的责任,早日实现祖国的统一。完全使用书面语词和规范的句式,并在后面连续使用了两个文言句式,进一步表现出庄重的语言风格。

②……体育也要现代化,“禁区”也要闯一闯。当时她激动地说:“这次去马德里,我决心打出好成绩,打出中国人民的志气来!”这是她说过的话,也是鼓舞她在预赛中勇闯三关的动力,难道现在

能够动摇吗？

“要顽强！”

“咬住打！”

“为祖国争光！”

领队和教练激励她说。

小栾站起来了，紧紧握住剑柄。耳边如闻声声战鼓催征；心中凛然溅起千尺飞瀑！一股豪迈的感情涌遍全身，左臂上的伤痛被这股奔腾的激流荡涤了，消融了。她扬眉挺剑再次登上赛台。先以2:5战胜了法国运动员特安盖；又以4:5击败西德运动员比肖夫。荣获第二十九届世界青年击剑锦标赛亚军。

马德里体育宫大厅里冉冉升起鲜艳的五星红旗。这是从国际剑坛升起的第一面五星红旗！

（理由《扬眉剑出鞘》）

作者这篇著名的报告文学，报道了我国女子花剑运动员栾菊杰在 1978 年 3 月带伤夺得西班牙第二十九届青年击剑锦标赛亚军的感人事迹。这几个自然段，记录了决赛的最后时刻，字里行间充满了一种热爱祖国、为国争光的凛然正气，语言简洁而刚劲有力，具有一种神圣不可侵犯的气势，表现出庄严郑重的语言风格，令人读后顿生敬意。

诙谐，又叫“幽默”或“谐趣”，就是使用带有幽默、风趣或滑稽可笑色彩的词语，来表达特定的思想内容和情感，使语言具有风趣、幽默或讽刺的情调，令人感到轻松而有趣味。

诙谐风格主要适用于文艺语体，特别是小说和散文等。政论语体有时也可以表现出诙谐的风格。例如：

③青年们到三仙姑那里去，要说是去问神，还不如说是去看圣像。三仙姑也暗暗猜透大家的心事，衣服穿得更新鲜，头发梳得更

光滑，首饰擦得更明，官粉搽得更匀，不由青年们不跟着她转来转去。

这是三十来年前的事。当时的青年，如今都已留下了胡子，家里都是子媳成群，所以除了几个老光棍，差不多都没有那些闲情到三仙姑那里去了。三仙姑却和大家不同，虽然已经四十五岁，却偏爱当个老来俏，小鞋上仍要绣花，裤腿上仍要镶边，顶门上的头发脱光了，用黑手帕盖起来，只可惜官粉涂不平脸上的皱纹，看起来好像驴粪蛋上下上了霜。

（赵树理《小二黑结婚》）

赵树理的小说，语言风格朴实平易，有时也表现出诙谐幽默的风格特色。这两个段落叙述的是三仙姑的趣事，字下加点的词语和句子都很有风趣，其中“问神”“看圣像”“老光棍”“老来俏”“子媳成群”“闲情”等都是当地群众的口语，特别是最后“好像驴粪蛋上下上了霜”这个比喻，取材于农村熟悉的事物，既形象又滑稽，令人忍俊不禁，并在诙谐中寄寓了讽刺的意味。

④此外有两件事也使鸿渐不安。

一件是点名。……到第二星期，他发现五十多学生里有七八个缺席，这些空座位像一嘴牙齿忽然掉了几枚，留下的空穴，看了心里不舒服。下一次，他注意女学生还固守着第一排原来的座位，男学生像从最后一排坐起的，空着第二排，第三排孤零零地坐一个男学生。自己正观察这阵势，男学生都顽皮地含笑低头，女学生随自己的眼光，回头望一望，转脸瞧着自己笑。他总算熬住没说：“显然，我拒绝你们的力量比女同学吸引你们的力量都大。”他想以后非点名不可，照这样下去，只剩有脚而跑不了的椅子和桌子听课了。……

一件是讲书。这好像衣料的尺寸不够而硬要做成称身的衣服。自以为预备的材料很充分，到上课才发现自己讲得收缩不住地快，笔记上已经差不多了，下课铃还有好一会才打。一片无话可说的空白时间，像白漫漫一片水，直向开足马达的汽车迎上来，望着发急而又无处躲避。心慌意乱中找出话来支扯，说不上几句又完了，偷眼看手表，只拖了半分钟。这时候，身上发热，脸上微红，讲话开始口吃，觉得学生都在暗笑。有一次，简直像挨饿几天的人服了泻药，话要挤也挤不出，只好早退课一刻钟。……

（钱锺书《围城》）

钱锺书的《围城》是一部富有喜剧色彩的小说，充满着一位智者对人性的洞察与调侃。这里记叙和描写的是，抗日战争期间从国外留学归来的方鸿渐，在三间大学当副教授给学生讲授论理学时的情景：上一段说的是学生们都不愿意听他的课，表现学生对老师的亵渎；下一段写的是他讲课时的窘况，表现老师的浅陋和不称职。整个故事情节和语言运用，特别是几处新奇而独特的比喻、对比和夸张（字下加波浪线的地方），都充满着诙谐和讽刺的情调，让人感到滑稽可笑。

⑤驴比人贵。这不是骂人话，是说老家方圆几十里的最后一头驴值钱了。

清明前后，种瓜种豆。时下老家村里用工，每劳力每天八十元，而要雇一头驴使唤，每天得掏一百五到二百元。老三租种的几十亩核桃苗子，今年的价钱不错，一枝苗卖到四元钱，一架子车的苗子如果当柴火能值几块钱，有生命根芽的苗子却能卖到几千元。空出的地，又想种核桃，泡了种子，雇了人点种，还得雇一头驴来搨犁沟。邻村一个老头，养了这头驴多年了，平时用驴车卖炭，也没少挣钱，农忙时搨种耙耱，省了雇用机械的费用。有人雇驴，也是好收入。

……

那天，我路过老三种核桃苗子的地边，看见墒情很好，春阳暖暖的，是一派人欢驴叫的耕作景象。一头驴在叫，周围几十里是没有它的同类应答的。这孤独的嘶鸣，令人动容。过去乡人说，最难听的声音是什么？刮锅、凿锯、驴叫唤。在乡村巷道停满车辆致使噪音烦人的环境中，几声清脆昂扬的驴叫，却是这片土原上最舒心的音乐。

人们久违了牲畜的歌唱，都侧耳聆听，这是最后的驴对于春暖花开季节的亲切问候。

（和谷《归园·最后的驴》）

中国当代著名散文家和谷，是国家一级作家、中国散文协会理事、陕西省散文协会副会长，多年来结集出版散文集二十多部，在全国各大报刊发表的散文有数千篇。其中《归园》这部散文集是他“告老还乡、归于田园”之作，风格俊逸，乡愁浓郁，哲思与诗意并存，给人以幽远深刻的艺术启迪。《最后的驴》这篇散文曾发表于 2012 年 7 月 25 日《人民日报》，这里分别是文章开头和结尾的两个自然段，开篇就提出“人比驴贵”这一命题，新奇而独特，充满幽默和诙谐的情趣，然后再从容地解释说明，在人与植物、动物的关联中反映时代的进步，唤起人们对几千年来传统农耕方式和昔日人欢马叫热闹场面的美好回忆，对于即将退出田园舞台的驴这一英雄物种给以热情的讴歌，诙谐之中又带有几分庄严。

需要指出的是，庄重的反面是单调和呆板，诙谐的反面是庸俗和油滑。因此，我们在运用这两种语言风格时，要注意避免这两种弊端。

以上，我们讨论了相互对应的五组十种语言风格，主要是说明各自的特点和表现方法，便于在阅读和写作中更好地鉴别、分析和应用。这五组十种语言风格，大多是一一对应的，有时又互有交叉。不同的语言风格，各有各的特点和适用范围，难以比较高下优劣。

所以，我们学习和分析语言风格，就要讲究辩证的观点，防止片面性和绝对化。

最后还有一个综合性的问题需要特别说明：**一篇文章、一部作品或一个作家，有时会表现出多种风格，但其中必有一种是基本的和主要的，而其他则是并行的或辅助的。**因此，我们在分析语言风格时，必须从整体着眼，注意抓住主要倾向。在分析作家的风格时，要从他所有的同类作品着眼，而不能以某一篇文章或某一部作品为依据；在分析作品的风格时，要以全篇文章或整部作品为依据进行分析，不能只看到个别的段落、个别的语言材料或个别的表现方法，而要善于抓住全篇文章或整部作品总的倾向。本书在分析举例时，由于篇幅所限不能将全文举出（除了个别篇幅较短的文章或诗歌外），只能举出其中有代表性的段落加以说明。对此，我们绝不可误解为分析语言风格都是以段落为单位的，当然，典型的段落也可以作为分析和说明的例证。

思考与练习三

1. 我国传统修辞学是怎样研究和分析语言的风格类型的？这样做有什么好处？

2. 本书的语言风格类型是从哪些角度来划分的？你认为还可从哪些角度划分出哪些风格类型？举例说明。

3. 什么是语言风格的简洁与繁丰、明朗与含蓄、平实与华丽、豪放与婉约、庄重与诙谐？它们各自的突出特点是什么？

4. 分析下边的段落或作品，指出各表现出什么语言风格，并说明这种风格是怎样构成的。

①这种“社会主义”交换，比起资本主义交换确实有相当大的“优越性”：交换双方个人不须拥有资本，不须支出任何私有财物，不

冒任何亏损或破产的危险，又各有所得。

事情非常明显，每一次这种交换，都不能不突破政策界限，都不能不或者直接给社会主义公有财产造成损害，或者使党纪国法失灵，往往又是二者兼而有之，而这最终就必定要伤害社会主义制度，使党的领导徒具虚名，而在这种反复不已的交换中，党政干部本身也就逐渐蜕化为吞噬人民脂膏和蚕食社会主义制度的蛀虫，党和群众的关系也随着恶化了。

（刘宾雁《人妖之间》）

②早晨，一片通红的阳光，把平静的江水照得像玻璃一样发亮。长江三日，千姿万态，现在已不是前天那样大雾迷蒙，也不是昨天“巫山巫峡气萧森”，而是苏东坡所谓的“楚地阔无边，苍茫万顷连”了。长江在穿过长峡之后，现在变得如此宁静，就像刚刚诞生过婴儿的年轻母亲一样安详慈爱。天光水色真是柔和极了。江水像微微拂动的丝绸，有两只雪白的鸥鸟缓缓地和“江津”号平行飞进，水天极目之处，凝成一种透明的薄雾，一簇一簇船帆，就像一束一束雪白的花朵在蓝天下闪光。

（刘白羽《长江三日》）

③不是年青的为年老的写记念，而在这三十年中，却使我目睹许多青年的血，层层淤积起来，将我埋得不能呼吸，我只能用这样的笔墨，写几句文章，算是从泥土中挖一个小孔，自己延口残喘，这是怎样的世界呢。夜正长，路也正长，我不如忘却，不说的好罢。但我知道，即使不是我，将来总会有记起他们，再说他们的时候的。……

（鲁迅《为了忘却的记念》）

④我站在高山之巅，
望黄河滚滚，
奔向东南。

惊涛澎湃，
掀起万丈狂澜；
浊流宛转，
结成九曲连环；
从昆仑山下
奔向黄海之边；
把中原大地
劈成南北两面。
啊！黄河！
你是中华民族的摇篮！
五千年的古国文化，
从你这儿发源；
多少英雄的故事，
在你的身边扮演！
啊！黄河！
你是伟大坚强，
像一个巨人
出现在亚洲平原之上，
用你那英雄的体魄
筑成我们民族的屏障。
啊！黄河！
你一泻万丈，
浩浩荡荡，
向南北两岸
伸出千万条铁的臂膀。
我们民族的伟大精神，

将要在你的哺育下
发扬滋长！
我们祖国的英雄儿女，
将要学习你的榜样，
像你一样的伟大坚强！
像你一样的伟大坚强！

（光未然《黄河颂》歌词）

⑤敬爱的周总理，
我无法到医院去瞻仰你，
只好攥一张冰冷的报纸，
静静地
伫立在长安街的暮色里。
任一月的风，
撩起我的头发；
任昏黄的路灯，
照着冰冷的泪滴。
等待着，等待着，
载着你的遗体的灵车，
碾过我们的心；
等待着，等待着，
把一个前线战士的崇敬，
献给你。

（李瑛《一月的哀思》节选）

⑥于是一个长衫人物拿了一张纸，并一支笔送到阿 Q 的面前，要将笔塞在他手里。阿 Q 这时很吃惊，几乎“魂飞魄散”了：因为他的手和笔相关，这回是初次。他正不知怎样拿；那人却又指着一处

地方教他画花押。

“我……我……不认得字。”阿Q一把抓住了笔，惶恐而且惭愧的说。

“那么，便宜你，画一个圆圈！”

阿Q要画圆圈了，那手捏着笔却只是抖。于是那人替他将纸铺在地上，阿Q伏下去，使尽了平生的力画圆圈。他生怕被人笑话，立志要画得圆，但这可恶的笔不但很沉重，并且不听话，刚刚一抖一抖的几乎要合缝，却又向外一耸，画成瓜子模样了。

阿Q正羞愧自己画得不圆，那人却不计较，早已掣了纸笔去，许多人又将他第二次抓进栅栏门。

（鲁迅《阿Q正传》）

⑦风吹弯了路旁的树木，撕碎了店户的布幌，揭净了墙上的报单，遮昏了太阳，唱着，叫着，吼着，回荡着！忽然直驰，像惊狂了的大精灵，扯天扯地的疾走；忽然慌乱，四面八方的乱卷，像不知怎好而决定乱撞的恶魔；忽然横扫，乘其不备的袭击着地上的一切，扭折了树枝，吹掀了屋瓦，撞断了电线。可是，祥子在那里看着，他刚从风里出来，风并没能把他怎样了！胜利是祥子的！

（老舍《骆驼祥子》）

参考书目

1. 陈望道. 修辞学发凡[M]. 上海:上海教育出版社,1979.

2. 张弓. 现代汉语修辞学[M]. 天津:天津人民出版社,1963.

3. 张瓌一. 修辞概要[M]. 北京:中国青年出版社,1953.

4. 吕叔湘,朱德熙. 语法修辞讲话[M]. 北京:中国青年出版社,1979.

5. 林裕文. 词汇、语法、修辞[M]. 上海:上海教育出版社,1985.

6. 吴士文. 修辞讲话[M]. 兰州:甘肃人民出版社,1982.

7. 吴士文. 修辞格论析[M]. 上海:上海教育出版社,1986.

8. 谭永祥. 修辞新格(增订本)[M]. 广州:暨南大学出版社,1996.

9. 郑远汉. 辞格辨异[M]. 武汉:湖北人民出版社,1982.

10. 濮侃. 辞格比较[M]. 合肥:安徽教育出版社,1983.

11. 王希杰. 汉语修辞学[M]. 北京:北京出版社,1983.

12. 宋振华,吴士文,张国庆,王兴林. 现代汉语修辞学[M]. 长春:吉林人民出版社,1984.

13. 姚殿芳,潘兆明. 实用汉语修辞[M]. 北京:北京大学出版社,1987.

14. 宗廷虎,邓明以,李熙宗,李金苓. 修辞新论[M]. 上海:上海教育出版社,1988.

15. 高长江,张万有. 汉语修辞学新编[M]. 长春:吉林大学出版社,1990.

16. 倪宝元. 大学修辞[M]. 上海:上海教育出版社,1994.

17. 郑文贞. 段落的组织[M]. 福州:福建人民出版社,1985.

18. 徐炳昌. 篇章的修辞[M]. 福州:福建教育出版社,1986.

19. 郑文贞. 篇章修辞学[M]. 厦门:厦门大学出版社,1991.

20. 黎运汉. 现代汉语语体修辞学[M]. 南宁:广西教育出版社,1989.

21. 王德春,陈瑞端. 语体学[M]. 南宁:广西教育出版社,2000.

22. 张德明. 语言风格学[M]. 长春:东北师范大学出版社,1989.

23. 何自然. 语用学概论[M]. 长沙:湖南教育出版社,1988.

24. 袁辉,宗廷虎. 汉语修辞学史(修订本)[M]. 太原:山西人民出版社,1995.

25. 宗廷虎,陈光磊. 中国辞格审美史[M]. 长春:吉林教育出版社,2019.

26. 胡裕树. 现代汉语(重订本)[M]. 上海:上海教育出版社,2011.

27. 邢福义. 现代汉语[M]. 北京:高等教育出版社,1991.

28. 黄伯荣,廖序东. 现代汉语(增订五版)[M]. 北京:高等教育出版社,2011.

29. 唐朝阔,王群生. 现代汉语(第二版)[M]. 北京:高等教育出版社,2012.

30. 应雨田,宋仲鑫,陈庆武. 现代汉语教程(增订版)[M]. 北京:当代中国出版社,1998.

31. 张寿康. 文章学概论[M]. 济南:山东教育出版社,1983.

32. 孙移山. 文章学[M]. 北京:档案出版社,1986.

33. 王朝闻. 美学概论[M]. 北京:人民出版社,1981.

34. 张万有. 文学语言审美论析[M]. 香港:香港新世纪出版社, 1992.

35. 王力. 诗词格律概要[M]. 北京:北京出版社,1979.

36. 王力. 诗词格律[M]. 北京:中华书局,2009.

37. 龙榆生. 唐宋词格律[M]. 上海:上海古籍出版社,1978.

38. 邹问轩. 诗话[M]. 哈尔滨:黑龙江人民出版社,1979.

39. 吕进. 新诗的创作与鉴赏[M]. 重庆:重庆出版社,1982.

40. 秦牧. 语林采英[M]. 广州:花城出版社,1983.

41. 王臻中,王长俊. 文学语言[M]. 南京:江苏人民出版社, 1983.

跋

《现代汉语修辞基础》(简称《修辞基础》)是马超在《现代汉语语法基础》(简称《语法基础》)出版后的又一著作,也是他几十年热爱汉语、学习汉语、研究汉语的成果。此著与《语法基础》作为姊妹篇,其中《语法基础》谈怎样正确运用语法进行交际和思维,《修辞基础》讲怎样运用各种语言交际单位进行更流畅、更生动、更富美感的交流和言语活动。可以说,《修辞基础》意在让我们的言语活动更具魅力和感染力。

细读该著后,它有几个鲜明特点,给我留下深刻印象:**其一,实用性**。此著不仅适用于高校中文专业教学,也适用于一般的读者和中文爱好者,对提升其语言技巧、语言运用能力有帮助。**其二,全面性**。此书与其他教材的有关内容相比,较为系统而全面。从选词、炼句,到调音、设格,再到组段、谋篇,另外还有语体、风格的有关内容,较为系统地展示出修辞的不同层面、不同视角及其不同用途。**其三,简明性**。中文作品是富有表现力而又充满智慧的语言表现形式,如何将这一语言文化特点及其运用中的规律揭示出来,是历代文人和学者都在倾心研究的对象。马超在综合诸先贤和众学者研究的基础上,捋其要者,以简明清晰的语言对之进行分析,具有以简驭繁的特点。

当然,《修辞基础》是作者几十年积累与研习的成果,与其阅读习惯和知识结构相匹配的众多用例,带有他的年龄段的鲜明时代特色。这一特色虽与时下年轻人的阅读内容有出入，但从另一方面看，或许正可补足和扩展年轻人的阅读范围。

以此，谨向作者表示祝贺！

陕西师范大学　杜敏

2022年8月25日

后　　记

我退休以后还想干点什么，就选定学习和研究现代汉语的语法和修辞。这一方面是出于爱好和兴趣，另一方面也觉得自己有一定的基础。我刚参加工作时曾当过几年初中语文教师，开始讲授一些语法和修辞知识，虽然那时我对此的理解还很肤浅，但这些内容却引起了我极大的兴趣。后来我做其他工作也大都同语言文字打交道，这使我一直酷爱着汉语言文学。我是“老三届”初中毕业生，当年没能上大学。我在部队和地方工作期间，曾先后攻读辽宁大学、内蒙古师范大学的中文专科和本科课程，并分别于 1987 年 6 月和 1998 年 6 月，获得国家高等教育自学考试汉语言文学专业专科、本科毕业证书，为我以后深入学习和研究打下了一定基础。2012 年退休以后，我又购买了很多语法修辞著作和教材，利用退休后的充裕时间进行系统学习、钻研和整理。2014 年 8 月完成了《汉语语法修辞基础》第一部书稿，后来又进一步完善知识体系和充实内容，分为《现代汉语语法基础》和《现代汉语修辞基础》两本专著，分别于 2018 年 7 月和 2020 年 1 月完稿。2020 年 7 月以后，又根据出版社和专家审稿的意见，做了多处修改和补充。

在我这两本书的写作过程中，得到了语言文字学专家、赤峰学院教授张万有先生的悉心指导和帮助。他曾多年担任语言教研室主任，长期致力于现代汉语教学和研究工作，教学成绩显著，科研成果丰硕，出版专著和主编、参编著作 30 余种，发表论文 100 余篇。当我经朋友介绍，带着写出的第一部书稿登门拜访，请求他给予指导帮助时，他欣然允诺，这给了我极大的鼓舞，更加坚定了我写作的信心。我家离张先生家不远，在写作过程中我经常去请教，他总是耐心地给我提出具体的指导意见，还毫无保留地给我提供各种参考资料；张先生根据自己多年的教学经验和研究体会，精心帮助我构建语法、修辞两本书的知识体系；在我完成了这两部书稿以后，他又不辞辛劳为我通审全稿，并赐《序》。在我的学习、研究和著述历程中，十分庆幸能够遇见这样一位德高望重的老师和长者，没有张先生的指导和帮助，没有他为我的倾心付出，我这两本拙著就很难问世。

在我这两本书的出版过程中，得到了陕西人民教育出版社田和平总编、姜莹副总编的大力支持；陕西师范大学杜敏教授在百忙中审定了两本书稿，提出宝贵的修改意见，并欣然赐写跋语；著名书画家孙文忠先生为本书题写书名，书法家、篆刻家宋英达先生为本书刻制了封底章；责任编辑马晓侠、刘之栋、刘政源同志，装帧设计的张阳、张田同志，都付出了辛勤劳动；此外，还得到了陕西翰文图书经典发行有限公司张玉芹女士和党滨先生、内蒙古伟恒科技有限公司杨玉民先生和马迎春女士的积极帮助。在此，一并表示衷心的感谢！

我编写这两本书的初衷，就是想认真总结自己平生所爱所学的成果，为祖国的语言学发展贡献一份绵薄之力，特别是给热爱和初学现代汉语语法和修辞的人提供一个入门的向导。但是，我深知自己的知识水平和认识程度有限，书中肯定会有不少遗漏、欠缺和错误之处，恳请学界和读者给予批评指正。

马　超

二〇二三年十一月十日

作者2021年5月24日在陕西师范大学校园内

作者简介

马超，男，汉族，1952年1月出生于内蒙古自治区赤峰市翁牛特旗梧桐花镇双岭村，1974年8月加入中国共产党。1968年6月初中毕业回乡，1968年11月参加工作，先后担任双岭学校初中语文教师、双岭大队民兵连长、梧桐花公社武装部副部长；1979年6月转入现役，先后任翁牛特旗武装部政工科干事、赤峰军分区政治部宣传科干事；1988年1月转业，先后任赤峰市外贸局、赤峰市商务局纪委副书记、党办副主任、人事科科长、监察室主任，2003年9月转为国家公务员，2012年1月退休。

工作期间，先后攻读辽宁大学汉语言文学专科、内蒙古师范大学汉语言文学本科课程，分别于1987年6月和1998年6月获得国家高等教育自学考试汉语言文学专业专科、本科毕业证书。

作者与张万有教授合影。张万有是赤峰学院文学院教授，语言文字学专家，曾多年担任语言教研室主任。退休之后，任赤峰学院老教授协会副会长兼老科协理事。

作者与杜敏教授合影。杜敏是陕西师范大学文学院教授、博士生导师，《陕西师范大学学报（哲学社会科学版）》主编，陕西省语言学会副会长。

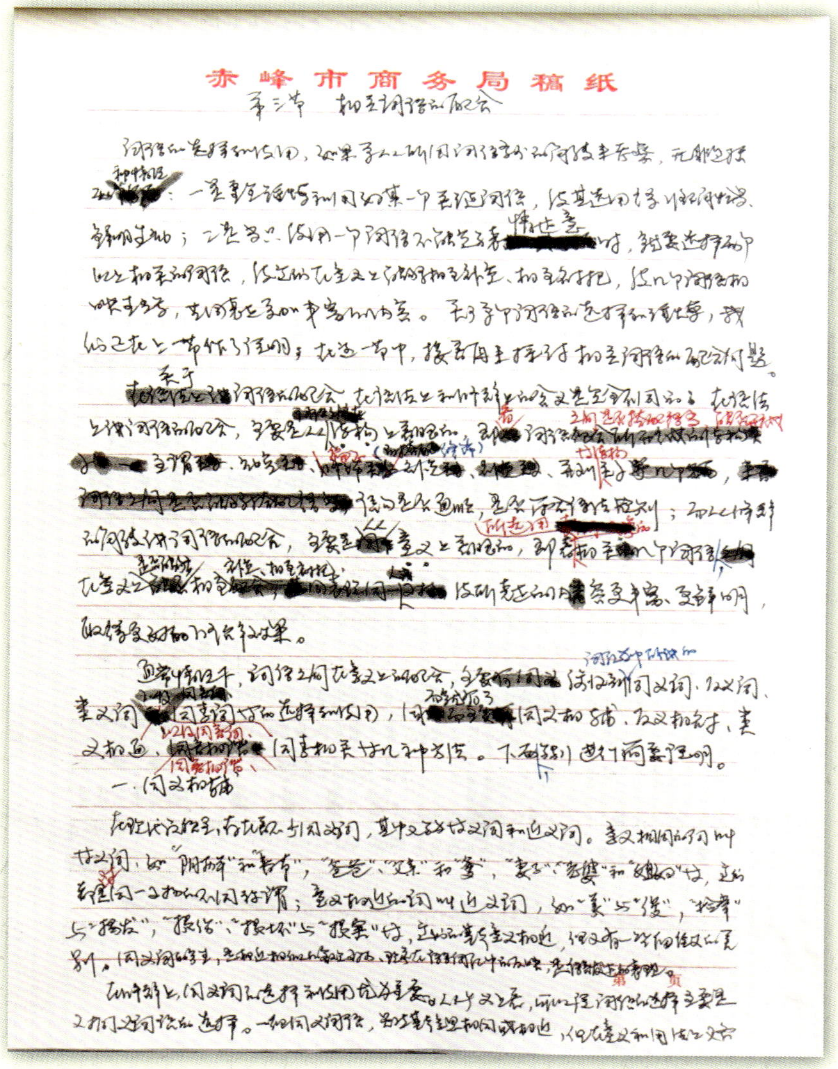
赤峰市商务局稿纸

第三节 相关词语的配合

作者手稿（一）

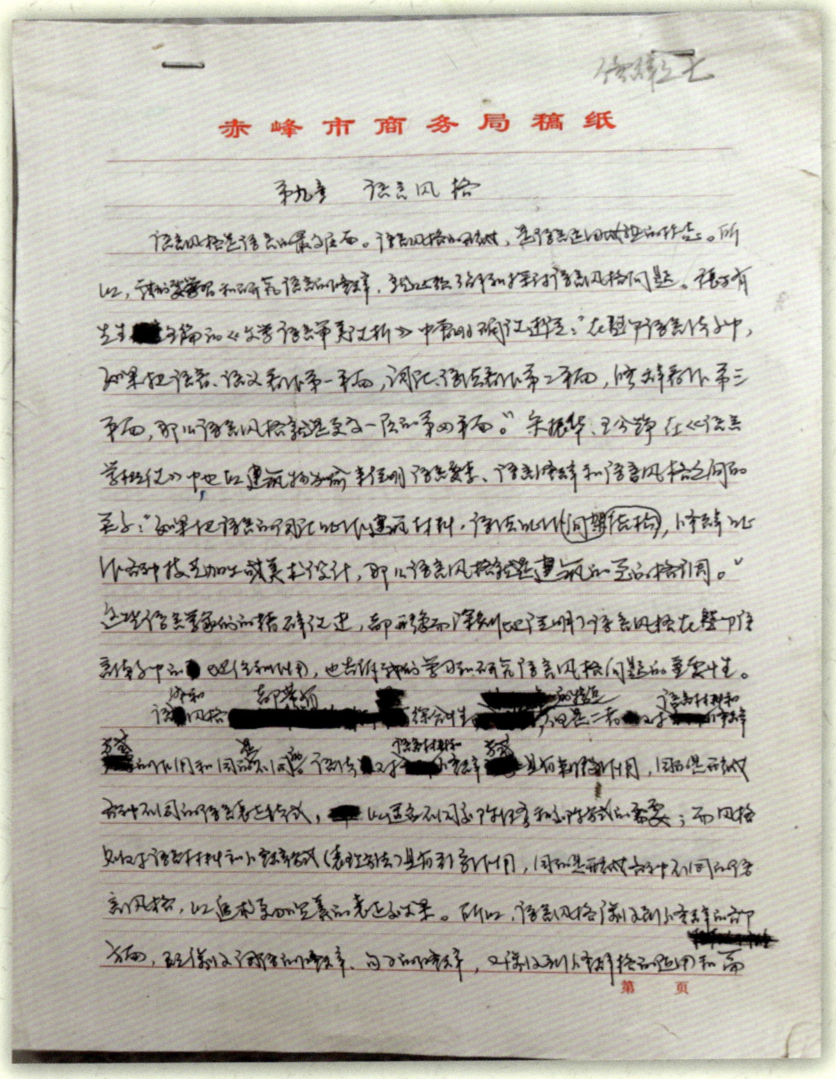
赤峰市商务局稿纸

第九章 语言风格

第 页

作者手稿（二）